Timm
Ausgrenzung mit Stil

Elisabeth Timm, Dr.rer.soc., geb. 1969, studierte Empirische Kulturwissenschaft und Ethnologie in Tübingen.

Elisabeth Timm

Ausgrenzung mit Stil

Über den heutigen Umgang mit Benimmregeln

WESTFÄLISCHES DAMPFBOOT

Die Deutsche Bibliothek - CIP-Einheitsaufnahme

Timm, Elisabeth:

Ausgrenzung mit Stil : über den heutigen Umgang mit Benimmregeln / Elisabeth Timm. - Münster : Westfälisches Dampfboot, 2001

ISBN 3-89691-500-2

1. Auflage Münster 2001

Umschlag: Lütke · Fahle · Seifert, Münster

Druck: Rosch-Buch Druckerei GmbH, Scheßlitz

Gedruckt auf säurefreiem Papier.

ISBN 3-89691-500-2

Inhalt

Die Kämpfe zwischen den individuellen wie kollektiven Klassifikations- und Ordnungssystemen, die auf eine Veränderung der Wahrnehmungs- und Bewertungskategorien der sozialen Welt und darin auf eine Veränderung der sozialen Welt selbst abzielen, bilden eine vergessene Dimension der Klassenkämpfe.
Pierre Bourdieu

Dank

Diese Arbeit wurde im Mai 2000 unter dem Titel „Ausgrenzung mit Stil. Über den Umgang mit Benimmregeln“ als Dissertation an der Fakultät für Sozial- und Verhaltenswissenschaften der Universität Tübingen abgeschlossen.

Die ersten beiden Jahre der Forschung basierten auf einem Promotionsstipendium der Graduiertenförderung des Landes Baden-Württemberg.

Ralph Winkle, Andrea Wetterauer und Christine Beil gaben mir in unterschiedlichen Phasen der Arbeit durch Kritik und Korrektur Ideen und Orientierung.

Katharina Eisch und Andreas Wittel nahmen sich trotz hoher eigener Arbeitsbelastung Zeit für eine Lektüre der Endfassung und steuerten wichtige Hinweise für die Überarbeitung bei.

Von meinen Lehrern Bernd Jürgen Warneken und Utz Jeggle, die die Idee zu dieser Studie von Beginn an unterstützten, habe ich während der gesamten Arbeit auf vielfältige Weise profitiert.

Klaus Schönberger schließlich beherrschte das Kunststück, diese Arbeit ebenso grundsätzlich zu kritisieren wie zu unterstützen. Ohne sein Wissen und seine Ideen hätte ich viele vage Überlegungen nie präzisieren können. Sein leidenschaftliches Denken hat mir die Arbeit ganz wesentlich erleichtert und versüßt.

Ihnen allen sei für ihre Hilfe herzlich gedankt.

1 Einleitung

1.1 Einführung

„Ich bin die Beste!" erklärte mir Frau Kutsch[1] im Interview. Sie arbeitet als selbständige Dozentin für „zeitgemäße Umgangsformen und gesellschaftliches Know-how" (so ihr Werbematerial), die sie in Seminaren auf dem kommerziellen Bildungsmarkt unterrichtet. Wer sich mit dem Thema „Umgangsformen" befasse, komme in Deutschland an ihr nicht vorbei. Der im selben Metier tätige Herr Schmitz, ebenso wie Frau Kutsch Anfang 60, gibt sich bescheidener. Er lehrt fast ausschließlich an Volkshochschulen im ländlichen Raum und gehört nicht wie Frau Kutsch zur Spitzengruppe von etwa sieben etablierten Frauen, die in der BRD seit Mitte der achtziger Jahre Benimmseminare anbieten, über die regelmäßig ausführlich auch in der überregionalen Presse berichtet wird und die Funk und Fernsehen immer wieder als Expertinnen befragen. Herr Schmitz erzählte ausführlich, daß er in vielen Orten Freunde oder Verwandte habe, bei denen er anläßlich seiner in der Regel zweitägigen Veranstaltungen mit dem Titel „Richtige Umgangsformen" wohnen könne. So spare er die Kosten für die Übernachtung, die die Volkshochschulen, in deren Programm seine Seminare laufen, nicht übernehmen: „Das billigste Hotel kostet ja 120 Mark!"

Die Gruppe derjenigen, die für den Besuch von Anstandsunterricht Geld bezahlen, ist ebenso heterogen wie der kleine Kreis derer, die damit (wie Frau Kutsch und Herr Schmitz) Geld verdienen: Herr Fuchs, ein bereits als EDV-Berater selbständiger Informatikstudent, distanzierte sich bei meiner Frage nach den Gründen für sein Interesse an einer Veranstaltung, die im Volkshochschulprogramm unter der Rubrik „Persönlichkeitstraining/Umgangsformen" ausgeschrieben war: „Mich hat interessiert, wer hingeht, was für Leute zu so einem Kurs gehen." Und er betont: „Der Kurs hieß ja nicht Benimmkurs, sondern 'Imagepflege für den beruflichen Erfolg'." Tanja und Martin Händel, ein junges Ehepaar Mitte 20, hatten dagegen ganz konkreten Bedarf am Kurs „Moderne Umgangsformen", den sie an der Volkshochschule in der nahe bei ihrem Wohnort gelegenen Kreisstadt besuchten: „Wir waren im Urlaub in einem Firstclasshotel untergebracht. Und da gab es schon Probleme mit dem

Besteck" erklärt der Maurermeister stellvertretend auch für seine Frau, die Erzieherin von Beruf ist.

Diese Akteurinnen und Akteure schaffen einen Raum, in dem die Art und Weise des Gebrauchs der Worte „Stil" („Erfolg mit Takt und Stil", der Titel eines anderen Seminars) und „Gesellschaft" („Ich habe mich mein Leben lang in dieser Gesellschaft bewegt", so die „Etikette-Trainerin" Frau Möchten) anzeigt, daß nur die Formen einer ganz bestimmten sozialen Gruppe als legitim gelten. Dieser Raum ist ein Ort, an dem sich das konkretisiert, was Bourdieu (1987, 755) als „die vergessene Dimension der Klassenkämpfe" bezeichnet und kulturtheoretisch gefaßt hat: „Die Kämpfe zwischen den individuellen wie kollektiven Klassifikations- und Ordnungssystemen, die auf eine Veränderung der Wahrnehmungs- und Bewertungskategorien der sozialen Welt und darin auf eine Veränderung der sozialen Welt selbst abzielen".

Der aktuelle Stand, die Formen und Bedingungen dieser Kämpfe, d.h. des Verhältnisses zwischen Kultur und Sozialstruktur, ist in der Sozial- und Kulturwissenschaft seit einigen Jahren selbst Gegenstand von Auseinandersetzungen: Kultursoziologen wie G. Schulze postulieren, daß erstens soziale Ungleichheit abgenommen habe und sich zweitens Kultur (Lebensstile) entkoppelt von Sozialstruktur entwickele. Er geht davon aus, daß „*Ungleichheit* in der hochentwikkelten Wohlfahrtsgesellschaft *nicht mehr so weh wie früher*" tue, daß „die *Geschichtetheit der Gesellschaft der Bundesrepublik Deutschland zurückgegangen* ist" (Schulze 1990, 425 u. 429, Hervorhebung i. Orig.), und daß „Stile hauptsächlich durch subjektive Entscheidungen, kaum dagegen noch durch objektive Zwänge bestimmt werden" (Schulze 1992, 521f.). Abgesehen davon, daß solche Thesen nicht den Ergebnissen der statistischen Sozialstrukturanalyse entsprechen, die eine Persistenz von Ungleichheitsstrukturen dokumentiert (z.B. Geißler 1994, 1996a u. b, 1998), gibt es zudem empirische Studien, die zeigen, daß zwar die Institutionalisierung von Ungleichheit zugrundeliegenden Kategorien wie Geschlecht oder Hierarchie in manchen Bereichen abgenommen hat, daß diese Aspekte sozialer Ordnung einschließlich der damit verbundenen sozialen Schließungen jedoch nach wie vor existieren, weil sie auch oder vermehrt *informell* und *interaktiv* entstehen.[2]

Beispiel für eine solche Auseinandersetzung um Formen und Stile ist die von den Medien seit etwa Mitte der 1980er Jahre berichtete „Renaissance der guten Manieren"[3]: „Höflichkeit im Kommen" heißt es da etwa, oder „Auf Etikette wird wieder geachtet", und „Benimm-Literatur und Umgangsseminare boomen."[4] Daß es sich bei diesen Diagnosen nicht lediglich um die Weltsicht von UmgangsexpertInnen handelt, unterstreichen Ergebnisse der sozial- und kulturwissenschaftlichen Umgangsliteraturforschung: Diese dokumentierte zum einen bereits seit Mitte der 1970er und verstärkt dann seit den 1980er Jahren einen quantitativen Anstieg der Neuerscheinungen und Neuauflagen einschlägiger Ratgeber auf dem Buchmarkt (Schürmann 1994, 51; Montandon 1994a, 283-448); außerdem ist dieser Anstieg flankiert durch das Entstehen einer Sparte mit Seminaren zum Thema Umgangsformen auf dem kommerziellen und auf dem öffentlich geförderten Bildungsmarkt. Zum anderen wurde für denselben Zeitraum eine als „Formalisierung“ charakterisierte qualitative Veränderung der Inhalte von Umgangsliteratur bemerkt (Wouters 1986, Turnaturi 1988, Bimmer 1993, Matter 1993).

Über die Gründe für diesen Benimm-Boom gibt es unterschiedliche Annahmen: In einigen medialen und wissenschaftlichen Zeitdiagnosen wird behauptet,[5] daß es sich um ein Ergebnis der Rückkehr der Gesellschaft zu scheinbar allgemeingültigen „Normen“ und „Werten“ nach den mit dem Datum '68 verknüpften Veränderungsbemühungen handelt. Oder das Interesse an Umgangsformen sei eine logische alltagskulturelle Reaktion auf zunehmende soziale Schließungen: Wenn Arbeitsplätze weniger werden, habe der Bewerber mit den besseren Manieren auch die besseren Chancen.[6] Solche Aussagen basieren in der Regel nicht auf einer Analyse der Sozialstruktur derjenigen Gruppen, die im Namen der „Höflichkeit“ sprechen und handeln, sondern auf den Einschätzungen von Lehrenden in Sachen „gutes Benehmen“ oder auf der Auswertung von Umgangsliteratur.

Das empirische Material dieser Arbeit dagegen wurde in auf dem öffentlichen und kommerziellen Bildungsmarkt angebotenen Seminaren zum Thema „Höflichkeit“, „Manieren“, „Etikette“, „Takt“, „Guter Ton“ oder „Umgangsformen“ erhoben. Diese Veranstaltungen sind einer der Orte, an denen sich das Verhältnis zwischen Kultur und Sozialstruktur konkretisiert: Nominell handelt es sich zwar um „Unterricht“, bei dem es fest verteilte Rollen für Lehrende und Lernende gibt. In der Seminarpraxis jedoch lassen sich die Auflösung dieser Zuschreibungen sowie permanente diskursive und performative Auseinandersetzungen und Aushandlungen beobachten. Sie führen vor Augen, was in der Kulturwissenschaft seit der Rezeption von Diskursanalyse und Praxistheorie Gegenstand der Analyse und Interpretation ist: die Konstituierung sozialer und kultureller Ordnung als alltäglicher, informeller und praktischer Prozeß.

Dabei wird Ordnung im untersuchten Bereich vor allem entlang der Kategorien „Geschlecht“ und „Hierarchie“ hergestellt; „Alter“ spielt zwar auch eine Rolle, ist jedoch kaum Gegenstand von Fragen und Auseinandersetzungen.

Die in diesem Feld mit teilnehmender Beobachtung und Interviews gewonnenen Daten ermöglichen am Beispiel des Manierendiskurses und der auf ihn bezogenen Praxen Antworten auf Fragen nach dem aktuellen Stand des Verhältnisses zwischen Sozialstruktur und Kultur: Wer thematisiert was als eine Frage der „Manieren"? Mit welchem Interesse und in welcher Lebenssituation geschieht dies? Welche Form haben die damit verbundenen Praxen und Diskurse? Wie sehen Gesellschaft und Kultur aus, wenn sie unter der Prämisse „Umgangsformen" gedacht und performiert werden? Inwiefern korrespondiert der Umgang mit Benimmregeln mit der sozialen Ordnung: Ist der „Benimm-Boom" überwiegend Ausdruck von (individuellen) Integrationsbemühungen, oder fungiert er eher als Ab- und Ausgrenzung? Ist der Umgang mit Benimmregeln, wie er hier untersucht wird, Ausdruck oder Folge der angeblichen „Pluralisierung" von Lebensstilen (G. Schulze) oder der „Individualisierung" von Lebensläufen (U. Beck)? Oder manifestiert sich bei der Bezugnahme auf das „korrekte Benehmen" vielmehr die klassengesellschaftliche Dynamik von „Distinktion" (P. Bourdieu), „sozialer Schließung" (F. Parkin) und Ausgrenzung?

1.2 Das Feld: Umgangslehre auf dem öffentlichen und kommerziellen Bildungsmarkt

Das empirische Feld dieser Studie sind Veranstaltungen, in denen Umgangsformen unterrichtet werden. Diese finden sich nicht, wie man vielleicht zunächst assoziiert, an Tanzschulen, sondern auf dem kommerziellen und auf dem öffentlich geförderten Bildungsmarkt. Kommerzielle Angebote gibt es zu diesem Thema ab etwa 1985; Volkshochschulen haben seit Anfang der 1990er Jahre solche Veranstaltungen im Programm.[7]

Da nicht lediglich die Umgangsregeln, sondern auch das Interesse an ihnen bzw. an ihrer (Re)Produktion Gegenstand der Fragestellung dieser Studie ist, wurden keine firmeninternen Seminare untersucht, die die Beschäftigten quasi verordnet bekommen, sondern lediglich Veranstaltungen, die die TeilnehmerInnen selbst auswählten und in deren Besuch sie Zeit und Geld investierten. Aus demselben Grund wurden auch die Benimmkurse für Kinder, die es etwa seit Mitte der 1990er Jahre gibt (vgl. Kap. 2.5), nicht miteinbezogen.

Benimmschulen in den 1950er Jahren

Umgangsregeln wurden bereits in den 50er und 60er Jahren, als die einschlägigen Ratgeber (gemessen an den Neuerscheinungen und Neuauflagen in diesem Genre) Hochkonjunktur hatten (Krumrey 1984, 27; Montandon 1994a, 238-

448; Schürmann 1994, 51), nicht nur in schriftlicher Form festgehalten, überliefert und vermittelt. Den wenigen verfügbaren Hinweisen zufolge gab es bereits zu dieser Zeit die ersten privaten Schulen und Volkshochschulkurse, deren Gegenstand die Vermittlung von „Umgangsformen“ war:[8] Für 1956 ist Tischmanieren-Unterricht in einer Erlanger Schule dokumentiert, 1959 berichtete die Wochenschau über „Kurse für gute Manieren“ einer „Gräfin“ in München, und 1966 ist eine „Schule des Herrn“ belegt, in der Männer sich über den Umgang mit Kleidung und Körperhaltung informieren konnten.[9] Mitte der 50er Jahre gab es an Volkshochschulen Kurse mit dem Titel „Man benimmt sich wieder“, deren Inhalt den heutigen Veranstaltungen sehr ähnlich ist (Schmid 1955): Dem 1955/56 erschienenen Bericht einer Manieren-Dozentin zufolge waren „Arbeitsgemeinschaften, die sich mit den Spielregeln des guten Benehmens beschäftigen (...) in allen Volkshochschulen - besonders natürlich in den städtischen - gefragt“. Die Regeln wurden dabei nicht lediglich vorgetragen, sondern die Teilnehmenden übten deren praktische Anwendung in Rollenspielen, „um diese Regeln beherrschen zu lernen“; außerdem wurden Filme eingesetzt.[10] Diese Form des Umgangsunterrichts hat sich jedoch nicht etabliert. Vermutlich verschwand sie parallel zum Absinken der Auflagen und Neuerscheinungen einschlägiger Ratgeber auf dem Buchmarkt, das bereits in der zweiten Hälfte der 50er Jahre eingesetzt hatte und am deutlichsten in der ersten Hälfte der 60er Jahre zu verzeichnen ist (in diesem Zeitraum halbierte sich die Anzahl der deutschsprachigen Anstandsbücher) (Schürmann 1994, 51), also vor dem Datum 1968, das sowohl in den Medien als auch in der wissenschaftlichen Literatur immer wieder als Wendepunkt des Interesses am Umgang mit Benimmregeln betrachtet wird (z.B. Besch 1998, 14-28; Montandon 1994b, 457; Zingerle 1990, 36). Bereits Mitte der 70er Jahre ist die Talsohle mit lediglich 20 Titeln auf dem Markt erreicht, und ab 1976 hält die Präsenz des Genres auf dem Buchmarkt bis heute unvermindert an (Schürmann 1994, 51).

Sich-benehmen-Lernen als „Weiterbildung"

Die seit Anfang der 80er Jahre zu verzeichnende erneute starke Konjunktur von Umgangsregeln auf dem Buchmarkt ist ebenfalls begleitet von der Behandlung des Themas in Unterrichtsform. Die Etiketteseminare[11] sind eine Facette des seit den 80er Jahren zunehmend privatisierten, stark expandierenden Bildungsmarktes.

In der Bundesrepublik hatte Ende der 50er Jahre der Aufbau eines Systems der „Erwachsenenbildung“ begonnen, das neben der Elementar- und Primarerziehung (Kindergarten, Vorschule, Grundschule), den weiterführenden Schulen und Berufsschulen und den Hochschulen zur „vierten Säule“ des Bildungssystems wurde (Raapke 1998, 549ff.). Dabei löste der Terminus „Erwachsenenbildung“ den Begriff der „Volksbildung“ aus der Weimarer Verfassung ab. Von „Weiterbildung“ bzw. sogar von „ständiger Weiterbildung“ war bildungspolitisch erstmals im „Strukturplan für das Bildungswesen“, den Empfehlungen der Studienkommission des Deutschen Bildungsrats von 1970, die Rede. Das Papier subsumierte darunter „berufliche Fortbildung“, „Umschulung“ sowie „allgemeine und politische Erwachsenenbildung“.[12] 1985 gab das Bundesministerium für Bildung und Wissenschaft in den „Thesen zur Weiterbildung“ die Parole vom „lebenslangen Lernen für jedermann“ aus (Führ 1997, 243). Die Bildungsforschung verzeichnet für die 80er Jahre „eine erhebliche Steigerung der Weiterbildungsbeteiligung“: Während in der BRD 1979 23 Prozent aller Erwachsenen im Alter zwischen 19 und 65 Jahren an Veranstaltungen allgemeiner, politischer oder beruflicher Weiterbildung teilgenommen haben, beträgt diese Quote 1988 35 Prozent und 1991 für alte und neue Bundesländer zusammen 37 Prozent (Bundesministerium 1994/1995, 252). Seitter (1993, 294) prognostiziert, daß sich ein „Trend zur Universalisierung und Veralltäglichung von Weiterbildung“ fortsetzen wird. Parallel zu dieser Entwicklung ist eine Privatisierung des Angebots zu verzeichnen: Während politisch bis Mitte der 80er Jahre der Anspruch, daß die Volkshochschulen die flächendeckende Versorgung der Bevölkerung mit außerschulischen Bildungsmöglichkeiten gewährleisten sollten, dominierte und auch umgesetzt wurde, wurden „von den achtziger Jahren an (...) die Einwirkungen der öffentlichen Hand auf die Erwachsenenbildung in politischer Absicht teils relativ, teils absolut zurückgezogen.“ „Statt dessen wurde die ‘Weiterbildung’ - wie sie jetzt offiziell im Sprachgebrauch der Bundesregierung hieß - für Marktmechanismen geöffnet und mit ökonomischen Interessen verknüpft“ (Raapke 1998, 550; vgl. auch K. Geißler 1994, 106). Dies ist nach Raapke der Grund für die zunehmende Privatisierung des Bildungsmarkts, dessen kommerzieller Sektor inzwischen beträchtliche Umsätze aufweist: Nach einer Rechnung des Instituts der deutschen Wirtschaft wurden 1997 zehn Milliarden Mark mit „Weiterbildungsseminaren“ umgesetzt.[13]

Umfang des Angebots und Zahl der DozentInnen

Der Umgangsregel-Markt ist, gemessen am gesamten außerschulischen Bildungsangebot, klein. In der einschlägigen Datenbank des Instituts der Deutschen Wirtschaft bzw. der Bundesanstalt für Arbeit, die beispielsweise im Juni 1999 über 350.000 Weiterbildungsangebote (einschließlich der Volkshochschulen) verzeichnete, fanden sich etwa 320 Angebote zu „Umgangsformen“ oder „Etikette“, während beispielsweise „Rhetorik“ fast 800mal angeboten wird.[14] Die Benimmseminare jedoch finden stets eine große Aufmerksamkeit der Medien, wobei insbesondere überregionale Presse, Funk und Fernsehen weniger über die Volkshochschulen, sondern vor allem über die Lehrenden und Angebote auf dem kommerziellen Markt berichten.

Bei den Umgangslehrenden gibt es in der BRD eine Spitzengruppe von sieben etablierten Frauen, die zwischen 1985 und 1995 mit ihren Angeboten auf den Markt kamen:[15] Einige von ihnen sind seit über zehn Jahren auf diesem Gebiet überregional lehrend aktiv; sie zählen zu denjenigen, von deren Seminaren nicht nur (wie bei den zahlreichen unbekannteren AnbieterInnen), die Lokalzeitung des jeweiligen Veranstaltungsorts Notiz nimmt, sondern die die überregionale Presse als Expertinnen präsentiert und befragt;[16] sie treten in Funk und Fernsehen öffentlich auf;[17] sie haben zum Teil mehrfach einschlägige Ratgeber veröffentlicht (siehe schriftliche Quellen) und zwei von ihnen bilden zudem selbst Etikette-Dozentinnen aus. Von diesen sieben Etablierten unterrichtet lediglich eine Dozentin uneingeschränkt auch an Volkshochschulen.[18] Die meisten von ihnen geben nach eigener Angabe zwischen 20 und 60 Seminaren pro Jahr (wobei hier die firmeninternen Veranstaltungen mitgerechnet sind). Auf dem kommerziellen Bildungsmarkt verdienen die Lehrenden, wiederum nach eigenem Bekunden zwischen 1000 und 4000 Mark pro Seminartag; Gerüchten anderer Lehrender zufolge soll eine Frau aus der Spitzengruppe bei firmeninternen Veranstaltungen bis zu 10.000 Mark Tageshonorar bekommen.

Neben dieser Gruppe öffentlich präsenter und Regeln auch in Büchern festschreibenden Expertinnen gibt es eine nicht schätzbare Zahl nicht prominenter LehrerInnen (darunter wenige Männer), die nicht überregional medial präsent sind, nicht ausschließlich oder nur vorübergehend Umgangsregeln unterrichten, fast ausschließlich an Volkshochschulen und regional begrenzt arbeiten und keine Ratgeber schreiben.[19]

Schließlich wird Umgangslehre vereinzelt auch an Fachhochschulen und (privaten) Berufsschulen angeboten; auch einige Schulen haben seit einiger Zeit solche Kurse als Arbeitsgemeinschaften oder bei Projekttagen im Programm[20]. Während die Fachhochschulseminare zu diesem Thema fakultativ sind, von den Studierenden aus eigener Tasche bezahlt werden müssen und den Presseberichten zufolge eher das Steckenpferd eines einzelnen Professors sind, der damit auch seinen besonderen kulinarischen Neigungen frönt, gehören sie an einigen Berufsschulen offenbar zum regulären Lehrangebot.[21]

Orte und Preise

Die kommerziellen Veranstaltungen finden meist in Seminarräumen großer Hotels statt; Nebenzimmer der Hotelrestaurants sind dann die Orte für das Übungsessen. Wenn die Volkshochschulseminare ein Übungsessen beinhalten, wird dazu mittags oder abends ein Restaurant besucht.

Das Angebot gliedert sich preislich in drei Gruppen: Der höchste Preis bei den kommerziellen Angeboten betrug 1997 für ein eintägiges Seminar 1600 Mark inklusive Übungsessen, die anderen lagen mit 500 bis 1000 Mark für einen Tag oder 1600 bis 1800 Mark für zwei Tage (ohne Übernachtungskosten) deutlich darunter. Aus dieser Gruppe wurden vier ein- und zweitägige Seminare teilnehmend beobachtet.[22] Ebenfalls auf dem freien Weiterbildungsmarkt, im Programm der Industrie- und Handelskammern oder Handwerkskammern, gibt es Angebote der mittleren Preisklasse, das sind zweitägige Veranstaltungen für etwa 500 Mark (ohne Übernachtung) sowie Ein-Tages-Seminare für 200 bis 300 Mark. Hiervon wurden je eine eintägige und eine zweitägige Veranstaltung für die teilnehmende Beobachtung ausgewählt.[23] An Volkshochschulen liegen die Preise zwischen 50 und 120 Mark bzw. 130 bis 200 Mark für ein Tagesseminar ohne bzw. mit Übungessen und etwa 180 Mark für zwei oder mehrtägige Veranstaltungen. Aus dieser Gruppe wurden acht ein- und zweitägige Seminare sowie ein vierteiliges Seminar teilnehmend beobachtet.[24]

Inhalt und Ablauf

Die teilnehmende Beobachtung ergab, daß die Seminare trotz der großen Preisspanne und der unterschiedlichen institutionellen Verankerung (kommerzielles oder öffentliches Angebot) weder inhaltlich noch in bezug auf den Ablauf signifikant differierten: Alle Lehrenden informierten über die von ihnen als aktuell gültig definierten „Regeln“ mit Hilfe verschiedener Medien (Flip-chart, Tageslichtprojektor, Tafel, Filme, Dias); außerdem führten sie „richtiges“ und „falsches“ Benehmen selbst vor. Die behandelten Themen waren unter anderem Grüßen und Begrüßen, Vorstellen, Tischmanieren, Restaurant, Körperhaltung, Kleidung, Small talk, Pünktlichkeit sowie der Umgang mit Türen, besonderen Räumen (Aufzug, Eisenbahn) und Technik (Telefon, Faxgerät, Autozentralverriegelung); außerdem wurden jeweils die Kategorien Alter, Geschlecht und Hierarchie orientiert an den Regeln auf eine Vielzahl von Situationen und Beziehungen angewendet. Die Reihenfolge der Themen legten dabei zunächst die Lehrenden im Seminarprogramm fest. Die TeilnehmerInnen jedoch nahmen mit Fragen, dem Erzählen von Geschichten, Ergänzungen und Widerspruch auf den Ablauf und die thematischen Schwerpunkte so deutlich Einfluß, daß immer wieder die Unterrichtssituation aufgelöst wurde und das Seminar zu einer Art Erfahrungs- und Meinungsaustausch mit Regelproduktion geriet. In den meisten Veranstaltungen probten die Teilnehmenden zudem die „Regeln" in Rollenspielen, die manche Lehrende zur ausführlichen Besprechung auf Video aufzeichneten. Schließlich gab es meist eine oder mehrere gemeinsame Mahlzeiten, die zur Übung für die „richtige" Handhabung von Gläsern und (Spezial-)Besteck (vor allem für Fisch und Schalentiere) sowie für das Trainieren von Tischgesprächen dienten.

1.3 Fragestellung und Forschungsstand

Untersuchungsgegenstand: Umgang mit Benimmregeln statt „Befolgung" von Umgangsliteratur

Bei der Analyse von Umgangsregeln und -praxen wurden nicht nur in der Soziologie (z.B. Elias 1969a u. b; Eicke 1980; Krumrey 1984; Bartelt u.a. 1986; Wouters 1986, 1995a u. b; Parker 1988; Turnaturi 1988; Arditi 1994, 1996; Döcker 1994; Mixa 1994), sondern auch in der Volkskunde/Kulturwissenschaft überwiegend normative Texte, d.h. Umgangsliteratur untersucht (z.B. Heckendorn 1970; Trümpy 1985; Wagner 1988; Schönmann 1990; Beck/Enßlin 1991; Zöckler 1991; A.-S. Ernst 1993; Kopp 1993; Schürmann 1994; Göttsch 1996; Beer 1999; Meyer 1999).[25] Einige AutorInnen benutzen auch kursorisch gemachte Beobachtungen im eigenen Alltag oder aus zweiter Hand (Bausinger 1979; Brückner 1984; Dreitzel 1983; Dünninger 1963; Matter 1993; Trümpy 1977a, b, c u. d), Umfragen oder Versuche auf der Grundlage kleiner Samples (Soziolinguistik, s.u.; Trümpy 1977a, b, c u. d; Walum 1974) oder fiktionale Texte (Bausinger 1979; Brückner 1984; Kaps 1993; de Swaan 1991) als Quellen. Die ethnologische Arbeit über „meal ritual and cultural process" im Pariser Großbürgertum der 1980er Jahre von Sjögren-de Beauchaîne (1988) ist die einzige Studie, die, wie in der Kulturwissenschaft gefordert, „das alltägliche Zusammenspiel von Umgangsregeln und Umgangspraxis" (Warneken 1990) auf der Grundlage von teilnehmender Beobachtung und qualitativen Interviews untersuchte. Diese empirische Grundlage wurde in eingehenden Quellenkritiken reflektiert. Dabei führte die Quellenkritik zu unterschiedlichen Ergebnissen: In der Regel folgt nach dem Hinweis auf den eingeschränkten Quellenwert von Umgangsliteratur (z.B. Döcker 1994, 32; Wagner 1988, 15) die Einschätzung des Genres als Dokument eines vergangenen Ist- (z.B. Elias 1969, 77f.; Heckendorn

1907, II; Trümpy 1985, 159; Schürmann 1994, 11; Martens 1977, 205 u. 207; Krumrey 1984, 666; Bartelt u.a. 1986, 200; Döcker 1994, 23f.; Sauer 1987, 140; Wouters 1986, 511 u. 1995a, 110) oder Soll-Zustands (Zöckler 1991, 71; Kopp 1993, 81; Bartelt u.a. 1986, 187; Wouters 1986, 511; S. Ernst 1997, 157; Mixa 1994, 6; Beck/Enßlin 1991, 55) sozialer Praxis; wenige betrachten die überlieferten Normen als sozialer Realität sozusagen hinterherhinkend (Schönmann 1990, 87; Beck/Enßlin 1991, 55; de Swaan 1991, 176). Meist dient ein Hinweis auf „die hohen Auflagenzahlen" als Beleg für die „Bedeutung der Anstandsbücher für den Alltag" (Martens 1977, 205; Wagner 1988, 16) oder man sucht den Aussagewert der Quelle mit Hilfe von Analyse von Zeitreihen zu stützen (Elias 1969; Heckendorn 1970; Krumrey 1984); Heckendorn (1970) und Schürmann (1994) versuchten, ihre Umgangsliteratur-Untersuchungen mit Hilfe zusätzlicher Quellen (Zunftordnungen, Atlas der Deutschen Volkskunde) zu validieren. Über diese Quellenkritik hinaus wurden weiterführende Fragen erarbeitet, die implizit auf derselben Argumentation basieren: Sie nehmen Umgangspraxis als Maßstab für den Quellenwert der normativen Texte. Wenn Umgangspraxis und Umgangsnormen sich nicht, wie bei der These von der Dokumentation des Ist-Zustands in den Ratgebern, decken, dann wird diese Differenz als Mißverhältnis gedacht und nicht als zwei Aspekte einer sowohl Praxen als auch Redeweisen (Diskurse, Normen) umfassenden Manifestation gesellschaftlicher Verhältnisse unter dem Titel „Höflichkeit": „Wer mit populärer Literatur arbeitet wird bis heute gefragt, ob es denn einen Zusammenhang zwischen dieser Art von Literatur und den zeitgenössischen Lebensweisen und Erfahrungen von Menschen gebe" (Döcker 1994, 23). Fragen nach der „sozialen Funktion" von Umgangsliteratur und deren Lektüre (Martens 1977, 229), nach der „Vermittlung von Anstands- und Höflichkeitsnormen, ihre(n) Träger(n) und Institutionen" und nach den „Wegen und Voraussetzungen" „der sozialen Diffusion der Verhaltensmodelle" (Schürmann 1994, 232), nach der „Verbreitung (...) wichtiger Verhaltensnormen", nach der „Rezeption" (Schönmann 1990, 76) oder dem „Einfluß" (Beck/Enßlin 1991, 67; Wagner 1988, 15) und nach der „Vermittlung" (Göttsch 1996, 76) von Umgangsregeln wurden in der Umgangsliteraturforschung immer wieder als Desiderat formuliert. Dabei fällt auf, daß die LeserInnen hierbei weniger als Handelnde, sondern eher als AnwenderInnen von schriftlich fixierten Standards erscheinen. Umgangsregeln wiederum werden dabei zwar als sich historisch wandelnd, aber gleichwohl weitgehend stabiles System gedacht, das nicht nur von den Autoren, die dies explizit tun,[26] wie eine Sprache behandelt wird, sondern auch von allen anderen, die es als Parameter behandeln, der jede/n zu betreffen scheint:[27] Nur bei dieser selten reflektierten

Prämisse ist es möglich, Umgangsregeln und „Höflichkeit“ selbst zu analytischen Kategorien zu machen.

Bei einer diskursanalytischen Perspektive dagegen geht man nicht davon aus, daß es ein fixiertes System von Umgangsregeln gibt, dessen Realisierung, Umsetzung, Anwendung, Ausführung oder gar „Befolgung“ (Hartmann 1990, 64; Krumrey 1984, 26; Schürmann 1994, 7) zu untersuchen ist, so wie die variierende Nutzung einer Sprache untersucht werden kann. „Höflichkeit“ oder „Umgangsregeln“ sind Topoi, die nicht einfach gegeben sind, sondern deren Aktivierung es zuallererst zu thematisieren gilt. Insbesondere das Feldforschungskonzept versucht, solche Präklassifikationen zu vermeiden, und statt dessen die Art und Weise der Ordnung der Welt durch die untersuchte Gruppe zum Thema zu machen. Die Forderung der Untersuchung von „Einfluß“, „Vermittlung“, „Diffusion“ oder „Verbreitung“ von Umgangsregeln impliziert zudem die Annahme, daß sich Gesellschaft vor allem aufgrund eines (wie auch immer durchgesetzten) Normenkonzepts oder bezüglich eines ihr quasi vorgängigen Systems von Bedeutungen konstituiert. In der Kultur- und Sozialanalyse ist diese Annahme seit der Intervention von Bourdieu[28] und dem paradigmatischen Stichwort von der „retour de l'acteur“ (Touraine 1984) verstärkt kritisiert worden. Statt dessen werden Erfahrung, Handlung und Aneignung nun als Prozesse begriffen, mit denen die jeweils Handelnden soziale Verhältnisse und kulturelle Bedeutung konkret und aktiv herstellen. Dieser Perspektive entsprechen die Forderungen, in bezug auf Benimmregeln „das alltägliche Zusammenspiel“ von beispielsweise „Haltungsdiskurs und Haltungspraxis“ (Warneken 1990), das „Verhältnis zwischen den Normen und dem tatsächlichen Verhalten“ (Wagner 1988) zu untersuchen, die Frage danach, „ob Etikette-Bücher (...) als Berichte aus einer fernen Welt gelesen werden, denen kaum ernstzunehmende Bedeutung für die eigene Lebenssituation zugemessen wird“ (Beck/Enßlin 1991, 5) oder der Vorschlag, „Interviews mit Etikettebuch-Verfassern über deren Einstellungen, Erfahrungen und Motive“ (Bimmer 1993, 8) zu führen. Da außer der Umgangsliteratur selbst keine anderen Quellen zur Untersuchung von Umgangsdiskursen und -praxen herangezogen wurden, ist diese Frage nach der konkreten Nutzung der Ratgeber, nach dem Umgang mit den Benimmregeln sowie nach der Produktion dieser Regeln, also nach der alltagspraktischen Manifestation dessen, was Dünninger (1963) in seinem programmatischen Text zur Analyse von Umgangsidealen als „Funktion“ oder „Bedeutung“ zu untersuchen vorschlug, nach wie vor offen.

Diskurs und Praxis statt Diskurs versus Praxis

Eine Fragestellung dieser Art berücksichtigt auch das der Kulturanalyse von Johnson (1985, 48) aufgegebene Forschungsprogramm, das nicht die „Behandlung des Lesens (im übertragenen Sinne, E.T.) (...) als Rezeption oder Assimilation", „sondern als einen eigenen Akt der Produktion" konzipiert. Entscheidend ist dabei seine Annahme, daß Diskurs und Praxis nicht in einem hierarchischen Verhältnis zueinander stehen (wie es bei der Orientierung am Schlagwort von der „retour de l'acteur" (Touraine 1984) oder bei der Rede vom „tatsächlichen Verhalten" (Wagner 1988) den Anschein hat). Diskurs bzw. Normen und Praxis sind vielmehr als zwei Koordinaten kultureller und sozialer Realität zu begreifen, die nicht jede für sich betrachtet Auskunft über gesellschaftliche Verhältnisse geben, sondern deren Dynamik und Verhältnis zueinander Realität konstituiert. Johnson skizziert deshalb „drei Hauptmodelle kulturanalytischer Forschung": „Produktions-orientierte Untersuchungen, Text-orientierte Untersuchungen und Untersuchungen gelebter Kulturen". Während bei der Rede von „Praxis" oft davon ausgegangen wird, daß beispielsweise die Ergebnisse der Untersuchung von Umgangsregel-Texten durch die Beobachtung von Benimm-Praxis zu verifizieren sind, daß also erst der Blick auf die Praxis zuverlässig Auskunft über gesellschaftliche Realität geben kann, versteht Johnson (1985, 58) die Materialien Diskurs („Texte") und Praxis („gelebte Kultur") als unterschiedliche und aufeinander bezogene, nicht jedoch als aufeinander reduzierbare Manifestationen von Gesellschaft und Kultur:

> „Diese Unterscheidung (zwischen Produktion, Text/Diskurs und Praxis, E.T.) stimmt mit den Haupterscheinungsbildern von Kulturkreisläufen überein, behindert aber die Entwicklung unseres Verständnisses in wichtigen Punkten. Jeder Ansatz ist vernünftig in Beziehung zu dem Moment, das er am nächsten im Blickfeld hat, ist aber ganz offensichtlich inadäquat, sogar 'ideologisch', als eine Erklärung des Ganzen."

Die vorliegende Studie versteht sich in Orientierung an diesem Modell also nicht als Ergänzung der Umgangsliteraturforschung.[29] Ausgehend von einer Kritik an der Konzipierung von Handeln als bloße Ausführung von Normen/ Strukturen und an der Hierarchisierung von Praxis über Diskurs in der Quellenkritik der Umgangsliteraturforschung (vgl. Kap. 1.3) ist nicht ein Vergleich zwischen beispielsweise verschriftlichten Grußregeln und beobachtetem Grußverhalten intendiert, der letzteres als die für soziale und kulturelle Realität relevante Größe betrachtet. Sondern es geht um die Analyse einer alltäglichen Kategorisierung von Gesellschaft und Beziehungen unter dem Titel „Umgangsformen" oder „Höflichkeit".

Empirisches Material: Klassifizierungen der AkteurInnen statt (Prä-)Klassifikation der Wissenschaft

Während Inhalte und Konjunkturen von populärer Umgangsliteratur vor allem seit Mitte der 1980er Jahre eingehend untersucht wurden, gibt es keine Studien, die die (Re)Produktion von Benimmregeln und den Umgang mit ihnen einschließlich der dabei relevanten sozialen und kulturellen Zusammenhänge thematisieren. Die vorliegende Arbeit versteht sich als Beitrag zur Untersuchung dieser Frage, wobei das Material als Konkretion des Verhältnisses von Kultur und Sozialstruktur verstanden wird.

Dabei werden jedoch nicht ausgewählte Praktiken als „Umgangsformen" präklassifiziert und dann untersucht, sondern das empirische Material sind Praxen und Diskurse, mit denen die Beteiligten *explizit* auf Topoi wie „Umgangsformen" oder „Höflichkeit" rekurrieren. Damit unterscheidet sich diese Arbeit zum einen beim empirischen Material (explizit auf Umgangsregeln bezogene Praxen und Diskurse statt Umgangsliteratur) von der bisherigen Forschung über Benimmregeln. Zum anderen ist aber auch der Untersuchungsgegenstand ein anderer. Statt „Regeln" und deren „Umsetzung" werden hier „Strategien" untersucht (Bourdieu 1992a): „Höflichkeit" soll hier nicht, wie vor allem von der Soziolinguistik[30] (z.B. Brown/Levinson 1978, Haverkate 1988, Holtgraves/Yang 1990, Fraser/Nolen 1981, Lakoff 1977, Raible 1987, Vorderwülbecke 1986) praktiziert, unabhängig vom sozialen und kulturellen Kontext abstrakt definiert werden (dies tun auch Goffman 1956, 1994, Machwirth 1970, Finkelstein 1989 in der Soziologie; Valtl 1986 u. Winter-Uedelhoven 1991 in der Pädagogik u. Besch 1998 und Weinrich 1986, 1996 in der Literaturwissenschaft); Umgangsideale und -praxen werden auch nicht nur als Indizien für eine historisch je spezifische Form des Verhältnisses von Individuen zu sich selbst und zu Gesellschaft thematisiert (was sowohl die soziologische und volkskundliche/kulturwissenschaftliche Forschung, die pro, als auch die, die contra N. Elias argumentiert,[31] herausarbeitete (z.B. Schürmann 1994, Krumrey 1984, de Swaan 1991, Wouters 1979, 1986, 1995 a u. b)); schließlich fungieren Umgangsregeln bzw. -praxen hier nicht (wie in zahlreichen kulturwissenschaftlichen Arbeiten) als (prinzipiell austauschbare) Indikatoren für einzelne Aspekte der sozialen Ordnung (beispielsweise für das Geschlechterverhältnis (z.B. Göttsch 1996, Schönmann 1990)), und es geht auch nicht um den Wandel des Normenrepertoires der Umgangsliteratur (z.B. Krumrey 1984, Lofland 1973, de Swaan 1991, Wouters 1986, 1995a u. b, Bausinger 1979, Beck/Enßlin 1991, Dünninger 1963, A.-S. Ernst 1993, Göttsch 1996, Hartmann 1990, Heckendorn

1970, Matter 1993, Schönmann 1990, Schürmann 1994, Trümpy 1985, Wagner 1988, Warneken 1990, Zöckler 1991). Sondern die Tatsache, daß und wie die beobachteten und befragten Personen bestimmte Alltagspraxen dem Bereich der „Umgangsformen“ zuschlagen, ist, einschließlich der damit verbundenen Interessen, Funktionen, Bedeutungen und Praktiken, vor allem anderen Gegenstand der Analyse. Ausgehend von der Prämisse, „daß die Akteure in ihrer Alltagspraxis selbst Subjekte von sozialer Welt konstituierenden Akten sind“ (Bourdieu 1987, 729), soll also nicht nur das Ergebnis dieser Konstituierungen untersucht, sondern auch nach der „*gesellschaftlichen Genese* der Konstruktionsprinzipien“ (ebd., Hervorhebung i. Orig.) gefragt werden: Wie sieht Gesellschaft in der Welt der „Höflichkeit“ aus und was sind die sozialen und kulturellen Voraussetzungen, Bedeutungen, Funktionen und Folgen dieser Kategorisierung? „Der eigentliche Gegenstand der Analyse (...) ist die gesellschaftliche (...) Konstruktion der an die Intuition ausgelieferten Wirklichkeit sowie der Vorstellungen (...) von dieser Wirklichkeit, welche zur Hervorbringung nur allzu realer Wirkungen beitragen“ (Bourdieu 1997a, 207). Eine solche Perspektive nehmen (in der deutschsprachigen Umgangsliteraturforschung aller Disziplinen allerdings bislang nicht rezipierte) diskursanalytische Studien zu diesem Gegenstand ein (u.a. Arditi 1994 u. 1996, Bartelt u.a. 1986, Foster-Dixon 1993, de Negroni 1987, Picard 1995, Reimann 1989, Turnaturi 1988, Zimin 1981). Turnaturi (1988) beispielsweise verstand die von ihr analysierte Umgangsliteratur nicht als Quelle für Umgangspraxen, sondern sie fragte danach, welche Geschichte/n diese Texte erzählen und welches Bild sich eine Gesellschaft damit von sich macht. Ebenso las Picard (1995, insbes. 205ff.) in Anlehnung an Bourdieu die von ihm untersuchten Umgangsregeln der Jahre 1897 bis 1994 als Manifestationen von Distinktion. Reimann (1989) schließlich thematisierte erstmals die Regelproduktion. Sie weist darauf hin, daß nach dem Zweiten Weltkrieg die Beteiligung der Leserinnen an der Regelfestsetzung beginnt (beispielsweise in Ratgeberkolumnen in Zeitungen und Zeitschriften oder bei aus solchen Serien entstandenen Büchern sowie bei der Korrespondenz, die prominente Autorinnen mit Leserinnen und Lesern ihrer Bücher führen). Damit durchbricht sie die in der Umgangsliteratur übliche Aufspaltung des Umgangs mit Benimmregeln in Ratgeber (die angeblich zugleich Registraturen und Lehrbücher des alltäglichen Umgangs aller sind) auf der einen und der Leserschaft (die mit der Regelproduktion vermeintlich nichts zu tun hat) auf der anderen Seite, ohne die Leserschaft auf den Modus der „Anwendung“ oder „Umsetzung“ von Regeln zu reduzieren: „(R)eaders are helping to set the agenda“ (Reimann 1989, 48f.).

Als Forschungsfeld für diese Studie wurden Benimmseminare gewählt: Veranstaltungen auf dem öffentlichen und kommerziellen Bildungsmarkt, in denen Praktiken und Redeweisen zum Topos „Umgangsformen“ beim Aufeinandertreffen von Manieren-ExpertInnen und ihrer Kundschaft beobachtet und erfragt werden konnten. Diese Form der Thematisierung von Umgangsregeln flankiert die Umgangsliteratur in der BRD vermehrt seit Mitte der 80er Jahre (vgl. Kap. 1.2). Die sozial- und kulturwissenschaftliche Forschung hat diese Veranstaltungen zwar immer wieder zur Kenntnis genommen,[32] eigens untersucht als ein Raum, in dem sich das Verhältnis von Kultur und Sozialstruktur manifestiert, wurden sie jedoch bis jetzt nicht. Die Wahl des Forschungsfeldes resultiert aus der Fragestellung dieser Studie: Der ethnographische Gang in die Benimmseminare verdoppelt nicht das, was hier als zentraler Teil des Untersuchungsgegenstandes begriffen wird: die Klassifizierung sozialer Verhältnisse und kultureller Formen unter „Höflichkeit“ oder „Umgangsformen“. Bourdieu hat darauf hingewiesen, wie wichtig es ist, solche vorliegenden Kategorisierungen nicht einfach für die Analyse zu übernehmen: „Die spontane Sicht der sozialen Welt, die *folk theories*, wie es bei den Ethnomethodologen heißt, oder in meinem Sprachgebrauch die Spontansoziologie, (...) sind Teil der sozialen Wirklichkeit (...). Der objektivistische Bruch mit den Vorbegriffen, den Ideologien, der Spontansoziologie, den *folk theories* ist ein unvermeidlicher, notwendiger Moment wissenschaftlichen Vorgehens - diesen Bruch nicht zu vollziehen, wie der Interaktionismus, die Ethnomethodologie und alle Formen der Sozialpsychologie, die sich an eine phänomenale Sicht der sozialen Welt halten, geht nur um den Preis gravierender Irrtümer“ (Bourdieu 1992b, 142f.). Statt einzelne Praxen (z.B. Grüßen oder Essen) unter „Umgangsformen“ zu subsumieren und damit einen Alltagstopos (z.B. „Tischmanieren“ oder „Höflichkeit“) als wissenschaftliche Analysekategorie zu benutzen, können solche Kategorisierungen, ihre Relevanz und (Re)Produktion im genannten Feld selbst untersucht werden:[33] Welche Alltagsbereiche werden hier als eine Frage von Benimmregeln thematisiert und performiert? Wie werden in den Benimmseminaren „Umgangsformen“ inszeniert? Was für Interessen verfolgen dabei die Beteiligten (DozentInnen und SeminarteilnehmerInnen)? Was impliziert es, daß Gestalt und Gestaltung von beispielsweise Geschlechterbeziehungen, Umgang mit MigrantInnen, Arbeitsverhältnisse etc. dem Umgang mit Benimmregeln subsumiert, das heißt als Stilfrage behandelt werden? Welches Bild und welche Praxis von Gesellschaft ist damit verbunden? Welcher Art ist das Verhältnis zwischen der alltäglichen sozialen Praxis der AkteurInnen und ihrem Rekurs auf Umgangsregeln als DozentIn oder TeilnehmerIn eines Benimmseminars? Gegenstand der

Analyse sind hier also nicht Kategorien, sondern das Kategorisieren, und zwar insbesondere das ästhetische Kategorisieren des Sozialen.

Sozialstrukturelle Prämisse: die Klassengesellschaft

Die Analyse der Bedeutung der hier untersuchten kulturellen Praxen folgt also keiner vorgegebenen Nomenklatur, sondern es wird die von den AkteurInnen der Benimmseminare produzierte und benutzte Begrifflichkeit und Deutung dokumentiert und interpretiert. Die Erörterung des Sozialprofils der AkteurInnen dagegen fußt auf einer den untersuchten Phänomenen vorgängigen Kategorisierung in Anlehnung an Ergebnisse der quantitativen Sozialstrukturanalyse der BRD. Diesen zufolge werden die soziale Ungleichheit konstituierenden bzw. ihr entspringenden Gruppen im folgenden als Klassen bezeichnet. Wie beispielsweise M. Hartmann (1995) für die Besetzung von Spitzenpositionen in der Wirtschaft, R. Geißler (1994) für die Arbeit in den parlamentarischen Institutionen der repräsentativen Demokratie und für die Strafverfolgung, J. Allmendinger (1999) und Behringer/Jeschek (1993) für den Sektor schulischer und akademischer Abschlüsse und Wirth (1996, 2000) für die eheliche bzw. lebensgemeinschaftliche ParterInnenwahl statistisch dokumentiert haben, korrelieren alle diese Praxen mit der Klassenzugehörigkeit der AkteurInnen bzw. derjenigen ihrer Eltern (soziale Herkunft). Den in diesen Studien erhobenen Daten zufolge kann von einer „Entstrukturierung", einer „Individualisierung" (Beck 1986) oder einer „Erlebnisorientierung" (Schulze 1992) der bundesrepublikanischen Gesellschaft in bezug auf klassengesellschaftliche Stratifikation weder langfristig noch für die letzten 30 Jahre die Rede sein. Deshalb ist in dieser Arbeit von der Klassengesellschaft die Rede. Der kultursoziologische Mainstream der BRD hat das theoretische und analytische Werkzeug der Klassentheorie für veraltet erklärt.[34] Für die hier unternommene Kulturanalyse dagegen sind der klassentheoretische Ansatz und insbesondere seine verschiedenen Weiterentwicklungen relevant und nützlich: Die praxeologische Dynamisierung des Klassenbegriffs von Thompson, Parkin und Bourdieu,[35] die Erweiterung des Kapitalbegriffs von Bourdieu (1983) (ökonomisches, kulturelles und soziales bzw. symbolisches Kapital) und schließlich der Aufweis einer in Klassen nicht auflösbaren, Ungleichheit generierenden Dynamik in Form der Kategorie Geschlecht[36]. Die in diesem Zusammenhang vorgenommene Einordnung des Sozialprofils der beobachteten und befragten Gruppe als „kleinbürgerlich" gründet sich dabei nicht auf einer hochdifferenzierten „Klassenskala" der bundesrepublikanischen Gesellschaft, wie sie beispielsweise Wirth/Lüttinger (1998) in

Anlehnung an Goldthorpe verwenden. Dasselbe gilt für die in Anlehnung an A. Gramsci (1983) verwendeten Bezeichnungen „hegemoniale“ und „subalterne“ Klasse/n. Diese Bezeichnungen sollen vielmehr bestimmte Daten und Beobachtungen beschreibend auf den Punkt bringen, die sich zusammensetzen aus der sozialen Herkunft (wenig ökonomisches, kulturelles und soziales Kapital) und der sozialen Lage (mehr ökonomisches und mehr institutionalisiertes kulturelles Kapital (Bildungstitel) als die Herkunftsfamilie, wenig soziales Kapital) der Lehrenden und TeilnehmerInnen von Benimmseminaren. Von entscheidender Bedeutung sind zudem ihre subjektive Positionierung im sozialen Raum und ihre diesbezüglichen sozialen und kulturellen Ambitionen, Praxen und Diskurse. Damit wird einerseits die strukturbildende Dynamik des Verhältnisses von Arbeit und Kapital weiterhin berücksichtigt (bei der Analyse des Materials wird zudem deutlich, wie die Befragten sich bei ihrem Umgang mit Benimmregeln implizit oder explizit auf die mit diesen beiden Größen verknüpften Erwerbsmodi beziehen); andererseits verhindert die erwähnte theoretisch und empirisch vorgenommene Ausdifferenzierung des Kapitalbegriffs sozialstrukturellen Determinismus bzw. eine simple Mechanik zwischen bestimmender (ökonomischer) Basis und bestimmtem (kulturellem) Überbau. Die Berücksichtigung der von den beobachteten und befragten Personen selbst vorgenommenen Positionierung ihrer Lebensweise im Gefüge der Sozialstruktur zeigt, daß der hier untersuchte Umgang mit Benimmregeln nicht aus einem durch soziale Herkunft oder Lage determinierten „Habitus“ (P. Bourdieu) resultiert[37], sondern daß dafür die Wahrnehmung und Befürwortung der Klassenstruktur durch die Untersuchten (die sie gleichwohl nie so nennen würden) sowie ihre darauf bezogenen Ambitionen mit ausschlaggebend sind. Die Frage nach diesem Zusammenhang am Beispiel des Umgangs mit Benimmregeln ist argumentativ deshalb von Bedeutung, weil der Abschied von klassentheoretischen Ansätzen meist damit zu begründen versucht wird, daß sozialstrukturelle Ungleichheit im Alltag nicht mehr wahrgenommen werde und folglich nicht mehr handlungsrelevant sei, wie dies beispielsweise G. Schulze postuliert.[38] Im folgenden wird statt dessen dokumentiert, daß eine solche Wahrnehmung existiert und daß sie gerade dann, wenn sie verschleiert, d.h. in Form ästhetischer Wertungen daherkommt, zu den von F. Parkin in Anlehnung an M. Weber charakterisierten Prozessen „sozialer Schließung“ zählt, die ein Element der Klassenbildung sind. Ein solcher Ansatz ermöglicht es, „Klasse mit Hilfe jener Strategien zu definieren, durch die soziale Gemeinschaften unter sich verändernden materiellen Bedingungen Vorteile für sich beanspruchen und sie zu legitimieren versuchen“ (Parkin 1983). Dieses Konzept betont zudem „den Prozeßcharakter von Klasse“

und ist „gut in die Sprache der Macht zu übersetzen: Macht wird nicht als etwas Geheimnisvolles und Außergewöhnliches dargestellt, dessen ungewisse Verortung das Schichtungsgefüge komplizierter macht, sondern als Metapher zur Beschreibung der tatsächlichen Wirkungsweise dieses Systems" (ebd.). Durch das für diese Studie gewählte Untersuchungsdesign ist es möglich, den soziobiographischen Faktoren, die beim verschiedentlich diagnostizierten „Benimm-Boom" eine Rolle spielen, auf die Spur zu kommen. Der hier thematisierte Umgang mit Benimmregeln wird also nicht, wie in der Lebensstilforschung beispielsweise von Schulze (1992, 16) praktiziert und gefordert („Bourdieu systematisch vergessen"), (als) von der sozialen Lage der Akteurinnen und Akteure weitgehend entkoppelt analysiert. Sondern gerade die Dynamik zwischen Kultur (diskursiver und praktischer Umgang mit Benimmregeln) und Sozialstruktur (Sozialprofil der Beteiligten) ist das Thema der Untersuchung, und zwar in zwei Richtungen: Zum einen wird qualitativ der Zusammenhang untersucht, den die quantitative Kulturanalyse zwischen sozialer Herkunft bzw. Lage und Lebensweisen dokumentiert: Welches Sozialprofil hat die Gruppe, die in Benimmseminaren als Lehrende oder als TeilnehmerInnen den Umgang mit Benimmregeln praktizieren? An welchem Punkt in ihrer Soziobiographie formulieren die Beteiligten ein Interesse für Umgangsregeln? Welche Erfahrungen stehen dahinter und welche Absichten und welche Hoffnungen verbinden sich damit? Zum anderen geht es um die Art und Weise dieser Korrelation, die die quantitative Kulturanalyse lediglich statistisch feststellen kann, d.h. eben jene „Klassenpraktiken" (N. Poulantzas) und Prozesse „sozialer Schließung" (F. Parkin), deren alltägliche praktische Konstituierung ihr aber aufgrund der Art der Daten nicht zugänglich ist: Ist die Bezugnahme auf Umgangsregeln, wie in zahlreichen Umgangsliteraturstudien konstatiert, ein Mittel *zum* sozialen Aufstieg? Und hat sie deshalb potentiell sozial integrierende Wirkung? Oder geht es dabei generell, *nach* stattgefundenem oder *beim* ökonomischem Aufstieg um dessen kulturelle Absicherung nach unten, was ein Hinweis auf soziale Schließungsprozesse wäre? Anders gefragt: Ist der Rekurs auf Benimmregeln, wie vor allem von den Medien und den Umgangslehrenden selbst, aber auch in der Sozialwissenschaft (z.B. Beck 1986, 249; Wouters 1986, 527) behauptet, eine subjektive und objektive Mithalte-Strategie (potentiell) Ausgeschlossener oder sozialer Aufsteiger zur Wahrung bzw. Optimierung ihrer sozioökonomischen „Chancen"? Oder ist das vermehrte Reden und Handeln im Namen des „guten Tons" auch eine Strategie des Ausschlusses bereits aufgestiegener Gruppen und Individuen und damit alltagskulturelles Mittel oder Modus sozialer Ungleichheit? Ausgehend von der Erörterung dieser Fragen werden außerdem mögliche Bezüge hergestellt zwischen dem in dieser Studie untersuchten Phänomen (der Umgang mit Benimmregeln) und verschiedenen Diagnosen zum aktuellen kulturellen und gesellschaftlichen Wandel wie der These von einer postfordistischen „Neuformierung der Klassenverhältnisse und der Subjektstrukturen" (Kind/Ronneberger 1996, 103) oder vom Wandel der „Disziplinar-" zur „Kontrollgesellschaft" (Deleuze 1993). Diese abschließenden Überlegungen haben nicht den Anspruch, die jeweiligen Thesen zu verifizieren oder zu falsifizieren, sondern sie verstehen sich als Versuche, den mikrologischen Ansatz einer empirischen Alltagskulturforschung ausschnitthaft mit (politökonomischen) Aussagen auf der Makroebene von Gesellschaftswissenschaft zu verknüpfen.

1.4 Empirische Grundlage und Forschungsprozeß

Datenerhebung

Die Quellen für diese Studie wurden mit Hilfe von teilnehmender Beobachtung, qualitativen Interviews und Fragebögen produziert; außerdem wurden zur Hintergrundinformation die von den Lehrenden publizieren Ratgeber (vgl. schriftliche Quellen) herangezogen.

Die *teilnehmende Beobachtung* umfaßte den Besuch von 15 ein- und mehrtägigen Benimmseminaren in den Jahren 1995 bis 1997.[39] Dabei gaben die VeranstalterInnen auf dem kommerziellen Bildungsmarkt für den Forschungsbesuch Nachlaß auf die Seminarpreise, in mehreren Volkshochschulen wurde sogar eine kostenlose Teilnahme gewährt. Die Forschung wurde nicht verdeckt, sondern offen durchgeführt. Bei der Kontaktaufnahme mit den Lehrenden und am Beginn jedes Seminars habe ich das Forschungsinteresse genannt: Als Thema der Arbeit gab ich „die Bedeutung und den Wandel von Umgangsformen" an. In den Veranstaltungen selbst nahm ich an allen Übungen, Rollenspielen und Trainings-Mahlzeiten teil. Grundlage für die Auswertung waren die während und nach den Seminaren verfaßten Protokolle sowie das Forschungstagebuch mit den Notizen über alle im Zusammenhang mit der teilnehmenden Beobachtung und den Interviews gepflegten Kontakte.

Um einen Einblick in die Gründe für die Beschäftigung mit Umgangsregeln und in die Soziobiographie der daran Beteiligten zu erhalten, wurden zum Teil mehrteilige *Interviews* mit 16 Lehrenden und mit 33 TeilnehmerInnen der Seminare geführt, wobei es sich bei letzteren zum Teil um Gruppeninterviews handelte (z.B. wenn Mutter und (Enkel-)Tochter, ein (Ehe-)Paar, Kolleginnen oder Freundinnen eine Veranstaltung gemeinsam besucht hatten). Diese dauerten, je nach Auskunftsbereitschaft, zwischen 30 Minuten und zwei Stunden. Die Frageliste (u.a. zu den Gründen für das Anbieten bzw. Besuchen von Benimmseminaren, zum Umgang mit dem darin behandelten Stoff und mit einem Teil zur Soziobiographie) wurde dabei nicht als Leitfaden benutzt, sondern als Gedächtnisstütze für Nachfragen zu Äußerungen der Befragten. In der Typologie der qualitativen Forschung bezeichnet man diese Erhebungsmethode als „narratives Interview" (Schütze 1977) oder als „problemzentriertes Interview" (Witzel 1982, 69).

Eine *Erhebung mittels Fragebogen*, der an alle 161 TeilnehmerInnen der besuchten Seminare ausgegeben und von 45 Personen zurückgesandt wurde, ergänzte die qualitativen Interviews. Diese Daten wurden jedoch nicht statistisch ausgewertet, sondern lediglich zur Verbreiterung der Datenbasis aus den Einzelinterviews herangezogen, insbesondere um Informationen über das Sozialprofil einer größeren Gruppe als die der insgesamt 52 Interviewten zu bekommen. Abgefragt wurden hier außerdem in einer kürzeren Version als im Interview ebenfalls die Gründe für die Seminarteilnahme und der Umgang mit den Regeln. Dieses Material erwies sich jedoch im Vergleich mit den Erträgen aus der teilnehmenden Beobachtung und den Interviews für die Auswertung als ungeeignet, da es nicht so dicht war, daß es Interpretationen tragen konnte.

Damit erhebt diese Studie keinen Anspruch auf Repräsentativität im statistischen Sinne. Es ist vielmehr intendiert, das Spektrum des Umgangs mit Benimmregeln zu dokumentieren, zu analysieren und zu interpretieren.

Übertragungsverhältnisse: Die unterschiedliche Positionierung der Wissenschaftlerin

In der qualitativen kulturwissenschaftlichen Methodenpraxis gelten die Beziehungen zwischen Forschenden und untersuchter Gruppe nicht als zu eliminierender Störfaktor (so z.B. Huber/Mandl 1994), sondern als „sozial und kulturwissenschaftliches Datum ersten Ranges" (Lindner 1981, 52; siehe insbes. auch Jeggle 1984). Die „Begegnung von Forscher und Forschungsobjekt" werden „als Erkenntnis*gegenstand* und als *Erkenntisquelle*" verstanden (Lindner 1981, 52). Zur Benennung dieses Materials hat sich auch in der qualitativen Kulturanalyse und Sozialforschung (ausgehend von der Ethnopsychoanalyse, z.B. Devereux 1974 u. 1976, Nadig 1986) der psychoanalytische Begriff der „Übertragung" oder der „Übertragungsverhältnisse" eingebürgert (z.B. Eisch 1996, Böhnisch 1999), und zwar sowohl für bestimmte Wahrnehmungen der Forschenden als auch für bestimmte der Erforschten.[40] Damit sind Wahrnehmungen und Handlungen gemeint, die sich weniger auf die jeweils konkret handelnden Personen beziehen, sondern beispielsweise auf ein soziales oder kulturelles Feld oder eine bestimmte „Kapitalstruktur“ (Bourdieu), das/die man repräsentiert und/oder welche/s man sich gegenseitig zuschreibt. Solche Prozesse waren auch für die vorliegende Untersuchung eine wichtige Quelle:

Der Zugang zum hier betretenen Forschungsfeld gestaltete sich insofern einfach, als mir von keinem/r der Lehrenden, die ich darum bat, die Teilnahme an ihren Veranstaltungen verwehrt wurde. Auch wenn letztlich nicht bekannt ist, was sie sich vom Besuch einer Wissenschaftlerin erhofften oder aus welchem Grund sie ihn zuließen, so gab es doch Hinweise auf einen Zusammenhang, der für die Zustimmung zur Forschung in ihren Veranstaltungen eine Rolle spielte: Sie erhofften sich von mir Informationen über das Angebot der Konkurrenz („Jetzt sagen Sie mir doch mal, bei wem Sie schon waren!“) und nutzten die Gelegenheit zur Konkurrenz („Ach die Frau Baumann? Die verdient doch kein Geld damit!“; „Die Frau Kaufmann? Was die macht, ist in meinen Augen Dressur.“).

Auch die TeilnehmerInnen in den Seminaren gestatteten die Anwesenheit einer Forscherin zumindest insofern, als daß sie nicht dagegen protestierten. Bei den Interviews dagegen wurde deutlich, wo für manche SeminarteilnehmerInnen die Grenze des Erforschtwerdens lag, wobei die Gründe für diese Weigerungen im Dunkeln bleiben müssen, da ein Gespräch ja gerade nicht stattfand. Mit drei TeilnehmerInnen, die ich um ein Interview bat, kam es nicht zu einem Gespräch,[41] wobei sie mein Ansinnen nicht direkt mit „nein“ beantworteten, aber doch klar wurde: „Da macht jemand offenkundig, ich mache nicht mit“ (Jeggle 1984, 101).

Bei der teilnehmenden Beobachtung und bei den Interviews begegnete man mir sehr unterschiedlich. Dies gibt Auskunft über eine je spezifische Manifestation des Verhältnisses von Kultur und Sozialstruktur und die damit verbundenen Interessen im Kontakt zwischen mir und den TeilnehmerInnen und Lehrenden. Sie sind ein Beispiel dafür, inwiefern die Beziehung zwischen ForscherIn und Erforschten bei einer teilnehmenden Beobachtung zur Informationsquelle werden kann:

In den am unteren Ende der Preisskala angesiedelten Veranstaltungen an Volkshochschulen im ländlichen Raum wurde meine Anwesenheit von Lehrenden und SeminarteilnehmerInnen zugleich als unabwendbarer Eingriff (Herr Schmitz, einer der Lehrenden: „Ja von mir aus, mir ist das egal.“), ungewohnte wissenschaftliche Wertschätzung (zwei TeilnehmerInnen im Interview: „Warum haben Sie uns ausgewählt aus diesem erlauchten Kreis?“) und schwer einzuschätzende Überwachung (Teilnehmerin in einer Seminarpause: „Sind Sie so eine Art Kontrolle?") behandelt; und die Interviews nahmen manche weniger als Befragung, sondern eher als Abfragen wahr (Teilnehmerin: „Ich habe jetzt gar nicht nochmal in die Seminarunterlagen geschaut."). Hier, wo Lehrende und Teilnehmende eher wenig kulturelles und ökonomisches Kapital aufweisen, wurde meine Forschung für manche der Beobachteten und Befragten zum konkreten Ausdruck der (kulturellen) Hegemonie der Gruppen, über deren Stile und Praxen sie (sich) doch gerade informieren wollten.

Im Mittelfeld des Seminarangebots, zu dem Veranstaltungen an (groß-)städtischen Volkshochschulen und die günstigeren Angebote auf dem privaten Bildungsmarkt gehören, dominierte das Schlagwort „interessant": „Also das finde ich ja interessant, das von der wissenschaftlichen Seite aus zu sehen!" meinte eine Dozentin bei meinem ersten Anruf; in den Veranstaltungen selbst wurde ich mitunter als Expertin angesprochen („Was sagt die Kulturwissenschaftlerin dazu?"), und bei den Interviews erkundigten sich die SeminarteilnehmerInnen nach meiner beruflichen Praxis („Was kann man denn so machen als Kulturwissenschaftlerin?"). In diesem Fall rangierte ich als Wissenschaftlerin eher als den, in diesem Fall aus dem (neuen) Kleinbürgertum stammenden, Untersuchten (z.B. Ingenieure, Übersetzerinnen, selbständige Handwerker, GymnasiallehrerInnen) ähnliche Person, nach deren Wissen und Praxis man sich neugierig erkundigt. Dabei tat sich jedoch auch oft eine Lücke auf zwischen den Vorstellungen von „Wissenschaft", die die untersuchte Gruppe pflegt, und der hier praktizierten Kulturtheorie. So dominierte von seiten der Befragten die Suche nach „Ursprüngen" („der Ursprung des Grußes"), die entweder vermeintlich historisch identifiziert wurden („schon Goethe hat das Brot gebrochen") oder die man biologistisch-anthropologisierend konstatierte („der Gruß hemmt die Aggression in uns", vgl. Kap. 2.2). Da ich solche Erklärungen nicht teile und in diesem Modus gestellte Fragen („Woher kommt eigentlich ...?") nicht beantwortete, sondern erst einmal umformulierte zur Frage nach Wandel, Bedeutung und Funktion bestimmter Formen, endeten solche Gespräche meist mit ratlosen Blicken der Fragenden und der höflich-allgemeinen Bekundung, das sei ein „interessanter Gedanke". Hier wurde deutlich, daß das, was jeder Naturwissenschaft zugestanden und zudem als Zeichen von Kompetenz gelesen wird - nämlich Erklärungen bereitzuhalten, die dem spontanen Erfahrungs- und Alltagsverstand nicht unmittelbar nachvollziehbar sind - für Kulturtheorie nicht gilt.[42] Während Warneken/Wittel (1997) solche Forschungserfahrungen vor allem als „Angst vor mangelnder Anerkennung als Wissenschaftler" diskutieren, reflektierte Böhnisch (1999, 53), die „Gattinnen" (Ehefrauen von Topmanagern) befragte, solche Szenen mit Hilfe einer Forschungssupervision[43] als mangelnde Professionalität qualitativer Forschung: „Ich hatte Gespräche an bestimmten Punkten abgeblockt, Forschungsfragen erklärt und mich auf Diskussionen eingelassen." Sie interpretiert also die von ihr situativ vorgebrachten Erklärungen und Rechtfertigungen nicht als (beispielsweise) allein durch das Verhältnis der „Kapitalstruktur" (P. Bourdieu) von Forscherin und Befragter bedingte Strategien. Statt dessen deutet sie dies als Effekt einer „Konkurrenz" (ebd., 54), die den divergierenden individuellen und gesellschaftlichen Interessen entspricht, für die Forscherin und Befragte stehen oder sich gegenseitig halten: „Vielmehr informieren die Erwartungen, die die Beteiligten an die Gespräche stellen, die 'Vorurteile', die die Frauen von der jeweils anderen haben, und die Ressourcen, die im Gespräch in Anschlag gebracht werden, über das Verhältnis zwischen wirtschaftsbürgerlichen und bildungsbürgerlichen Kreisen sowie über das Verhältnis zwischen berufstätigen und nichts berufstätigen Frauen sowie über das Verhältnis zwischen zwei Generationen (ich bin so alt wie die Kinder der Frauen)" (ebd., 53). So wird bei der Analyse und Interpretation ihrer Interviews deutlich, daß ihr die befragten Frauen zwar viel ökonomisches Kapital voraus haben, daß aber gerade die Konfrontation mit einer Person, in deren Kapitalstruktur kulturelles Kapital überwiegt, im Forschungsprozeß manche der befragten „Gattinnen" zu einer Verteidigung ihrer Existenzgrundlage bewegte.

In den kommerziellen Seminaren am oberen Ende der Preisskala wurde ich von manchen Lehrenden belehrt. Dies geschah mit Hilfe beiläufiger Bemerkungen (Frau Möchten: „Hab' ich Ihnen den Krumrey schon genannt?", „Ist Ihnen Elias geläufig? Haben Sie ihn ganz gelesen?"), konnte jedoch auch die Form von direkter Herausforderung und Wortgefechten annehmen, wie beispielsweise im Interview mit Frau Möchten. Als ich am Ende des Interviews mit ihr fragte, ob sie noch eine Frage habe, entspann sich folgender Dialog:

Frau Möchten: Ja. Wenn Sie die Literaturangaben machen, dann würde ich schon gut finden, wenn Sie meine Bücher[44] mit erwähnen.

E.T.: Also als – ja, als Quellen oder so, ja. Aber ich untersuche ja eben nicht in erster Linie Bücher.

Frau Möchten: Als Quellen. Weil dieses eine Buch von mir, das steht mittlerweile in allen Universitätsbibliotheken.

E.T.: Woher wissen Sie das, daß das in allen steht? Haben Sie da mal rumgefragt?

Frau Möchten: Ja nee, es gibt da einfach einen Hinweis über Universitätsbibliotheken, eine Empfehlung, das hat mir der Verlag gesagt.

E.T.: Also wie gesagt, das ist jetzt nicht der Schwerpunkt meiner Arbeit, diese Umgangsformenliteratur im engeren Sinne zu untersuchen. Ich habe natürlich viel Literatur, die ich auswerte, aber eben wissenschaftliche Literatur im engeren Sinne, die selbst auf Quellen basiert. Und Ihre Bücher sind ja Umgangsformenliteratur im engeren Sinne.

Frau Möchten: Ich denke, daß man alle benutzte Literatur angibt. Das hab ich auch immer so gehalten.

E.T: Ja, klar. Aber für mich ist es etwas anderes, ob es jetzt ein Aufsatz ist aus einer Fachzeitschrift, eine soziologische Arbeit, die selbst mit einer Fragestellung ein bestimmtes Material untersucht hat. Weil Ihre Position ist ja doch in dem einen Punkt eine andere, weil Sie ja bestimmte Dinge propagieren, oder vertreten, und das machen ja Wissenschaftler nicht, die vertreten ja keine Regeln oder Standards, die untersuchen die ja mehr, also da sehe ich schon einen Unterschied.

Frau Möchten: Na gut, es gibt natürlich Leute, die da auch eine Botschaft damit verbinden, und die würden mir Wissenschaftlichkeit nicht absprechen. Also mein Buch „Karriere mit Stil" kann man auf keinen Fall als Benimmbuch betrachten, das steht auch in den guten Buchhandlungen unter Wirtschaftsliteratur, also nicht unter Benimm.

Ich war überrascht angesichts von Frau Möchtens direkter Bitte um Aufführung ihrer „Bücher" in der Literaturliste dieser Arbeit. Sie hatte damit und mit dem nachfolgenden Stichwort „Universitätsbibliothek" das Feld der Wissenschaft als dasjenige gewählt, auf dem ich sie zitieren, d.h. würdigen sollte. Ich machte dann mit meinen Antworten nicht dieses Ansinnen zum Thema, sondern bestätigte es qua Negation, indem ich ihr durch die Blume erklärte, daß ihr Ratgeber keine wissenschaftliche Literatur ist (eine ziemlich abstruse Argumentation meinerseits). Wenig später im Gespräch machte Frau Möchten (wieder) dasselbe Feld auf. Dabei entwickelte sich eine Auseinandersetzung, die weniger dokumentiert, wie wissenschaftlich oder unwissenschaftlich Frau Möchten ihre Ratgeber oder ich das Forschungsdesign dieser Studie gestaltete, sondern die vor allem vor Augen führt, wie zwei bildungsbürgerlich orientierte Kleinbürgerinnen aus Bildung („Universitätsbibliothek", „theoretischer Hintergrund") „eine Frage von wahr und falsch, eine Frage auf Leben oder Tod"[45] machen:

Frau Möchten: Und bei welchen Seminaren waren Sie?

E.T.: Also, ich war bei der Frau Kutsch, bei der Frau Rau war ich sogar zweimal, dann war ich bei Frau Baumann.

Frau Möchten: Die kenne ich auch.

E.T.: Dann war ich bei Herrn Schmitz im süddeutschen Raum, auch zweimal, bei Frau Bäcker war ich sogar dreimal.

Frau Möchten: Was machen Sie da so oft?

E.T.: Ich brauche ja Material. Ich brauche Leute, die ein Interview geben, auch unter den Teilnehmern, und ich muß einfach eine gewisse Datenbreite haben, um Aussagen machen zu können.

Frau Möchten: Sie machen also praktisch doch eine sehr starke Betonung der Empirie, nicht. Sind Sie ein bißchen wissenschaftsfeindlich oder so?

E.T: Nöö, überhaupt nicht, nee. Das ist jetzt eben die Datenaufnahme, aber da stehen Fragestellungen dahinter, und wenn man promovieren will, muß man ja eigentlich zumindest in Ansätzen was Neues bringen oder zumindest neues Material untersuchen und daran dann Thesen entwickeln, und das ist jetzt eben das Material, das ich aufnehme.

Frau Möchten: Also ich bin da ganz anders vorgegangen bei meiner Arbeit über den Entwicklungsroman[46]. Ich hab' ja zuerst mal versucht, rein theoretisch zu erklären, was ein Entwicklungsroman ist. Es gibt einfach keine Theorie darüber. (...) Das definitorisch und rein theoretisch zu klären ist unheimlich schwierig, ohne sich immer wieder verlokken zu lassen, das eben aus der Empirie zu holen. (...) Also ich bin erstmal von der Theorie ausgegangen und dann hab' ich gesagt gut, jetzt muß man halt entweder verifizieren oder falsifizieren. Aber Sie machen da ohne Ende Empirie, also eigentlich bräuchten Sie zwei Seminare, um Ihre Theorie zu festigen, oder um zu sehen, wo die Lücken hat. Aber daß Sie da ohne Ende Seminare besuchen, das bringt nichts.

E.T.: Ja, das ist zeitaufwendig. Ich meine, ohne Ende ist das nicht. Also zwei Seminare würden meiner Erfahrung nach nicht genügen. Es war schon sehr zeitaufwendig, aber ich bin doch froh, daß ich so viele besucht habe, weil's eben auch große Unterschiede gibt und weil dann doch unterschiedliche Facetten des Themas oder des Problembereichs jeweils zutage treten. (...) Ich meine, Sie können dann ja mal reinschauen, wenn's fertig ist, ob die Theorie angemessen berücksichtigt worden ist.

Frau Möchten: Nein, ich habe mir einfach vorgestellt, daß ihr Erkenntnisinteresse von der Theorie her kommt, daß Sie von dem gesellschaftstheoretischen Ansatz über die Funktion beziehungsweise die Werte dieser Umgangsformen kommen. Und da hat das also unheimlich überrascht, daß Sie so einfach wild daher fragen (lacht).

E.T.: Ich meine, ich habe mir ja zu jeder Frage was überlegt. Und also, ich habe ja ein Stipendium und mußte dafür einen ausführlichen Forschungsantrag stellen, und da muß von Theorie natürlich ausführlich die Rede sein.

Frau Möchten. Und was für ein Stipendium ist das?

E.T.: Landesgraduiertenförderung Baden-Württemberg. Das sind ja Gelder des Landes, und dann muß man sich bewerben und Gutachten von zwei Professoren beibringen/

Frau Möchten: Ja ich kenn's, also/

E.T.: Naja, das brauche ich Ihnen nicht erklären.

Im Gegensatz zur Annahme, daß es sich bei solcher Kritik von Seiten der Befragten um ein Phänomen von „Verwissenschaftlichung des gesellschaftlichen Wissens“ (Warneken/Wittel 1997, 5f.) handelt, wegen dem nun ForscherInnen vermehrt „ihre individuelle Fachkompetenz zu verteidigen haben“ (ebd.), interpretiere ich meine oben zitierten Verteidigungsreden („Fragestellung“, „zwei Professoren“) eher als Irrweg bei der Verfolgung des Untersuchungsziels dieser

Studie: Anstatt beispielsweise nachzufragen, welche Bedeutung „Universitätsbibliotheken" oder „Theorie" für Frau Möchten haben und damit der Dynamik und Bedeutung kulturellen Kapitals im Zusammenhang mit der Umgangslehre auf die Spur zu kommen, die diese Dozentin für „Führungskräfte" veranstaltet, versäumte ich diese Chance, indem ich Frau Möchten zunächst nötigte zu beweisen („Woher wissen Sie das?"), was für sie von Bedeutung ist („mein Buch in allen Universitätsbibliotheken"). Dann übernahm ich ihre Kategorien, wobei in der dann folgenden merkwürdigen Auseinandersetzung um „Wissenschaftlichkeit" zunächst sie („keine Fragestellung, keine empirische Basis") und am Ende ich („keine Theorie") den Kürzeren zog. Daß sich dabei mein Untersuchungsziel in nichts auflöste, liegt jedoch m.E. weniger daran, daß ich hier mit, wie es für Research-up-Settings behauptet wurde, „fachliche(m) Mitwissen oder Besserwissen" („Elias gelesen?") konfrontiert wurde, sondern daß ich wegen der Konfrontation mit angsterzeugendem Material die hinter meinem „Wissen" stehende Fragestellung völlig aus den Augen verloren hatte, mich rechtfertigte und Erklärungen abgab, statt zuzuhören und Fragen zu stellen.

Während die Lehrenden von „Führungskräfte"-Seminaren mir gegenüber eher (wie hier Frau Möchten) auf kulturelles Kapital rekurrierten, thematisierten TeilnehmerInnen an Veranstaltungen der obersten Preisklasse immer wieder meinen und damit indirekt auch den eigenen ökonomischen Status. So fragte mich beispielsweise der Teilnehmer eines „Führungskräfte"-Seminars in Berlin, ein selbständiger Unternehmer in der Autozulieferbranche, morgens vor dem Seminarraum: „Ich habe mir eine Taxe genommen. Und Sie haben sich mit der U-Bahn hierher durchgeschlagen?!" In einer anderen „Führungskräfte"-Veranstaltung (miß-)verstand Herr Macher, Geschäftsführer einer Stahlbaufirma, meine Bitte um ein Interview als Frage nach einem Termin für eine Berufsberatung: „Sie können mich jederzeit anrufen. Ich habe eine Tochter in Ihrem Alter. Ich kann Ihnen nur empfehlen: Fragen Sie immer mehrere Leute, wenn Sie noch nicht wissen, was Sie beruflich machen wollen." Hier brachten die Beobachteten und Befragten vor allem ihr ökonomisches Kapital, aber auch ihr Alter und ihre Berufserfahrung in Anschlag gegen mich, was vermutlich durch die Tatsache, daß ich jung und eine Frau bin, noch verstärkt wurde. Gleichwohl entspann sich beispielsweise mit Frau Kosic, die ebenfalls ein „Führungskräfte"-Seminar besuchte und ebenso wie ich 1969 geboren ist, ein Dialog, der seine Spannung aus dem Rekurs auf dieselbe Kapitalsorte bezog:

Frau Kosic: Was möchtest Du denn machen, wenn Deine Arbeit fertig ist?

E.T.: Abgesehen davon, daß man es sich nicht unbedingt aussuchen kann, würde ich gerne an der Uni arbeiten.

Frau Kosic: Kann man denn da überhaupt Geld verdienen?!

E.T.: Naja, wenn man eine feste Stelle hat, könnte eine Familie schon davon leben.

Frau Kosic: Also ich habe mal in einer Computerfirma gearbeitet, und das war immer so karg und schlecht ausgestattet an der Uni, wenn wir da was geliefert haben. Möchtest Du nicht lieber so Seminare geben wie die Frau Rau? Das wäre doch was für Dich, das hat etwas mit Menschen zu tun!

E.T.: Nein. Es ist ja schon ein Unterschied, ob man solche Regeln untersucht oder propagiert, da muß man dann ja auch richtig dahinter stehen, und das tue ich nicht.

Am Blick von Frau Kosic sah ich, daß der Unterhalt einer Familie nicht das ist, was sie unter „Geld verdienen" versteht, und ihr Statement zur Einrichtung von Universitätsinstituten („karg") und ihr Gegenvorschlag („Seminare geben") machen ebenfalls klar, daß First-class-Hotels (dort fand das Seminar von Frau Rau statt, bei dem ich Frau Kosic kennengelernt hatte) hier über Universitätsinstituten positioniert werden.

Diese Begegnungen zeigen, inwiefern es nach wie vor notwendig ist, bei der Analyse des Forschungsprozesses sowohl von objektiv gegebenen sozialstrukturellen Fakten als auch von den subjektiven Einschätzungen der Beteiligten auszugehen. Erst letztere entscheiden bei der Interaktion darüber, auf welchem Feld (ökonomisches, kulturelles, soziales Kapital) eine Auseinandersetzung stattfindet. Aufgrund dieses Materials war es nicht möglich, die Richtung des Forschungsprozesses dieser Arbeit entweder als „research up" (Warneken/Wittel 1997) oder als durch „soziale Überlegenheit" (Jeggle 1984, 102) der Wissenschaftlerin charakterisiert zu definieren.[47] Dies resultierte nicht nur aus der Diversität des untersuchten Raums, der von Volkshochschulkursen bis zu „Führungskräfte"-Seminaren reichte, und in dem ich auf Personen traf, deren Kapitalstruktur sehr unterschiedlich ist. Entscheidend ist dabei auch, welche Sorte Kapital die Beobachteten und Befragten mir gegenüber in Anschlag brachten (z.B. ökonomisches Kapital: „Ich fahre nie mit öffentlichen Verkehrsmitteln.", oder institutionalisiertes kulturelles Kapital: „Mein Buch steht in allen Universitätsbibliotheken.") und welche sie mir zuschrieben (Prüfungsberechtigung für kulturelles Kapital: „Ich hab' jetzt gar nicht nochmal in die Unterlagen geschaut.") oder absprachen (z.B. ökonomisches Kapital: „Geld verdienen?!"). Es sei betont, daß das so entstandene Verhältnis nicht unbedingt mit der objektiven sozialen Lage und Herkunft der Beteiligten korreliert,[48] wie es beispielsweise Bourdieu bei seiner Reflexion der Datenerhebung postuliert.[49] Die Analyse der Sozialstruktur eines Forschungsfeldes gibt noch keine Auskunft darüber, ob und wie sich Distinktion, „soziale Überlegenheit" (Jeggle 1984, 102), „symbolische Gewalt, die durch die Interviewbeziehung zur Ausübung kommen kann"

(Bourdieu 1997c, 782) oder „neue Angst vor dem Feld“ (Warneken/Wittel 1997) manifestieren. Dies wurde im Forschungsprozeß für die vorliegende Studie erst beim konkreten Kontakt offenbar, wenn ich zu spüren bekam, auf welche Kapitalsorte sich das jeweilige Gegenüber berief. Das bedeutet, daß der soziale Raum oder das kulturelle Feld, in dem eine Datenerhebung stattfindet, keine eindimensionale Matrix aufweist, die es erlauben würde zu identifizieren, ob man sich sozialstrukturell schlicht „über“ (wahlweise „die Liebe zum Volk“ oder „soziale Überlegenheit“) oder „unter“ („research up“) den Befragten befindet.

Bei einer Reflexion der eigenen „Angst“ (Lindner 1981) oder der „neuen Angst“ (Warneken/Wittel 1997) vor dem Feld gilt es, auch die Übertragungsreaktionen und Projektionen der untersuchten Gruppen zu interpretieren, die diese Angst (mit) erzeugen können. Abfällige Reaktionen der Untersuchten auf sozial- und kulturwissenschaftliche Forschung (wie beispielsweise die oben zitierten) kann, ebenso wie alles andere Material im Feld, interpretiert werden. Dies praktizierten beispielsweise Eisch (1996) und Böhnisch. Böhnisch (1999, 68f.) schreibt über die von ihr befragten Ehefrauen von Topmanagern:

„Nicht alle diese Frauen erkennen WissenschaftlerInnen als ihresgleichen an. (...) ‘Die WissenschaftlerInnen aus dem Elfenbeinturm haben (...) Vorurteile gegenüber Reichen und betrachten sie deshalb undifferenziert. Mit ihren linken Parolen maßen (sie) sich (...) an, Menschen zu kritisieren, die in der Gesellschaft wichtige Positionen und Funktionen übernehmen.’ Das sieht Konstanze von Byron (eine der Befragten, E.T.) nicht ein. (...) In der zitierten Passage stellt Konstanze von Byron nicht nur ihre Sichtweise über wissenschaftliche Annahmen, sondern auch ihre gesellschaftliche Position über die der AkademikerInnen“ (Böhnisch 1999, 68f.).

Oder eine andere Befragte (ebd., 38): „Indem diese Frau WissenschaftlerInnen mit JournalistInnen gleichsetzt und den seriösen Umgang mit dem Material anzweifelt, bringt sie zum Ausdruck, daß sie nicht besonders viel von wissenschaftlichen Arbeiten hält.“ Während andere WissenschaftlerInnen solche Äußerungen als Manifestation eines objektiven, in D-Mark zu beziffernden[50] oder an Kenntnissen legitimer (Hoch-)Kultur ablesbaren[51] Machtgefälles beim „‘nach oben’ forschen“ (Böhnisch 1999, 36-42) verstehen, interpretiert sie solche Abwertungen sozialwissenschaftlicher Forschung und Kulturanalyse als Teil der Strategien, mit denen die Befragten ihre klassenspezifischen Vorteile zugleich inszenieren und verteidigen. Insofern erscheint vor allem ein Bewußtsein der gesellschaftlichen und politischen Zusammenhänge, in denen ein kulturtheoretischer Ansatz steht, von Bedeutung, da er offenbar (obwohl er gesellschaftlich eine höchst marginale Position hat)[52] punktuell so für Verunsicherung sorgen kann, daß die mit dieser Perspektive erforschten hegemonialen

Gruppen ihre Interessen im Forschungsprozeß via Abwertung des kulturwissenschaftlichen Gegenübers verteidigen und behaupten. Oder, wie es Jeggle (1984, 105) einmal bei der Auslotung des Raums zwischen dem „Respektieren von Geheimnissen“ der Erforschten und dem „Anspruch der Wissenschaft, Dinge, die als Geheimnise gelten, doch zur Sprache zu bringen“, auf den Punkt brachte: Wenn man in der Kulturanalyse zu konterkarieren versucht, daß „das Sexualleben der Stars öffentlich wird und die Arbeitsbedingungen in der Fabrik privat bleiben“ (ebd.), dann erscheint es weniger als Effekt eines objektiven Machtgefälles, sondern als zu entschlüsselnde Strategie, daß die Profiteure mancher ökonomischer, sozialer und kultureller Arrangements, die die Kulturwissenschaft unter die Lupe nimmt, ihre Interessen vertreten, indem sie solche Forschung in der Übertragung oder qua Projektionen im Forschungsprozeß als „unwissenschaftlich“ abwerten.

1.5 Seminarportraits

„Richtige Umgangsformen“: ein Seminar an der Volkshochschule in Bestadt

Das Initial[53]: Forschung als unabwendbarer Eingriff

Von den Seminaren von Herrn Schmitz erfuhr ich über eine kleine Umfrage bei Volkshochschulen nach Seminaren zum Thema Umgangsregeln. Als ich Herrn Schmitz anrief, äußerte er sich eher indifferent zu meinem Forschungsinteresse: Er hatte keine Einwände gegen meine teilnehmende Beobachtung, die Ausgabe von Fragebögen und Interviews mit SeminarteilnehmerInnen einzuwenden, wobei seine Antwort den Anschein erweckte, als ob solch ein Erforschtwerden etwas unabwendbares ist: „Ja von mir aus, mir ist das egal.“ Wir vereinbarten also meinen Besuch bei seinem VHS-Seminar in Bestadt. Die Veranstaltung mit dem Titel „Richtige Umgangsformen“ war im Programm dem Fachbereich 02 unter „Pädagogik, Philosophie, Religion, Psychologie“ zugeordnet. Die Gebühr für die ganztägige, an einem Sonntag stattfindende Veranstaltung („8.30 Uhr bis 18.00 Uhr“) betrug 130 Mark, einschließlich 45 Mark für ein Mittagsmenü. Die zuständige Fachbereichsleiterin an der Volkshochschule gab ihre Zustimmung ohne Bedenken: Sie legte lediglich Wert darauf, daß ich mein Forschungsinteresse zu Beginn der Veranstaltung offenlege, sie bat um ein Exemplar der Studie und gewährte mir einen Freihörerschein, so daß ich lediglich die Kosten für das Übungsessen, das Teil des Seminars war, zahlen mußte.

Die Ankunft: Warten vor verschlossener Türe

Bestadt ist eine Kleinstadt in Oberschwaben. Die Volkshochschule ist in einem alten Schulgebäude untergebracht. Kurz nach acht Uhr an einem Sonntag im November treffe ich Herrn Schmitz vor der Eingangstüre. Die Bezahlung für seinen VHS-Unterricht ist nicht besonders gut. Er erzählt, daß er in ganz Baden-Württemberg Seminare an Volkshochschulen gibt. Wenn die Anfahrt zu lange ist, übernachtet er stets bei Freunden oder Verwandten, um die Hotelkosten zu sparen.

Kurz vor halb neun kommt die erste Teilnehmerin. Wir warten immer noch vor verschlossener Türe. Herr Schmitz beginnt, seine Unterrichtsmaterialien aus dem Auto zu laden: Diaprojektor, Demonstrationsgedeck (Geschirr, Gläser, Besteck) in einem Hartschalenkoffer, Dias, Ordner mit Seminarunterlagen und Folien für den Tageslichtprojektor. Nach und nach kommen weitere TeilnehmerInnen. Man steht immer noch vor der Türe, friert und wartet und unterhält sich freundlich und unverbindlich über den Winter und die Kälte im Allgemeinen. Nachdem eine der Frauen, die am Ort lebt und den zuständigen Hausmeister kennt, diesen erfolglos telefonisch zu erreichen versucht hat, beginnen die Gespräche der Wartenden um das Warten und die verschlossene Türe zu kreisen: Man mutmaßt, daß er wohl davon ausgehe, daß die Veranstaltung erst um neun Uhr beginnt, halb neun sei „für einen Sonntag ziemlich früh", oder daß er krank geworden sein könne und vergessen habe, jemanden zu benachrichtigen; und alle betonen, daß ja Dinge passieren können, an denen niemand Schuld habe. Die Stimmung ist noch immer heiter, es werden nun Witze über die Kälte gemacht, woran sich auch Herr Schmitz beteiligt. Nach fast 20minütigem Warten, es ist inzwischen viertel vor neun, beschließen einige auf den Vorschlag von Herrn Schmitz hin, in eine nahegelegene Bäckerei mit Stehcafé zu gehen.

Der Ort: ein ehemaliges Klassenzimmer

Dem Seminarraum sieht man das Klassenzimmer noch an: Linoleum auf dem Boden, eine große grüne Tafel an der Frontseite, in der Ecke das Waschbecken für den Tafelschwamm. Lediglich die Möbel waren ausgetauscht worden. Vor der Tafel ein Wagen mit Tageslichtprojektor, daneben Tisch und Stuhl für den Dozenten. Die Tische für die TeilnehmerInnen sind in Form eines großen U entlang der Wände aufgestellt. Für Mäntel und Jacken sind Garderobenhaken an eine Wand geschraubt.

Der Beginn: Kontrolle

Mit fast einer Stunde Verspätung beginnt das Seminar, und ebenso wie der räumliche Rahmen erinnert sowohl das Handeln und das Vokabular des Dozenten als auch die Antworten der TeilnehmerInnen an Schulunterricht: Zu allererst fragt Herr Schmitz die TeilnehmerInnenliste ab, worauf sich die jeweils namentlich genannten mit „ja“ oder „hier“ melden. Zwei TeilnehmerInnen fehlen, wie Herr Schmitz es nennt, „unentschuldigt“, ein Mann ist unangemeldet da.

Der Dozent: „gelernter Einzelhandelskaufmann“

Herr Schmitz ist etwa 60 Jahre alt. Er entschuldigt sich nochmals für den Ärger wegen des Wartens in der Kälte und stellt sich dann selbst vor: Er ist „gelernter Einzelhandelskaufmann“ und war lange „Geschäftsführer in einem Textilunternehmen“. Seit 1988 unterrichtet er Umgangsregeln an Volkshochschulen im süddeutschen Raum; außerdem gibt er auch firmenintern Seminare zu diesem Thema. Während des gemeinsamen Mittagessens erzählt er ausführlich von seiner Berufsbiographie: Als er 1988 davon erfuhr, daß der Textilbetrieb, in dem er als Geschäftsführer arbeitete, schließen würde, besuchte er zur Vorbereitung seiner jetzigen Tätigkeit ein Benimmseminar in Karlsruhe; anschließend begann er selbst zu unterrichten.

Das Programm: „praxisbezogene“ tradierte Regeln

Das oberste Gebot seiner Seminare, so Herr Schmitz, ist deren Praxisbezug: „Was Sie von mir hören, ist in der Praxis erprobt und praxisbezogen.“ Und er betont zu Umgangsregeln allgemein: „Soviel hat sich nicht geändert.“ Auf dem Programm steht folgendes: „Als erstes Grüßen, Vorstellen, Bekanntmachen.“ Das nehme einen halben Tag in Anspruch und ist „das Schwierigste“. „Zweitens das Verhalten in der Öffentlichkeit“, wofür Herr Schmitz „den richtigen Gebrauch der Serviette“ als Beispiel nennt. Er erklärt etwas umständlich, daß er die Themen heute „in umgekehrter Reihenfolge“ behandeln, damit Tischmanieren noch vor dem gemeinsamen Restaurantbesuch erörtert werden.

Die Seminarunterlagen: Kopien im Schnellhefter

Nachdem er sich vorgestellt hat, gibt Herr Schmitz die Seminarunterlagen aus: Ein lilafarbener Schnellhefter mit 19 Seiten, die „den Seminarinhalt in Kurzfassung“ dokumentieren.

Die TeilnehmerInnen

Nun fordert Herr Schmitz die TeilnehmerInnen auf, sich selbst vorzustellen. Es sind neun Frauen und vier Männer anwesend, darunter drei Ehepaare. Beides, die deutliche Frauen-Mehrheit und der paarweise Besuch von Benimmseminaren ist typisch für Volkshochschulveranstaltungen (je teurer die Seminare werden, desto höher ist der Männeranteil). Die älteste Teilnehmerin, Frau Unken, ist 75 Jahre alt. Sie möchte erfahren, „was sich geändert hat". Die anderen führt ein ähnliches Interesse in das Seminar; meist lautet die Formulierung „Umgangsformen überprüfen" oder „Sicherheit gewinnen wollen"; ein Mann Mitte 30 erklärt geradeheraus: „Ich möchte bestätigt werden." Die jüngste TeilnehmerIn ist 24 Jahre alt und Erzieherin an einer Musikschule. Außer ihr sind noch drei weitere LehrerInnen anwesend, dazu ein Geschäftsführer einer Maschinenbaufirma, eine BWL-Studentin, eine Restaurantfachfrau und ein Betriebswirt; es nennen jedoch nicht alle ihren Beruf oder ihre Tätigkeit. Die meisten sind zwischen 30 und 50 Jahre alt. Die große Altersspanne ist typisch für VHS-Kurse: In fast allen untersuchten Veranstaltungen dieser Institutionen nahm ein Mann oder eine Frau im Alter von über 70 Jahren teil. Einige der TeilnehmerInnen des hier geschilderten Kurses kennen sich aus dem Ort, was bereits beim gemeinsamen Warten vor dem Seminarbeginn für eine Atmospäre von Vertrautheit gesorgt hatte.

Die Kleiderordnung: keine Krawatten

Bis auf Herrn Schmitz, der eine Kombination mit hellblauem Hemd und roter Krawatte trägt, sind alle leger gekleidet: Anzüge oder Kostüme sieht man keine; die meisten haben Pullover und Jeans oder Rock gewählt.

Das Restaurant: „Was Sie da alles falsch machen können!"

Herr Schmitz beginnt mit dem ersten Thema: „Das Firstclassrestaurant." Mit Hilfe von Bildern führt er den TeilnehmerInnen Räume und gedeckte Tische vor Augen, die schon allein durch den Modus der Präsentation und dadurch, daß sie Punkt auf der Tagesordnung eines Seminars sind, aber auch durch die Kommentare von Herrn Schmitz als eine fremde und komplizierte Welt erscheinen: Er zeigt eine Diaserie mit Aufnahmen von Restaurantinnenräumen und gedeckten Tischen und Tafeln. Dabei informiert er über die Aufnahmeorte („Das Les Bergues, ein weltbekanntes französisches Restaurant in Genf."), er spricht über die Preise solcher Etablissements („Sie sehen, das Ganze deutet schon darauf hin, daß es nicht ganz billig sein kann, dort zu essen.") und weist mit Hilfe eines Lichtpfeils auf Details hin („Sie sehen: Immer Tischdecken, Stoffservietten."). Das „Firstclassrestaurant" jedoch ist nicht nur eine fremde

Welt, es ist auch mit Zugangsschranken versehen, so Herr Schmitz, die kaum überwindlich sind: „Sie können sich vorstellen, daß das Personal geschult ist. Und da gibt es den gefürchteten Oberkellner. Sie müssen denken: Wenn Sie ein Restaurant zum ersten Mal betreten, was Sie da alles falsch machen können!" In einem solchen Fall „bekommen Sie einen Tisch bei der Toilette zugewiesen." Die Kellner und Bedienungen erscheinen hier weniger als Personal, deren Dienst man bei einem Restaurantbesuch in Anspruch nimmt, sondern als mögliche Kontrolleure und Wächter an Türen einer First-class-Welt, vor denen man erst einmal bestehen muß. Herr Schmitz erklärt, daß das Betreten des Restaurants, er nennt das „das Entrée", bereits über alles entscheide: „Wie sie rausgehen aus dem Restaurant, ist egal. Aber ihr Entrée! *Sie werden beobachtet*! Denken Sie daran! (Betonung i. Orig.)" Hier beendet er seinen Vortrag und führt die Behandlung des Themas, auch dies erinnert wieder an Schulunterricht, mit fragend-erarbeitender Methode fort: „Wer hält wem die Türe auf beim Betreten des Restaurants?" Eine TeilnehmerIn antwortet: „Der Herr der Dame. Dann muß sie warten, bis er sie einholt." Herr Schmitz nickt und lobt sie: „So ist es richtig! Sie muß stehenbleiben. Aber wenn er ihr die Türe aufhält, dann kommen ihr Zweifel, und dann geht sie los. Und das ist falsch." Vielmehr noch als in der Normsetzung („richtig", „falsch") für das Betreten von Restaurants liegt die Bedeutung dieser Szene in der selbstverständlichen Konstituierung der Kategorie Geschlecht: Grundlage für die Handlungsanweisung ist die Geschlechterdifferenz. Die Tatsache, daß diese geschlechtsspezifizierende Perspektive von Herrn Schmitz nicht eigens eingeführt oder benannt wird, hat dieses Seminar mit allen anderen beobachteten Veranstaltungen gemein. Diese Perspektive setzen die TeilnehmerInnen fort, als Herr Schmitz im Gedankenspiel am Tisch angekommen ist und fragt: „Wer setzt sich zuerst?" Frau Unken antwortet: „Die Dame, und der Herr rückt ihr den Stuhl." Herr Schmitz bestätigt das und bittet darum, daß dies beim gemeinsamen Mittagessen des Seminars auch so gemacht werden solle. Weiter: „Wo geht und sitzt die Dame?" Frau Unken und ein Teilnehmer antworten unisono: „Rechts vom Herrn."

Übungen: das Entziffern des Bestecks

Nach der Vormittagspause steht die erste Übung auf dem Programm. Herr Schmitz zeigt Dias mit unterschiedlichen Gedecken und fordert, auch hier wieder einem Lehrer in der Schule sehr ähnlich, einzelne TeilnehmerInnen auf, die daran ablesbare Zahl der Gänge zu nennen. Bis auf wenige Ausnahmen sind die Antworten „richtig". Probleme bereitet beispielsweise ein Teller mit Schneckenbesteck, neben dem noch ein Suppenlöffel liegt. Herr Schmitz fragt dazu: „Sie sollten es eigentlich schon sagen können: Sind die Schnecken hier Hauptgang oder Vorspeise?" Eine Teilnehmerin: „Vorspeise." Herr Schmitz bestätigt das und erläutert: „Der große Löffel rechts neben der Schneckengabel ist für die Soße, die man aus dem Gehäuse in den Löffel schüttet, den man dazu auf den Teller legt." Einige TeilnehmerInnen finden das „ganz schön kompliziert!"

Widerspruch: Berücksichtigung von Linkshändern

Ein Teilnehmer eröffnet mit einer Frage eine Debatte zum Gebrauchs des Bestecks: Er sei zwar Rechtshänder, halte aber trotzdem die Gabel rechts und das Messer links: „Muß ich dann bei jedem Gedeck alles umbauen?" Herr Schmitz erklärt, daß das nicht gehe: „Das wäre ja schlimm! Es kann ja noch Besteck nachgedeckt werden, und dann gibt es ein Durcheinander." Eine andere Teilnehmerin, selbst Linkshänderin, erkundigt sich, ob man denn für Linkshänder anders eindecke. Herr Schmitz lehnt auch das ab: „Nein, es wird immer gleich gedeckt." Damit ist das Thema zunächst vom Tisch. Nachmittags jedoch erkundigt sich dieselbe Teilnehmerin nochmals nach dem Gedeck für Linkshänder: Ob man Gläser „immer rechts" decke? Herr Schmitz: „Ja." Teilnehmerin: „Darf ich denn als Linkshänderin Gläser auch nicht links abstellen?" Herr Schmitz: „Das können Sie in vertrautem Kreis machen, im bürgerlichen Kreis dagegen nicht." Eine andere Teilnehmerin schaltet sich ein: „Warum? Könnte man das nicht lockern? Früher hat man die Leute umdirigiert von links auf rechts, und das hat sich auch gelockert!" Herr Schmitz bleibt bei seiner Anweisung: „Die weitaus größere Zahl sind eben Rechtshänder und nicht Linkshänder. Und danach richtet man sich. Und es ist nicht üblich, daß man selbst umdeckt." Teilnehmerin: „Schon klar, das darf man nicht, das haben Sie ja gesagt." Herr Schmitz lenkt etwas ein und beendet damit das Thema: „Ja, aber man will sich ja auch nicht/ wenn ich mir mit Freunden einen schönen Abend gönne, dann soll es ja auch nicht so steif sein. Dann würde ich die Gläser auch so plazieren, daß es mir angenehm ist. Aber in einem offiziellen Rahmen würde ich das nicht tun."

Diese sich in zwei Episoden entwickelnde Szene zeigt, daß die TeilnehmerInnen keineswegs jede Empfehlung des Dozenten widerspruchslos hinnehmen. Und es wird auch deutlich, daß manche von ihnen eher als die Lehrenden implizit einen historischen Begriff von Gesellschaft haben: Während Herr Schmitz hier ohne Argumente, sondern letztlich qua situativem Amt als Lehrender auf der von ihm verkündeten Regel beharrt, weist eine Teilnehmerin auf die sich wandelnden Praxen und Begründungen von Regeln hin. Diese Perspektive steht dem Besuch des Benimmseminars eigentlich insgesamt entgegen. Gleichwohl jedoch führt die von ihr angestoßene Reflexion nicht zu einer umfassenderen Diskussion im Seminar - was vielleicht auch daran liegt, daß ihre Intervention sich letztlich nicht prinzipiell gegen „Regeln“ als Modus zur Ordnung von Alltagspraxen richtet, sondern lediglich gegen den Inhalt einer bestimmten Regel: Die TeilnehmerInnen könnten ja auch erklären, daß sie sich trotzdem anders verhalten als von Herrn Schmitz empfohlen. Sie fordern jedoch, sozusagen als Grundlage dafür, eine andere Regel. Diesen Grenzen des Widersprechens entspricht die Tatsache, daß alle TeilnehmerInnen, die in einzelnen Punkten wie diesem mehrfach widersprechen, bei anderen „Regeln“ minutiös nach deren Anwendung in unterschiedlichen Variationen fragen.

Es genau wissen wollen: Details

Egal, welches Thema Herr Schmitz gerade behandelt, fast immer melden sich TeilnehmerInnen mit Fragen, die darauf abzielen, noch detailliertere Handlungsanweisungen zu bekommen: So erkundigt sich beispielsweise eine Teilnehmerin „zum Krabbencocktail“: „Wenn ich Löffel und Gabel in der Hand habe, was führe ich dann zum Mund?“ (Herr Schmitz: „Egal.“) Ein Teilnehmer will wissen „Was macht man, wenn das Hauptgericht serviert wird und ich den Salat noch nicht fertiggegessen habe?“ (Herr Schmitz: „Dann müssen Sie die Teller verschieben.“)

Körperhaltung: Ermüdung und Zärtlichkeiten

Am späten Vormittag zeigen sich bei allen TeilnehmerInnen, aber auch bei Herrn Schmitz Ermüdungserscheinungen: Die Stühle sind nicht besonders bequem, und bis auf eine kurze, zehnminütige Pause sitzt man nun schon seit über drei Stunden. Während anfangs alle aufrecht, über die Tische gebeugt den Dias und Erläuterungen von Herrn Schmitz folgten und manche sich Notizen machten, lehnen sich nun die ersten zurück. Einige Männer und auch Herr Schmitz sind auf ihren Stühlen ganz nach vorne gerutscht und strecken die Beine breit und weit von sich. Nachmittags lassen alle die Konferenzhaltung noch weiter hinter sich: Es gibt immer öfter kleine Seitengespräche, ein Ehepaar fängt gar an zu schmusen und hört damit auch dann nicht auf, als Herr Schmitz den Mann irritiert fragt, ob er „Zuwendung“ brauche. Als er kurz danach einem anderen Teilnehmer eine inhaltliche Frage stellt, verweigert dieser die Antwort mit der Bemerkung, er habe nicht zugehört, weil ihn das eben behandelte Thema nicht so interessiere.

Die Wissenschaftlerin als Kontrolleurin

Ähnlich wie Herr Schmitz bei der Terminvereinbarung reagieren auch einzelne SeminarteilnehmerInnen auf die Anwesenheit der Forscherin. In einer der Pausen spricht mich eine Teilnehmerin an. Obwohl ich mich und das Forschungsvorhaben zu Beginn der Veranstaltung vorgestellt hatte, will sie wissen: „Sind Sie so eine Art Kontrolle?“ Ich verneine und erkläre nochmals, mit welchem Interesse ich hier bin. Als ich einige Wochen nach dem Seminar Interviews mit TeilnehmerInnen machte, erfuhr ich, daß sie nicht die einzige gewesen war, die meine Anwesenheit als Überwachung sah. Eine Frau erklärte vor dem Anschalten des Aufnahmegeräts: „Ich hab' jetzt gar nicht nochmal in die Unterlagen geschaut.“ Die Tatsache, daß sich das Seminar in vielerlei Hinsicht wie Schulunterricht gestaltete, setzte sich auch darin fort, wie die TeilnehmerInnen mich trotz meiner offengelegten Interessen wahrnahmen: Als die Instanz, die sowohl den Unterricht „kontrolliert“ als auch das Ergebnis des Unterrichtsbesuchs, das, so vermutete eine Frau, im Interview abgefragt werden sollte.

Das Übungsessen: keine Korrekturen

Um 13 Uhr ist die Vormittagssitzung beendet. Man bricht auf zum gemeinsamen Mittagessen, das Bestandteil des Seminars ist und zum Üben dienen soll. Ort ist der „Mundelsheimer Hof“, ein rustikal eingerichteter Landgasthof gegenüber des VHS-Gebäudes. Auf dem Weg dorthin erkundigt sich eine Teilnehmerin besorgt, ob man denn da sitze, „wo alle sitzen?“ Es stellt sich heraus, daß für das Seminar zwar eher am Rand des Restaurants, nicht jedoch in einem Nebenzimmer gedeckt ist, was zwar nicht weiter Gegenstand von Gesprächen ist, einigen TeilnehmerInnen jedoch sichtlich Unbehagen bereitet. Entgegen der Bitte von Herrn Schmitz spielen die von ihm gegebenen Informationen und Anweisungen beim Essen keine Rolle: Keiner der Männer rückt einer neben ihm sitzenden Frau den Stuhl, jeder beginnt, ohne auf das Zutrinken zu warten, mit dem Trinken, niemand benutzt die Servietten zum Abtupfen der Lippen vor dem Trinken, und das vor dem Essen servierte Brot wird scheibenweise gestrichen und gegessen anstatt, wie von Herrn Schmitz vormittags angewiesen, Stück für Stück abgebrochen, mit Butter bestrichen und gegessen. Allein die Körperhaltung ist auffällig: Fast alle haben ihre Hände auf dem Tisch neben dem Teller liegen, niemand lehnt sich zurück oder stützt sich mit Ellbogen oder Unterarmen auf. Insgesamt jedoch spielen die Seminarinhalte während des Essens eigentlich keine Rolle. Herr Schmitz korrigiert nicht und erklärt auch nichts zum servierten Essen. Dieses ist zudem ein ganz anderes Essen, als man aufgrund des Unterrichts („Firstclassrestaurant“, Schneckenbesteck) erwarten könnte: Nach dem Brot gibt es Brokkolicremesuppe, einen gemischten Salat und dann Schweinebraten mit Pilzen, die Beilagen sind Kartoffeln und Nudeln, die in großen Schüsseln aufgetragen werden, aus denen sich jede/r selbst bedient, und als Dessert gibt es weißes und braunes, mit exotischen Früchten garniertes Mousse au chocolat auf riesigen Tellern. Die meisten Gespräche kreisen um das Essen, das immer wieder kritisiert wird: Die Kartoffeln „zu weich", die Soße „wahrscheinlich aus der Packung", die Nudeln „nicht handgemacht", die Salatsoße „lasch"; irgenwann erklärt eine der aus dem Ort stammenden TeilnehmerInnen: „Es heißt, hier stimme das Preis-Leistungs-Verhältnis nicht mehr." Auch wenn es kein außergewöhnliches Essen war, so hatte es doch den Anschein, als ob die Kritik weniger diesem galt, sondern als ob der Modus des Kritisierens hier als Zeichen für Kennerschaft, zur Distinktion, eingesetzt wurde. Dazu fordert man sich auch gegenseitig auf und heraus, so beispielsweise als Herr Mann, der Maschinenbauunternehmer, einen der Lehrer fragte, wie er denn das Essen beurteile. Der zögerte und antwortete dann abfällig: „Normaler Durchschnitt. Ausreichend, aber nicht mehr." Herr Mann stimmte zu: „Der Meinung bin ich auch. Note drei bis vier."

Schließlich bestreitet Herr Schmitz selbst einen Großteil der Gespräche: Er erzählt aus seiner Berufsbiographie und von den firmeninternen Seminaren, die er vor allem an Banken und Sparkassen gibt. Und auch er beteiligt sich an der Kritik des Essens und des Restaurants („Sonntags um 13 Uhr fast leer!"). Zudem nutzt er die Gelegenheit zur Konkurrenz, verbunden mit einem Ausblick auf das Nachmittagsprogramm, bei dem dann um „Grüßen, Begrüßen und Vorstellen" Thema sind: „Nur hier wird das Vorstellen so ausführlich geübt. In Kursen für 1600 Mark finden sie das nicht!" So findet Distinktion in dieser Veranstaltung also nicht nur, wie bei der Kritik am Essen, nach unten statt, sondern auch nach oben.

Die Ordnung des Grüßens: Geschlecht, Alter, Hierarchie

Herr Schmitz erklärt, daß „eigentlich derjenige, der den anderen zuerst sieht, zuerst grüßt". Dann jedoch informiert er über die „korrekte Reihenfolge", und diese führt deutlich vor Augen, wie und welche soziale Ordnung unter dem Titel „Grüßen" instituiert wird: „Der Herr grüßt die Dame, der Jüngere den Älteren, wenn der Chef dem Mitarbeiter in der Firma begegnet, dann grüßt der Mitarbeiter zuerst." Ebenso werden Männer Frauen, Jüngere Älteren und Mitarbeiter dem Chef zuerst vorgestellt. Dieses Prinzip läßt Herr Schmitz dann üben: Er notiert Personenbeschreibungen an die Tafel, deren Sozialprofil aus Geschlecht, Alter und Beruf besteht („Prof. Seidel, 55 J./Gertrud Schmid, 50 J.,

Opernsängerin") und bittet dann einzelne TeilnehmerInnen, die Personen einander vorzustellen. Die Aufgerufenen tun dies, und Herr Schmitz schließt die Übung, die fast eine halbe Stunde einnimmt, ab mit dem Hinweis, man solle solche Übungen auch „zuhause" oder „beim Autofahren" machen, „sonst ist es wieder weg."

Das Ende: Störungen und Müdigkeit

Gegen Ende der Veranstaltungen zieht Unruhe ein: Im Foyer des Gebäudes beginnt eine Gitarrengruppe mit dem Soundcheck für das abendliche Konzert. Herr Schmitz unterbricht seine Erklärungen nur einmal kurz und fährt dann fort. Bei den TeilnehmerInnen macht sich Müdigkeit breit. Einige gähnen immer wieder; und als Herr Schmitz den Raum verdunkelt, um noch einige Dias mit Kleidung für verschiedene Gelegenheiten zu zeigen, witzelt jemand (auch dies erinnert wieder an Schule), daß man nun endlich in Ruhe schlafen könne.

Nach den letzten Dias verabschiedet man sich. Herr Schmitz dankt den TeilnehmerInnen und bietet an, daß man ihn bei Fragen anrufen könne. Es gibt keinen Beifall oder ähnliches. Man verabschiedet sich schnell und ohne Handschlag voneinander; alle erklären, sie seien nur wirklich „todmüde", und so geht das Volkshochschulseminar um 18 Uhr 30, eine halbe Stunde nach dem angekündigten Zeitpunkt, zu Ende.

„Die Kunst des gewandten Auftretens. Sicher auftreten und erfolgreich kommunizieren": ein Seminar auf dem kommerziellen Bildungsmarkt

Das Initial: Kooperation mit der Wissenschaftlerin

Von den Seminaren bei Frau Baumann erfuhr ich im Interview mit Frau Kardorff, die ebenfalls im süddeutschen Raum unterrichtet. Frau Baumann unterrichtet sowohl an der Volkshochschule der Stadt, in der sie lebt, als auch überregional auf dem kommerziellen Bildungsmarkt. Im Gegensatz sowohl zu Herrn Schmitz im Volkshochschulkurs (der indifferent bis fatalistisch-ablehnend reagierte) als auch zu Frau Möchten mit ihrem „Führungskräfte"-Seminar (die mich belehrte und kritisierte) war sie von meinem Forschungsvorhaben positiv überrascht und sehr angetan: „Ich finde es toll, das Thema von dieser Seite aus zu sehen! Ich bin ganz platt!" Sie erklärte sich nicht nur mit meiner Teilnahme an zweien ihrer Seminare einverstanden, sondern sie bot darüber hinaus an, mir die Adresskartei ihrer bisherigen SeminarteilnehmerInnen zugänglich zu machen, damit ich auch an diese die Fragebögen senden könnte. Letzteres lehnte ich dankend ab, und so vereinbarten wir teilnehmende Beobachtung etc. in einem VHS-Seminar und in einem kommerziellen Seminar in Frimmstadt. Wenige Tage nach dem Telefonat sandte sie mir die Rechnung für die zweitägige kommerzielle Veranstaltung, auf deren Preis von 475 Mark („enthält folgende Leistungen: Seminargebühren incl. Unterlagen, Tagungspauschale mit Pausengetränken und 2 Mittagessen (3-Gang-Menüs)") sie mir einen 20prozentigen Nachlaß gewährt hatte, sowie einen eigens für die Veranstaltung gedruckten Hochglanzprospekt. Außerdem hatte sie dem Zeitungsberichte über ihre Veranstaltungen, u.a. aus dem Focus, der Süddeutschen Zeitung, der FAZ und der Woche beigelegt. Dabei hatte sie nicht lediglich positive Kritiken ausgewählt: In einem Artikel kritisierte der Journalist den Inhalt ihres Benimm-Seminars als „zu viele alte Hüte, aufgepeppt mit neuesten Psycho-Moden", und Frau Baumann selbst titulierte er als „Gouvernante".

Die Ankunft: eine persönliche Begrüßung

Frimmstadt liegt etwa 30 km entfernt von München. Die Stadt hat 40.000 Einwohner, es gibt dort eine kleine Universität und eine große Brauerei. Seit dem Neubau des Münchner Flughafens, zu dem es mit dem Auto nur 15 Minuten sind, haben sich in Frimmstadt zahlreiche Hotels und Hotelketten angesiedelt, unter anderem auch das Mercure, in dem das Seminar stattfindet. Der Bettentrakt des Hotels ist ein Neubau, das Hotelrestaurant und die Seminarräume sind in einem umgebauten historischen Zeughaus untergebracht. Frau Baumann steht vor dem Seminarraum und begrüßt alle Ankommenden persönlich und mit Handschlag.

Der Ort: ein durchgestylter Raum

Der hohe Raum ist Ton-in-Ton eingerichtet: Grüner Teppichboden, an den Wänden grünblau gestreifte Tapeten, und grüne, bodenlange Vorhänge neben den Fenstern. In der Raummitte standen in U-Form Tische für die TeilnehmerInnen; auf jedem Platz lag eine Plastikschreibunterlage, ein Willkommensbrief von Frau Baumann, Karten und Eddings für Namensschilder sowie Schreibzeug des Hotels bereit; außerdem standen auf den Tischen verteilt Gläser und Getränke. An der Frontseite des Raumes ein Tisch für die Dozentin und ein Flipchart, in der Ecke eine Videokamera auf einem Stativ. Im Gegensatz zum Volkshochschulkurs von Herrn Schmitz sieht dieser Rahmen schon allein dadurch eine persönliche Atmosphäre vor, daß Namensschilder verwendet werden. Das an einer Wand bereits für die Pause aufgebaute Buffet (Thermoskannen mit Kaffee und Tee, ein großer Obstkorb) trägt ebenfalls dazu bei, daß der Ort nicht wie ein Klassenzimmer wirkt, sondern wie ein Schulungsraum für Erwachsenenbildung.

Der Beginn: spielerische Aufmunterung und Überraschung
Pünktlich um halb zehn eröffnet Frau Baumann lächelnd das Seminar mit der Frage: „Was wissen Sie über Pippi Langstrumpf?" Die TeilnehmerInnen lächeln freudig erstaunt und irritiert, scheinen aber von diesem Einstieg angetan zu sein. Eine Frau meldet sich: „Sie hat immer für Stimmung gesorgt." Andere ergänzen mit Details aus einzelnen ihrer Abenteuer, bis Frau Baumann das sagt, was sie hören wollte: Astrid Lindgren habe sie „das stärkste Mädchen der Welt" genannt. Dann geht sie dazu über, sich vorzustellen.

Die Dozentin: „Pädagogin und Psychologin"
Frau Baumann stellt sich knapp und schnell vor, wie sie überhaupt das ganze Seminar über Tempo und Witz verbreitet: „Verheiratet, eine Katze, keine Kinder, 46 Jahre alt, Pädagogin und Psychologin." Viele UmgangsregeldozentInnen haben Berufe erlernt, die mit Erziehen oder Bedienen zu tun hatten (Hotelfachmann, Stewardess, Lehrerin). Dazu gehört auch Frau Baumann, aber sie inseriert sich nicht als ehemalige Gymnasiallehrerin, sondern als „Pädagogin" und „Psychologin" (eine Bezeichnung, die sich aus ihrer Weiterbildung in „Neurolingustischem Programmieren" ergibt), und das ist der entscheidende Unterschied: Diese Benennungen konnotieren weniger als die Berufsbezeichnung „Lehrerin" schlichtes Lernen und damit den, wie P. Bourdieu es nennt, Modus des Erwerbens, der die soziale Lage eines Aufsteigers viel mehr charakterisiert, als der bloße Mangel an kulturellem Kapital. „Psychologin" dagegen verschleiert bzw. ersetzt dieses Lernen-und-Haben-Wollen durch den Modus der Reflexion und Introspektion. Diese Perspektive findet sich mehrfach in der Selbstwahrnehmung der Dozentin. Beim Übungsessen am ersten Seminartag beispielsweise distanzierte sie sich explizit vom Modus der „Regeln": „Es macht mir keinen Spaß, nur Tischregeln zu erzählen. Deshalb verbinde ich das mit der Kommunikationsperspektive." Am zweiten Tag der Veranstaltung tut sie dies auf ähnliche Weise: „Mein Mann und ich, wir haben immer ein spätes Abendessen um acht oder halb neun. Da bleiben wir dann hängen. Ich sitze dann so da (sie dreht sich auf die Seite und hängt ihre Beine über die Armlehne des Stuhls, E.T.). Da dürften sie mich nicht sehen." Eine Teilnehmerin stimmt ihr zu: „Man muß Mensch bleiben dürfen!" Frau Baumann: „Also wenn ich das nicht dürfte!"

Mit Hilfe solcher Abgrenzungen und mit ihrem Charme gelingt der Dozentin das Kunststück, permanent „Regeln“ zu unterrichten und doch nicht als Gouvernante dazustehen - was die Legitimität von schlichten „Regeln“ als Handlungsanweisung ungemein erhöht.

Das Programm: Benimmregeln als Psychologie

Im Werbesprospekt dominiert im Gegensatz zu den normativen Formulierungen des VHS-Angebots von Herrn Schmitz („Richtige Umgangsformen“) eine pädagogische, psychologische und psychologisierende Sprache („kommunizieren“, „bewußt oder unbewußt“, „spielerisch lernen“, „Gefühl von Sicherheit“). Dies setzt sich fort im Willkommensbrief, den Frau Baumann auf alle Plätze verteilt hat: „Werden Sie aktiv, bringen Sie sich ein, tauschen Sie untereinander Ihre Erfahrungen aus“ fordert sie die TeilnehmerInnen auf, und erklärt: „Mein Ziel ist (...), Sie anzuregen, Ihre vorhandenen Fähigkeiten und Fertigkeiten auf dem Kommunikationssektor zu erkennen, zu verstärken und bewußt einzusetzen.“

Die Seminarunterlagen: gebundene Kopien

Ein kleiner Stapel Kopien, zusammengehalten durch eine Spiralbindung und Plastikfolie umfassen die Seminarunterlagen: Eine Liste mit den Namen der TeilnehmerInnen, das Programm, Übungsblätter mit Lückentexten und eine Literaturliste, auf der zwischen Benimmratgebern, psychologischer Fachliteratur über NLP und Körpersprache auch Desmond Morris' biologistische Schriften aufgeführt sind. Eine Sammlung mit Zitaten zum Thema von La Rochefoucauld („Manchen Menschen glauben, sich natürlich zu verhalten, wenn sie grob und unhöflich sind.“) über Oscar Wilde („Wohlerzogen zu sein, ist heutzutage von grossem Nachteil. Es schliesst einen von so vielem aus.“) bis zum „Armenischen Sprichwort“ („Der wohlerzogene Wolf wird kein Lamm.“) rundet die Unterlagen ab und markiert zweierlei: Symbolisch repräsentiert dies den bildungsbürgerlichen Kontext, in dem die Dozentin ihre Veranstaltung situiert; inhaltlich wird mittels der Sympathie für Regelbrüche ähnlich wie bei der Vermeidung der Berufsbezeichnung „Lehrerin“ klargemacht, dass man hier zu Umgangsregeln nicht das verkrampfte Verhältnis des aufgestiegenen Kleinbürgers, sondern die lässige Distanz des Bürgertums pflegen will.

Die TeilnehmerInnen

Nach ihrer Selbstvorstellung fordert Frau Baumann zur Vorstellungsrunde auf: „Sagen Sie das, von dem Sie denken, daß wir es von Ihnen wissen sollten.“ Außerdem solle jede/r formulieren, was im Seminar „erwünscht“ ist und was nicht; und diesen Vorstellungen notierte Frau Baumann auf dem Flipchart in zwei Spalten unter „bitte“ und „bitte nicht“. Aufgrund dieser Vorgaben dauerte die Vorstellungsrunde der elf TeilnehmerInnen fast 45 Minuten. Nachdem sich alle kurz zierten, erhob sich der etwa 60jährige Herr Schwab, knöpfte sein Jackett zu und begann: „Helmut Schwab, ich habe ein Vermittlungsbüro für Industrieberatung und arbeite vor allem für Mercedes Benz und Porsche. Seit 33 Jahren verheiratet, keine Katze, dafür Vögel. Ich pflege gerne Etikette, pflege gerne Stil, und ich möchte wissen, was junge Leute heute noch pflegen. Ich stehe gerne auf, wenn eine Dame an den Tisch kommt. Ich fühle mich antiquiert.“ Die anderen TeilnehmerInnen schmunzelten ob dieser Selbstpräsentation als Kavalier alter Schule, außerdem wurde seine Lancierung des kleinen Running Gags mit den Katzen (eine Anspielung auf Frau Baumanns Information „keine Kinder, eine Katze“) goutiert. Nach ihm stellten sich, jeweils unterbrochen durch Herrn Schwabs Frage nach „Katzen?“ und das anschließende Gelächter die übrigen TeilnehmerInnen (zwei Männer und neun Frauen) vor. Nur zwei von ihnen stammen aus Frimmstadt, die anderen kommen aus der Region oder sogar aus anderen Bundesländern, eine Frau ist aus Österreich mit dem Flugzeug angereist. Alle sind zwischen 25 und 50 Jahren alt, sie arbeiten beispielsweise als Öffentlichkeitsreferentin in einer großen Bank, als selbständiger Metzgermeister, Dozentinnen in der Weiterbildung, Controllerin, Hausfrau und promovierte Ärztin der Gynäkologie bzw. studieren noch („Naturheilkunde und Psychologie“). Dem das Thema Umgangsregeln psychologisierenden Angebot von Frau Baumann entspricht der von den TeilnehmerInnen formulierte Bedarf: Der Metzgermeister „möchte gerne höflich und doch echt sein“, ähnlich ist das Ziel der etwa 50jährigen Bibliothekarin und Psychologin („Ich halte mich viel in der Natur auf, und das ist natürlich ein Milieu, wo es sehr wenig Umgangsformen gibt. Ich mochte gerne unter Menschen, also nicht in der Natur und doch nicht unnatürlich sein.“), man will „sicheres Auftreten lernen“, oder „Sicherheit gewinnen“, die Studentin sagt „Ich weiß nicht, wie ich mich als emanzipierte Frau verhalten soll“, die junge Ärztin hat einen ähnlichen Bedarf („Ich will mich selbst beobachten lernen, damit ich sicherer bin, auch gegenüber männlichen Kollegen.“), und die 26jährige Controllerin hat ebenso „Probleme damit, im Beruf als junge Frau ernstgenommen zu werden“.

Die Kleiderordnung: eine Krawatte

Ähnlich wie Frau Baumann selbst, die eine schmale dunkelblaue Stoffhose und ein pinkfarbenes Jackett trug, hatten die TeilnehmerInnen (mit Ausnahme von einer Teilnehmerin, die ihre Kleidung später beim Essen mit den Worten „für mich ist so ein Seminar Freizeit" kommentierte) zwar nicht Jeans und Pullover gewählt (die in VHS-Kursen dominierende Kleidung), aber auch keine Kostüme oder Anzüge: Die meisten trugen Hosen, Röcke und Blusen mit einem Jackett oder Westen drüber, lediglich Herr Schwab hatte eine Kombination mit Krawatte an.

Das Restaurant: alles hat eine Begründung

Über das „richtige" Essen informiert Frau Baumann mit Hilfe eines Films. Es handelt sich um ein im Haus von Frau Baumann selbstgedrehtes Video, in dem ein Bekannter von ihr einen Mann darstellt, der sich an einen gedeckten Tisch setzt und beim Verspeisen von Fleisch, Gemüse und Kartoffeln und beim Weintrinken verschiedene „Fehler" vorführt. Frau Baumann schaltet immer wieder auf Standbild und erklärt die Details: „Oben quer liegt der Dessertlöffel, nicht der Suppenlöffel. Das ist out, den oben quer zu legen." Als sie die TeilnehmerInnen zur Übung auffordert, die gezeigten Gläser zu identifizieren, bereitet dies beträchtliche Schwierigkeiten; man kann sich nicht einigen. Frau Baumann löst das Rätsel schließlich auf und benennt Wasser-, Rotwein- und Weißweinglas, schränkt jedoch auch ein: „Es stimmt überhaupt nichts mehr bei den Gläserformen. Es gibt so viele verschiedene Serien, jeder will seine eigene, besondere Glasserie verkaufen." Sie fährt dann fort mit der Begründung für das Halten von Gläsern: „Warum soll man das Glas am Stiel halten?" Eine Teilnehmerin: „Es würde beim Anstoßen sonst nicht klingen." Eine andere: „Sieht ästhetischer aus." Frau Baumann: „Ja, und warum noch? Wegen des Geruchs. Falls man Parfum am Handgelenk hat." Auch für die Regel, daß Brot am Tisch nicht geschnitten, sondern gebrochen wird, hat sie eine Begründung: „Das kommt von der christlichen Tradition des Brotbrechens." Und ebenso hat die Regel für das Ablegen des Bestecks „einen Sinn": „Zusammengelegtes Besteck auf circa 20 nach vier bedeutet 'ich bin fertig'; Besteck auf 20 nach acht bedeutet 'ich esse noch'. Beim Ablegen des Bestecks soll die Schneide des Messers nach innen zeigen. Der Ober hat es dann leichter: Womöglich rutscht etwas beim Abräumen und er greift dann in die Schneide. Das ist also eine Arbeitserleichterung für den Ober." Die geschlechtsspezifizierende Sitzordnung ist, so erklärt Frau Baumann, ebenfalls nicht willkürlich erfunden: „Links hing früher der Degen, deshalb geht und sitzt die Dame rechts vom Herrn." Diese argumentative Verwendung von Geschichte ist ganz typisch für solche Veranstaltungen: Wissen über den Wandel von kulturellen Formen und sozialer Ordnung dient nicht etwa zur Relativierung von als gewohnt empfundenen Gepflogenheiten, sondern zur scheinbar objektiven Begründung eines je als richtig definierten Status quo. Geschichte ist hier paradoxerweise kein Beleg für die Veränderlichkeit von Normen und Formen, sondern Munition im Dienste von Konservierung und Restauration. Für die „richtige" Körperhaltung hat Frau Baumann keine Begründung, dafür aber folgende Eselsbrücke parat: „Achten Sie darauf, daß Sie nicht so dasitzen, daß man Ihnen ansieht, daß es Ihnen so furchtbar wohl ist. Stellen Sie sich vor, daß Sie eine Katze auf dem Schoß und eine Maus zwischen Rücken und Stuhllehne haben." Sie setzt sich hinter einen Tisch und führt diese Haltung vor.

Übungen: das Lesen der Körpersprache

Entsprechend dem Modus der Reflexion und Introspektion sind Rollenspiele Teil dieses Seminars. Vor der ersten Pause am Vormittag fordert Frau Baumann zur ersten praktischen Übung auf. Sie bittet Herrn Schwab und Frau Grauer nach vorne und erklärt ihnen ihre Rollen und das Setting: Herr Schwab ist „mit einer guten Kundin in einer Bar" und wird dabei „von einer alten Bekannten" (Frau Grauer, eine PR-Fachfrau, die sich als begnadete Schauspielerin entpuppt) begrüßt und gestört. Dann schaltet sie die Videokamera ein, und die TeilnehmerInnen beginnen mit dem Spiel: Herr Schwab genießt die ihm zugewiesene Rolle sichtlich, er gibt sich und Frau Waldmann, die die Kundin mimt, je einen Stift als Glas in die Hand, lehnt sich an sie und legt ihr den Arm um die Schulter; wobei Frau Waldmann eher steif da steht. Dann stürmt Frau Grauer dazu, fällt Herrn Schwab um den Hals, küßt ihn ab, fragt, ob sie sich dazustellen darf, was Herr Schwab wegen des Wirbels an Wiedersehensfreude, den sie entfacht, gar nicht beantworten kann, so daß er lediglich kurz zu Frau Waldmann „Stört Sie's?" sagt, woraufhin diese lediglich den Kopf schüttelt und noch unbewegter dasteht. Frau Grauer dominiert die Situation, fängt an, mit Herrn Schwab zu schäkern („Es war so eine tolle Nacht!"), bis sie schließlich mit „Den Schlüssel bringe ich Dir später zurück!" geht und die Szene beendet. Alle TeilnehmerInnen quittieren jede ihrer Aktionen und Äußerungen mit einem Lachsturm, auch Frau Waldmann lacht am Ende mit, nur Herr Schwab, der laut Regieanweisung die Störung höflich hätte beseitigen müssen, lacht nicht und steht betreten mit verschlossenem Gesicht da. Es folgen noch zwei weitere Übungen, bei denen sich zwei Paare im Theaterfoyer begrüßen bzw. eine Personalleiterin ihrer Chefin einen Bewerber vorstellt. Nachmittags werden die Aufzeichnungen der Übungen besprochen: Frau Baumann hatte dafür nicht nur Gesamtansichten der Szenen gedreht, sondern bei jeder Gruppe die Füße gefilmt, die, so ihre Deutung, die tatsächliche Kommunikationsstruktur offenlegen („Das ist der Fluchtfuß, der zeigt von der Gruppe weg."): „95 Prozent dessen, was wir tun, ist unbewußt.“ Sie kritisiert aber auch die Körperhaltung der einzelnen DarstellerInnen („Es ist nicht ganz sichtbar, aber vielleicht versteckt die Bluse von Frau Nenninger einen krummen Rücken?“) und spricht von angeblich geschlechtsspezifischen Unterschieden bei der nonverbalen Kommunikation („Das war sehr schön, organisch, sieht alles natürlich aus, das ist so, weil hier drei Frauen am Werk sind.“). Bei der Szene, in der Herr Schwab überrollt wurde, gibt es nochmals lautes Gelächter. Herr Schwab macht zunächst einen Witz („Der letze Wirbelsturm hieß Berta. So jemanden habe ich nicht in meinem Freundinnenrepertoire.“), verteidigt sich dann aber, als Frau Baumann diagnostiziert („Sie haben sich das Heft aus der Hand nehmen lassen!“): „Ich hatte schon noch das Heft in der Hand! Ich mußte sie ja erstmal begrüßen! Sie wäre ja sonst noch massiver geworden!“ Frau Baumann grinst, spult den Film zurück bis zu der Stelle, an der Herr Schwab seine Kundin „Stört Sie's?“ fragt, schaltet dann an der Stelle, wo Herr Schwab das Geschehen nur noch perplex mit offenstehendem Mund verfolgt, auf Standbild und fragt lachend: „Sie wollen doch nicht etwa behaupten, daß Sie hier noch das Heft in der Hand hatten?!“ Bis auf Herrn Schwab, der von nun an bis zum Ende des Seminars schwieg, brechen die TeilnehmerInnen wiederum in Gelächter aus. Frau Baumann fährt fort mit der Interpretation: „Die Botschaft an die Kundin ist: Erstens ist er schwach, und zweitens ist sie gar nicht wichtig für ihn.“ Frau Waldmann, die die Kundin mimte, wendet ein: „Es wäre aber auch nicht gut gewesen, wenn er die Störerin einfach ignoriert oder weggeschoben hätte, weil das hätte bedeutet, daß er mit mir in einem ähnlichen Fall genauso umgehen würde.“ Frau Baumann gibt schließlich die Empfehlung: „Man muß die Gesprächsführung an sich reißen.“ Damit ist diese Übung beendet. Am nächsten Morgen jedoch gibt es noch einen kleinen Nachklapp: Als Frau Grauer, die die überschwengliche Freundin spielte, den Seminarraum betritt, ruft ihr Herr Schwab entgegen: „Ich hoffe, daß Sie heute mehr aus sich rausgehen!“ Womit er die Lacher wieder auf seiner Seite hatte.

Widerspruch: die Eindeutigkeit von Regeln

Direkten Widerspruch erntet Frau Baumann im Gegensatz zu Herrn Schmitz nicht. Dies liegt jedoch weniger an den von ihr verkündeten Inhalten, die sich von denen im VHS-Seminar Herrn Schmitz' kaum unterscheiden. Vielmehr gelingt es ihr durch eine psychologisierende Herangehensweise, das Thema „Umgangsformen“ auf eine Ebene zu hieven, deren Modus der Reflexion und Erörterung so etwas wie Widerspruch quasi ausschließt. Lediglich einmal weigern sich einige TeilnehmerInnen, ihren Vorgaben zu folgen: Am Ende des ersten Seminartags veranstaltet Frau Baumann ein „Gewinnspiel". Die in zwei Gruppen eingeteilten TeilnehmerInnen sollen in den Unterlagen abgedruckte Fragen zum an diesem Tag behandelten Stoff abwechselnd beantworten, wobei jede „richtige" Antwort einen Punkt gibt und die Siegermannschaft mit der Tischordnung für das Mittagessen am nächsten Tag beauftragt werden sollte. Bei der Frage „Sie sehen im Restaurant Bekannte beim Essen sitzen. (1) Sie grüßen aus der Ferne; (2) gehen an den Tisch und geben jedem freundlich die Hand; (3) gehen an den Tisch, nachdem die Herrschaften gegessen haben" will sich die Gruppe für keine der Lösungen entscheiden, sondern für eine Kombination aus (1) und (3) und erklärt dies ausführlich. Frau Baumann jedoch zwingt sie, sich festzulegen, weil nur eine Lösung „richtig" sei: „Eins oder drei?" Frau Grauer aus der Gruppe schnappt nach Luft und protestiert: „Aber ...!" Frau Baumann: „Jetzt müssen Sie!!" Die Gruppe gibt nach, und Frau Grauer verkündet dann die Entscheidung: „Eins."

Hier wird deutlich, daß Widerspruch, der sich gegen Simplifizierungen richtet, die das Umgangsregelsystem beinhaltet, wenig Chance hat, sich durchzusetzen. Im Endeffekt gestehen die TeilnehmerInnen der Dozentin das letzte Wort zu. Die folgenden Beispiele mit den Fragen nach immer noch detaillierteren Regeln zeigen jedoch auch, daß Widerspruch wie der eben geschilderte nicht auf einer grundsätzlichen Infragestellung der Handlungsanleitung durch Benimmregeln basiert, auch wenn er diese scheinbar beinhaltet.

Es genau wissen wollen: Details

Immer wieder müßte das Seminar eigentlich implodieren, weil sich der Modus der Handlungsanweisung via Regeln als mit der Alltagspraxis nicht kompatibel erweist. Dies wird bei den zahlreichen Nachfragen deutlich, mit denen die TeilnehmerInnen um weitere Regeln für von ihnen konstruierte Fälle bitten. So beispielsweise bei den Regeln für das Grüßen, wo „Damen", „Chefs" und „Älteren" das Recht gebührt, zuerst gegrüßt zu werden. Hier fragt eine Teilnehmerin: „Was soll man dann machen, wenn sich das kreuzt? Beispielsweise eine Angestellte mit einem jüngeren Chef?" Frau Baumann windet sich: „Das ist eine ganz haarige Geschichte. Im richtigen Leben ist das ja nie getrennt." Für diesen Fall hat sie aber eine Lösung parat, die wiederum eine eindeutige Handlungsanweisung beinhaltet: „Im Beruf gilt ausschließlich die Position", was bedeute, daß die Angestellte ihren Chef zuerst grüßen muß, obwohl sie eine Frau und älter als er ist. Eine andere Teilnehmerin hat ebenfalls eine Frage zum „richtigen Leben": „Was mache ich, wenn ein Herr mir die Hand hinstreckt, obwohl er doch warten müßte, bis ich das tue?" Frau Baumann: „Immer das tun, was der andere will, zu dem der andere mich einlädt.“ Eine andere Teilnehmerin pflichtet ihr bei: „Nicht schulmeistern.“ Frau Baumann erwidert mit einer weiteren Regel: „Höflichkeit ist, dem anderen nie zu signalisieren, wenn's unhöflich ist. Man soll nie und nimmer jemanden deshalb kritisieren.“

Die Wissenschaftlerin als Informationsquelle

Ebenso, wie Frau Baumann mich bereits bei der telefonischen Kontaktaufnahme als Forscherin willkommen hieß, wurde ich auch von den SeminarteilnehmerInnen behandelt. Sie zeigten sich beispielsweise neugierig: Während des gemeinsamen Mittagessens entstand eine Diskussion darüber, ob „früher alles besser war“ oder nicht. Herr Schwab vertrat diese kulturpessimistische Ansicht („Nach dem Krieg haben alle zusammengehalten, man hat sich noch geholfen! Nicht wie heute!“); Frau Wanner widerspricht ihm („Da ist auch viel Idealisierung dabei.“), und eine andere Teilnehmerin weist auf technische Erleichterungen im Alltag hin, die es früher nicht gab wie beispielsweise fließend warmes Wasser in den Häusern. Schließlich bittet mich Frau Baumann um Schlichtung der Frage: „Was sagt die Kulturwissenschaftlerin dazu?“ Ich stimme Frau Wanner zu und erkläre, daß die von Herrn Schwab erinnerte Solidarität doch eine sehr selektive war, weil sie beispielsweise den Verfolgten des NS-Regimes nicht gegolten habe. Die Frauen grinsen, Herr Schwab ist etwas eingeschnappt („Ich laß' es! Es hat keinen Zweck.“), erklärt sich aber später dennoch zu einem Interview bereit.

Eine andere Form des Interesses an der Forschung ist verständnisvolle Kooperation. So erklärt die junge Controllerin beim Ausgeben des Fragebogens, daß sie den gerne zurückschicke: Sie habe für ihre Diplomarbeit über den Einsatz von persönlichkeitsbildenden Weiterbildungsmaßnamen in Betrieben auch eine Umfrage gemacht und sei sehr froh über jede Antwort gewesen.

Schließlich deuten auch Ratschläge, die einzelne TeilnehmerInnen mir gaben, an, daß ich als Forscherin hier weder als jemand mit mehr oder hegemonialem Wissen (wie in VHS-Kursen) noch als eine zu belehrende Ratsuchende (wie im „Führungskräfte“-Seminar) positioniert wurde. Sondern man behandelte mich wie eine Expertin für ein bestimmtes Gebiet („Kulturwissenschaftlerin“), der man aber aus dem Fundus des eigenen Wissens auf einem anderen Gebiet auch Tips gibt: So nahm mich die Naturheilkunde- und Psychologie-Studentin in einer Pause beiseite und sprach mich auf einen Ausschlag im Gesicht an, an dem ich damals litt: Was das sei? Daß ich kein Kortison benutzen solle, weil das die Haut zerstöre. Und: „Haben Sie es schon einmal mit einer Eigenurinbehandlung versucht?“

In diesem Seminar vermutete man hinter Forschung nicht Kontrolle, was beispielsweise in der oben geschilderten Veranstaltung von Herrn Schmitz und auch in anderen VHS-Seminaren der Fall war. Sondern eine sozial- oder kulturwissenschaftliche Untersuchung ist hier vielmehr etwas, das sich in die „versozialwissenschaftlichte Identitätsformation“ (Oevermann 1988) der Fraktion des neuen Kleinbürgertums aus den Gesundheits-, Bildungs- und Kulturberufen einfügt, das über soviel ökonomisches Kapital verfügt, daß es sich ein Wochenendseminar für 450 Mark zuzüglich Hotelübernachtung leisten kann.

Das Übungsessen: schwierige Gerichte

Um 12 Uhr 30 geht man zum gemeinsamen Mittagessen, das Bestandteil des Seminars ist. Die SeminarteilnehmerInnen sind an diesem Tag die einzigen Gäste im Hotelrestaurant, ein heller hoher Raum mit postmodern gemischter Einrichtung (Trockengestecke, Plastikblumengirlanden an Säulen, schlichte weiße Tischdecken, Messingstangen auf Naturholzparavents als Raumteiler). Um Gelegenheit zum Üben verschiedener Regeln zu haben, hat Frau Baumann ein spezielles Menü zusammengestellt: Beim ersten Gang, eine kleine Portion Spaghetti, geht es um das Aufdrehen mit der Gabel („Ohne Löffel!“); der zweite Gang ist eine Forelle, die es zu zerlegen gilt, mit Kartoffeln, die man nicht schneiden darf („Ich habe in der Küche extra drum gebeten, ganze Kartoffeln und keine geschnittenen zu servieren, damit das hier geübt werden kann“); als Dessert serviert man Obst, das (von der Aprikose über die Orange bis hin zur Banane) mit Messer und Gabel geschält und gegessen werden soll.

Die Tischgespräche behandeln vor allem Tischmanieren, wobei, ebenso wie bei der Umsetzung von Frau Baumanns Anweisungen, sowohl diejenigen, die sich mit Messer und Gabel mit einer Orange abmühen, als auch die, die ihnen dabei zuschauen, immer wieder in Gelächter ausbrechen. Fast alle aufgetragenen Gerichte werfen Fragen auf, die dann eingehend besprochen werden. So beispielsweise beim Salat. Eine Teilnehmerin erkundigt sich: „Darf man den Salat aus der Schüssel zum Essen auf den Teller legen?“ – „Nein. Ich habe das gerade nur mit der Tomate gemacht, weil ich die nicht schneiden konnte, als die Schüssel noch voll war. Sonst darf man das nicht.“ Hier wird deutlich, inwiefern und in welchem Maße alle Beteiligten von der Verbindlichkeit von Umgangsregeln ausgehen: „Dürfen“ und „müssen“ sind die bevorzugten Verben bei Fragen und Antworten, so, als ob es sich bei den behandelten Regeln um Gebote und Verbote handelt, deren Einhaltung unbedingt zu beachten ist, und bei denen ein Beweggrund wie „wollen“ auf jeden Fall keine Rolle spielt. Thema sind auch Umgangsregeln allgemein, und zwar in Form eines längeren Gesprächs über Prinzessin Diana und ihre Scheidung: Eine Teilnehmerin (Frau Weinmann) macht sich über sie lustig: „Die Sorgen einer Prinzessin möchte ich auch mal haben!" Eine andere, Frau Wanner, hält dagegen: „Sie ist daran zerbrochen. An der Presseberichterstattung und am Etikette-Druck bei Hof." Frau Weinmann hat trotzdem kein Mitgefühl: „Sie wußte doch, was auf sie zukommt." Frau Wanner glaubt das nicht: „Nein, das kann man sich sicher nicht vorstellen." So geht es noch eine Zeit lang hin und her, ausgeschmückt mit verschiedenen Details über das Leben dieser Frau in einer Welt, die sich die TeilnehmerInnen als fremde, gleichermaßen minutiös und streng verregelte Welt vorstellen. Dieses Gespräch macht weniger den Eindruck eines Amusements mittels Klatschgeschichten, hat es doch einen ernsten, getragenen Unterton. Es erscheint vielmehr als verschobene Beschäftigung mit den Aufstiegsambitionen der Anwesenden: Die Imaginierung eines sozialen Raums, in dem man, dies zeigen die Fragen nach kleinsten Details, eine Menge Regeln vermutet, die es zu kennen gilt, wenn man nicht, eben dort oben erfolgreich angekommen, „zerbrechen" will. Dabei muß dieser Raum, dessen fremden ungeschriebenen Gesetzen sich die SeminarteilnehmerInnen ausgeliefert sehen, nicht in einem sozialen Aufstieg begründet sein. Es kann, wie das von mehreren jungen Frauen formulierte Interesse zu Beginn des Seminars zeigt, auch schlicht das Leben in einer patriarchalen Gesellschaft bedeuten, in der jeder Arbeitstag sozusagen ein alltägliches „study up" (Nader 1969) darstellt, wenn Frauen in einem nach wie vor von Männern dominierten Beruf arbeiten, was insbesondere bei der Controllerin und der Gynäkologin - beides Arbeitsfelder, in denen die männliche (Vor-)Herrschaft besonders ausgeprägt ist, der Fall ist.

Die Ordnung des Grüßens: Geschlecht, Alter, Hierarchie

Frau Baumann beginnt mit dem Grüßen, „was im richtigen Leben ja auch immer zuerst kommt". Sie erarbeitet das Thema mit Hilfe eines Lückentexts in den Unterlagen, den die TeilnehmerInnen der Reihe nach ausfüllen. Nach dieser Beschäftigung mit Einzelbeispielen formuliert Frau Baumann die „Grundregel: Erstens: Wer zuerst sieht, grüßt zuerst. Zweitens: Ansonsten gilt: von unten nach oben." „Unten" befinden sich Männer (hier, wie in allen anderen Seminaren auch stets „Herren" genannt"), „Rangniedere", „Junge" und „Gruppen"; „oben" meint „Ranghöhere", „Ältere", „Damen" und „Einzelne". Es soll also beispielsweise „der Herr" „die Dame" zuerst grüßen; bei der „Begrüßung" ist es dann „umgekehrt": Hier steht die Initiative den „Ranghöheren", „Älteren" etc. zu. Diese Behandlung der Kategorien Geschlecht und Hierarchie ist typisch für alle Seminare: Zunächst wird für ein Ritual, hier ist es das Grüßen, mit großer, sich progressiv gebender Geste und Vokabeln wie „Gleichberechtigung", „Emanzipation", „Toleranz" postuliert, daß es keine mit dem Sozialprofil korrelierende „Regeln" mehr gebe, dann jedoch werden ohne Begründung Handlungsanweisungen gegeben und auch geübt (hier im Lückentextverfahren), die Geschlechterdifferenz, Status- und Altersunterschiede gleichermaßen zur Voraussetzung wie zum Ergebnis haben. So fuhr Frau Baumann nach den obigen Erklärungen fort: „Bei der Begrüßung nennt man das Gegengeschlecht immer zuerst. Ich habe vorhin auch gesagt „meine Herren, meine Damen". Ist Ihnen das aufgefallen?" Herr Schwab witzelt („Wir wissen doch heute gar nicht mehr, was das Gegengeschlecht ist.") und erntet dafür Gelächter. Frau Baumann lacht mit, geht darauf aber nicht ein, sondern postuliert: „Es gibt auch beruflich sehr erfolgreiche Frauen, die großen Wert darauf legen, bei der Begrüßung zuerst genannt zu werden."

Das Ende: Seminarkritik und ein Geschenk für die Dozentin

Kurz vor Ende der Veranstaltung ruft Frau Baumann zur Seminarkritik auf. Sie blättert auf dem Flip-chart die Liste mit den bei der Vorstellungsrunde geäußerten „Bitte"- und „Bitte nicht"-Wünschen der TeilnehmerInnen nach oben und fordert zu Kommentaren auf. Es melden sich einzelne mit positiven Kommentaren („Was ich gut gefunden hab': Daß Sie wirklich auf jede Frage eingegangen sind."). Als Frau Baumann pünktlich um 17 Uhr Schluß machen will, unterbricht Herr Schwab sie und überreicht ihr unter großem Hallo aller den Bierkrug und eine Karte mit guten Wünschen. Unter der Führung von Frau Waldmann hatte man sich bereits am ersten Tag auf ein Geschenk für Frau Baumann geeinigt, und eine Teilnehmerin, die am Ort lebt, brachte dann am zweiten Seminartag den Maßkrug mit. Frau Baumann ist sichtlich gerührt und freut sich auch sehr über den anschließenden Beifall und bedankt sich ihrerseits mit einem Witz: „Es hat mir Spaß gemacht - aber nicht, daß Sie jetzt deshalb ihr Geld zurückhaben wollen!" Alle verabschieden sich mit Handschlag sowohl untereinander als auch bei Frau Baumann, und damit ist das Seminar beendet.

„Moderne Umgangsformen und neue Etikette. Die Grundlagen für Karriere und Unternehmenskultur": ein kommerzielles Seminar für „Führungskräfte"

Das Initial: Belehrung der Wissenschaftlerin

Von den Seminaren bei Frau Möchten erfuhr ich beim „Arbeitskreis Umgangsformen International" (vgl. Kap. 2.1). Als ich das erste Mal bei ihr anrief, grenzte sie sich sofort gegen andere SeminaranbieterInnen ab: „Das ist ja mehr so die Tanzschulenrichtung.“ Sie gebe seit zehn Jahren Seminare zum Thema „Umgangsformen“. Dabei gehe es „um den kulturellen Aspekt von Führungsverhalten“. Während das Forschungsansinnen an Volkshochschulen eher als unabwendbarer Eingriff und als Kontrolle wahrgenommen wurde, und im Gegensatz zu den günstigeren Veranstaltungen auf dem kommerziellen Weiterbildungsmarkt (wo man die Forschung vor allem „interessant“ fand), machte Frau Möchten in diesem ersten Gespräch gleich klar, daß sie sich durch Wissenschaft weder kontrolliert noch bereichert sieht. Sondern sie präsentierte sich als ratgebende Instanz für hoch in der universitären Hierarchie stehende Wissenschaftler: Sie habe einmal „einen Professor aus Tübingen“ in einem ihrer Seminare gehabt, „er war unsicher, ob sein Verhalten den Anforderungen entspricht“. Gegen einen Forschungsbesuch in ihrem Seminar hatte sie zunächst keine Einwände. Sie empfahl mir ihre drei Ratgeber zum Thema und verwies mich wegen Anmeldung und Ermäßigung an das „Seminar für Kommunikation und Medien“ (SKM), eine von einer der größten deutschen Tageszeitungen getragenen kommerziellen Bildungseinrichtung, die die Seminare von Frau Möchten im Programm hat.

Frau Pfanne vom SKM hatte zunächst auch keine Einwände und gewährte mir vom Preis (1400 Mark für die zweitägige Veranstaltung) einen Rabatt bis auf die Sachkosten. Eine Woche vor dem vereinbarten Termin jedoch rief sie mich wegen des Fragebogens an: „Einige Fragen erscheinen mir nicht so passend.“ Sie meinte die Fragen danach, welche Umgangsregeln den TeilnehmerInnen neu waren, und danach, welche sie einfach oder eher schwierig zu lernen fanden, und erklärte weiter: „Es sind *Führungskräfte* im Seminar! Die Teilnehmer werden mit dem Fragebogen Probleme haben. Sie wissen schon das meiste und möchten nur kritische Situationen nochmal durchdiskutieren und wissen, was neu ist. (Betonung i. Orig.)“ Als ich einwandte, daß ich unter anderem genau danach frage, lenkte sie ein und gab dann doch ihre Zustimmung zur Ausgabe des Fragebogens.

Als ich einige Tage vor dem Seminarbesuch bei Frau Möchten anrief, um Details zu besprechen und einen Interviewtermin mit ihr zu vereinbaren, hatte sie nun auch massive Bedenken: „Es soll nicht der Eindruck entstehen, als ob die Teilnehmer Studienobjekte sind. Weil es sich wirklich um Führungskräfte handelt und weil ich sehr diskret mit diesem Seminar umgehe und nie der Eindruck entstehen soll, daß meine Klienten da geoutet werden. Das sind Unternehmer und Spitzenleute, die möchten sich in keiner Weise irgendwo öffentlich wiederfinden.“ Auf meinen erneuten Hinweis zur Anonymisierung der Daten antwortet sie mit einer grundsätzlichen Kritik des Fragebogens, an dem sie vor allem die Worte „lernen“ und „Regeln“ störten: „Mein Seminar ist ein Beispiel dafür, wie wissenschaftliche Erkenntnisse umgesetzt werden. Ihre Fragen fand ich ein bißchen aus der Welt. Es ist ja primär ein Verhaltensseminar und nur 20, 30 Prozent Regeln. Es ist anders als die anderen Seminare, die sie besucht haben. Die Fragen nach 'Regeln' kommen mir irrational vor in diesem Zusammenhang.“ An dieser Stelle beendete sie das Telefonat abrupt (sie habe einen Termin und müsse jetzt gehen) und bat mich, nachmittags nochmal anzurufen wegen des Fragebogens. Sie machte sich schwer erreichbar. Als ich zur vereinbarten Zeit anrufe, vertröstet sie mich nochmals um eine Viertelstunde: „Ich habe gerade den Schreibtisch voll und bin noch zu nichts gekommen.“ Als es dann endlich klappt, beginnt sie mit ihrer Kritik am Fragebogen: „Der Fragebogen wäre nicht denkbar, wenn Sie sich das Seminar mal angehört haben. Einige Fragen sind absurd. Mein Seminar liegt auf einer anderen Bewußtseinsebene. Zum Beispiel die Frage nach den 'schwierig zu lernenden Regeln': Die Teilnehmer sind Unternehmer, Bankleute, von Institutionen, in sehr gehobenen Positionen! Die haben doch keine Schwierigkeiten, Regeln zu lernen! Da wären Sie fehl am Platze, wenn Sie annehmen, daß die Leute da irgendwelche Benimmregeln lernen! Das ist die Erwartungshaltung von jungen Leuten wie Ihnen, die da drin irgendwelche Zwänge sehen. Es geht nicht um abzurufendes Material und schon gar nicht kognitiv.“ Ich hatte keine Chance, etwas einzuwenden, und sie ging nun ins Detail: „Wenn Sie bei der Kleidung nach kurzen Hosen für Männer fragen, das wirkt, als ob sie eine Kabarettistin sind! Kurze Hosen sind völlig indiskutabel für Leute aus der Ebene, die da in mein Seminar kommen!“ Ich: „Ich frage ja nach Meinungen, und Gepflogenheiten können sich ändern.“ Frau Möchten, lauter: „Hier geht es nicht um Meinungen!“ Und: „Sie wissen, daß sich Peinlichkeitsstandards verändern?“ Ich: „Ja.“ Frau Möchten: „Und deshalb erregen diese Fragen nach den kurzen Hosen Peinlichkeit! Das sind Fragen für die Sacharbeiterebene oder für Sparkassenjünglinge oder für Leute, die sich zuhause den Mund am Ärmel abwischen. Und erstmal müssen Sie in dem Fall 'Herren' schreiben und nicht 'Männer'.“ Dann fragte sie meine Kenntnis ihrer Ratgeber (die sie selbst so allerdings nicht bezeichnen würde) ab: „Frau Timm, welches meiner Bücher kennen Sie?“ Ich nannte einen Titel. Frau Möchten: „Die erste Auflage ist in sämtlichen Universitätsbibliotheken gelandet! In diesem Buch geht es um die Vermittlung des Respekts vor jedermann. Um die Verhaltensformen, die von Deutschen im Ausland immer vermißt werden. Das kommt von der antiautoritären Erziehung, die ist der Grund für die teutonische Ellbogengesellschaft, die wir heute haben.“ Ohne daß ich dazu eine Meinung geäußert hätte oder auch nur überhaupt zu Wort gekommen bin, begründet sie dann die Notwendigkeit von Umgangsregeln. Offenbar vermutet sie eine aus meiner Generationszugehörigkeit resultierende (unausgesprochene) Kritik daran: „Wenn sich einer vor mich hinsetzt mit legerer Haltung, dann heißt das, daß das als, nicht nur als Mangel von Respekt, sondern als *Verweigerung von Respekt* wirkt. Das hat auch nichts mit Charakter zu tun, das hat ja die Cora Stephan so wunderbar aufgearbeitet.[54] Sie hat geschrieben: 'Was interessiert mich der Charakter des Busfahrers, ich will nur, daß er mir höflich die Türe aufmacht!' 'Neue deutsche Etikette' heißt ihr Buch, das ist wirklich gut geschrieben. (Betonung i. Orig.)" So, wie sie bereits beim ersten Telefonat vom Bedarf eines „Professors" nach ihren Seminaren erzählte, weist sie nun erneut auf die Notwendigkeit von „Umgangsformen" für „Akademiker" hin: „Und ich habe auch immer wieder erlebt, daß Akademiker am Vorstellungsgespräch scheitern, wenn ich Ihnen das noch sagen darf." Es wurde immer deutlicher, daß es sich bei dieser Kontaktaufnahme zum Besuch des „Führungskräfte"-Seminars um ein „Vorstellungsgespräch" handelte, in dem ich zu „scheitern" drohte und erst einmal meine „Kompetenz" unter Beweis zu stellen hatte. Frau Möchten hatte mich ja bereits in einem anderen Telefonat über Elias 'geprüft',[55] nun wies sie auf ihre „unveröffentlichte Doktorarbeit" und „unveröffentlichte germanistische Forschungsarbeiten" sowie auf andere „Kompetenzen" von sich hin: „Eine weitere Kompetenz von mir ist, daß ich alles von klein auf gelernt habe. Meine Mutter war das, was man unter einer Dame verstand, mit Musikstudium und Literatur." Mit diesem Verweis auf ihre Soziobiographie grenzte sie sich ab gegen andere AnbieterInnen von Benimmseminaren, die sich das Wissen, das sie qua Herkunft „inkorporiert" (P. Bourdieu) hat, ähnlich wie Schulwissen erworben haben: Ihr in der Familie erworbenes Wissen rangiert im Gefüge der Kapitalsorten und im hegemonialen Diskurs aufgrund seiner „Ancienntität" (P. Bourdieu) höher als das Wissen anderer Dozentinnen: „Die Leute aus Tanzschulenprovenienz oder die, die sich Umgangsformen erst auf Karteikarten notiert haben oder alles von mir abgeschrieben haben, die kennen sich da natürlich nicht so aus. Diese Breite der Kompetenz hat sonst niemand hier. Ich habe Literaturwissenschaft und Politik studiert, und ich habe mein Examen mit Auszeichnung bestanden! Und ich habe den Norbert Elias persönlich erlebt! Er gab vier Gastvorlesungen in Frankfurt, das Audimax war voll! Er war der erste, der die Historiker mit der Soziologie versöhnt hat, er hat Diachronie und Synchronie verbunden." Nun kommt sie wieder auf den Fragebogen zu sprechen und fordert, daß ich mehrere Fragen streichen müsse, wenn ich ihn ausgeben wolle. Ich erwidere, daß es dann

Probleme mit der Vergleichbarkeit der Ergebnisse gibt. Frau Möchten, die bisher vor allem ihr Wissen über kulturwissenschaftliche Theorien gezeigt hatte („Elias“, „Peinlichkeitsstandards“), präsentierte sich nun als auch mit den Regeln der Sozialforschungsmethodik vertraut und erklärte das Gespräch implizit erneut zu einer Prüfung (die ich nun endgültig nicht bestanden hatte): „Das sagen Sie jetzt! Darauf habe ich schon die ganze Zeit gewartet. Jetzt ist es schon vorbei! Es ist besser, Sie bereiten sich auf einen reduzierten Fragebogen vor, als daß Sie nachher feststellen, dieses Level stimmt nicht. Das dürfen Sie jetzt nicht überheblich finden.“ Ich lenke ein, betone aber, daß ich mein Forschungsinteresse am Beginn des Seminars offenlegen muß, weil qualitative Forschung sonst nicht möglich ist. Die Tatsache, daß ich mit solchen Einwürfen stets an meine Absicht zu forschen erinnerte, Frau Möchtens Hinweise auf ihre „wissenschaftliche Kompetenz“ ignorierte und mit ihr nicht wie mit einer Kollegin fachsimpelte, war vielleicht der Grund dafür, daß sie nun regelrecht wütend wurde: „Das Ziel meines Seminars ist die Vermittlung des Bewußtseins von Peinlichkeitsstandards. Und wenn ich das bei Ihnen nicht hinkriege, dann müßte sich einer von uns als Versager bezeichnen. Ihr Fragebogen ist vielleicht gut für die anderen Seminare, die Sie besuchen. Aber bei mir geht es nicht darum, irgendeine gottverdammte Regel zu lernen.“ Ich: „Aus irgendeinem Grund müssen die Leute das Seminar doch besuchen.“ Frau Möchten, wieder sehr laut: „Wenn Sie nach wie vor darauf bestehen, daß Leute hier irgendwas lernen, und dann ist das laut Fragebogen auch noch ‘schwierig’ zu lernen, dann sind Sie auf dem falschen Dampfer. Wenn Sie den Fragebogen so ausgeben, dann würden die Leute denken ‘Mein Gott, die junge Frau hat sich völlig verlaufen!’. Ich möchte das alles mit Takt angehen, nach dem Motto: ‘Im Grunde ist Ihnen alles bekannt, ich will es nur nochmal erläutern.’ Dem taktvollen Umgang mit Seminarteilnehmern, dem würden Sie mit Ihrem Fragebogen ins Gesicht schlagen. Das sind keine Sachbearbeiter, das ist nicht die Ebene, auf der ich mich bewege. Ich muß alles vermeiden, was den Leuten ein Defizitbewußtsein vermittelt. Natürlich haben die Leute Fragen, ich frage auch am Beginn des Seminars nach deren Erkenntnisinteresse.“ An dieser Stelle hat sich die Situation in der Wahrnehmung von Frau Möchten sozusagen umgekehrt: Sie positioniert mich als naive Schülerin, die schwer von Begriff ist, während sie Wissenschaft und Forschung auf ihrer Seite und bei den SeminarteilnehmerInnen lokalisiert, die nichts lernen wollen, sondern ein „Erkenntnisinteresse“ haben. So geht es noch eine Zeitlang hin und her, und am Ende einigen wir uns auf einen Fragebogen, bei dem unter anderem die Fragen, in denen das Wort „lernen“ vorkommt, gestrichen werden.

Frau Möchten negierte den Modus des schulischen Erwerbs von Fertigkeiten in ihrem Seminar, also den Faktor, der nach P. Bourdieu noch viel mehr als die Menge an Bildung oder Wissen allein Kleinbürgerlichkeit assoziiert. Sie macht statt dessen klar, daß es ihr für sich („von klein auf gelernt", nichts „auf Karteikarten notiert") und für ihr Seminar („es geht nicht darum, irgendeine Regel zu lernen") „mehr als um irgend sonst etwas darum geht, zu haben, ohne je erworben zu haben" (Bourdieu 1987, 518), was im hegemonialen Diskurs die legitimste Form von kulturellem Kapital darstellt. Frau Pfanne von der veranstaltenden Institution SKM hatte dasselbe für die SeminarteilnehmerInnen getan („Sie wissen schon das meiste und möchten nur kritische Situationen nochmal durchdiskutieren."). So wurde mir dieses Seminar bei der Kontaktaufnahme weniger wie eine Bildungsveranstaltung, sondern eher wie eine Konferenz von Experten zum Thema „Umgangsformen" oder „Peinlichkeitsstandards" präsentiert.

Die Ankunft: Bedienung und ein Gespräch über Pelze

Steinbach ist eine kleine 6000-Einwohner-Gemeinde im Taunus. Die Bekanntheit des Ortes gründet sich auf den „Goldenen Hof", ein überregional bekanntes und oft von Prominenz aus Politik und Wirtschaft besuchtes Hotel und Restaurant. Der „Goldene Hof" führt den Zusatz „Hotel im Park": Durch ein hohes schmiedeeisernes Tor, das noch die Initialen der früheren Besitzer zieren, gelangt man über einen geschwungenen Weg durch einen Park mit hohen alten Bäumen zum historischen Gebäude, das im Ort nach der jüdischen Familie, die dort bis Mitte der 30er Jahre lebte, „Palais Guggenheim" genannt wird. Der Eingangsbereich ist mit dickem Teppichboden ausgelegt, der Portier nickt allen Ankommenden still und freundlich lächelnd zu. Schilder weisen den Gang entlang zum Seminar „Moderne Umgangsformen". Auf dem Weg dorthin passiert man eine kleine Garderobe, an der einem der Mantel nahezu unbemerkt und wieder mit einem stillen Lächeln abgenommen wird. Vor dem Seminarraum stehen Kaffee, Tee und Kekse auf einem weißgedeckten Wagen bereit. Frau Pfanne vom SKM trägt ein Namensschild am Revers, begrüßt alle Ankommenden persönlich und mit professioneller Herzlichkeit und bietet Kaffee an. Die ankommenden TeilnehmerInnen bedienen und unterhalten sich, und nachdem ich Frau Möchten, die mich eigentlich keines Blickes würdigte, kurz begrüßt habe, stelle ich mich dazu und verfolge die Gespräche. Als Frau Deesfink eintrifft, die einen langen blauen Pelzmantel trägt, beginnt Frau Möchten ein Gespräch über Pelze: „Ist Ihnen schon aufgefallen, daß man in manchen Gegenden in Deutschland Pelze tragen kann und in anderen nicht?" Die SeminarteilnehmerInnen stimmen ihr zu. Frau Möchten erzählt weiter: „Ich habe mal meiner Tochter eine alte kurze Persianerjacke geschenkt, und deren Freunde fanden die ganz toll - die dachten, das ist Wolle!“ Alle amüsieren sich schmunzelnd über die Unkenntnis der jungen Leute. Eine Teilnehmerin, Frau Sebastian, erzählt von ihrer „alten Rotfuchsjacke“, die sie so nicht mehr tragen könne und deshalb umarbeiten lassen wolle. Kurz vor 14 Uhr gehen alle nach und nach in den Seminarraum, nehmen sich die vorgefertigten Namensschilder von einem Tisch und setzen sich.

Der Ort: ein fürstlicher Saal

Der Unterrichtsraum ist ein sehr großer Saal: Er mißt etwa sieben auf 15 Meter und ist fast fünf Meter hoch. Ebenso wie in allen anderen Räume des Gebäudes sind Decken und Wände mit Stuck und vergoldeten Schnitzereien geschmückt; mehrere große Kronleuchter sorgen für das Licht. Hinter der großen Fensterfront sieht man den parkähnlichen Garten, an der gegenüberliegenden langen Seite ist ein offener Kamin eingebaut. Auf dem Parkett liegt ein dicker Teppichboden. Die Tische sind in Form eines großen U aufgestellt, an der Stirnseite die Plätze für Frau Pfanne und Frau Möchten, seitlich steht ein Flip-chart. Alle Stühle sind dick gepolstert und haben Armlehnen. Auf jedem Platz liegen die Seminarunterlagen, das bekannteste Buch von Frau Möchten, Schreibutensilien des SKM; außerdem stehen Getränkekühler mit Wasser und Saft sowie Gläser bereit.

Der Beginn: „Wir wissen, daß Sie dieses Seminar nicht *brauchen.“*

Frau Pfanne beginnt pünktlich um 14 Uhr. Zu allererst sichert sie die Veranstaltung ebenso, wie sie das bereits bei meiner Kontaktaufnahme getan hatte, gegen den Anschein des Erwerbs von Wissen ab: „Wir wissen, daß Sie dieses Seminar *nicht* brauchen. Wir wollen hier einzelne Situationen gemeinsam besprechen. (Betonung i. Orig.)“ Anschließend geht sie kurz auf die Geschichte des Gebäudes ein - was explizit den Versuch darstellt, aus der „Anciennität“ (P. Bourdieu) des Gebäudes kulturelles Kapital für das Seminar zu schlagen, wobei sich aber auch ein ganz besonderer Blick auf Geschichte und Politik offenbart: „Das Gebäude ist das ehemalige Palais des Barons Guggenheim, und Sie wissen ja, die Juden mußten gehen; das Haus wurde dann von der Stadt übernommen. Nach dem Krieg war es eines der wenigen unzerstörten Gebäude, deshalb wurde hier die Bundesregierung gegründet!“ Die TeilnehmerInnen quittieren diese Information mit anerkennendem Kopfnicken und respektvoll nach oben gezogenen Augenbrauen.

Die Dozentin: „Seit zehn Jahren Seminare, seit 18 Jahren Golf."

Bevor Frau Möchten das Wort ergreift, wird sie von Frau Pfanne vom SKM vorgestellt: „Sie ist die erste, die sich mit diesem Thema wissenschaftlich befaßt hat. Sie ist die erste, die Seminare zu diesem Thema angeboten hat." Nachdem Frau Pfanne anschließend kurz über ihre eigene Person informiert hat („Ich habe VWL und Kommunikationswissenschaft studiert. Und, man sagt es nicht gern, aber: Ich jage.") erteilt sie Frau Möchten das Wort, und diese stellt sich selbst vor. Dabei verweist sie ebenso wie ihre Vorrednerin kurz und unmißverständlich auf ihre soziale Lage und kulturellen Praxen: „Ich gebe seit zehn Jahren Seminare. Aber ich arbeite natürlich nicht immer, ich laufe auch mal mit dem Golfschläger 'rum. Ich spiele seit 18 Jahren Golf."

Das Programm: „Nicht, daß ich Ihnen irgendwo noch was Neues beibringen kann!"

Frau Möchten steigt in ihr Seminar ein. Zunächst ist von „Regeln" nicht die Rede, sondern sie liefert, verbunden mit der erneuten Distanzierung davon, daß die TeilnehmerInnen in dieser Veranstaltung etwas lernen, eine Begründung für „Umgangsformen": „Man kann Kommunikation eben schneller herstellen, wenn Menschen sich mit Respekt begegnen. Dafür braucht es eine Vertrauensbasis, die man aufgrund der Umgangsformen als verläßlich einordnen. - Nicht, daß ich Ihnen irgendwo noch was Neues beibringen kann. Sie sollen nachher wissen, daß nicht Sie etwas falsch machen, sondern wo andere dies tun. Sie sollen aus einem Repertoire an Verhaltensformen souverän auswählen können, wenn Sie sich über jemanden ärgern." Während vom Lehrenden und TeilnehmerInnen an Volkshochschulen und auch in den billigeren Seminaren auf dem kommerziellen Bildungsmarkt Wert auf praktische Übungen gelegt wird, lehnt Frau Möchten dies ab. Sie erklärt zur Methodik ihrer Veranstaltung: „Ich möchte mit Ihnen in einen Dialog kommen. Es werden hier keine Rollenspiele gemacht, weil nicht alle gute Laienschauspieler sind." Die TeilnehmerInnen finden das gut, einer meldet sich und sagt: „Dann ist die Atmosphäre entspannter."

Die Seminarunterlagen: ein gewichtiger Ordner

Ein DIN-A4-großer Plastikordner beinhaltet die Seminarunterlagen: Eine Teilnehmerliste inklusive Adresse, Werbesprospekte für andere Veranstaltungen und Veröffentlichungen des SKM, eine 40seitige Zusammenfassung des Seminarinhalts sowie eine Literaturliste, die neben vier Publikationen von Frau Möchten andere Benimmratgeber, die Knigge-Originalausgabe sowie einen Weinführer aufführt. Alles ist aufwendig mit einem Plastikregister geordnet.

Die TeilnehmerInnen

Nach der Aufforderung von Frau Möchten stellen sich die TeilnehmerInnen alle mit ihrem Interesse am Seminar, Beruf, Familienstand und „Hobbies" vor. Während in den Volkshochschulkursen und in den günstigeren kommerziellen Seminaren stets mehr Frauen als Männer teilnehmen, sind hier die Männer in der Überzahl: Es sind acht Männer und sechs Frauen anwesend; der älteste Teilnehmer ist 53 Jahre, die jüngste Teilnehmerin 33 Jahre alt. Fast alle Männer arbeiten im mittleren und oberen Management (Geschäftsführer, Sparkassendirektoren, Forstamtsleiter), die Frauen im mittleren Management (PR-Referentin, „Event-Managerin"), einige sind selbständig wie Frau Deesfink, die nach ihrer Karriere als Fotomodell nun eine Farb- und Stilberatung betreibt, oder wie Frau Sebastian, die selbständige Controllerin ist. Die meisten von ihnen sind verheiratet; Kinder haben lediglich die Männer. Während die Vertreterin der SKM und Frau Möchten sich mit ihren Hobbies (Jagd, Golf) zu distinguieren suchten, taugen die Freizeitbeschäftigungen der TeilnehmerInnen dazu nicht: Sie spielen Squash, lieben das Bergwandern oder betätigen sich als Hobbyköchinnen. Die Mehrzahl von ihnen ist mehrere hundert Kilometer, Frau Deesfink gar aus den Niederlanden angereist. Alle übernachten im Hotel, was nicht im Preis inbegriffen ist und die Kosten für die eineinhalbtägige Veranstaltung auf fast 1800 Mark erhöht.

Bei den Gründen für die Teilnahme am Seminar unterscheidet sich diese Gruppe trotz des grundsätzlich anderen Rahmens kaum von der Kundschaft günstigerer Seminare auf dem kommerziellen Bildungsmarkt oder an Volkshochschulen: „Sicherer werden", ergänzt durch das Schlagwort „Kundenkontakt", ist auch hier das Interesse der TeilnehmerInnen am Benimmseminar. Lediglich zwei der Männer haben (auch) andere Absichten: Sie testen Frau Möchten, weil sie sie eventuell für betriebsinterne Seminare in ihren Unternehmen buchen wollen.

Die Kleiderordnung: Anzug und Kostüm

Ebenso wie die Seminarleiterin trugen mit Ausnahme von mir und der jüngsten Frau, die über ihrer Bluse lediglich eine Weste an hatte, alle Teilnehmerinnen Kostüm oder Hosenanzug. Die meisten Männer haben Anzüge oder Kombinationen gewählt, stets mit Krawatte.

Die Kleidung ist im Gegensatz zu der an Volkshochschulen beobachteten formeller. Aber auch darüber hinaus wird mehr Aufwand betrieben: Ebenso, wie alle, als ob es abgesprochen wäre, zum Seminar in Anzug mit Krawatte oder Kostüm erschienen waren, ziehen sich abends vor dem gemeinsamen Übungsessen fast alle, einschließlich Frau Möchten, komplett oder teilweise um. Die

Kleidung ist nun eine Nuance festlicher, man sieht dezente Glitzerstreifen und feinere Stoffe und bei den Frauen mehr und nun deutlich roten Lippenstift.

Das Restaurant: „Das dürfen Sie wirklich nicht anders machen."

Zum Essen im Restaurant erklärt Frau Möchten: „Das Wichtigste" sei der Gebrauch der Serviette: „Das dürfen Sie wirklich nicht anders machen, alles andere ist Ihnen anheim gegeben. Aber bei der Serviette geht es in den Augen der anderen so oder so", und Frau Möchten zeigt mit dem Daumen nach oben und nach unten. Ähnlich, aber nicht so ausführlich wie Herr Schmitz an der Volkshochschule imaginiert die Dozentin hier eine Beobachtung, derzufolge es Tischmanierenkenntnisse zu beweisen gilt, will man nicht abgewertet werden. Und auch wenn es vor allem wegen des aufwendigeren Rahmens nicht so auffällig ist wie bei Herrn Schmitz, spricht Frau Möchten ebenso über das Personal weniger als diejenigen, deren Bedienung man in Anspruch nimmt, sondern als die eigentlichen Experten, für deren Augen man die „Regeln" (so wie sie sie als „richtig" definiert), praktiziert: „Das Personal hier freut sich, wenn Leute da sind, die die Regeln kennen und einen guten Service zu schätzen wissen."

Es genau wissen wollen: Details

Entgegen der Ankündigung von Frau Möchten, daß die TeilnemerInnen im „Führungskräfte"-Seminare „schon alles wissen", fragen diese auch in ihrer Veranstaltung detailliert nach Handlungsanleitungen für eine Fülle von Situationen. So genügt ihnen beispielsweise nicht die Erklärung, was man mit dem Löffel ißt, sondern sie wollen zudem wissen, von welcher Seite des Löffels man ißt (Frau Möchten: „Hier von der Spitze, in England von der breiten Seite.").

Körperhaltung: gespannt

Während der Inhalt des Seminars und die Nachfragen der TeilnehmerInnen dem Angebot und dem Interesse in Veranstaltungen anderer Benimm-Dozentinnen gleichen, zeigen sich bei der Körperhaltung auffällige Unterschiede: Auch am späten Vormittag und Nachmittag nimmt keine/r eine den Rücken entlastende Haltung ein. Alle sitzen weit hinten und aufrecht auf den Stühlen, niemand stützt den Kopf in die Hand oder rutschte auf dem Stuhl nach vorne, um die Beine auszustrecken und die Schultern an der Lehne abzustützen.

Die Wissenschaftlerin als Ratsuchende

Ebenso, wie Frau Möchten bei der Kontaktaufnahme ignorierte, daß sie, ihre Veranstaltung und die SeminarteilnehmerInnen Gegenstand einer wissenschaftlichen Untersuchung sind, wurde ich auch im Seminar positioniert. So beispielsweise als sie mich am zweiten Seminartag in einer Pause ansprach: „Sie wollten mir doch ein paar Fragen stellen. Können wir das nicht jetzt machen?“ Ich erklärte, daß es für ein Interview (über dessen voraussichtliche Länge ich sie bereits bei der Kontaktaufnahme informiert hatte) zu kurz sei. Sie, völlig überrascht: „Aber viele Fragen haben sich doch erledigt?!“ Ich erkläre, daß das nicht der Fall sei, und bitte erneut um einen längeren Interviewtermin. Sie sagt mir diesen dann auch zu. Mit dem Vorschlag, „ein paar Fragen“ in der Pause zu stellen, und mit der Vermutung, daß sich die meisten Fragen bereits „erledigt“ haben, hatte sie mich bei dieser Gelegenheit ein weiteres Mal nicht wie eine Wissenschaftlerin behandelt, die Fragen zu ihrer Tätigkeit als Umgangslehrende hat, sondern als Teilnehmerin, die das Seminar besucht, um sich über Umgangsregeln zu informieren.

Das Übungsessen: Korrekturen in einem geschützten Raum

Um 18 Uhr 30 beendet Frau Möchten die Sitzung, erklärt den Weg zum Restaurant, und erläutert zum nun folgenden Übungsessen, bei dem es laut Seminarausschreibung um „europäische Eßkultur“, „korrekte Haltung und Etikette bei Tisch“ sowie um die Frage „Wie ißt man was?“ geht: „Wir sind separat. Das ist absolute Bedingung dafür, daß ich überhaupt was sage. Ich will nicht erwachsenen Menschen den Appetit verderben.“

Das für das Seminar vorgesehene, holzgetäfelte Nebenzimmer befindet sich in einem Anbau des Hotels. Nachdem gegen 19 Uhr alle eingetroffen sind, bittet Frau Möchten zu Tisch, und auf ihre Anweisung hin wird eine sogenannte „bunte Reihe“ gebildet, das heißt Männer und Frauen sitzen abwechselnd nebeneinander. Dieses Arrangement der Geschlechter findet später beim Servieren seine Entsprechung: Die Ober, es sind insgesamt drei, bedienen stets die Frauen zuerst und anschließend die Männer.

An der langen weißgedeckten Tafel steht auf jedem Platz ein Platzteller aus Zinn; außerdem sind Menükarten, Wasser- und Weingläser sowie mehrere Besteckteile auf jeder Seite des Tellers gedeckt.

Vor jedem der insgesamt fünf Gänge warten alle auf die Erläuterungen von Frau Möchten. Am Anfang steht ihre Anweisung zur richtigen Körperhaltung: Der Oberkörper ist „eine Handbreit“ weg vom Tisch zu halten, wenn man den Stuhl nahe genug heranrücke, dann ergebe sich das von selbst, so Frau Möchten. Die Serviette so auf den Schoß zu legen, wie die Dozentin empfiehlt („einmal gefaltet“) ist noch einfach; bei den „Langostinos“, die mit den Händen geknackt werden müssen, gibt es Probleme: Die Schale ist hart und spitz und sticht in die

Finger, einige sagen leise „Autsch!", aber alle bemühen sich, es genauso zu machen, wie Frau Möchten anweist. Während dieser Übung verstummen die Gespräche, schweigend und konzentriert ist jede/r mit dem Essen beschäftigt, lediglich ein Teilnehmer vergewissert sich besorgt: „So etwas gibt es bei einem offiziellen Essen wohl eher nicht!?" Frau Möchten beruhigt ihn („Nein, natürlich nicht.") ohne allerdings zu erklären, worin dann der Sinn dieser schwierigen Übung liegt. Einfacher ist das Aufdrehen der Spaghetti, wozu nur die Gabel benutzt werden soll. Als eine Teilnehmerin einwendet, daß man „in Italien" dazu „Gabel *und* Löffel (Betonung i. Orig.)" bekomme, entgegnet ihr Frau Möchten kategorisch. „Dann war das ein schlechtes Restaurant." So erteilt sie das ganze Essen über Unterricht, und ab und zu greift sie auch direkt ein, wenn jemand einen „Fehler" macht. So beispielsweise als der Teilnehmer, der neben ihr sitzt und auf ihr Geheiß hin den mit jedem Gang wechselnden Wein kostet und per Zutrinken freigibt, sein Glas nicht am Stiel, sondern am Kelch hält: Frau Möchten faßt rüber und schiebt seine Finger runter zum Stiel, so daß ihm (vor den auf ihn gerichteten Augen aller) beinahe das Glas herunterfällt.

Während Frau Möchten das Bedienungspersonal während des Seminars eher als BeobachterInnen imaginierte, denen es zu zeigen gilt, daß man bestimmte Tischmanieren beherrscht, gerät ihr Umgang mit den Obern am Tisch zu einer blanken Machtdemonstration, die das Verhältnis zwischen Herr (bzw. Herrin) und Diener unmißverständlich explizit macht. So weist sie einen sehr jungen Kellner, der ihr versehentlich ein paar Tropfen Wasser in das Weinglas schüttet, streng an, er solle ihr jetzt bitte ein neues Weinglas bringen. Alle Gespräche verstummen, und alle beobachten die Szene, bis der junge Mann mit neuem Glas, Weinflasche und hochrotem Kopf zurückkommt und Frau Möchten, die das schweigend und mit unbewegtem Gesicht beobachtet, den neuen Wein serviert. Bis zum Ende des Essens arbeitet der Auszubildende mit Schweißperlen auf der Stirne, und jedesmal, wenn er irgendwo nachschenkt, kann man sehen, wie seine Hände zittern.

Gegen 22 Uhr hebt Frau Möchten die Tafel auf: Sie dankt Frau Pfanne vom SKM für „die gelungene Zusammenstellung der Teilnehmer" - eine Formulierung, mit der das Seminar ein weiteres Mal als etwas Exklusives positioniert wird, so, als ob nicht alle Anmeldungen angenommen worden wären - und weist auf den Beginn des kommenden Seminartags um neun Uhr hin.

Die Ordnung des Grüßens: Geschlecht, Alter, Hierarchie

Auch in dieser Veranstaltung ist die Geschlechtsspezifik von Umgangsregeln und deren Anwendung entsprechend Hierarchien etwas Selbstverständliches.

Daß ein Gruß sich danach gestaltet, ob das Gegenüber ein Mann oder eine Frau ist, Lehrling oder Firmenchef, steht außer Frage. So erklärt Frau Möchten „den Händedruck“: „Die Hand wird grundsätzlich vom Ranghöheren dem Rangniederen gereicht. Und Damen sind immer höherrangig.“ Deshalb gilt bei der Begrüßung: „Das Aufstehen zur Begrüßung, meine Herren, ist nach wie vor üblich, und zwar sowohl privat wie beruflich, und zwar vor jeder Frau. Also: *Die Herren stehen auf*! (Betonung i. Orig.)“

Das Ende: „Ich möchte Sie gerne zu einem Drink einladen!“

Am zweiten Seminartag ergreift Frau Pfanne vom SKM um 15 Uhr 30 das Wort, dankt Frau Möchten und lädt zu einem gemütlichen Abschluß ein: „Ich möchte Sie gerne zu einem Drink einladen!“ Man geht in einen Seitenflügel des Gebäudes in ein großes Kaminzimmer mit Parkett und Ledersesseln, wo Sekt und Orangensaft serviert werden. Frau Möchten signiert ihr Buch, das bei Seminarbeginn auf allen Plätzen lag. Nach 20 Minuten beginnen die TeilnehmerInnen, sich mit Handschlag voneinander zu verabschieden, und damit ist das Seminar zu Ende.

2 Die Lehrenden und das Angebot

2.1 Die Lehrenden

Geschlecht: weiblich

Umgangsunterricht ist eine Domäne von Frauen. Während ich bei den Recherchen für diese Arbeit 13 weibliche Lehrende befragte, konnte ich lediglich zwei Männer ausfindig machen, die regelmäßig bzw. ausschließlich Umgangsformen unterrichten. Im Gegensatz zum Sozialprofil der Ratgeber-AutorInnen, bei denen der Frauenanteil seit Ende des 19. Jahrhunderts relativ konstant etwa 35 Prozent beträgt (Schürmann 1994, 18)[1], sind Frauen bei der Vermittlung von Umgangsregeln in Unterrichtsform damit deutlich in der Mehrzahl.

Die Lehrenden selbst meinen, daß „Etikette schon so ein bißchen was Frauenspezifisches" (Frau Limbach) sei und sehen dies in der geschlechtskulturellen Sozialisation begründet, die Frauen für „das Menschliche" prädestiniere, weil sie mehr „Taktgefühl" hätten. So erklärte beispielsweise Frau Ritter:

> Ich kann mir einfach nur vorstellen, so wie man sagt, daß Frauen oft besser führen können als Männer, weil sie auch das Menschliche mit einfließen lassen, bringen das Frauen bestimmt menschlicher rüber. Ein Mann, der verkündet Lehrsätze, ich will's mal nicht verallgemeinern, es mag bestimmt welche geben, die/ aber gerade bei diesem Thema, das ist ja schon ein bißchen heikel, wenn man dann auch merkt, ein Teilnehmer benimmt sich falsch. (...) Zur Not, wenn's zu gravierende Fehler sind, nimmt sie sich die Teilnehmerin in der Pause und bespricht das mit ihr alleine. Da ist vielleicht mehr Menschlichkeit, mehr - Takt liegt da drin.

Während Arditi (1996, 418) davon ausgeht, daß diese „Feminization" des Umgangsregelgenres ein Teil der Geschichte des „women's empowerment" darstellt, gilt diese Positionierung von Frauen als „Sozialisationsinstanz" (Göttsch 1996, 75) nicht nur innerhalb der Familie, sondern auch „im Verhältnis der Geschlechter" (ebd.) in der Umgangsliteraturforschung nicht als Überwindung oder Modifikation der stereotypen „Geschlechtscharaktere" (K. Hausen), sondern als deren Konkretion, die überdies bereits eine lange Geschichte hat.[2] Bourdieu schließlich hat herausgearbeitet, inwiefern solche Zuschreibungen und Praxen von Frauen als Spezialistinnen für das Soziale aus der Dynamik der „männlichen Herrschaft" resultieren. Ein sich daraus ergebender „Herrschaftseffekt" führt laut Bourdieu (1997, 211) dazu, daß die Fachleute für des Alltags eigene Kulturanalyse weiblich sind:

„Mit der Verwaltung des symbolischen Kapitals der Familien beauftragt, sind sie (die Frauen, E.T.) ganz folgerichtig dazu berufen, diese Rolle auch in den Unternehmensbereich zu übertragen. (...) Und so kann man den Frauen durch einfache Ausdehnung ihrer traditionellen Rolle Funktionen in der Produktion und Konsumtion der symbolischen Güter und Dienstleistungen, oder genauer, der *Distinktionszeichen*, von den kosmetischen Produkten und Dienstleistungen (Friseurinnen, Kosmetikerinnen, Maniküren usf.)[3] bis hin zu den kulturellen Gütern im engeren Sinne zuweisen" (Hervorhebung i. Orig.).

Bourdieu resümiert, daß Frauen aus diesem Grund „die privilegierten Agenten der Umwandlung des ökonomischen Kapitals in symbolisches Kapital" (ebd.) sind: Als solche spielen sie eine entscheidende Rolle in der Dialektik von Prätention und Distinktion, die der Motor des ganzen kulturellen Lebens ist." In bezug auf die Umgangslehre kann man hier anfügen: Die hier beschriebene Dynamik trägt dazu bei, daß die Didaktik und Pädagogik von „Prätention und Distinktion" eine Domäne der Frauen auf dem Bildungsmarkt ist.

Soziale Herkunft objektiv: kleinbürgerlich

Es wäre eine Verkürzung, die Kategorie Geschlecht bei der Deutung des Sozialprofils der Umgangslehrenden als isolierte Variable zu veranschlagen. Sondern dieser Faktor entfaltet seine für das untersuchte Feld spezifische Dynamik in Kombination mit einer weiteren Facette des Sozialprofils der UmgangslehrerInnen: ihre soziale Herkunft. Die befragten Lehrenden stammen aus kleinbürgerlichem Milieu. Ihre Mütter haben mit wenigen Ausnahmen keine höhere Bildung, viele von ihnen arbeiteten nicht außer Haus oder ohne Ausbildungsabschluß in kaufmännischen, handwerklichen, pflegerischen oder künstlerischen Berufen (Krankenschwester, technische Zeichnerin, Einzelhandelskauffrau, Kunsthandwerkerin). Die Väter der Lehrenden sind kleine Unternehmer (Kneipe, Hotel) oder (selbständige) Handwerker (Radiofachgeschäft, Schneidermeister, Maschinenbaumeister) oder kaufmännische Angestellte (Versicherungsbranche), und auch wenn sie institutionalisiertes kulturelles Kapital in Form von Universitätsabschlüssen besitzen, so arbeiteten sie damit nicht als Produzenten, sondern als dessen Anwender (Ingenieure) oder Reproduzenten (Grund- und Hauptsschul- oder Gymnasiallehrer).

Bourdieus (1997d, 212) Untersuchungen ergaben, daß es gerade „die Frauen des Kleinbürgertums" sind, die „die Aufmerksamkeit für die Körperpflege oder die Kosmetik und im weiteren Sinne die Sorge um die ethische oder ästhetische Respektabilität ins Extrem treiben". Der Effekt der Geschlechtszugehörigkeit (weiblich) und die Dynamik der sozialen Herkunft (kleinbürgerlich) verstärken sich wechselseitig. Dies ist zugleich Wirkung, Ausdruck und Ursache dafür, daß diese Frauen nicht nur „die auserkorenen Opfer der symbolischen Herrschaft" sind, sondern auch die „ausersehenen Agenten, um deren Effekte in Richtung beherrschter Klassen zu übertragen" (ebd.). Die spezifische Kombination von Geschlecht und sozialer Herkunft ist ausschlaggebend dafür, daß es vor allem Töchter aus kleinbürgerlichen Familien sind, die sich auf dem Bildungsmarkt der Vermittlung von Umgangsformen, also „inkorporiertem kulturellem Kapital", widmen:

„Zutiefst durchdrungen von dem Bestreben, sich mit den herrschenden Mustern zu identifizieren (...), sind sie in besonderem Maße bereit, (...) die distinguierten, weil distinktiven Eigenschaften der Herrschenden anzueignen und sie mit dem Bekehrungseifer des Neukonvertierten und mit Hilfe der jeweiligen symbolischen, aus ihren Positionen im Produktions- und Zirkulationsapparat der kulturellen Güter resultierenden Macht durchzusetzen" (ebd.).

Einige UmgangslehrerInnen berichten in diesem Sinne über ihre kleinbürgerliche Herkunft. So erzählte beispielsweise Frau Baumann, deren Vater eine Kneipe hatte und deren Mutter als ungelernte technische Zeichnerin arbeitete:

Ich komm ja selber eher so aus kleinbürgerlichen Verhältnissen. Und wenn man in einem solchen Umfeld anlandet, wie wir nun mal gelandet sind, meinem Mann ging's nicht viel besser, muß man schon kucken, was die Leute so machen. Also die Umgangsformen-Basics hatte ich zuhause schon mitgekriegt, und vor allem so die inneren Grundlagen von Respekt und pipapo sowas alles. Aber wie es dann nun wirklich so vom Handling her geht, das habe ich mir alles abkucken müssen.

Ebenso wie sie konstatiert auch Frau Fauser, deren Vater Maschinenbauingenieur und deren Mutter Kunsthandwerkerin ohne Ausbildungsabschluß ist, nicht lediglich die soziale Lage ihrer Herkunftsfamilie, sondern die Aufstiegsambitionen und die damit verbundenen Praxen der Aneignung kulturellen Kapitals sind fester Bestandteil ihres soziobiographischen Selbstbildes:

In der Familie habe ich gutes Benehmen gelernt, teilweise, muß ich sagen. Meine Eltern haben es teilweise beherrscht, vieles aber auch nicht. Ich stamme jetzt nicht aus einer Diplomatenfamilie. (...) Ich habe gewußt, daß, wenn ich mich schlecht benehme, oder ich habe es auch bei anderen beobachtet, daß ich dann nicht weiterkomme im Leben. Und ich wollte eigentlich ein bestimmtes Niveau für mich erreichen und habe dann gedacht: dann muß ich Autodidakt sein.

Dieses „Abkucken" (Frau Baumann) oder die „Autodidaktik" (Frau Fauser) konzentrierte sich bei einigen auf eine ganz bestimmte Person, die als Lehrmeister/in in und durch die fremde (groß)bürgerliche Welt führte. So erzählt beispielsweise Herr Schmitz, dessen Vater selbständiger Handwerker mit einem Radiofachgeschäft in einer Kleinstadt war, von seinem Onkel:

Ich bin früher sehr viel ausgegangen in gute Restaurants, gute Hotels. Früher, das war mein Onkel, an dem habe ich überhaupt alles gelernt, das ist auch der Ursprung, da hat es eigentlich angefangen. Er zog nach Ravensburg, wir hatten eigentlich wenig Kontakt, er war sehr *reich*, und er war dann verwitwet, und er war ziemlich allein, und dann hat er sich bei uns gemeldet, nach Jahren der Pause, und ich mußte ihn dann praktisch, der war glaube ich damals 72, er hatte Antiquitäten und hat noch mit Silber gehandelt, also ich mußte ihn zu großen Versteigerungen fahren, das war dann für mich hochinteressant. Der hatte ein Hutgeschäft mit Accesoires für Damen in guter Lage in München. (...) Er hat auch ganz gern gelebt, also er mußte entweder gut essen oder nicht. Entweder man benutzte die Serviette, oder man ging mit ihm nicht mit. Da hat er großen Wert drauf gelegt, und da habe ich eben eine ganze Menge gelernt. Nachdem seine Frau gestorben war, er war ungeheuer agil, da hat er sein Geschäft vermietet, und dann hat er den Club Rouge in München geleitet. Das war damals der Gesellschaftsclub in den 60er Jahren, der Gesellschaftsclub *Nummer 1* kann man sagen. Der Club machte die Faschingsbälle im Bayrischen Hof, es gab den berühmten Rouge-Ball, das kam in allen Illustrierten, das waren also sehr prominente Leute, und den Club hat er mit jemand zusammen abwechselnd geleitet. Und da bin ich auch ein paarmal dabei gewesen, also ich hab so meine Umgangsformen, daß ich Interesse dafür habe, und die Grundlagen, hab ich wirklich bei ihm gekriegt, und drum sage ich auch immer, das ist bei mir sehr praxisbezogen. (Betonungen i. Orig.)

Das Wissen, das den Stoff für Herrn Schmitz' Seminare darstellt, hat er zwar nicht in der Herkunftsfamilie qua Sozialisation erworben, aber über einen „reichen Onkel" als Vermittler in einer Intensität („praxisbezogen"), die Sozialisation fast gleichkommt. Herr Schmitz nun erzählt von diesem Wissen nicht nur als Fähigkeiten, die er für sich erworben hat und die vor allem ihm in seinem Alltag nützen, sondern er positioniert dies als Werkzeug zur Beurteilung des Benehmens anderer:

Und wenn man natürlich am Ball bleibt, daß man eben in tolle Hotels und Restaurants geht und so weiter, oder mit Leuten zusammenkommt, die das eigentlich *praktizieren*, das ist ja mehr die *gehobene* Gesellschaftsschicht, ob man die nun mag oder nicht, darüber äußere ich mich jetzt nicht, aber sie können sehen, so wird es gemacht, und so habe ich praktisch angefangen. Und ich habe dann auch beobachtet in späteren Jahren, wie schlecht manche Leute sich benehmen, sei das im Theater, aber überwiegend eben in diesen guten Restaurants. (Betonungen i. Orig.)

Es ist nach der Erzählung von Herrn Schmitz nicht genau identifizierbar, was für ihn bei der Begleitung dieses Onkels eigentlich begonnen („so habe ich praktisch angefangen") hat: War es der eigene soziale Aufstieg, oder war es eine Art informelle Ausbildung zum Umgangslehrer, weil er sich bei den Restaurant-,

Hotel- und Clubbesuchen ein Wissen darüber aneignete, aufgrund dessen er „in späteren Jahren“ urteilt, „wie schlecht manche Leute sich benehmen“? Er schildert sich selbst als Novizen in der Welt der „Reichen“ und „Prominenten“, der „gehobenen Gesellschaftsschicht“, der gerade dadurch, daß er sich die „Grundlagen“ selbst erst aneignen mußte, seinen Blick für das „schlechte Benehmen“ anderer schärfte, und damit zum Lehrer werden konnte.

Solch eine persönliche Beziehung spielte auch bei Frau Mayer eine Rolle. Hier übernahm eine Nachbarin und Freundin die Rolle der sozialen Vermittlerin:

Ich komme aus einem Beamtenhaushalt. Und meine Eltern haben immer Ferien und Urlaub mit mir in Deutschland gemacht, und der Duft der großen weiten Welt, das kannte ich nicht, ich kam aus diesem Zirkel nicht raus, weil das Denken meines Vaters anders angelegt war. Und dann lernte ich einen Mann kennen, der sehr viel im Ausland war, bedingt durch die/ seine Eltern, nicht aufgrund von Diplomatie, sondern aufgrund von Geschäftstätigkeit seines Vaters. Mein Mann lebte also manchmal in Argentinien, also direkt in Buenos Aires, oder er lebte in Hamburg, er war also als Junge schon sehr viel unterwegs. Und das ist auch der Grund, weswegen er so fließend spanisch und englisch spricht. Und dann haben wir relativ jung geheiratet, ich war 20, und bekamen also dann meine Tochter. Man heiratete damals zu der Zeit auf jeden Fall, und dann zogen wir in ein Haus, in ein Vierparteienhaus ein, und auf der gleichen Ebene, auf der wir lebten, wohnte ein internationales Ehepaar. Sie war in in erster Ehe mit einem Holländer verheiratet gewesen, hatte mit ihm drei Kinder, und kam aus Belgien, und war jetzt mit einem Engländer verheiratet, sie sprach französisch mit ihren Kindern oder belgisch, sprach mit ihrem Mann englisch, mit mir deutsch, und manchmal, wenn sie richtig sauer war und fluchte, dann schimpfte sie auf holländisch. Also diese Frau hatte durch ihre Kontakte, die sie während der Ehe mit ihrem ersten Mann hatte, natürlich sehr viel Kontakte zur Diplomatie. Und früher gab es in Hamburg noch ganz interessante Dinge, die mit der Diplomatie in Verbindung standen, verschiedene Clubs und so. Also das war für mich damals ganz wichtig und ganz interessant, denn ich lernte durch diese Freundin natürlich viele Menschen kennen und bewunderte auch immer die Art und Weise, wie lässig und absolut selbstbewußt und sicher die Menschen mit bestimmten Konventionen umgehen. Ich habe bei ihr viel gelernt. Hab' sie auch viel gefragt, das hat mich aber nur interessiert, um selber sicher zu sein. (...) Wir haben auch viel Besuch aus dem Ausland bekommen, und das, was ich bei meiner Freundin damals gelernt habe, also eine gute Repräsentantin oder die Frau an seiner Seite zu sein, das hab ich dann auch umsetzen müssen. Ich habe also viel kochen müssen, mit Kochfrau, ich habe große Feste gegeben, und bedingt dadurch mußte ich also eine gewisse Zeremonie oder gewisse Regeln und bestimmte Dinge mußte ich natürlich kennen.

Auch im Leben von Frau Mayer spielte ein zufälliger Kontakt die entscheidende Rolle in der Sozialbiographie. Bereits ihre Ehe war ein Aufstieg gewesen, wobei das Mehr an kulturellem Kapital, über das ihr Mann verfügt, durch dessen Weltläufigkeit und Sprachkenntnisse benannt wird. Eine Nachbarin (auch diese beschreibt Frau Mayer bewundernd als polyglott) wurde zur Freundin, die die junge Ehefrau die „Zeremonien" und „Regeln" lehrte, die sie für das Leben in der Lage, zu der sie qua Heirat aufgestiegen war, brauchte. Und ebenso wie Herr Schmitz wurde Frau Mayer fast unmerklich von der Schülerin zur Beraterin:

Und ich hatte dann in dem Kreis hier dieser Hamburger Damen, so dieser heimliche Adel, hatte immer einen Blick für Kleidung. Also man fragte *mich*, wenn ein Fest anstand, was man denn wohl dazu tragen könnte, und was ich denn anziehen würde oder wo man was kaufen könnte. (Betonung i. Orig.)

Die Kombination von kleinbürgerlicher Herkunft und der Bereitschaft, „die distinguierten, weil distinktiven Eigenschaften der Herrschenden anzueignen" (P. Bourdieu), führte, das zeigen die soziobiographischen Reflexionen einiger DozentInnen, nicht nur zu einer Nutzung dieser „Eigenschaften" im eigenen Alltag, sondern die beschriebene Aneignung kommt einer Ausbildung für die Jahrzehnte später in der Biographie ausgeübte Umgangslehre gleich. Dabei fällt auf, daß die Lehrenden zwar kleinbürgerlicher Herkunft sind, daß einige von ihnen sich aber die Umgangsformen der „gehobenen Gesellschaftsschicht" (Herr Schmitz) nicht im Modus der Schule (beispielsweise über Bücher) angeeignet haben, sondern diese Aneignung als personalisierte Lehrbeziehung beschreiben; die Wissensvermittlung wird weniger als Lernen, sondern eher als Eingeweiht-Werden geschildert. In der Umgangsliteraturforschung dokumentierte Krumrey (1984, 126 u. 134f.), daß auch die AutorInnen einschlägiger Ratgeber mit solchen Verweisen auf den Umgang mit „gebildeten Damen" oder mit „Diplomaten auf höchster Ebene" ihren Anspruch auf qualifizierte Empfehlung begründeten. Damit beschreiben die Umgangslehrenden einen Aneignungsmodus, der vor dem Hintergrund der von Bourdieu (1987, 121) aufgewiesenen Dynamik der Kapitalsorten eine legitimere Form des Erwerbs darstellt als ein Lernen ohne persönlichen und personalisierten Kontakt mit der „Praxis" der oberen Klassenfraktionen (deren Existenz nicht durch Erwerben, sondern durch Erben von Kapital begründet ist):

„Die Kompetenz des 'Kenners', diese aus langem vertrauten Umgang mit den Werken hervorgegangene, die Vertrautheit mit ihnen begründende unbewußte Beherrschung, die wie jede Kunst zu denken oder zu leben nicht ausschließlich durch Regeln und Vorschriften weitergegeben wird, deren Erlernung vielmehr einen übers normale Maß hinausgehenden Kontakt voraussetzt analog dem zwischen Meister und Jünger früherer Zeiten, d.h. den wiederholten Kontakt mit kulturellen Werken und gebildeten Menschen gleicherweise."

Dabei ist es irrelevant, ob es sich bei den beschriebenen LehrmeisterInnen sozusagen objektiv um VertreterInnen der oberen, durch Erben von Kapital egal welcher Sorte charakterisierten Klassenfraktionen handelt: Die UmgangslehrerInnen beschreiben ihre MentorInnen eher vage als in „gehobener Gesellschaftsschicht“ lebend, als „reich“, „prominent“ und im Kontakt mit der „Diplomatie“ befindlich, als den „heimlichen Adel“ oder mit Hilfe des absoluten Gebrauchs von ‘Gesellschaft’ („Gesellschaftsclub“[4]). Gerade dieser „Abstand zwischen wirklicher Kenntnis und spontaner Anerkennung“ (Bourdieu 1987, 503) weist darauf hin, daß und wie (sich) eine Klasse „durch ihr *Wahrgenommen-Sein* ebenso wie durch ihr *Sein*“ definiert (wird) (ebd., 754), und vor allem auch konstituiert: Die Umgangslehrenden nehmen sich als kulturelle Schaltstelle wahr, sie beschreiben sich als Stil-AgentInnen. In ihrer Soziobiographie führt die Ununterscheidbarkeit von „Kennen und Anerkennen“ (ebd., 503) vor Augen, auf welche Art und Weise die hegemonialen Stile der oberen Klassen(fraktionen) Legitimität erlangen, die wiederum gerade von denjenigen behauptet, verteidigt und als Umgangslehre pädagogisch perpetuiert werden, denen sie anfangs selbst fremd waren. So weist die Laufbahn, die die Umgangslehrenden für sich beschreiben, darauf hin, inwiefern gerade die genannte soziale Mobilität und kulturelle Bewegungen Teil des Konstituierungsprozesses von Klassen sind[5] und damit in die (Re-)Produktion der Grenzen und Ungleichheiten münden, von deren individueller Überschreitung und Überwindung („Autodidaktin“) die Befragten doch gerade berichten.

Berufe vor der Umgangslehre: Erziehen und Bedienen

Ebenso wie in ihrer sozialen Herkunft unterscheiden sich die Lehrenden nur wenig bezüglich der von ihnen gelernten und/oder vor der Umgangslehre ausgeübten Berufe. Es überwiegen Berufe, deren Inhalt Sprache und Übersetzen (Übersetzerin, Fremdsprachenkorrespondentin), Bedienen oder Zuarbeit (Stewardess, Gästebetreuung, Sekretärin), und Erziehen (Lehrerin, Kindergärtnerin) ist.[6] Alle haben vor ihrer Tätigkeit als UmgangslehrerInnen mehrere Berufe gelernt und/oder ausgeübt. Hierin unterscheiden sich die Umgangslehrenden nicht von den AutorInnen von Umgangsliteratur. Schürmann (1994, 16f.) weist auf Lehrer als Ratgeberautoren hin, und Döcker (1994, 60) dokumentiert, daß bis in die erste Hälfte des 19. Jahrhunderts meist Hofmeister, Privatgelehrte oder Schriftsteller die Bücher schrieben, während es fortan „meistens Lehrerinnen, Erzieherinnen oder Schriftstellerinnen, manchmal auch Ehefrauen bzw. Witwen wohlhabender Männer“ waren.[7] Sie deutet diese Ablösung „adeliger und bürgerlicher Intellektueller“ durch „Journalisten, Schuldirektoren oder ‘Gesellschaftslöwen’“ sowohl als Ergebnis als auch als Ursache für die „Verschiebung von populärphilosophischen Inhalten zu pragmatischen Verhaltensregeln" in der Umgangsliteratur (ebd.). Dabei handelt es sich jedoch nicht um ein Spezifikum der Umgangslehre. Bei der Untersuchung des Erwachsenenbildungsmarkts wurde für mehrere westeuropäische Länder darauf hingewiesen, daß die Lehrenden in diesem Sektor „häufig vorher andere Tätigkeiten ausgeübt" haben (Brugger 1991b, 70).

Die Bedeutung der oben aufgeführten Bildungs- und Berufsbiographien läßt sich jedoch nicht aus der bloßen Darstellung der Ausbildungen oder Berufe ablesen. Sie erschließt sich erst bei der subjektiven soziobiographischen Rückschau der einzelnen Personen. Dabei gibt es drei Varianten dieser Lebensläufe: Entweder die Umgangslehre ist eine aus einer Krise geborene Aktivität (z.B. Frau Fauser, Frau Ritter, Herr Schmitz), oder sie wird als Teil eines beruflichen Aufstiegs geschildert (z.B. Frau Bäcker, Frau Hohloch), oder es handelt sich um eine Berufstätigkeit, die nicht aus finanzieller Notwendigkeit entsteht, sondern die ein ehrenamtliches Engagement sozusagen ablöst oder professionalisiert (z.B. Frau Mayer, Frau Limbach, Frau Kardorff).

Umgangslehre als Ausweg aus einer Krise

Frau Fauser schildert ihr Leben bis zur Ehe mit einem selbständigen Unternehmer als sozialen Aufstieg: „Und habe in meinem Leben dann ja auch ein bestimmtes Niveau erreicht gehabt, wir hatten eine große Firma." Nach der Trennung von ihrem Mann begann sie mit dem Unterrichten:

E.T.: „Als erstes interessiert mich, wie sind Sie denn auf die Idee gekommen, Seminare zum Thema Umgangsformen zu machen?

Frau Fauser: Das ist natürlich meine ganze Lebensgeschichte. Als ich mich von meinem Mann getrennt habe, hatte ich einfach überlegt: Was mache ich? Und das war ein Thema, das hat mich auch schon immer interessiert. Ich habe immer gerne so Etikettebücher gelesen. Und dann hatten mein Mann und ich eine Firma und da war ich oft eingeladen bei so/ und dann habe ich mich oft geärgert, wie schlecht sich die Leute benehmen. Und dann habe ich gedacht, das ist eigentlich eine gute Idee, ich habe Geld gebraucht und mir einfach versucht, eine Grundlage zu schaffen oder eine neue Möglichkeit zum Überleben.

Obwohl Frau Fauser studierte Verwaltungswissenschaftlerin ist[8] und obwohl sie lange Jahre in einer großen Computerfirma als Ausbilderin tätig war, griff sie in ihrer Notlage nicht auf dieses institutionalisierte kulturelle Kapital zurück, sondern sie entschied sich für die Umgangslehre. Diese Bewegung findet sich in den Berufsbiographien der meisten Umgangslehrenden, und sie ist typisch für das „neue Kleinbürgertum", dessen „Akteure sich bemühen, Posten zu schaffen, die ihren Ambitionen entsprechen, statt ihre Ambitionen auf bereits vorhandene Posten auszurichten" (Bourdieu 1987, 563). Frau Fauser erzählt:

Ich habe mir dann Büroräume gemietet. Ich habe dann alle Volkshochschulen angeschrieben im größeren Umkreis. Das war halt am Anfang sehr teuer. Da habe ich natürlich viel Geld investiert. Ich habe viele Berge direkt verschickt, auch an alle Versicherungen, die es irgendwie gibt, und an große Kaufhäuser.

Mittlerweile ist sie bei einigen Volkshochschulen für 50 Mark pro Unterrichtsstunde fest gebucht, außerdem unterrichtet sie an öffentlich geförderten und kommerziellen Bildungszentren sowie direkt in Firmen, wo sie für einen siebenstündigen Unterrichtstag maximal 800 Mark bekommt. Frau Fauser pflegt ein betont pragmatisches Verhältnis zu ihrer Tätigkeit:

E.T.: Gibt es Regeln, die Sie nicht unterrichten, weil Sie sie nicht gut finden?

Frau Fauser: Nein, kann ich jetzt nicht sagen. Ich würde dann dazu sagen/ ich habe schon so Dinge, wo ich vielleicht jetzt nicht unbedingt so toll finde, aber wo ich dann einfach dazu sage, 'das ist so und ich sage Ihnen jetzt wie es ist, aber es heißt nicht, daß Sie es dann auch so machen müssen', weil es teilweise dann sehr steife Sachen sind. Es ist ja auch so, wenn gerade bei so Anreden dann kommt 'Wie rede ich den Herrn Baron oder den Baron von Sowieso an?[9] ', dann sage ich immer: 'Also ich habe keinen in meinem Bekanntenkreis, aber ich sage es Ihnen jetzt trotzdem. (...) Ich sage dann dazu, 'so ist es', und für mich ist das auch eine relativ lockere Sache, denn es ernährt mich, meine Kurse, ja, so muß ich es mal ganz ehrlich sagen.

Sie ist eine der wenigen Lehrenden, die von ihrer Unterrichtstätigkeit explizit als Arbeit zum Geldverdienen spricht. Hierin unterscheidet sie sich von Lehrenden wie Frau Möchten, Frau Kardorff oder auch Frau Kutsch, die ihre Umgangslehre als Mittel zur Distinktion benutzen, die sich mit dem Inhalt ihres Unterrichts explizit identifizieren, den sie nicht als Sozialtechnik verstehen, sondern eher als (oft auf kulturpessimistischen Gesellschaftsdiagnosen basierende) Botschaft begreifen („Die menschliche Basis!").

Auch bei Frau Ritter war die Umgangslehre der Ausweg aus einer Problemlage. Sie ist 1947 geboren und gehört damit zu der Generation von Frauen, denen höhere Bildung noch nicht selbstverständlich zugänglich war: „Das war ja schon von meinen Eltern ein Wahnsinnszugeständnis, daß ich aufs Gymnasium gehen konnte." Ihren Berufswunsch konnte sie aufgrund solcher Diskriminierung nicht verwirklichen, statt dessen arbeitete sie sich auf anderem Weg zu einem Arbeitsplatz, der ihr gefiel:

Mein Traum wäre gewesen, Journalistik zu studieren, Journalistik oder Germanistik. Ja gut, und dann hab ich ja also Kaufmann gelernt, anschließend Sekretärinnenausbildung gemacht und dann später, mit 30, die Management-Assistentin als Berufsbegleitung - das ist hart, aber es hat wahnsinnig viel Spaß gemacht.

Als Mutter zweier Kinder verfolgte sie diese Wunsch trotz der fehlenden Unterstützung in ihrem unmittelbaren Umfeld:

Wenn man keine Familie hat, kann man alles gut machen, aber wenn man dann schon Familie hat, wie ich, und wenn dann schon Kinder da sind, und wenn Sie dann auch einen Partner haben, der das eigentlich gar nicht begrüßt, dann wird's schwer, dann wird's sehr schwer. Aber ich bin auch ehrgeizig. Wenn ich mir was vornehme, und es macht mir Spaß, dann zieh' ich's auch durch, ja?

Sie zog es durch und stieg weiter auf: „Ich habe dann in einer Firma in der Management-Assistenz gearbeitet, und dann schied der Prokurist aus, altershalber, und man hat mir die Prokura übertragen." Dann jedoch war sie wegen ihrer Kinder nicht so flexibel, wie ihr Arbeitgeber es forderte, und wiederum schlug sie einen neuen Weg ein:

Dann ging unsere Firma zurück in die Schweiz, unsere Mutterfirma war in der Schweiz, und für mich stellte sich die Frage: Mitgehen oder nicht? Das war Anfang 1980. Da hatte ich mich aber gerade von meinem Mann getrennt, ich habe zwei Töchter und habe mir einfach gesagt, das kannst Du ihnen nicht zumuten. Die Trennung und der Vater weg, den sie zwar gesehen haben, aber eben nicht mehr, er war eben nicht mehr in der Familie, und jetzt soll ich sie auch noch rausnehmen aus Schule, Bekanntenkreis, Freunde? Das war zuviel. Und ich hab dann die Entscheidung getroffen: Nein, ich gehe nicht, aber was mache ich dann? Als Angestellte wo arbeiten? Das hätte ich wahrscheinlich nicht mehr geschafft, in 'ner untergebenen Position.

Und ebenso wie Frau Fauser machte sie sich nach der Scheidung selbständig:

Also: Ich mach mich selbständig. Ich habe ein Dienstleistungsunternehmen aufgebaut, sprich: Schreibarbeiten, Buchhaltungsarbeiten, ich hatte 12 Damen unter mir, die habe ich auch vermietet, gewerbsmäßige Arbeitnehmerüberlassung betrieben.

In diesem Zusammenhang vollzog sich dann der gleitende Übergang von der Lernenden zur Lehrenden, eine Bewegung, die in verschiedenen Varianten Topos aller Soziobiographien von Umgangslehrenden ist:

Und im Zuge dessen ging ich selbst sehr viel zu Weiterbildung, mußte auch noch viel lernen und wurde dann angesprochen bei einem Institut: 'Was machen Sie eigentlich auf der Seite der Teilnehmer? Sie kommen rüber zu uns!' Und ich: 'Äh, ich will nicht, mach ich nicht, kann ich nicht.' Und dann haben mich die Leute bekniet. 'Aach, arbeiten Sie doch mal eine Stunde als Co-Trainer. Stellen Sie sich einfach vor, da sitzen ihre Mitarbeiter. Ist doch wohl nicht schwer?' Und das hab ich gemacht, und irgendwie hat's mir gefallen. Ich war zwar furchtbar aufgeregt, aber es war trotzdem spannend. Und dann habe ich mir damals den 'Modernen Briefstil' ausgedacht, weil das liegt mir auch am Herzen, diese alten Zöpfe, die da überall geschrieben werden, und hab's eigentlich nur meinen Kunden angeboten als Ergänzung meiner Dienstleistung, hab' aber nicht gedacht, daß meine Kunden das ja überall herumerzählen. Dann kam Anfrage über Anfrage, und irgendwann mußte ich mich entscheiden: Was willst Du eigentlich? Deine Firma weitermachen, aufbauen, denn ich war ja noch im Aufbau, oder willst Du die Dozentenlaufbahn einschlagen. (...) Und ich hab mich dann für die Dozentenlaufbahn entschieden, und hab's nie bereut.

Biographische Erzählungen wie die von Frau Ritter vermitteln (trotz oder gerade wegen des lakonischen Berichts - „dann hab ich ja also Kaufmann gelernt" -) eine Ahnung von der erlittenen schmerzlichen Diskriminierung, von der Flexibilität und der Menge an Energie, mit der sie und einige ihrer Kolleginnen jede biographische Entscheidung treffen und ihre Pläne bis zu einem für sie befriedigenden Ergebnis verfolgten:

Das ist so spannend, so aufregend, jedes Mal neue Leute, auch dieses Gefühl, man merkt, das ist jetzt gut angekommen, oder da kam was rüber, das ist so befriedigend. Es gibt auch manchmal frustige Tage, man schwimmt nicht mit allen Menschen auf der gleichen Wellenlänge, aber - in der Mehrheit ist es sehr, sehr positiv. Ja, mir macht mein Beruf viel Freude! Und das sagen mir alle Leute: Man merkt, daß Sie mit Ihrem Beruf leben. Und den möchte ich jetzt einfach machen, solange es mir gesundheitlich so gut geht, und ich kann auch wirklich dieses anstrengende Herumreisen machen. Wenn's mal nicht mehr so ist, dann - muß ich weitersehen. Man kann nicht die Probleme heute schon lösen.

Diese zufriedene und optimistische Darstellung der eigenen (Sozio-)Biographie haben viele der Umgangslehrenden, und am deutlichsten zeigt sie sich bei Frauen und/oder bei denen, die Probleme wie Scheidung, Arbeitsplatzverlust oder Diskriminierung qua Geschlecht meistern mußten. Ähnlich wie Frau Ritter es erzählt, münzten sie solche Hindernisse irgendwann in biographische Befreiungen um. Hier widmen sich Personen, die mehrfach und oft bereits in der Herkunftsfamilie erfahren haben, daß sie durch vorhandene gesellschaftliche Strukturen wie Geschlecht und Klasse benachteiligt sind, der Umgangslehre. Dabei nehmen sie gerade die Perspektive ein, deren Handlungsanleitungen auf asymmetrischer Differenz (Geschlecht, Hierarchie) beruhen und Ungleichheit alltäglich perpetuieren und rechtfertigen, und die sie biographisch zu durchbrechen suchten.

Umgangslehre als Karriere

Auch Frau Hohloch ist in ihrer Lebensplanung durch geschlechtsspezifische Diskriminierung im Herkunftsmilieu behindert worden:

Meine Mutter hat bedingt durch Kriegsschwierigkeiten ihren Abschluß nicht mehr machen können, hat also keinen direkten Schulabschluß gehabt und hat auch keinen rechten Beruf erlernen können, weil sie dann durch meine Oma in berufliche Wege gedrängt worden ist, einfach, um Geld zu verdienen. Sie hätte gerne eine Schneiderlehre gemacht, aber die Möglichkeit hat sie leider nicht gehabt. Meine Oma sowieso, die auch mich schon immer/ Frauen waren nichts wert! Das war ganz schlimm, das habe ich gehaßt! Gehaßt hab ich das! Ihre Enkel, die männlichen, die hat sie geachtet, die fand sie toll, aber die Enkelinnen, die waren *nichts* wert." (Betonung i. Orig.)

Sie erzählt, daß sie nach dem Realschulabschluß „ohne ein Jahr Verlust" auf das Gymnasium hätte wechseln können, aber sie wollte „Geld verdienen", auch, weil die finanzielle Lage ihrer Eltern immer schlecht war. Sie machte dann eine Lehre als Bankkauffrau, zu der man ihr geraten habe, mit, wie sie kritisch und spöttisch kommentiert, dem Argument „das ist saubere Arbeit". Während ihrer Berufstätigkeit hat sie sich weitergebildet zum „Bankfachwirt" und dann in einer Bank als Ausbilderin gearbeitet. Nach einer weiteren einjährigen Teilzeit-Ausbildung zur Kosmetikerin und Visagistin machte sie sich selbständig und verkaufte acht Jahre lang Farb- und Stilberatungen und Weiterbildung für Kosmetikerinnen. 1994 nahm sie die Umgangslehre in ihr Angebot auf. Diesen Weg von der Angestellten zur Dozentin schildert sie als Aufstieg, dessen Richtung sie auch weiterhin verfolgen möchte:

Also das Schwergewicht geht eigentlich recht stark in Richtung Weiterbildung. Und das ist mir auch recht so, weil das mach ich unheimlich gern. Es liegt mir auch mehr! Im Grund ist mein Fernziel weniger am Kunden direkt zu arbeiten, das mache ich nur noch so für ganz besonders liebe Leute, so eben halt aus Spaß, aber eben sehr viel in der Weiterbildung zu arbeiten. Also es bewegt sich immer mehr in die Richtung.

Ebenso wie bei Frau Hohloch stand am Beginn von Frau Bäckers Bildungsgeschichte die Benachteiligung qua Geschlecht:

Ja, ich hab' das Abitur leider nicht gemacht, weil meine Mutter krank wurde, ich hab' Fachhochschulreife. Wenn dann die Mutter krank wurde, dann war es auch selbstverständlich, daß die Tochter dann für die Familie sorgen muß.

Auch sie absolvierte, ähnlich wie Frau Hohloch, mehrere Ausbildungen (Übersetzerin und Fremdsprachensekretärin) und arbeitete dann in der Industrie. Nach einer kurzen „Familienpause" wechselte sie das Feld und machte eine Meisterprüfung in Hauswirtschaft. In diesem Fach unterrichtete sie anschließend an Berufsschulen, außerdem war sie Mitglied des Prüfungsausschusses für die Hauswirtschaftsmeisterprüfung. Und dies führte dann zum Wechsel zur Umgangslehre:

Ich war immer zuständig für die Tischkultur in der Hauswirtschaftslehre, und ich war ja schon lange an den Volkshochschulen als Dozentin tätig, in anderen Fächern, und da hat mich eine Dame dann mal angesprochen und hat gesagt, 'wir würden so was gerne mal anbieten, da wären Sie die Richtige, wollen Sie das nicht mal vorbereiten?'. Und dann hab ich eine Weile gestutzt und überlegt, dann hab ich gesagt, warum eigentlich nicht? Und dann hatte ich ein Jahr Vorbereitungszeit und dann hab ich angefangen.

Ebenso wie bei Frau Ritter und Frau Hohloch führte bei Frau Bäcker der Weg zu einem sie ansprechenden Beruf über und in das Feld, das ihr anfänglich verwehrt worden war: Bildung.

Umgangslehre als Zeitvertreib

Frau Mayer gehört zu den Frauen, deren Umgangslehre auf den ersten Blick eine Art Zeitvertreib zu sein scheint. Sie ist schon einige Jahre im Zonta-Club aktiv, einem analog zu bekannten Männerbünden wie Rotary oder Round Table 1920 gegründeten weltweiten Frauennetzwerk, das sowohl Wohltätigkeitsaktionen initiiert und finanziell fördert als auch die Mitglieder bei ihren beruflichen Aktivitäten unterstützt („A network of successful executives to advance the status of women."). Da ihr Mann andernorts berufstätig war, hat sie „acht Jahre lang eine Wochenendehe geführt", in dieser Zeit arbeitete sie außerdem als Schwangerschaftsvertretung in Kindergärten. Nachdem ihre Töchter Studium und Ausbildung begonnen und das Haus verlassen hatten, machte sie eine Ausbildung zur Farb- und Stilberaterin und ließ sich von Frau Bäcker, die bereits seit einigen Jahren unterrichtet, in die Benimmlehre einweisen. Anschließend begann sie an der Volkshochschule ihrer Heimatstadt mit dem Umgangsunterricht. Frau Mayer kommentiert ihre Biographie: „Ich bin beinahe in das Klischee solcher Frauen reingerutscht, ich war auf dem besten Weg dahin: Die Kinder studieren und gehen aus dem Haus, und dann malt die Frau Aquarelle und spielt Bridge." Frau Mayer gibt nur wenige Seminare pro Jahr. Sie betont, wie anstrengend diese Arbeit ist und meint: „Ich müßte für das, was ich mache, eigentlich zehn Jahre jünger sein." Auch in ihrer Biographie spielt ein unerfüllter Berufswunsch eine Rolle. Sie nennt zwar nicht die Alternative, erklärte jedoch im Interview: „Ich hätte gerne etwas anderes gemacht als die Erzieherinausbildung", dies habe jedoch ihr Vater nicht zugelassen.

Die Biographie als Kompetenz für die Umgangslehre

Umgangslehre basiert stets auf informellem Expertentum - eine Grundlage, die mit dem Bildungsmarkt, der auf genau definierten Titeln und Zeugnissen beruht, zunächst nicht kompatibel erscheint. Dennoch haben die befragten Lehrenden, wie die teilnehmende Beobachtung zeigte, in keinem Fall Probleme mit der Akzeptanz ihrer Autorität und Kompetenz. Sie beginnen die Veranstaltungen in der Regel mit einer kurzen Zusammenfassung ihrer Biographie, wobei sie (nicht immer) die soziale Herkunft, stets jedoch die verschiedenen Ausbildungen, die Berufstätigkeit in mehreren Feldern und Kindererziehung sowie in vielen Fällen auch demonstrativ ihr Alter[10] als Beleg für Erfahrung erwähnen. Auch während des Seminars illustrieren sie einzelne Themen mit persönlichen Erlebnissen aus ihrer Familie, früherer Berufstätigkeit oder aus anderen Seminaren, so daß die Veranstaltung mit einer persönlichen Note versehen wird. Das sind die einzigen Informationen, die die SeminarteilnehmerInnen über die Wissensgrundlage der Lehrenden haben, und sie reicht ihnen aus: Selbst wenn, was selten der Fall ist, mehrere TeilnehmerInnen unisono und massiv Widerspruch äußern (vgl. Kap. 4.5), ging dies in keinem Fall mit einer grundsätzlichen Infragestellung der Kompetenz des/der Lehrenden einher.

Auf die Tatsache, daß sich Lehrkompetenz weniger auf verbrieftes, personenunabhängiges Wissen, sondern vor allem auf persönlicher Erfahrung gründet, wurde in der neueren Bildungsforschung hingewiesen. Kade (1989, 804f.) postuliert, daß „in der organisierten Erwachsenenbildung für die Teilnehmer die Person der Erwachsenenbildner(Innen) zunehmend an Bedeutung" gewinnt: „Denn was die Kursleiter in die Erwachsenenbildung einbringen, sind (...) weniger ihre fachlich-pädagogischen Qualifikationen als ihre (sub-)kulturell besonderen Lebenserfahrungen und Lebensformen, in diesem Sinne ihre eigene Bildung. Durch sie werden sie für die Teilnehmer interessant und zum anregenden Gegenüber persönlicher Auseinandersetzung. Die Aufgabe der Erwachsenenbildner besteht dann nicht in der Vermittlung von Inhalten, sondern darin, einen 'Teil der Welt' gegenüber den Teilnehmern authentisch zu repräsentieren. Gefordert wird der Erwachsenenbildner hier als aufgeschlossener Zeitgenosse, über den Erwachsene an ihnen sonst verschlossenen gesellschaftlich-kulturellen Bereichen und historischen Erfahrungen teilhaben (...)." Brugger (1991a, 17) dokumentierte, daß ErwachsenenbildnerInnen in mehreren westeuropäischen Ländern „vor allem aus ihrem Leben und der eigenen Bildung die Kompetenzen erwerben, die sie für ihren Beruf qualifizieren". Die beschriebene Form der Begründung von Expertentum qua Person ist demnach kein Spezifikum der Umgangsseminare. Dabei hat die „authentische Repräsentation eines 'Teils der Welt'" (J. Kade) aber bei den Benimmseminaren bereits Geschichte. So empfahl eine Volkshochschuldozentin Mitte der 50er Jahre (Schmid 1955, 54): „Schließlich sollte der Leiter solcher Kurse sich nicht scheuen, die eigene Person und den eigenen Lebenskreis immer wieder als Modell zu benutzen." Dieser historische Beleg spricht dafür, daß die Bezugnahme auf das eigene Leben bei der Benimmlehre vermutlich besonders virulent war und ist: Können sich doch diese Lehrenden auf kein Curriculum berufen, das sie durchlaufen haben, sondern lediglich auf ihre Curriculum vitae, und dies - der soziale Aufstieg und seine Absicherung - ist genau die Frage, die die Benimmseminare für die TeilnehmerInnen interessant macht (vgl. Kap. 3.1, 3.2 u. 4.7).

Soziale Herkunft subjektiv: Begründung von Kompetenz und Mittel zur Konkurrenz und Distinktion

Soziale Herkunft ist im untersuchten Feld keine Kategorie, die erst bei einer kulturwissenschaftlichen Fragestellung Thema wird. Sondern die eigene Soziobiographie spielt für einzelne DozentInnen auf unterschiedliche Art und Weise eine Rolle bei ihrer Arbeit. Vor allem bei der Frage nach der Begründung ihrer Kompetenz für die Umgangslehre führen die Befragten neben mehreren Ausbildungen, Berufstätigkeit in verschiedenen Bereichen und Kindererziehung ihre soziale Herkunft an.

So erklärte Frau Limbach: „Erstmal bin ich von Haus aus sehr früh mit guten Umgangsformen vertraut gemacht worden. Meine Eltern haben sehr viel Wert darauf gelegt, und ich war in einer Klosterschule." Ebenso rekurrierte Frau Frau Kutsch auf den Erwerb ihres Wissens qua Familie:

E.T.: Und wie beziehen Sie das Wissen über die Regeln?

Frau Kutsch: Naja, ich hab' ne ziemlich gute Erziehung, eine großbürgerliche gute Erziehung, daß man halt gut erzogen ist, daß man aufsteht, wenn ein älterer Mensch reinkommt, was heute ja überhaupt nicht mehr gang und gäbe ist. Ich mußte/ bin natürlich aufgestanden, wenn die Bekannten meiner Mutter in'n Raum kamen als Kind, das ist ja vorbei.

Hier wird besonders deutlich, daß es nicht so sehr darauf ankommt, als „gültig" definiertes Wissen erworben zu haben, sondern die Art und Weise des Erwerbs ist entscheidend: Es geht darum „zu haben, ohne je erworben zu haben" (Bourdieu 1987, 518). Frau Kutsch betont, daß die ihr qua Erziehung beigebrachten Praxen veraltet seien, und dennoch kann sie die „großbürgerliche Erziehung" als legitimen Beleg ihrer Kompetenz anführen.

Die Bedeutung des Erwerbsmodus wird besonders deutlich bei denjenigen, deren soziobiographische Selbstwahrnehmung mit der objektiven sozialen Herkunft nicht übereinstimmt, weil sie sich zu hoch ansiedeln. Eine solche Verschiebung findet sich beispielsweise bei Frau Möchten, die als Tochter eines Gymnasiallehrers in mittlerer sozialer Lage aufwuchs:[11]

Aber der Grundgedanke ist der, daß ich aus der Oberschicht komme. Und meine Mutter hatte so die anfallartigen, so vor Weihnachten, diese karitativen Dinge wie meinetwegen den Rot-Kreuz-Basar zu bestücken und zu unterstützen, und dann hab ich gedacht, ich möchte lieber helfen, daß die Leute sich selber helfen, also zu Chancengleichheit beitragen, wenn Sie so wollen, und da gehörte für mich das dazu, daß ich gesagt habe gut, wenn einer die fachlichen Qualifikationen erworben hat, den Rest kann ich ihm auch noch beibringen, daß er sich wenigstens sensibel umguckt, wie machen's die anderen in dieser Position, die ich gerne haben möchte, und nicht da wie so ein Autist sich drin bewegt und denkt, das kommt nur auf die fachliche Qualifikation an.

Diese aus dem Kleinbürgertum stammende Umgangslehrerin fantasiert („Grundgedanke") sich retrospektiv sozial hinauf in die „Oberschicht".[12] Auch diese Praxis hat bereits Geschichte in der Umgangsliteratur, deren AutorInnen sich für ihre Ratgeber mitunter adelige oder adelig klingende Pseudonyme zulegten.[13] Bei Frau Möchten zeigt sich diese Bewertung nicht nur in ihrem expliziten sozialen Selbstbild („Oberschicht"), sondern auch an ihrer Darstellung der Umgangslehre: Sie grenzt sie zwar von den Wohltätigkeitsverkäufen ihrer Mutter ab, gleichzeitig jedoch erscheint auch ihre Tätigkeit wie ein Honoratiorinnen-Engagement, das sich, wie es typisch ist für die Zugehörigkeit oder Selbst-Zuordnung zur oberen Klasse, aus der Idee einer sozial nach unten gerichteten „Verantwortung" speist („Ich möchte helfen, daß sich die Leute selber helfen."), zu der die eigene, bessere Position „verpflichtet".[14] Zur Profilierung ihres Umgangsformen Wissens grenzte sich Frau Möchten gegen andere Lehrende folgendermaßen ab:

Und das nehm ich ja auch immer Leuten übel, die solche Umgangsformenseminare geben und nicht authentisch sprechen können, weil sie das von selbst von klein auf halt die Sensibilität mitbekommen haben dafür, sondern es irgendwo später gelernt/ das ist dann auch nicht authentisch, es funktioniert einfach, es ist nicht so, nicht so gut, mein Gott, es ist so, als ob man, Sie merken den Unterschied, wenn Sie eine Französischlehrerin haben, die Französin ist oder die französisch gelernt hat in der Schule, und so/ das ist der Unterschied, den ich da auch sehe.

Auch Frau Kutsch berichtet von kulturellem Kapital in ihrem Elternhaus. Bei der Frage nach den Schulabschlüssen und Berufen ihrer Eltern entspann sich folgender Dialog:

Frau Kutsch: Mein Vater war Kaufmann, Textil, und meine Mutter Sekretärin.

E.T.: Und Ihr Vater und Ihre Mutter, was hatten die für eine Schulbildung?

Frau Kutsch: Hm, das weiß ich eigentlich gar nicht. Also ich glaube mein Vater hat 'ne höhere Schule besucht, auf jeden Fall keine/ auf jeden Fall kein Studium, und meine Mutter ebenso.

E.T.: Wahrscheinlich Handelsschule oder so, wenn er Kaufmann war.

Frau Kutsch: Höhere Schule eben. Also da muß ich sagen, da bin ich echt überfragt, das weiß ich gar nicht. Hab' ich mir noch nie Gedanken drüber gemacht. Die waren so *gebildet*, meine Eltern, daß ich über die Schule mir eigentlich nie Gedanken gemacht habe!

E.T.: Gebildet, in welcher Form: Also literarisch, Kunst?

Frau Kutsch: Literarisch, ja, über Kunst wußten sie vielleicht nichts, aber literarisch gebildet. Sie hatten eine große *Allgemein*bildung/ einfach/ wußten über alles/. (Betonungen i. Orig.)

Die Datenerhebung zur sozialen Herkunft gestaltete sich schwierig. Nicht von allen bekam ich auf die Frage nach Schulbildung und Beruf der Eltern eine klare Auskunft. Frau Kutsch macht hier klar, daß ihre Eltern „gebildet“ waren, und Frau Mayer wich der Frage nach dem genauen Beruf und der Schulbildung ihres Vaters mehrfach aus, so daß ich mich mit einer vagen Angabe („ich komme aus einem Beamtenhaushalt“) begnügen mußte.[15] Nach Dialogen wie diesen war die Stimmung in den Interviews jeweils so angespannt, daß ich meine gestellte Frage nicht weiterzuverfolgen wagte, sondern dem Themawechsel der Befragten folgte.[16] Dies liegt vermutlich daran, daß ich als von der Universität kommend qua Person und dann durch meine datenerhebungsorientierten, peniblen Fragen nach „Schulbildung“ ein Feld eröffnete, auf dem einige der Benimmlehrenden (z.B. Frau Kutsch, Frau Kardorff) nichts zu bieten haben: das des institutionalisierten kulturellen Kapitals, nämlich der Bildungstitel. Die ausweichenden Antworten zeigen, daß dies ein Feld ist, auf dem nicht alle der interviewten Lehrenden gerne spielen. Frau Mayer vermittelte mir das durch ihre in diesem Punkt hartnäckig-ausweichenden Antworten, und Frau Kutsch machte mir mit einer ziemlich eleganten Wendung klar, daß die Bildung ihrer Eltern so umfassend war („wußten über alles“) , daß sie mit „Abschlüssen“ gar nicht zu messen sei, nach denen eine Wissenschaftlerin von der Universität wie ich in ihrer „kleinbürgerlichen Bildungsbeflissenheit“ (P. Bourdieu) rechnet. Auch Frau Kardorff wich der Frage nach ihrer Ausbildung aus („ich habe mal Kinderkrankenschwester angefangen ...“) und begab sich statt dessen mit ihrer Antwort auf das Feld der familiären Sozialisation:

> Ich habe Umgangsformen in meiner Erziehung gelernt. Sie sind mir richtig eingehämmert worden, mit Gouvernante und so. Ich bin meiner Mutter sehr dankbar dafür, daß sie mir große Disziplin beigebracht hat. Meine Mutter hat auch immer großen Wert darauf gelegt, daß man korrekt mit dem Hauspersonal umgeht.

Mit diesem Rekurs auf ihre „Erziehung“, die Frau Kardorff trotz der Schmerzhaftigkeit („eingehämmert“) gutheißt, deutet sich „eine Bestimmung bürgerlicher Erziehung in Absetzung von kleinbürgerlich-professoralen Inhalten“ an: „Es geht um 'Energie', 'Mut', 'Willen' (...) statt Schulwissen, Bildung, Folgsamkeit“ (Bourdieu 1997b, 108f.). Es ist aufschlußreich, wie Frau Kardorff hier angesichts einer Interviewerin, die institutionalisiertes kulturelles Kapital (Bildungstitel) repräsentiert, auf „Disziplin“, und später im Gespräch auch, auf „Haltung“[17] abhob: „Erziehung gegen Ausbildung, Charakterstärke bzw. Willenskraft gegen Intelligenz (...) stark machen heißt (...) Disqualifizierung oder Diskreditierung der Wertvorstellungen anderer Fraktionen der herrschenden Klasse (...) und zumal der Intellektuellenfraktionen des Kleinbürgertums“ (ebd.). Die Bedeutung dieses Aspekts zeigte sich dabei auch daran, daß sich die Frauen durch diese Ausweich-Strategien keineswegs daran gehindert sahen, mit einer Raffinesse, die meinen Fangfragen in nichts nachstand, mehr oder weniger direkt (Frau Mayer: „Wie sind Sie denn auf dieses Thema gekommen? Sie haben ja sicher auch über Ihre Erziehung einiges mitbekommen?!") nach dem „familiären Background" (Frau Möchten) der Person zu erkundigen, die ihnen da im Namen von Wissenschaft Fragen stellt. Dies konnte jedoch auch dazu führen, daß die Lehrenden, die einen Universitätsabschluß haben, diesen gegen mich in Anschlag brachten (vgl. Kap. 1.4) und zur Qualifizierung ihrer Umgangslehre nutzten:

> Ja, nun sind ja *alle* diese Autorinnen definitiv nicht mit einem Studium bestückt (lacht). Das heißt, die haben alle keinen wissenschaftlichen Background. (...) Ich behandelte ja auch die Funktionen dieser Regeln, das neue Buch, das dieser Tage rauskommt, leitet jedes Kapitel mit so einer kleinen Funktionsbeschreibung ein, einer Einordnung. (Betonung i. Orig.)

Solch ein Rekurs auf „Wissenschaft" war im untersuchten Feld immer wieder anzutreffen. So empfahlen mir beispielsweise einige der Lehrenden wissenschaftliche Literatur wie Schürmanns „Tisch- und Grußsitten im Zivilisationsprozess" oder die Studie von Krumrey (1984). Ich deute dies weniger als Beleg für eine „reflexive Verwissenschaftlichung von Gesellschaft" (U. Beck), sondern interpretiere es vor allem als Dokument des ziemlich geschickten Einsatzes von Kapitalsorten und des Eröffnens von Spielfeldern, bei denen sich die jeweils Sprechenden (sei es gezielt oder unbeabsichtig) sicher sind, den jeweiligen kulturellen Trumpf („bürgerliche Erziehung", „Wissenschaft") in der Hand zu halten. Man sieht, wie beispielsweise Frau Möchten, je nachdem in welche Richtung sie argumentiert, unterschiedliche Kapitalsorten anführt, die jede für sich in einem spezifischen Feld dazu taugen, sich (gegen andere Lehrende, gegen die Interviewerin) zu distinguieren.

Die soziobiographischen Selbstwahrnehmungen von Frau Möchten, Frau Kutsch, Frau Mayer und Frau Kardorff zeigen erstens, daß nicht (allein) das Vorhandensein oder die Menge, sondern erst der Ort des Erwerbs von kulturellem Kapital (Familie („von klein auf") oder Schule („irgendwo später gelernt", „drei Bücher gelesen") ausschlaggebend ist für dessen Wert. Zweitens wird aber besonders bei der soziobiographischen Imagination von Frau Möchten auch deutlich, daß die Akteurinnen dieser Struktur nicht ausgeliefert sind, sondern wie sie diese in dem Feld, in dem sie tätig sind, durch die Bezugnahme darauf gleichermaßen gebrauchen wie produzieren.

Die Relation zwischen objektiver und subjektiver sozialer Herkunft prägte schließlich noch einen weiteren Punkt in der Selbstdarstellung der Lehrenden.

Bei einer Zusammenschau der von den Umgangslehrenden genannten Quellen für ihre Kompetenz fällt auf, daß vor allem diejenigen, bei denen die subjektiv behauptete soziale Herkunft („Oberschicht") der objektiven (kleinbürgerlichen) sozialen Herkunft nicht entspricht, den Wissenserwerb über „Bücher" explizit und entschieden ablehnen. Während Lehrende, die ihre kleinbürgerliche Herkunft auch als solche einschätzen (siehe oben), Umgangsliteratur („es steht ja geschrieben", „habe mir sehr viel angelesen") ebenso wie die Seminare anderer AnbieterInnen („Und dann hab ich erstmal alle Seminare besucht, die es so in Deutschland gibt zu dem Thema.") als Informationsquelle angeben oder sogar erklären „Lesen ist das A und O" („Wann immer ein neues Stil- und Etikettebuch auf den Markt kommt, muß ich mir das anschaffen oder mir das zumindest in der Bücherei holen."), ist dies bei denen, die sich bei ihrer soziobiographischen Rückschau zu hoch ansiedeln, nicht der Fall. So spricht beispielsweise Frau Kutsch einigen KollegInnen auf dieser Grundlage die Kompetenz ab:

Es gibt ja auch welche, die meinen, sie haben drei Bücher gelesen und können es dann auch unterrichten. Ich höre auch oft schlechte Rückmeldungen von meinen Seminarteilnehmern eben, die beispielsweise in ihrer Firma noch in anderen Seminaren waren und die mir dann Schlimmes erzählen, ich will keine Namen nennen.

Frau Möchten betont, daß sie das für ihren Unterricht einschlägige Genre überhaupt nicht zur Kenntnis nehme:

E.T.: Haben Sie mal ein Seminar einer anderen Anbieterin besucht?

Frau Möchten: Nee, *nie*. Also ich habe auch nie irgendwo in deren Bücher geguckt. Also das ist das, was vielleicht bei mir auch wieder so ein bißchen originell ist, ich lebe aus dem Selbstverständnis der Gesellschaftsschicht, die diese Formen immer wieder neu definiert beziehungsweise auch immer wieder abklopft, den Konsens erstellt, und da ich das lebe; andere Leute schreiben das dann ab. Ich wurde mal darauf aufmerksam gemacht, daß eine dieser Autorinnen bei mir abgeschrieben hat.

Noch schlimmer als die Diagnose „Bücherwissen" ist der Vorwurf des „Abschreibens", den Frau Möchen hier nennt, und der in den Interviews immer wieder geäußert wurde. So erklärte mir beispielsweise Frau Kardorff noch vor der Bandaufnahme in einer mir zunächst unverständlich langatmigen Manier, daß man in Ratgebern immer Formulierungen benutze, die anderswo auch stünden, und daß sie deshalb irgendwann, als sie ihren Ratgeber verfaßte, „alle anderen Bücher zugeschlagen" habe. Beim Gespräch mit einer ihrer Kolleginnen erfuhr ich einige Monate später, weshalb Frau Kardorff nicht unbekümmert ein Benimm-Buch schreiben konnte, sondern so ausführlich kommentierte, daß die „Formulierungen" in vielen solchen Texten ähnlich seien: Man hatte sie beschuldigt, für die eigene Veranstaltung aus dem Seminar einer Kollegin und

Konkurrentin, das sie besucht hatte, bevor sie selbst mit der Umgangslehre begann, „geklaut“ zu haben – ein Vorwurf, der in diesem Feld mehr als den bloßen publizistischen Plagiatsverdacht bedeutet, sondern der für jemanden wie Frau Kardorff, die sich qua sozialer Herkunft und „Erziehung“ zu distinguieren sucht, wohl der schlimmstmögliche ist: besagt er doch, daß sie ihr kulturelles Kapital nicht (familiär) geerbt, sondern erworben hat, und das auch noch unrechtmäßig, wie eine schlechte Schülerin, die bei ihrer Nachbarin abschreibt.

Diese Beispiele für den Umgang mit der sozialen Herkunft weisen darauf hin, daß es nicht ausreichend wäre, bei der Deutung des Sozialprofils der Umgangslehrenden lediglich die objektive soziale Herkunft zu dokumentieren und zu interpretieren. Sondern ein Blick auf die unter anderem in den Interviews berichtete subjektive Verortung der Herkunftsfamilie im sozialen und kulturellen Raum vermeidet eine strukturdeterministische Verkürzung: Soziale Herkunft ist nicht die allein intelligible Ursache für die Dynamik des untersuchten Feldes, sondern es wird bei umgekehrter Blickrichtung auch deutlich, inwiefern die 'kulturellen Gebrauchsweisen der sozialen Herkunft'[18] zur (Re-)Produktion der Struktur beitragen, der am deutlichsten Frau Möchten mit ihrer imaginierten Herkunft aus der „Oberschicht“ zu entfliehen sucht. Indem die Befragten auf verschiedene Art und Weise vor allem qua Familie ererbtes Wissen als legitimes kulturelles Kapital betrachten, stellen sie die Grundlage für die Klassenstruktur und Klassifikationen her, die sie selbst gleichermaßen benutzen wie erleiden.

Diese alltagskulturelle Relevanz der subjektiven sozialen Herkunft und Lage läßt es fraglich erscheinen, ob „kleinbürgerliche Distinktion“, wie Bourdieu (1987, 511ff.) meint, ein ausschließlich zum Scheitern verurteiltes Streben nach der als allein legitim geltenden „Kultur“ des Bürgertums darstellt: „Unsicher in ihren Wertungen, halb ihren Neigungen, halb ihrer Bildungsbeflissenheit folgend, werden die Kleinbürger Opfer disparater Entscheidungen (...), und zwar in ihren Vorlieben für eine bestimmte Musik oder Malerei ebenso wie im Alltag“. „Mittlere Kultur, das ist nichts als die kleinbürgerliche Beziehung zur Kultur: falsche Objektwahl, Mißdeutung, fehlinvestierter Glaube“ (ebd., 513). KleinbürgerInnen erscheinen hier nur noch als lächerliche, bemitleidenswerte Personen, die bei ihrem Versuch, sich (Hoch-)Kultur anzueignen, zu soziokulturellen Wracks geworden sind. Das oben analysierte Material dagegen legt es nahe, die Orientierung an „dieser Gesellschaftsschicht“ (Frau Möchten), an „guter Erziehung“ (Frau Kutsch, Frau Kardorff, Frau Limbach) und am „reichen Onkel“ (Herr Schmitz) und die damit verbundenen Aufstiegsambitionen auch als Quelle und Material für Abgrenzung nach unten und Ausgrenzungen unterschiedlicher Art ernstzunehmen. Hierfür ist es irrelevant, ob eine Praxis (wie beispielsweise der in den Seminaren akribisch behandelte Gebrauch von Servietten) oder die Bezugnahme auf „Oberschicht", von einer Person (groß-)bürgerlicher Herkunft als „Mißdeutung" (Bourdieu) belächelt werden würde. Entscheidend ist, daß die Lehrenden mit Hilfe solcher Bezugnahmen sich selbst einen unterscheidenden Blick zuschreiben, der identifiziert, was „stilvoll" und was „abgeschrieben", d.h. bloß nachgeahmt ist. In der von Bourdieu aufgezeigten Dynamik von Kultur und Sozialstruktur kommt dieses Phänomen nicht vor, weil er, wie Hall kritisiert, ein holistisches Modell[19] des sozialen und kulturellen Raums benutzt:[20] „A holistic assumption about an objective social space obscures the potentially polymorphous character of status group dynamics that may be relatively autonomous from one another (...). The holistic assumption of an objective social space adds nothing to the explanation of distinction." Die Bourdieusche Analyse des Kleinbürgers geschieht buchstäblich von oben herab, von einer sozusagen soziologisch-auktorialen Erzählperspektive aus. Sie ist damit selbst der Distinktion verpflichtet und kann deshalb ausschließlich identifizieren, wo das Kleinbürgertum in seinem Kampf um kulturelle Legitimität scheitert.[21] Hall (1992, 279f.) weist darauf hin, daß hierbei viel sozialer Raum übersehen wird, in dem Distinktion praktiziert wird: „Worse, it (the holistic assumption, E.T.) distorts the capacity of a cultural capital model to theorize the diverse formations where cultural distinctions come into play". Zudem hat dieser Holismus eine positivistische und herrschaftsgebundene Implikation, weil ihm zufolge nur *objektiv* oder *hegemonial* als legitim anerkannte Praxen distinktiv wären. Reed-Danahay (1995) entschlüsselte diesen Strukturdeterminismus der Bourdieuschen Arbeit über Frankreich (die in einem eigentümlichen Gegensatz zu seinen radikal praxeologischen Arbeiten über die Kabylei steht), als Effekt eines inhärenten „occidentalism" und „orientalism" seines Werks, was dazu führte, daß er sich bei der Kulturanalyse in der Kabylei auf Praxis und in Frankreich auf formalisierte Strukturen (insbesondere das Bildungssystem) konzentrierte. Die Befragung der Lehrenden der Benimmseminare nun hat gezeigt, daß eine (sehr stabile, mitunter sogar aggressive) Distinktion auch auf der *subjektiven* Verortung an sozialstrukturell legitimer Stelle fußen kann:

> „If the holistic assumption is abandoned, sociological analysis need not be concerned with offering an objective realism; instead, it can pursue 'sociological realism' by trying to understand the cultural structures of meaning that actors take to be real, act out, and attempt to enforce as real in the play of everyday life" (Hall 1992, 279f.).

Die Bewegung, mit der Bourdieus Kleinbürgertum von (sozialstrukturell) oben betrachtet, lediglich kulturell scheitert, markiert zugleich auch den Raum, in dem es Distinktion praktiziert und damit soziale Schließung nach (sozialstrukturell) unten produziert. Hierfür ist es, wie die Analyse der subjektiven sozialen Herkunft und Lage der Benimmlehrenden zeigt, nicht notwendig, daß die von ihnen anerkannten „cultural structures of meaning“ objektiv sind oder hegemonial als legitim gelten. Es genügt, wenn sie davon ausgehen, daß ihre Position eine legitime ist (Hall: „take to be real“). Nicht das Primat des ökonomischen Kapitals, sondern der kulturelle, permanente und ausschließliche Rekurs auf den Modus des Erbens als die einzig legitime Akkumulationsstrategie von Kapital egal welcher Sorte ist der Garant dafür, daß die mit der kapitalistischen Produktionsweise verknüpften Teilungen sich auf der Ebene der Alltagskultur in Aushandlungen darüber, was als legitim, als „höflich“, als „stilvoll“ gilt, konkretisieren und reproduziert werden.

Distinktion mit Hilfe der Ablehnung von „Regeln"

Während eine Korrektur der sozialen Herkunft nur von wenigen Lehrenden vorgenommen wird, teilen alle die Ablehnung des schulischen Erwerbs von Wissen in einem Punkt: Jede/r distanzierte sich sowohl im Seminar als auch im Interview auf verschiedenem Weg von „Regeln“ oder „Formen“ und damit vom Gegenteil („alles ‘Angelernte’, ‘Gekünstelte’, ‘Affektierte’, ‘Einstudierte’, ‘Schulische’, ‘Buchwissenhafte’“ (Bourdieu 1987, 124)) dessen, was im hegemonialen Diskurs als legitime Kultur gilt.

So erklärte Frau Bäcker am Telefon: „Ich propagiere es nicht als Etikette, sondern dem anderen mehr Wertschätzung und Achtung entgegenbringen.“ Frau Möchten, die für die teilnehmende Beobachtung in ihrem Seminar bereits eine Streichung aller Fragen aus dem Fragebogen gefordert hatte, in denen das Wort „Regel“ oder „lernen“ vorkam, (vgl. Kap. 1.5) erklärte im Interview: „Wenn einer Regeln lernen will, dann kann er zu einer Tanzstunde oder irgendwelchen anderen Leuten gehen.“ Frau Limbach wendet sich ebenfalls gegen „starre Regeln“:

> Es müssen nicht unbedingt diese ganzen starren Regeln sein, ob jemand nun perfekt ‘nen Hummer teilen kann, das ist mir gar nicht so wichtig. Mir geht’s eigentlich auch sehr stark um *Herzensbildung*, um die einfach wieder zu wecken. (Betonung i. Orig.)

Die Beantwortung der Frage nach der Quelle seines Wissens nutzte Herr Schmitz ebenfalls zur Abgrenzung gegen „Formen“, die er als den unwichtigeren Teil seines Fachgebiets beschreibt:

> Natürlich hab ich mich auch in Büchern orientiert und hab auch verschiedene Bücher miteinander verglichen. Aber bei den meisten Büchern kann man eben nichts/ man kann

aus diesen Büchern nicht so wahnsinnig viel lernen, man kann rein/ das Formelle kann man eventuell lernen.

Mit demselben Argument kritisierte er eine Dozentin, deren Seminar er zu Informationszwecken besucht hatte, bevor er selbst zu unterrichten begann:

Die ist also mehr in die andere Richtung gegangen und hat mehr, sagen wir mal, Wert gelegt auf Äußerlichkeiten, auf die Formen, ja, da kamen also keine Tips, weil, das ist ja heute schon Thema, ob Umgangsformen von innen heraus zu kommen haben, ob man aufrichtig ist, ob man ehrlich ist, aber das waren rein die Äußerlichkeiten und die Formen. Sie hat großen Wert drauf gelegt, ich weiß nicht, ich hab da irgendwas gelernt, das kann ich gar nicht mehr: einen Imbiß zu halten, ein Sektglas zu halten und dann noch was, das war so eine Jongleurart, das haben wir *geübt* wie die *Rasenden*! Also das war, naja gut, das ist eben die Form, reine Äußerlichkeit. Also das habe ich recht bald vergessen, ich hab das nie gebraucht, ich weiß nicht, es war halt ihr/ jeder hat so seinen Tick. (Betonungen i. Orig.)

Bei Frau Baumann heißt dieses Gegenbild „das Protokollarische":

Ich sag ja immer: Also mir ist das Protokollarische alles gar nicht so wichtig. Also ich arbeite dann auch gerne mit Leuten an der Basis, und nicht mit Schickimickileuten, die gerne noch ein bißchen schickmickier wären.

Sie münzte zudem die von ihr selbst als „kleinbürgerlich" benannte Herkunft um in ein Mittel zur Distinktion, indem sie folgende Geschichte erzählte:

Ich komme aus 'nem *kleinbürgerlichen* Elternhaus. Aus so 'ner Mischehe: Mutter Lehrertochter, Vater Kaufmann, der nach dem Krieg 'ne Kneipe aufgemacht hat. Und ich denk, aus der Kneipe hab' ich meine kommunikative Kompetenz. (...) Diese Frau, die in Astadt Seminare macht, haben Sie ja inzwischen kennengelernt. Die hat mir, ich habe sie nun mehrfach am Telefon gehabt, die hat mir erzählt: 'Naja, also wir haben früher auch unsere Kindermädchen mit dem Kleiderbügel verhauen!' So. Also (lacht): Bei uns zuhause gab's zwar Kleiderbügel, aber keine Kindermädchen! (Betonung i. Orig.)

Bei dieser Perspektive erscheint „Kleinbürgerlichkeit" nicht als Makel, sondern Frau Baumann macht daraus mit Hilfe eines pädagogischen und psychologischen Vokabulars („kommunikative Kompetenz") einen im Alltag verankerten („Kneipe"), Topoi wie 'Lockerheit' und 'Lässigkeit' assoziierenden Garanten gegen verkrampfte Steifheit, die damit sozusagen sozial nach oben verschoben wird, nämlich zu Familien, die ihre Sprößlinge mit „Kindermädchen" erziehen.

Dieselbe Distinktionsfunktion erfüllt die explizite Sympathie für „Regelbrüche":

E.T.: Was sagen Verwandte, Freunde oder Bekannte zu Ihrer Tätigkeit? Gab's da Kommentare?

Frau Ritter: Ja, natürlich gab's da Kommentare. Meine guten Freunde sagen: 'Was, *Du* gibst Stil- und Etikette-Seminare?! Die Leute müßten Dich mal sehen, wie Du manchmal hier rumläufst und wie Du Dich manchmal auf die Couch lümmelst, wenn Du bei mir zu Besuch bist!' (Betonung i. Orig.)

Ebenso können andere Gewährsleute diese Distanzierung stützen. So schwärmt Frau Baumann für Cora Stephan, die 1995 einen Ratgeber mit dem Titel „Neue deutsche Etikette" veröffentlichte: „Ich sehe Benimm als Teil der Kommunikation, das Klassische, worauf die Cora Stephan auch immer abhebt. (...) Früher war sie 'die rote Cora'!!" Auch andere Lehrende teilen diese Begeisterung; Stephan ist geradezu das Darling der Szene, sozusagen eine politische und soziokulturelle Kronzeugin. Dafür ist nicht in erster Linie der Inhalt dieses Ratgebers entscheidend,[22] sondern die (politische) Biographie der Autorin garantiert, daß „Benimm" nichts mit kleinbürgerlicher „Regel"-Orientierung zu tun hat: Wenn nun auch „die Linken" („die rote Cora") sich abgewendet haben von der Kritik an den Formen der bürgerlichen Gesellschaft und Etiketteratgeber verfassen, dann sind sich die Benimmlehrenden sicher, daß sie sich mit ihrem Projekt der Umgangslehre in gar nicht so schlechter, das heißt auf keinen Fall in kleinbürgerlicher Gesellschaft befinden.

Ebenso taugt die Absage an Codifizierungen zur Distanzierung von „Regeln":

E.T.: Planen Sie eine Veröffentlichung zum Thema?

Frau Baumann (heftig): Also keinen Etikefteführer oder so, auf keinen Fall! Da gibt's genug davon. Finde ich total blöd.

Solche Strategien sind kein neues Phänomen. Unter anderem Heckendorn (1970, 132, 134, 136 u. 175) und Schürmann (1994, 5) haben dokumentiert, daß die Ablehnung von „Floskeln" bereits Anfang dieses Jahrhunderts in deutschsprachigen Ratgebern auftauchte. In der Umgangsliteraturforschung sind solche Distanzierungen als Zeichen für eine „Informalisierung" von Verhaltensstandards gelesen worden.[23] Diese Interpretation jedoch übersieht, daß die Rede gegen „Regeln" etc. weniger eine Beschreibung des tatsächlichen Stoffs der Bücher bzw. der Seminare ist, sondern daß sich diese Aussage eher als Strategie erklärt, deren Sinn sich im Zusammenhang mit der Dynamik der Kapitalsorten enthüllt: „Ich selber lege ja auch immer Wert darauf, nicht als Benimmlehrerin abgestempelt zu werden." Frau Baumann spricht hier aus, was alle Umgangslehrenden mit der Distanzierung von „Regeln" erreichen wollen. Der Unterricht in den Seminaren nun besteht, ebenso wie alle einschlägigen Ratgeber, aus der Verkündung bzw. Festschreibung von Regeln und Lehrsätzen (vgl. insbes. Kap. 2.2): So dekretiert Frau Möchten, die sich so abschätzig gegen die „Regel"-Lehre von „Tanzstundenleuten" äußerte, in ihrem Seminar „die Hand wird grundsätzlich vom Ranghöheren dem Rangniederen gereicht"; Frau Limbach, die die „perfekte" Handhabung des Hummerbestecks als unwichtig bezeichnet, kontrollierte beim dem Übungsessen vorausgehenden Aperitiv bei allen TeilnehmerInnen genau, ob diese ihr Glas nicht am Kelch, sondern am Stiel halten; Herr Schmitz, der „das Formelle" unbedeutet findet, paukte den SeminarteilnehmerInnen den „korrekten Gebrauch der Serviette" regelrecht ein; Frau Bäcker, die die Existenz von „feststehenden Regeln" bestreitet, ließ ihre SeminarteilnehmerInnen Begrüßen und Vorstellen nach geschlechterspezifizierenden „Regeln" trainieren; und Frau Baumann, die erklärt, das „Protokollarische" weniger interessant und wichtig zu finden, hat im Programm ihrer Veranstaltung eine Handkußübung für die TeilnehmerInnen, und ungeachtet dessen, daß sie im Interview 1996 die Frage nach einer einschlägigen Veröffentlichung vehement verneint hatte (siehe oben), publizierte sie zwischen 1998 und 2000 mehrere einschlägige Ratgeber, darunter eine Benimm-Fibel für Kinder und einen Führer für das Sich-Benehmen im Restaurant.

Ebenso wenig wie die Distanzierung von „Regeln" den schlichten Schluß auf eine „Informalisierung" zuläßt, sollte man die Diskrepanz zwischen dem berichteten Verhältnis zu „Regeln" und der tatsächlichen Berufung auf dieselben im Seminar als Beleg für die Feststellung nutzen, daß es sich bei den Umgangslehrenden eben doch um schlichte „BenimmlehrerInnen" handelt. Das, was vordergründig als „Informalisierung" erscheint, ist weniger eine Lockerung von „Regeln", ein lockererer Umgang damit oder ihre sukzessive Verabschiedung, sondern es erklärt sich vielmehr als eine der Distinktion geschuldete Strategie, mit der sich die Lehrenden dagegen wehren, „als Benimmlehrerin abgestempelt" zu werden. Die beschriebene Distanzierung zeigt, wie virtuos diese Stil-Fachleute des Alltags mit der Dynamik insbesondere kulturellen Kapitals umgehen: Sie vollbringen das Kunststück, sich und ihre Veranstaltungen vom Ruch des Kleinbürgerlichen, Gouvernantenhaften und Antiquierten zu befreien, und dennoch die SeminarteilnehmerInnen darin anzuweisen, wie man ein Messer „richtig" hält, was die „korrekte" Reihenfolge bei der Begrüßung des Chefs und seiner Frau ist und welche Kleidung „Stil" hat: Die Rede gegen „Regeln" und die Ablehnung von „Formen" hat zur Folge, daß das vordergründig kritisierte System auf einer anderen Ebene und mit mehr Legitimität versehen (re)produziert wird.

Abgrenzung gegen Volkshochschulen als Mittel zur Distinktion

Neben der Rede gegen „Regeln" und ihrer sozialen Herkunft nutzen einige DozentInnen den Ort ihres Unterrichts und/oder ihre Zielgruppe als Mittel zur Distinktion. Das niedrigste Prestige haben Kurse an der Volkshochschule. Dies spielt jedoch nicht für alle eine Rolle: Lehrende wie Herr Schmitz oder Frau Fauser unterrichten überwiegend an dieser Institution, und sie tun dies auch gerne. Andere haben dort zwar zu unterrichten begonnen und die erste Lehrerfahrung gesammelt, diesen Ort jedoch, auch wegen der schlechten Bezahlung, irgendwann hinter sich gelassen. So erzählt beispielsweise Frau Bäcker:

Die Volkshochschule, die bediene ich sozusagen noch am Rande mit. Ich gehe am liebsten natürlich in die Bildungszentren, weil das Arbeiten angenehmer ist. Die Volkshochschule ist für mich noch so ein, ja ein Überbleibsel aus meiner früheren Unterrichtstätigkeit.

Während hier die Volkshochschule wegen der Arbeitsbedingungen unattraktiv ist, wird bei den kategorischen Ablehnungen deutlicher, daß es auch um den symbolischen Wert dieses Ortes geht. Dabei handelt es sich bei diesem Wert um keine absolut feststehende Größe. Sondern die Abwertung dieses Unterrichtsortes entsteht dadurch, daß einzelne Lehrende sich dagegen abgrenzen und sich so distinguieren. Ebenso wie sich Bedeutung und Funktion der sozialen Herkunft der Lehrenden nicht allein aus den statistischen Daten erschließt, sondern erst aus der Tatsache, wie sie diese für sich und gegenüber anderen veranschlagen, erhält die Volkshochschule wie bei einer mathematischen Gleichung dadurch ein Minuszeichen, daß Lehrende wie Frau Möchten oder Frau Limbach diesen Ort nutzen, indem sie seine Nichtnutzung für ihre Lehre als Distinktionsgewinn darstellen und damit ein Plus auf ihrem Konto des symbolischen Kapitals verbuchen:

E.T.: Bieten Sie Ihre Seminare auch in anderen Institutionen an, an IHK-Akademien oder Volkshochschule oder so?

Frau Möchten: Volkshochschule überhaupt nicht. Weil das, also, ich habe mich von Anfang an eigentlich an Führungskräfte gewendet. Und, in der Zwischenzeit habe ich auch meinen Preis, ein Expertenhonorar, und da kann die Volkshochschule denk ich nicht mehr so mit.

Ein weiterer Beitrag zu diesem Plus ist das hier von Frau Möchten genannte Schlagwort „Führungskräfte", das den anderen Part dieser Variante der Dichotomie „vulgär-distinguiert" einnimmt. So situiert sich Frau Limbach mit Hilfe dieses Gegensatzpaars: „Ich mache grundsätzlich keine VHS-Seminare. Ich mache nur Führungskräfteseminare." Sie begründet dies folgendermaßen: „Die

VHS hat den Touch, daß man das da sehr günstig bekommen kann. Wenn man dort unterrichtet, dann kommt man in Verruf." Hier zeigt sich ein grundlegender Konflikt der Umgangslehre, der immer dann manifest wird, wenn deren symbolischer Wert entscheidend ist: Massenware kann kein Distinktionszeichen sein, jeder Unterricht beinhaltet aber die Verbreitung und damit die potentielle Entwertung der vermittelten Inhalte. Frau Limbach spricht deshalb denen, die an den Orten unterrichten, deren Name bereits auf die grenzenlose Verbreitung der dort unterrichteten Fertigkeiten hinweist, die Kompetenz für die Umgangslehre ab: „Das sind Leute, deren Namen ich noch nie gehört habe. Das sind so billige Kurse, das können keine Experten sein." Nun hält sie sich nicht gänzlich fern von Volkshochschulen: Für die teilnehmende Beobachtung vereinbarten wir nämlich einen Besuch ihrer Veranstaltung an der VHS Mettmann. Dazu erklärte sie: „Das ist die einzige Volkshochschule, bei der ich tätig bin. Das ist die absolute Ausnahme, weil die sehr um mich geworben haben." Mit Hilfe mehrerer Kniffe hatte man hier „Exklusivität" wiederhergestellt: Bei der Frage nach einer Preisermäßigung für den Forschungsbesuch erfuhr ich, daß für das Seminar „Stil und Etikette. Umgangsformen in Beruf und Privatleben" alle Ermäßigungsregelungen der VHS außer Kraft gesetzt worden waren. Die Leiterin des Fachbereichs „Erziehung und Persönlichkeitsbildung" vertrat diese Regelung und begründete das mit der nur für diese Veranstaltung eingeführten Kategorie „Das besondere Seminar". Aber es gab noch weitere Hürden, die man aufgebaut hatte: Die achtstündige Veranstaltung kostete 200 Mark und war damit mehr als doppelt so teuer wie beispielsweise „Rhetorik für Frauen" ein insgesamt 14stündiger Kurs im selben Programmheft für 84 Mark; dazu waren noch 110 Mark für das Übungsessen zu bezahlen. Bei diesem „besonderen" Seminar wird deutlich, wie die Exklusivität, die Frau Limbach am Ende als Distinktionsgewinn verbucht, Ausschlüsse zugleich produziert und voraussetzt: Indem sich die Volkshochschule ganz explizit dem Volk (den Kinderreichen, Arbeitslosen, Rentnern, Studierenden, eben all jenen, die üblicherweise Ermäßigung bekommen) verschloß, schuf sie den Abstand, der die Voraussetzung ist für das Mehr an symbolischem Kapital auf Seiten der Dozentin. Damit ist ihre VHS-Veranstaltung buchstäblich und doppelt exklusiv: In bezug auf symbolisches Kapital markiert Frau Limbach sich selbst damit als besonders, und in sozialstruktureller Hinsicht wird damit ein Ausschluß ganz bestimmter Gruppen praktiziert.

Das Verhältnis der Lehrenden zum „Arbeitskreis Umgangsformen International"

Mit dem „Arbeitskreis Umgangsformen International" gibt es in der BRD eine Institution, die legislative Autorität in Sachen Höflichkeit beansprucht. Dieses Gremium wurde 1956 vom Allgemeinen Deutschen Tanzlehrerverband unter dem Namen „Fachausschuß für Umgangsformen" ins Leben gerufen (Umgangsformen heute 1982, 5 u. 12). Der Initiator, der Bielefelder Tanzlehrer Tino Schneider, wurde dafür 1969 mit dem Bundesverdienstkreuz ausgezeichnet. Der „Fachausschuß" definierte sich als ein „unabhängiges, frei zusammenarbeitendes Expertengremium". Die auch aus Österreich und der Schweiz stammenden 30 ständigen Experten waren vor allem Tanzlehrer, aber auch ein Rechtsanwalt, ein Pfarrer, ein Journalist und ein Psychoanalytiker gehörten dazu. Außerdem korrespondierte man mit 100 weiteren Mitgliedern.

Über die konkrete Arbeit der ersten Jahre sind keine Informationen überliefert. 1970 jedenfalls veröffentlichte der „Fachausschuß" eine Manierenschrift unter dem Titel „Umgangsformen heute. Die Empfehlungen des Fachausschusses für Umgangsformen." 1982 erschien dann eine zweite, überarbeitete und ergänzte Neuauflage der Fachausschußveröffentlichung; eine weitere Überarbeitung wurde 1988 herausgebracht. Mitte der 80er Jahre jedoch war die Arbeit des „Fachausschusses" „eingeschlafen" (so die heutige Vorsitzende Inge Wolff im Interview). Um 1990 schob der ADTV die Arbeit des „Fachausschusses" und die Publikationstätigkeit wieder an, und zwar unter einem neuen Namen: „Arbeitskreis Umgangsformen International" heißt das Gremium seither. Zur Zeit besteht es aus einer Vorsitzenden, der Bielefelder Tanzlehrerin Inge Wolff (deren Vater den „Fachausschuß" mitbegründet hatte), die von 20 ehrenamtlichen Mitarbeitern und Mitarbeiterinnen (darunter einige der Dozentinnen aus den hier untersuchten Seminaren) unterstützt wird (neun davon leben und arbeiten im (west)europäischen Ausland). Der „Arbeitskreis" trifft sich zweimal jährlich zu einer Sitzung. Außerdem unterhält die Chefin Kontakte zu Laetitia Baldridge, der zur Zeit populärsten Etikettebuchautorin in den USA, sowie zu verschiedenen einschlägigen Institutionen, wie beispielsweise dem Deutschen Herrenmodeninstitut oder dem Hotel- und Gaststättenverband. Seit 1989/90 gibt es auch wieder eine Publikation des Gremiums - allerdings in entscheidend veränderter Form: „Stil & Etikette" ist nun der Titel einer im Norman-Rentrop-Verlag erscheinenden Loseblattsammlung. Das 1000-seitige Grundwerk kostet 198 Mark; pro Jahr gab es zunächst sieben Ergänzungslieferungen (1999 wurde auf fünfmal Nachschub reduziert), deren Preis bei fast

50 Mark liegt. Chefredakteurin ist die „Arbeitskreis"-Vorsitzende Inge Wolff. Der „Arbeitskreis" gründet seine Empfehlungen zum Teil auch auf Umfragen (beispielsweise von Emnid), die der ADTV bzw. der ADTV und die Verlage (Norman Rentrop, Falken), in denen die Publikationen des Gremiums oder einzelner MitarbeiterInnen des Gremiums erscheinen, finanzieren. Der Norman-Rentrop-Verlag unterhält außerdem eine Hotline, bei der man mittwochs zwischen zehn und zwölf Uhr der „Arbeitskreis"-Vorsitzenden die Fragen stellen kann, die das Schrifttum nicht beantwortet.

Damit versucht ein Gremium seit 1956, die Codifizierung von Umgangsregeln den Zeitläuften anzupassen und festzuschreiben, und es beansprucht damit zudem nicht nur eine Institution, sondern auch eine Instanz zu sein. Noch deutlicher als alle Selbstpositionierungen und Pressemitteilungen des Gremiums, noch mehr als seine Stellung auf dem Etikettemarkt und die Medienrezeption symbolisiert die Art und Weise, in der es von sich hören läßt, diesen Anspruch: Der „Arbeitskreis" wählte für seine Verlautbarungen mit der mehrmals jährlich ergänzten Loseblattsammlung eine Form, die den Gesetzeswerken der Juristen gleicht. Damit konnotiert es sich selbst als eine Legislative in Sachen Höflichkeit, und damit sind Umgangsregeln nicht länger informelle, hochvariante Codierungen, sondern sie werden kanonisiert und als Gesetze konstruiert, die zwar historisch verändert werden können, die jedoch vermeintlich jeweils für die gesamte Gesellschaft verbindlich sind. Dabei fällt auf, daß die institutionalisierte Produktion von Umgangsregeln an einem anderen soziokulturellen Ort stattfindet, als deren (Re-)Produktion in Benimmseminaren auf dem Bildungsmarkt: Während der „Arbeitskreis" historisch und aktuell eng verbunden ist mit Tanzschulen, spielen diese in den Berufsbiographien der Umgangslehrenden keine Rolle.

Bei den Umgangslehrenden nun gibt es zwei Positionen gegenüber diesem Gremium, das sich explizit der Regelproduktion widmet: Während es von einigen als Autorität oder Ratgeber in Anspruch genommen wird, lehnen es andere zum Zweck der Distinktion rundweg ab. Frau Ritter beispielsweise erklärt im Interview:

> Ich habe einen guten Kontakt zu der Vorsitzenden von „Stil & Etikette". Wenn was ist, ruf ich da an, und da kriege ich auch sehr gut Auskunft. Überhaupt, diese Redaktion ist da sehr kooperativ. Ich hab das natürlich abonniert, dieses Werk, also das muß man dann schon haben, obwohl es wirklich teuer ist. Aber irgendwo muß man dann schon eine Sicherheit haben.

Für sie ist das Gremium auch „ein bißchen Ansprechpartner, wenn es Zweifelsfälle gibt." Ebenso hält sich Frau Fauser diesbezüglich auf dem Laufenden:

Und wenn ich dann Fragen habe, dann wälze ich wieder alles durch und gucke und habe, wie gesagt, auch diesen Ordner von diesem Arbeitskreis, und der ist eigentlich recht gut, weil er die ganzen aktuellen Dinge eben auch bringt.

Der „Arbeitskreis“ ist für sie Informationsquelle und Entscheidungsinstanz für schwierige Fälle; und ebenso wie sie weisen auch Frau Bäcker und Frau Rau in ihren Seminaren auf dieses Gremium als letzte Instanz hin.

Anders dagegen Frau Möchten. Als ich ihr bei der Kontaktaufnahme erzählte, daß mich der „Arbeitskreis“ auf sie hingewiesen hatte, erwiderte sie barsch und etwas konsterniert: „Das wundert mich, weil das ist ja mehr die Tanzschulenrichtung.“ „Tanzschule“ ist hier zugleich Symbol von und abwertende Bezeichnung für kleinbürgerliche Orientierung an „Regeln“, was an schulischen Erwerb kulturellen Kapitals erinnert und deshalb, will man sich als distinguiert erweisen, abgelehnt wird. Eine ähnliche Position hat Frau Kardorff. Sie bewertet den „Arbeitskreis“ folgendermaßen: „Das ist so eine Tanzlehrersache - das meine ich nicht negativ! Aber es genügt eben nicht, Regeln zu kennen, man muß auch Erfahrung haben.“

Auch hier wird das Gremium dazu benutzt, den eigenen, im Gefüge der Kapitalsorten legitimeren Wissenserwerb qua Sozialisation zu betonen. Dabei sind Akzeptanz und Ablehnung nicht zufällig verteilt: Die Lehrenden, die sich bereits über ihre (tatsächliche oder imaginierte) (groß)bürgerliche soziale Herkunft zu distinguieren suchen, lehnen das Gremium eher ab, während diejenigen, die ihre Soziobiographie nicht zur Distinktion verwenden, sich an der Nähe zur „Tanzlehrersache“ nicht stören.

Konkurrenz unter den Lehrenden: ökonomischer Erfolg als Beweis für die Qualität kulturellen Kapitals

Die Nutzung sozialer Herkunft, die Distanzierung von „Regeln“, vom „Arbeitskreis Umgangsformen International“ und/oder die Ablehnung des Unterrichtens an Volkshochschulen sind für einige Lehrende Mittel zur Distinktion. Hinter dieser Distinktion verbirgt sich auch ökonomische Konkurrenz, ist doch das hier untersuchte kulturelle Feld auch ein Markt im wirtschaftlichen Sinne, auf dem inkorporiertes kulturelles Kapital („Umgangsformen“) ebenso wie andere Waren mit einem Preis beziffert wird („DM 1.390,– zzgl. MWSt.“).

Diese Konkurrenz negieren jedoch einige Befragte. So erzählt beispielsweise Frau Limbach von ihrem Kontakt mit anderen Lehrenden:

Ich kenne also alle, die in Deutschland tätig sind, ich kenne auch einige, die im Ausland tätig sind. Ich lege auch Wert auf regelmäßiges Treffen, regelmäßigen Austausch, und wenn ich jemanden nicht kenne, dann rufe ich ihn an. Ich hab zum Beispiel Frau Baumann vorige Woche angerufen, und wir treffen uns jetzt. Ich lege allergrößten Wert drauf, daß ich mit allen ein gutes Verhältnis, einen guten Kontakt hab, daß man also auch, daß wir alle an einem Strang ziehen, und nicht der eine dem anderen sein Wasser abgräbt oder so, das paßt für mich auch nicht zu gutem Stil, das wäre Gegenarbeit.

Die „Treffen" und „Telefonate" werden hier als reiner „Austausch" geschildert, fast so, als handele es sich um eine Gruppe, die kollegial ein gemeinsames Ziel verfolgt („daß wir alle an einem Strang ziehen"). Ähnlich wie Frau Limbach („das paßt für mich auch nicht zu gutem Stil") schildert auch Frau Mayer Konkurrenz nicht als Folge gleicher Interessen auf demselben Markt, sondern als Stilfrage: „Ich empfinde keine Konkurrenz! Das ist eine Sache der Haltung." Inwiefern Konkurrenz eine Rolle spielt, wurde bereits bei der Kontaktaufnahme mit den einzelnen Lehrenden deutlich: Alle fragten mich nach den Inhalten der Veranstaltungen anderer AnbieterInnen (worauf ich mit dem Verweis auf die zugesicherte Anonymität eine personenspezifische Antwort verweigerte). Im oben zitierten „Austausch" (Frau Limbach) zwischen den verschiedenen AnbieterInnen hatte ich als Ethnographin, die viele Veranstaltungen besuchte, eine potentiell wichtige Position: Man erhoffte sich von mir einen Überblick über den Markt, aber man wollte sich auch über die Wissenschaftlerin informieren, die den Markt untersucht, auf dem man selbst anbietet, und beides zusammen gab wohl den Ausschlag dafür, daß ich in keinem Fall abgewiesen wurde. Und man nutzte die Gelegenheit zur expliziten Konkurrenz - allerdings wurde darüber weniger bei der direkten Frage danach, sondern meist an anderer Stelle im Interview, eher auch in lockerer gerahmten Gesprächen ohne Tonbandaufnahme wie Telefonaten manifest gesprochen. So fragte beispielsweise Herr Rau, der ebenso wie seine Frau Etiketteseminare anbietet, beim ersten Telefonat der Kontaktaufnahme nach den Veranstaltungen, die ich bereits besucht hatte. Auf meine Aufzählung hin munkelte er anspielungsreich über eine Anbieterin aus Berlin („Um die Frau Kutsch ist es ja in den letzten Wochen sehr ruhig geworden!") und sagte dann über Frau Baumann:

Das müssen Sie ja nicht unbedingt weitersagen, aber das ist für uns kein Wettbewerb, die verdient ja damit kein Geld. Wir machen eine ganz andere Preispolitik, wir sind die einzigen, die damit richtig Geld verdienen.

Auch Frau Kutsch sprach orientiert am Kriterium des „Geldverdienens" über Konkurrentinnen:

Die wenigsten Frauen leben davon, so wie ich es tue. Die meisten haben Ehemänner und das ist nur so'n Job für die. Und das heißt, sie müssen sich nicht damit/ das könnten sie, glaub' ich gar nicht, weil so groß ist der Markt nicht, und deswegen glaube ich, daß sie denken: 'Ach Gott, naja, so ein paar Seminärchen im Jahr, das geht denn schon', mehr wird's auch nicht sein, das denke ich mir, das ist eigentlich mehr so ein bißchen Zubrot, denke ich mir, weil ich mein', solche Sachen wie Verkaufstraining und sowas sind großenteils Männer, das sind ja auch mehr so härtere Seminare, alles ausschließlich Männer. Aber ich glaube nicht, daß die meisten da 'n echten Beruf draus machen können, nee, glaub ich nicht.

Konkurrenz wird hier mit einem Verweis auf die „Größe des Markts" ebenso explizit wie von Herrn Rau formuliert, allerdings tut dies Frau Kutsch mit dem Distinktionsgewinn, daß bei ihrer Schilderung ökonomischer Erfolg („davon leben können" versus „Zubrot") indirekt als Beleg für die Ernsthaftigkeit und damit auch für die Qualität ihrer Lehre („ein echter Beruf" versus „Job") erscheint. Dies zeigt, daß die Lehrenden nicht lediglich kulturelles Kapital einsetzen, um ökonomisches zu bekommen, sondern daß auch der umgekehrte Tausch stattfindet: Wenn der Verweis auf den ökonomischen Erfolg („Geldverdienen") in der beschriebenen Konkurrenz als Indiz für die Qualität eines Angebots gilt, dann wird dabei ökonomisches Kapital in kulturelles und/oder symbolisches Kapital konvertiert.

2.2 Der Unterrichtsstoff

Themen

Die folgende Liste gibt einen Überblick über das Spektrum des Unterrichtsstoffs:

Adelstitel, akademische Titel, altersspezifizierende Regeln, Amtsbezeichnungen, Anrede (mündlich und schriftlich), Automatiktüre, Begrüßen, Bekanntmachen, Bewerbung, Bitte, Danke, Drehtüre, Duzen, Einladungen (schriftlich und mündlich), E-mail, Entschuldigung, erster Eindruck, Fahrstuhl, Fauxpas, Faxgerät, geschlechtsspezifizierende Regeln, Grüßen, hierarchiebezeichnende Regeln, Kleidung, Körperpflege, Körperhaltung, Körpersprache, Kondolieren, Mobiltelefon, Pünktlichkeit, Rauchen, Restaurant, Siezen, Sitzordnungen, Small talk, Telefon, Tischmanieren, Treppe, Umweltschutz, Vernissage, Vorstellen, Vorstellungsgespräch, Zentralverriegelung.

Diese Aufzählung ist nicht vollständig. Dies liegt daran, daß in den untersuchten Seminaren potentiell jede Alltagspraxis zum Thema werden kann: „Umgangsformen" sind kein von den Lehrenden ausgewählter oder kulturhistorisch tradierter Ausschnitt alltäglicher Interaktionen, sondern diese Vokabel bezeichnet eine Perspektive, die auf jede/n kulturelle/n und soziale/n Praxis oder Diskurs angewendet werden kann. Dennoch sind die behandelten Themen in allen untersuchten Seminaren dieselben. Die Lehrenden selbst (und insbesondere diejenigen, deren Zielgruppe „Führungskräfte“ sind) behaupten zwar, daß sich der Inhalt ihres Seminars signifikant vom Programm anderer AnbieterInnen unterscheidet. Ein Blick in die Ausschreibungstexte jedoch zeigt bereits, wie ähnlich sich die Veranstaltungen nicht nur im Inhalt, sondern auch bezüglich der Reihenfolge der behandelten Themen sind. In der Umgangsliteraturforschung hat Eigenwald (1978, 572) auf diese Gleichförmigkeit der Ratgeber und auf die gleichwohl behauptete Besonderheit durch die AutorInnen hingewiesen. So standen beispielsweise am Beginn aller untersuchten Veranstaltungen die Regeln zum Grüßen, Begrüßen und Vorstellen.

Wie man aus dem Alltag ein Curriculum macht

Das Spektrum der von ihnen behandelten Regeln begründen die Lehrenden mit der Alltagsrelevanz des Stoffs:

E.T: Wie wählen Sie denn die Regeln oder die Themen aus, die Sie unterrichten?

Frau Baumann: Die Themen von dem her, was ich so beobachte, was man halt so braucht, wenn man mit anderen Leuten zusammen ist.

Ausgangspunkt ist hier zunächst die eigene Alltagspraxis („was ich so beobachte“), die persönliche Einschätzung dessen, „was man halt so braucht“ von seiten der Benimmlehrenden. Insofern sie nicht zu der Gruppe gehören, die sich mit der Abgrenzung gegen den Erwerb von Umgangsregelwissen aus Büchern distinguieren (vgl. Kap. 2.1), berichten sie, daß ein Blick in einschlägige Ratgeber die subjektive Wahl des Unterrichtsstoffs ergänzt. So erläutert Frau Baumann die Auswahl ihrer Themen weiter:

Dann hab ich mir natürlich Bücher gekauft, um zu sehen, was ist da so drin, hab ich was vergessen? Da ist natürlich viel mehr drin, ‘wie gestalte ich eine Todesanzeige’ und so, das brauche ich nicht, das finde ich nicht so wichtig, und so Details über Hochzeitsfeiern brauch ich auch nicht.

Umgangsliteratur dient den Lehrenden weniger als Lehrbuch oder Lexikon, sondern sie benutzen sie eher als Fundus: Die Bücher bieten ihnen zwar Orientierung („hab’ ich was vergessen?“), am Ende jedoch treffen sie wieder selbst die Entscheidung darüber, was für ihre Veranstaltung wichtig ist und was nicht („Das brauche ich nicht“). Eine weitere Orientierungsmöglichkeit ist der „Arbeitskreis Umgangsformen International“ (vgl. Kap. 2.1) Frau Bäcker beispielsweise erzählt, wie sie sich direkt bei der Vorsitzenden des Arbeitskreises nach dem Gebrauch von Adelsprädikaten wie „Hoheit“, „Durchlaucht“, „Prinzessin“ oder „Freiherr“ erkundigte:[24]

Also noch nicht mal die Frau Wolff gibt einem da eine ganz klare Antwort. Ich habe sie *extra* angeschrieben und um klare Auskunft gebeten. Daraufhin hat sie mich angerufen und mir sehr viel erzählt und war doch der Meinung, man sollte sich da anpassen und Angehörige ehemals regierender Häuser mit 'Königliche Hoheit' und so weiter ansprechen. Nee, da bin ich dagegen. Ich meine, jeder kann machen was er will, aber ich bin dagegen. (Betonung i. Orig.)

Ähnlich wie die Umgangsliteratur wird der „Arbeitskreis Umgangsformen International" zwar als Auskunftsstelle benutzt, als unbedingt verbindlich werden dessen Codifizierungen jedoch von den Benimmlehrenden nicht behandelt. Letzten Endes entscheiden sie entsprechend ihrer eigenen Meinung.

So sind die Lehrenden der Benimmseminare nicht lediglich Multiplikatorinnen für anderswo festgelegtes Umgangsregeln, sondern sie nehmen selbst Codifizierungen vor: Zuallererst für ihre Seminare, und gegebenenfalls auch in Ratgebern, die sie veröffentlichen. Dabei handelt es sich zwar um eine subjektive Auswahl, gleichwohl aber ist in diese Entscheidung die gesamte soziale und kulturelle Existenz der Lehrenden (und gegebenenfalls AutorInnen) und ihr Verständnis von Gesellschaft, Geschichte etc. eingeschrieben. Dies ist der Grund dafür, daß die verkündeten und aufgeschriebenen „Regeln" nicht als Privatmeinung erscheinen, sondern als allgemeingültig präsentierbar sind.

Schließlich gibt es neben den bereits codifizierten Umgangsregeln und der persönlichen Einschätzung der Lehrenden noch eine weitere Größe, die den Unterrichtsstoff bestimmt: die SeminarteilnehmerInnen. Frau Rau beispielsweise erklärt zur Zusammenstellung ihres Programms:

Ich bemühe mich eben einfach rauszufinden, was leben denn meine Teilnehmer, was interessiert sie, und spätestens, wenn die mir zum dritten Mal im Seminar gesagt haben 'also nee, das sehen wir nicht ein', dann laß ich das beim vierten Mal weg. Zum Beispiel bei der Regel, daß man nicht mehr 'Guten Appetit!' sagen soll vor dem Essen: Was nutzt es mir, wenn ich weiß, das ist die Regel, und sonst weiß es kein Mensch. Also, ich bemühe mich schon, die Dinge weiterzugeben, wo ich denke, die sind allgemein Konsens unter den verschiedenen Gruppen, die ich habe, und dann ändere ich auch schon mal was und sage nee, paßt vielleicht doch nicht mehr so ganz.

Ebensowenig wie die Lehrenden einen fest definierten Stoff weitergeben, sind die SeminarteilnehmerInnen nicht lediglich RezipientInnen oder Lernende. Ihre Praxis („was leben denn meine Teilnehmer") oder ihr „Interesse" ist für die Wahl des Unterrichtsstoffs ein wichtiger Faktor. Es beteiligen sich also sowohl Lehrende als auch Lernende an der Codifizierung, und zwar auf eine Art und Weise, bei der kaum feststellbar ist, an welchem Punkt genau die Benimm-Legislative stattfindet. Entscheidend ist, daß sowohl die Lehrenden als auch die SeminarteilnehmerInnen gleichwohl davon ausgehen, daß es „Regeln gibt", die jenseits ihrer subjektiven Einschätzungen existieren („man sagt nicht mehr 'Guten Appetit!' (...) das ist die Regel").

Diese Verkennung der eigenen Beteiligung an der Regelproduktion zeigt sich besonders deutlich dann, wenn die Lehrenden sich zunächst in der Umgangsliteratur oder beim „Arbeitskreis Umgangsformen International" informieren, dann aber den Unterrichtsstoff doch entsprechend ihrer eigenen Meinung festlegen. Auf diese Weise bekräftigen selbst die Lehrenden, die die Regeln der Umgangsliteratur oder des genannten Gremiums nicht weitergeben, die Annahme, daß grundsätzlich ein Benimm-Codex vorliegt, der Gesellschaft auf informellem Gebiet prinzipiell ebenso regelt wie formales Recht den dafür vorgesehenen Bereich. Deshalb hatte es in den Interviews oft den Anschein, als ob sie lediglich „Regeln" weitergeben, mit deren Produktion jedoch nichts zu tun hätten:

E.T.: Gibt es Regeln, die Sie nicht unterrichten, weil Sie sie nicht gut finden?

Frau Kutsch: Regeln? (...) Was ich zum Beispiel nicht so gut finde, sind diese ganzen Begrüßungsrituale, wer wen zuerst zu grüßen hat oder begrüßen darf. Ich finde, es sollte dahin kommen, daß derjenige, der den anderen zuerst sieht, auch gleich grüßt. Aber *selbstverständlich* unterrichte ich diese Regeln, weil sie noch gelten. Ich sage allerdings dabei, ich hoffe, daß es eines Tages im Geschäftsleben so ist wie im Privatleben, daß man sich sieht und sich grüßt, aber im Moment ist es noch nicht so, und deswegen muß ich das in den Seminaren auf jeden Fall sagen. (Betonung im Original.)

Ebenso wie hier Frau Kutsch gehen alle Lehrenden davon aus, daß „Regeln gelten". Dies ist auch die Grundlage, der die SeminarleiterInnen vor allem anderen ihre Autorität verdanken: Sie berufen sich zwar auf ihre Berufstätigkeit, ihre Erziehungspraxis in der Familie und ihre Lehrpraxis in der Schule oder auf dem Bildungsmarkt. Letztlich fußt ihre Autorität aber darauf, daß sie „Regeln" formulieren, von deren objektiver Existenz sie ebenso selbstverständlich wie die SeminarteilnehmerInnen[25] ausgehen.

Die oben beschriebene Uniformität des Unterrichtsstoffs kennzeichnet nicht lediglich die Zusammenstellung und Reihung der in den Benimmseminaren behandelten Themen, sondern auch die Prämissen und Perspektiven, nach denen diese entwickelt werden, sind ähnlich: Asymmetrische Differenz ist die handlungsleitende Kategorie, auf der alle behandelten Regeln basieren, jeder Empfehlung einer Regel geht die genaue Benennung einer Szene voraus, in der diese Regel „gilt" (Situationsparadigma), und die Regeln werden mit unterschiedlichen Begründungen untermauert (bildungsbürgerliche Reminiszenzen, Rationalisierungen, Verweise auf „Ästhetik", „Kultur", Distinktionspotentiale, „Wissenschaft" oder historischen Wandel). Allen Lehrenden gemeinsam ist schließlich eine Gesellschaftsdiagnose, die einerseits kulturpessimistisch gefärbt ist, andererseits auf dem Postulat einer „Renaissance der guten Manieren“ basiert.

Neben der praktischen Umsetzung oder Realisierung von „Regeln“ (vgl. dazu Kap. 4.7) ist es relevant, welches Bild von und für Gesellschaft sich in diesem Curriculum konkretisiert:

„*Dafür, daß die soziale Ordnung sich fortschreitend in den Köpfen und Gehirnen der Menschen festsetzt*, sorgen neben den mit den jeweiligen sozialen Verhältnissen gegebenen unterschiedlichen und Unterschiede produzierenden Konditionierungsprozessen die der Sozialstruktur und deren strukturierender Wirkung zugrundeliegenden Ein- und Ausschließungen, die Vereinigungen (...) und Trennungen (...), sorgen all die Rangordnungen und Klassifikationssysteme, die den - zumal kulturellen - Objekten, den Institutionen (wie der Schule) oder auch der Sprache eingebunden sind, *dafür sorgen nicht zuletzt auch die Bewertungen, Urteile, Rangzuweisungen und Maßregelungen*, die, in den alltagspraktischen Begegnungen und Interaktionen gang und gäbe, von den eigens dafür eingerichteten Institutionen wie Familie und Schule aufoktroyiert werden. *Aus gesellschaftlichen Unterteilungen und Gliederungen werden das gesellschaftliche Weltbild organisierende Teilungsprinzipien*“ (Bourdieu 1987, 734, Hervhorhebungen i. Orig.).

Asymmetrische Differenzierung nach Alter, Geschlecht und Hierarchie

Picard (1994, 371) hat bei seiner Studie von Umgangsliteratur des 20. Jahrhunderts die der Umgangslehre zugrundeliegende „Grammatik der Interaktion“ herausgearbeitet. Diese ist strukturiert durch binäre Oppositionen, bei denen je ein Pol positiv und ein Pol negativ codiert ist (z.B. „distinguiert/gewöhnlich“, „einfach/affektiert“, etc.) (ebd., 374): „Diese binären Oppositionen konstituieren eine in klare Kategorien aufgeteilte Welt, auf die man die Umgangsregeln anwendet“ (ebd., 375). Das führt dazu, daß asymmetrische Differenz handlungsleitend ist, „daß unterschiedliche Statuspositionen sich immer in unterschiedlichen Praxen abbilden sollten“ (ebd., 377). In den untersuchten Seminaren wird auf diese Weise die Praxis einer Gesellschaft entworfen, die nach Alter, Geschlecht und „Rang“ ungleich strukturiert ist. So erklärte Herr Schmitz: „Der Herr wird der Dame bekanntgemacht, der Jüngere dem Älteren und der Rangniedere dem Ranghöheren.“ Die privilegierte Position haben hier der Mann, die ältere Person und die ranghöhere Person in einer Interaktion. Das Vorrecht besteht in diesem Beispiel daraus, bei der Begrüßung zuerst über den Namen des Gegenübers informiert zu werden.

Dabei besteht zwischen diesen drei Teilungen wiederum eine Hierarchie: ‘Alter’ ist die Teilung, die in der Lehre aller DozentInnen sowohl ‘Geschlecht’ als auch „Rang“ ausreizt. Während die Kategorie Geschlecht in jedem Seminar zwar nicht in Frage gestellt, aber doch länger erörtert wird (vgl. Kap. 4.4), ist der Alters- und „Rang"unterschied eine unumstrittene handlungsleitende Kategorie. Die Selbstverständlichkeit, mit der die Lehrenden davon ausgehen, daß beim Handeln nach Geschlecht und „Rang" differenziert wird, zeigt sich weniger an den Teilen des Unterrichts, in denen diese (Ein-)Teilungen explizit auf der Tagesordnung stehen. Sie manifestiert sich vor allem in den Erläuterungen zahlreicher Details aus Themenblöcken, deren Überschrift nicht „Geschlecht" oder „Rang", sondern „Restaurant", „Begrüßung" etc. lautet. Deshalb ist der Unterrichtsstoff der untersuchten Seminare weniger durch die Themen charakterisiert, die er explizit benennt, sondern vor allem durch die ihm zugrundeligenden ubiquitären Teilungsprinzipien: „Derselbe Klassifikationsgegensatz (reich/arm, alt/jung, etc.) kann an jedem beliebigen Punkt der Verteilungen angewendet werden und innerhalb jedes Segments den Gesamtraum reproduzieren" (Bourdieu 1987, 737).

Ist das Geschlechterverhältnis in den Benimmseminaren explizit Thema, dann erweckt der Unterricht zunächst den Anschein, daß bei und mit der propagierten „höflichen" Interaktion keine Unterschiede zwischen Mann und Frau mehr gemacht werden sollen. So weist beispielsweise Herr Schmitz darauf hin, daß sich bestimmte Regeln „gelockert" haben: „Es gibt zwar Regeln, wer wen zuerst grüßt, aber wer zuerst sieht, grüßt zuerst. Das ist heute lockerer." Ungeachtet solcher Empfehlungen besteht der Unterricht aller Lehrenden jedoch aus einer Fülle von Empfehlungen in Gestalt geschlechtsspezifizierender Handlungsanweisungen. Ebenfalls Herr Schmitz erklärte beispielsweise zur „Begrüßung": „Man überläßt es der Dame, zuerst die Hand zu reichen zur Begrüßung." Solche Anweisungen stehen unverbunden neben Empfehlungen, mit und beim alltäglichen Handeln keine Unterschiede mehr zu machen, wobei die detaillierten Anweisungen zur Berücksichtigung, Performanz und Produktion der Kategorie Geschlecht den weitaus größeren Teil des Unterrichtsstoffs ausmachen. So erklärte beispielsweise Frau Rau zum Beginn des Essens: „Die Gastgeberin fängt immer mit dem Essen an. Wenn es keine Gastgeberin gibt, beginnt die ranghöchste Dame." Die gleichermaßen zugrundegelegte wie produzierte Geschlechterdifferenz wird entweder, wie hier und im zuvor zitierten Beispiel, als Privileg („man überläßt es der Dame") oder als Verbot präsentiert: So warnte Frau Rau beim Thema Rauchen: „Heute gilt es im Gegensatz zu anderen Ländern in Deutschland immer noch als schlechter Stil, wenn Frauen auf der Straße rauchen." Oft gehen die Lehrenden indirekt darauf ein, daß sich das Geschlechterverhältnis gewandelt hat. So erklärte Frau Rau zum „Restaurantbesuch": „Auch heute noch beschwert sich eine Dame in Herrenbegleitung niemals beim Ober. Alles was unangenehm ist, hält ein Gentleman einer Dame vom Leibe. Sie rafft die Steine und er wirft sie." Es hat sich zwar manches gewandelt, so der Tenor dieser und vieler anderer, ähnlich lautender Erklärungen, es „gilt" jedoch „auch heute noch", daß Geschlecht eine (im aktiven Sinne) grundsätzlich strukturierende Kategorie für jedes Handeln sein soll. Dieses Curriculum zur Kategorie 'Geschlecht' legt nahe, neben dem oben zitierten, von Picard formulierten Verhältnis zwischen Sozialstruktur und Umgangsregeln („daß unterschiedliche Statuspositionen sich immer in unterschiedlichen Praxen abbilden sollen") auch eine umgekehrte Dynamik zu konstatieren: Umgangsregeln, wie sie in den untersuchten Seminaren unterrichtet werden, basieren nicht lediglich auf Geschlechterdifferenz, sondern sie produzieren diese, indem sie für potentiell jede „Situation" (vgl. Kap. 2.2) geschlechterdifferenzierende Handlungen vorsehen. Diese konstruktivistische These hat Goffman in seiner Umgangsregelstudie schon vor längerer Zeit vertreten; rezipiert wurde sie allerdings insbesondere in der deutschsprachigen Umgangsliteraturforschung nicht.

Wie bei 'Geschlecht' weisen die Lehrenden auch da, wo „Rang" oder „Hierarchie" explizit auf der Tagesordnung stehen, auf deren geschwundene handlungsleitende Kraft hin: „Wer zuerst sieht, grüßt zuerst. Wenn es die Situation erlaubt, sollte immer noch der oder die Rangniedere die oder den Ranghöheren zuerst grüßen." Ebenso, wie hier Frau Möchten empfiehlt, Rangunterschiede (trotz der zuerst gegebenen Empfehlung, keine Unterschiede zu machen) zu (re)produzieren, tun dies alle Lehrenden für eine Fülle von „Situationen". Dies geschieht oft mit dem Verweis darauf, daß hier ein Wandel „eigentlich" gewünscht wird:

> Auch heute noch gilt: Der Mitarbeiter grüßt den Big Boss zuerst, auch wenn wir das nicht mehr wollen. Der Chef mit einer besonderen Anrede ist das, was wir abbauen wollen, und wenn er Manieren hat, tut er das auch.

Hier wird deutlich, daß die Lehrenden den Unterrichtsstoff zwar selbst festlegen. Gleichwohl jedoch gehen sie davon aus, daß es einen ihrem Unterricht vorausgehenden Korpus von Umgangsregeln gibt, die „gelten" und denen man sich zu beugen hat, auch wenn deren Inhalt nicht für gut befunden wird. Daneben existiert aber auch ein sozusagen objektivierter Begriff von Hierarchie. So erklärte Frau Baumann im Interview:

> Da geht's ja immer drum: Soll man das jetzt überhaupt noch nutzen oder ausnutzen, Hierarchien? Ich denke, daß jeder Mensch so ein Gefühl dafür hat 'ich kann das und das besser als der' oder 'der sollte sich so und so auf seinem Platz befinden', jeder hat das Gefühl für seinen *Platz*, und für die Plätze, die die anderen um ihn herum einnehmen sollten. Und ich denk' nicht, daß das auflösbar ist. Ich glaube es ist verlogen zu sagen:

'Wir müssen alle gleich behandeln und es geht auch, alle gleich zu behandeln.' (Betonung i. Orig.)

Hier vermischen sich eine meritokratische Legitimation von Hierarchie („Ich kann das und das besser als der") und die Vorstellung, daß Ungleichheit („nicht alle gleich behandeln") eine unveränderliche Konstante von Gesellschaft ist („ist nicht auflösbar"). Aus diesem Grund, und ungeachtet eventueller Hinweise auf den stattgefundenen oder gewünschten Abbau von „Rang" oder „Hierarchie" gibt es dann eine Fülle von Empfehlungen zur Performanz und interaktiven (Re-)Produktion solcher Beziehungen. So weist Frau Baumann zum Verhalten in „Sitzungen" an: „Warten Sie immer, bis der Ranghöchste sein Jackett auszieht, bevor sie selbst ablegen. Ganz strenggenommen dürften Sie nicht einmal danach fragen, auch wenn es sehr warm ist." Ebenso wie bei der Kategorie Geschlecht sind die Empfehlungen für den Umgang mit „Rang" hierarchiekonstitutiv: Es ist ununterscheidbar, ob sie Ungleichheit zur Voraussetzung haben, oder ob diese ihr (intendierter) Effekt ist. Deutlich wird diese zweifache Dynamik der Empfehlungen zur asymmetrischen Differenz in der Interaktion dann, wenn es keine Unterschiede gibt, auf denen eine Handlungsanleitung fußen könnte:

Herr Schmitz: Er wird zuerst vorgestellt, weil er der Jüngere von beiden ist. Im anderen Fall wird der mit dem niedrigeren Rang zuerst vorgestellt.

Teilnehmer: Und wenn beide Professor und 55 sind?

Herr Schmitz: Dann ist es egal.

Die Differenzierung hat stets eine zweifache Richtung: Die Regeln gründen einerseits auf der Strukturiertheit von Gesellschaft nach Alter, Klasse und Geschlecht und fordern andererseits zu einer solchen Strukturierung auf, indem diese performiert und damit alltäglich interaktiv manifest werden soll. Das zitierte Beispiel zeigt, daß da, wo keine Unterschiede bestehen, weder Unterschiede gemacht noch eine Handlungsempfehlung gegeben werden kann. Dabei ist es kein Zufall, daß die eben zitierten Lehrenden von „Rang" sprechen: Dies ist die Wortwahl in allen untersuchten Seminaren. Sie entspricht der mikrologischen Herangehensweise des Genres, das Gesellschaft in Form personifizierter Positionen wahrnimmt.

Während Picard (1994, 377) in der Umgangsliteraturforschung davon ausgeht, daß dieser Konstitution asymmetrischer Differenz ein dazu konträr wirkendes „Bindungssystem, das auf reziprokem Tausch beruht" gegenübersteht, betont Lacroix (1990, 75f.) (ebenfalls ausgehend von der Untersuchung von Umgangsliteratur) die hierarchiekonstitutive Funktion von Umgangsregeln:

„Hierarchien zeichnen sich durch die Furcht vor einem Umsturz aus. (...) Die Höflichkeitsregeln stärken Hierarchie, indem sie sie mit Floskeln, Gesten, Haltungen unterstreichen. Indem die Höflichkeitsregeln sie bezeichnen, tragen sie zu ihrer Fortdauer bei. Dank ihnen trägt die Macht den Mantel der Legitimität. (...) Die Höflichkeitsregeln sind das sichere Zeichen einer guten Gesundheit der sozial-politischen Ordnung."

Lima dos Santos (1977) interpretiert die Widersprüchlichkeit der Umgangsliteratur (d.h. die abstrakte Forderung nach Egalität und die geregelte Performanz von Ungleichheit, was sich auch in der von ihr untersuchten portugiesischen Umgangsliteratur fand) historisch als Kompromiß zwischen den Idealen des frühen und den Eroberungen des späten Bürgertums. Bourdieu (1987, 748) schließlich macht in solchen Kategorisierungen nicht lediglich die Performanz von Herrschaftsverhältnissen bezüglich Klasse („Rang") und Geschlecht aus. Über die Abbildung der Sozialstruktur in der Interaktion hinaus weist er auf den grundlegenderen Effekt einer solchen alltäglichen Praxis des Teilens und Einteilens hin.

„Darum geht es in den Auseinandersetzungen um die Definition des Sinns der Sozialwelt: um Macht über Klassifikations- und Ordnungssysteme, die den Vorstellungen und damit der Mobilisierung wie Demobilisierung der Gruppen zugrundeliegen. (...) Es geht um *Trennungsvermögen*, Distinktion, *diacrisis*, *discretio*, das aus der unteilbaren Kontinuität diskrete Einheiten auftauchen läßt, aus dem Undifferenzierten die Differenz" (Hervorhebungen i. Orig.).

Da er vom strukturalistischen Paradigma ausgeht, „daß Existieren symbolisch Differieren heißt" („'die Bedeutung ist die Differenz'", Dosse 1999b, 93), ist dieses den Umgangsregeln eigene „Trennungsvermögen" zugleich Mittel und Grundlage für Macht (der oberen über die unteren Klassen, der Männer über Frauen etc.). Unterschiede und Ungleichheit sind zugleich Voraussetzung und Effekt des Unterrichtsstoffs der untersuchten Seminare: Ausgangspunkt für die Empfehlungen ist Geschlechterdifferenz oder „Rangunterschied"; in der durch die Regel formulierten idealen Praxis, d.h. beispielsweise beim Grüßen, soll die asymmetrische Differenz performiert und manifest werden, indem stets eine positiv und eine negativ bewertete Position in der Interaktion vergeben wird. Auf diese Weise machen die Lehrenden in und mit ihrem Unterrichtsstoff Unterschiede im doppelten Sinne.

Situationsparadigma

In der Umgangsliteraturforschung (z.B. Picard 1994, 388) ist mehrfach auf das Prinzip der „Situation" hingewiesen worden, das in Wechselwirkung mit der asymmetrischen Differenzierung nach Alter, Klasse und Geschlecht die grundlegende strukturierende Kategorie für Handlungsempfehlungen im Namen der Höflichkeit darstellt. Während Wouters (1986, 518) diese Orientierung als Teil der Informalisierung einschätzt, interpretiert Döcker (1994, 59) diese seit Ende des 19. Jahrhunderts im Genre dominierende mikrologische Perspektive als Verfeinerung der Formalisierung: „In den Inhaltsverzeichnissen schlägt sich die Veränderung von diskursiv verhandelten Umgangslehren zu strikten Regel- und Normenkodizes durch erhebliche Umstrukturierungen nieder: Große Kapitelblöcke, wie jene über den 'Umgang mit sich selbst' oder mit 'schwierigen Charakteren' fehlen. (...) Im Mittelpunkt steht nun die *Situation*, der die Körperhaltung, die Sprache sowie der Konversations- und Kleidungsstil angepaßt werden sollen" (Hervorhebung i. Orig.). „Aus den populärphilosophischen Diskursen über die kulturellen Praktiken des Mittelstandes werden spätestens jetzt Gesetze, die eng an pragmatische Geltungsbereiche gebunden sind (...)" (ebd., 62). Ebenso, wie Döcker dies für die Umgangsliteratur feststellt, ist die Bezugsgröße für den in den Seminaren behandelten Unterrichtsstoff die „Situation". Bevor man zu handeln beginnt, muß dieser Parameter definiert werden. Die meisten Lehrenden weisen hierauf direkt hin. So erklärte beispielsweise Frau Bäcker ganz zu Beginn in ihrer Veranstaltung: „Wir verhalten uns heute nach den drei groben W: Wem stehe ich gegenüber? Wo befinde ich mich? Was will ich erreichen." Ähnlich formuliert Frau Kutsch: „Es gibt kein 'das ist richtig' mehr, sondern man muß sich immer fragen 'Wohin gehe ich?'." Neben dieser, mit einer zweckrationalen Orientierung gekoppelten Maxime sind bei der Definition der „Gültigkeit" der Regeln die Unterscheidungen „Freizeit-Beruf" und „öffentlich/privat" relevant. Herr Schmitz erklärt dies an einem Beispiel:

Vorstellen und Bekanntmachen: Vorstellen ist sachlicher, im Berufsleben, mit dem Titel. Bekanntmachen ist die ungezwungene Version im Bereich der Freizeit. In der Freizeit macht man ohne Titel bekannt, bis auf Doktortitel und Adelstitel, das sind Teile des Namens.

Die Definition von Anwendungsbereichen für Regeln ermöglicht es, auch für die Situationen Regeln zu definieren, in denen sich die Maximen, die Hierarchie und Geschlecht bezeichnen, widersprechen und damit eine eindeutige Handlungsanweisung unmöglich machen würden: „Im Geschäftsleben kann die natürliche Vorrangstellung einer Dame verändert werden." - Nämlich dann, wenn sie in einer „beruflichen Situation" mit jemandem interagiert, der oder die „ranghöher" ist: In diesem Fall, so hier Frau Rau, verliert sie ihre „Vorrangstellung", beispielsweise das Recht, eine Begrüßung zu initiieren, und muß warten, bis der oder die Vorgesetzte damit beginnt.

Diese, auf eine Fülle von „Situationen" bzw. auf die Unterscheidung zwischen einem privaten und einem öffentlichen Raum bezogene Konkretisierung von Regeln, die bezüglich Alters-, Geschlechts- und Rangunterschieden formuliert sind, macht einen großen Teil des Unterrichtsstoffs aus. So erläuterte beispielsweise Frau Rau, wie bei der Benutzung von Fahrstühlen und Drehtüren die geschlechtsspezifizierenden Regeln einzuhalten sind:

Teilnehmerin: Beim Fahrstuhl, wer geht da vor: Dame oder Herr?

Frau Rau: Der Herr. Er soll auch eine Drehtüre anschieben.

Teilnehmerin: Und beim Rausgehen aus dem Fahrstuhl, weil er steht dann ja hinten?

Frau Rau: Ein Herr sorgt dafür, dab der Dame sämtliche Unbill vom Hals gehalten werden. Er muß sich dann eben neben die Türe stellen, daß er dann wieder zuerst rausgeht!

Oder Herr Schmitz mit einer Erläuterung zur „richtigen“ Performanz von Geschlecht und „Rang“ in der Freizeit und im Beruf:

Teilnehmer: Wenn ich mit meiner Frau in der Stadt meinen Chef treffe, stelle ich dann trotzdem ihn zuerst vor, weil sie eine Frau ist?

Herr Schmitz: Ja, weil es auf der Straße ist.

Teilnehmerin: Und wer muß wen zuerst grüßen, wenn eine Frau ihren Mann an der Arbeitsstelle besucht und der Chef kommt dazu?

Herr Schmitz: Der Vorgesetzte die Frau: Es ist zwar im Betrieb, aber sie ist ja keine Mitarbeiterin.

Hier wird deutlich, daß die Menge der potentiell formulierbaren Regeln sehr groß ist. Je nach den Fragen der Teilnehmenden legen die Lehrenden das der Umgangslehre zugrundeliegende Prinzip der asymmetrischen Differenz/ierung nach Alter, Geschlecht und Rang für genau definierte Interaktionssituationen aus, und je mehr sie dabei ins Detail gehen, desto mehr „Regeln“ werden formuliert. Es sei hier nochmals auf den von Bourdieu (1987, 757) formulierten Hinweis auf die Totalität solcher Teilungsprinzipien verwiesen, die Gesellschaft mit einer Kombination aus mikrologischer Perspektive („Situation“) und asymmetrischer Differenz (Alter, Geschlecht, „Rang“) in Kombination mit der Unterscheidung privat/öffentlich verregeln und beschreiben: „Derselbe Klassifikationsgegensatz (reich/arm, alt/jung, etc.) kann an jedem beliebigen Punkt der Verteilungen angewendet werden und innerhalb jedes Segments den Gesamtraum reproduzieren.“

Detaillierte Begründungen

Während die Grundprinzipien der asymmetrischen Differenz und das Situationsparadigma in den untersuchten Seminaren nicht begründet werden, bieten die

Lehrenden eine Fülle von Erklärungen für einzelne Regeln. Sie bekräftigen ihre Codifizierungen mit bildungsbürgerlichen Reminiszenzen, mit Hilfe „wissenschaftlicher Erkenntnisse“, mit Rationalisierungen (Warenkunde, Lebensmittelchemie); der Verweis auf historischen Wandel ist eine weitere Strategie der Legitimation des vorgetragenen Unterrichtsstoffs. Alle diese Begründungen und Bezugnahmen führen vor Augen, wie Doxa in Orthodoxie verwandelt wird: „Nach Art des Rechts fixiert die klassifikatorische discretio einen bestimmten Stand des Kräfteverhältnisses, durch Explikation und Kodifizierung sucht sie ihn zu verewigen.“ (Bourdieu 1987, 749).

Bildungsbürgerliche Reminiszenzen

Auf die Praxis, Benimmregeln mit Hilfe von Zitaten von Dichtern, Schriftstellern und Philosophen sowie mit Sprichwörtern aus dem Spektrum bildungsbürgerlicher Kultur zu bekräftigen, ist in der Umgangsliteraturforschung mehrfach hingewiesen worden (Martens 1977, 224f.; Eigenwald 1978, 576; Göttsch 1996, 68). Auch in den untersuchten Seminaren verzichtete keine/r der Lehrenden auf Zitate von Schiller („Das erste Gesetz des guten Tons: Schone fremde Freiheit. Das zweite: Zeige selbst Freiheit“), „iranische Sprichwörter“ („Höflichkeit ist ein Kapital, das den reicher macht, der es ausgibt“), oder Weisheiten „aus dem Armenischen“: „Der wohlerzogene Wolf wird kein Lamm.“ Während hier Vertrautheit mit legitimer (Hoch-)Kultur demonstriert und kleinbürgerliche Bildungsbeflissenheit offenbar wird, belegt die Berufung auf exzentrische historisch-kulturelle Prominenz diese Position durch Distanzierung von jeglicher Beflissenheit, indem auf ironisierenden, großzügigen Umgang mit „Regeln“ Bezug genommen wird: „Wohlerzogen zu sein ist heutzutage von großem Nachteil. Es schließt einen von so vielem aus. Oscar Wilde“; „Lästige Konversation mit Tischdamen kann man umgehen, indem man unverheiratete Frauen fragt, wieviele Kinder sie haben, und verheiratete, warum sie keine haben. George Bernhard Shaw“. Oft leiten die Lehrenden ihre Veranstaltungen mit solchen Zitaten ein, und auch am Ende steht meist das Bonmot einer Größe aus Philosophie, Kunst oder Literatur. Diese Verortung innerhalb bildungsbürgerlichem Kulturgut findet sich auch als Rahmung mancher Seminarunterlagen: Vorne das Deckblatt oder der erste Absatz mit einem Sprichwort, hinten schließt eine Zitatesammlung das Thema ab.

Rationalisierungen

Eine weitere Gruppe von Begründungen einzelner Regeln kann man mit N. Elias als „Rationalisierungen“ bezeichnen. Diese gibt es besonders häufig zur

Legitimation einzelner Tischregeln. Frau Baumann beispielsweise rekurrierte bei ihrer Erklärung, daß Kaviar mit einem Löffel aus Horn gegessen werden sollte, auf Lebensmittelchemie:

Also beim Kaviar, bei manchen Dingen muß ich's wissen. Denn wenn ich an Kaviar mit 'nem Messer gehe, dann oxydiert das, und dann schmeckt der Kaviar auch nicht mehr richtig. Wenn ich den mit 'nem Silberlöffel in den Mund tue, schmeckt der nicht mehr. Das ist also schon wichtig, daß ich das weiß.

Die Begründungen für das Öffnen von Frühstückseiern haben dieselbe Basis, wie die folgende Erklärung von Frau Rau zeigt: „Das Frühstücksei darf man ausklopfen oder mit dem Messer köpfen. Früher oxydierte die Messerschneide, und deswegen sollte das nicht mit Metall in Berührung kommen." Und auch die Empfehlungen für das Zerkleinern von Kartoffeln werden, wie im folgenden Zitat aus dem Unterricht von Frau Bäcker, auf diese Art und Weise begründet: „Kartoffeln darf man mit dem Messer schneiden. Die Verbote kommen aus der Zeit, als das Besteck aus Silber war und deshalb angelaufen ist." Eine ähnliche Begründung ist der Verweis auf „Hygiene". Auch diese Erklärung findet sich vor allem rund um das Essen. So erklärt beispielsweise Frau Bäcker zur Behandlung der Serviette vor der Nutzung durch die Gäste: „Heute gibt es ja kunstvolle Falttechniken für Servietten. Aber sie sollten nicht zu aufwendig gefaltet werden, weil der Azubi dann zuviel Stoff berührt, und das ist unhygienisch." Auch die Regeln für die Nutzung der Serviette während des Essens wird mit „Hygiene" gerechtfertigt:

Wenn Sie mal aufstehen müssen während des Essens: Legen Sie Ihre Serviette nicht auf den Stuhl, aus hygienischen Gründen. Sie wissen ja nicht, wer da vor Ihnen gesessen ist, vielleicht war es sogar ein Hund. Legen Sie sie auf den Tisch.

Ebenso wie hier Frau Limbach warnte Frau Kardorff vor der „unhygienischen" Sitzfläche des Stuhls im Restaurant:

Die Serviette legt man links neben dem Teller locker gefaltet ab. Auf keinen Fall auf den Teller, von der Stuhllehne könnte sie runterfallen, und auf der Sitzfläche ist es unhygienisch, weil da schon weiß wer gesessen haben könnte.

Eine Variante solcher praktischen Überlegungen ist die Begründung von Empfehlungen mit Geschmacksphysiologie: „Zu einem Vier- oder Fünf-Gänge-Menü können Sie kein Bier trinken. Sie können nicht sagen: 'Ich will einen Johannisbeersaft trinken'. Das zerstört die Geschmacksnerven." Und ebenfalls Herr Schmitz begründete die tradierte Menüfolge auf diese Weise: „Auch in bürgerlichen Restaurants bringt man den Salat vor dem Wiener Schnitzel, auch aus gesundheitlichen Gründen." Solche Begründungsmodi sind auch Bestandteil der bürgerlichen Umgangsliteratur. Entscheidend ist, daß sie (geschmacks-)-ästhetische Ideale mit vermeintlich objektiven oder biologischen Erklärungen zu rechtfertigen suchen. Sie sind die Argumentationsgrundlage für die Begründung normativer Empfehlungen, deren Gültigkeit und Sinnhaftigkeit die Lehrenden damit zu beweisen suchen, daß sie auf angeblich unveränderliche Konstanten wie Lebensmittelchemie, Hygiene oder Geschmacksphysiologie verweisen. Elias hat solche Begründungen in seiner Analyse von Manierenbüchern aufgewiesen und als nachträgliche „Rationalisierung" von kulturellen (z.B. ästhetischen) und sozialen Idealen gedeutet. Bei dieser Überlegung verweist er, im Gegensatz zu seiner übrigen zum „Prozeß der Zivilisation" auf gesellschaftliche Auseinandersetzungen als relevanten Parameter: Die „'rationale Einsicht' ist nicht der Motor der 'Zivilisation' des Essens oder anderer Verhaltensweisen" (Elias 1969a, 155). Die Funktion einzelner Handlungsempfehlungen liegt, so Elias, vielmehr auf einem anderen Gebiet, nämlich dem Sozialen: „der gesellschaftliche Aufbau, (...) die Integrations- oder Beziehungsform der Menschen" (ebd., 156), wo „Verbote" als „soziale Distinktionsmittel" fungieren (ebd., 167).

Distinktion

Distinktion ist auch in expliziter Form Teil des zum Unterrichtsstoff gehörenden Begründungsrepertoires. Dazu zählen Verweise auf „Ästhetik", „Stil" oder „Kultur" allgemein. Frau Bäcker beispielsweise begründete eine Umgangsregel mit deren „Kultiviertheit":

Teilnehmerin: Muß man auch Postkarten beantworten? Es heißt ja immer, Briefe muß man beantworten, Postkarten nicht.

Frau Bäcker: Doch, das ist ein Zeichen von Kultiviertheit.

Frau Hohloch weist allgemein auf die kulturelle Legitimität ihrer Empfehlung hin: „Es wird gut angesehen, wenn jemand seinen Körper beherrscht. Eine Mischung aus sportlicher und eleganter Haltung ist das Beste." Frau Möchten arbeitet mit dem direkten Verweis auf Distinktion: „Beim Begrüßen steht man auf. Einfach sitzenbleiben und zu sagen 'Tag' - ganz proll!" Auch Frau Bäcker weist explizit darauf hin und formuliert, was Distinktion eigentlich bedeutet:

Frau Bäcker: Wenn Sie sich von den anderen abheben wollen, dann schicken Sie bei einer großen Einladung als Dank danach ein Kärtchen. Probieren Sie das mal aus. Wenn Sie diese Kultur beherrschen, das kommt unglaublich gut an!

Die Reihe der Beispiele zeigt, daß Erklärungen, die auf einem absoluten Gebrauch der Vokabeln „Ästhetik" oder „Kultur" beruhen oder mit denen auf Distinktionsgewinne („kommt unglaublich gut an", „Kultiviertheit") verwiesen wird, prinzipiell bei jedem Gegenstand möglich sind. Hier wird deutlich, daß die Lehrenden der untersuchten Seminare nicht lediglich zu denjenigen gehören, die selbst Regeln codifizieren, sondern daß sie diese auch mit einem Rekurs auf die Dynamik der Kapitalsorten zu legitimieren suchen.

„Wissenschaft"

Nicht wenige der Lehrenden kennen das Werk von N. Elias, einige wiesen mich bereits bei der Kontaktaufnahme darauf oder auf andere einschlägige wissenschaftliche Literatur hin. Immer wieder finden sich im Unterrichtsstoff allgemeinere sozialtheoretische und kulturhistorische Erläuterungen über Gesellschaft. So erklärt Frau Hohloch zum Umgang mit dem eigenen Körper: „Tabu für beide Geschlechter: Ausführlich an sich selbst rumfingern. Das ist nicht erlaubt, heute noch weniger als früher." Und Frau Kutsch zur Veränderung von Wahrnehmung:

> Beim Essen faltet man die Serviette zur Hälfte; die Lippen bitte vor jedem Trinken immer abtupften, nicht nur die Damen mit dem Lippenstift, auch die Herren. Es ist unästhetisch, weil das Glas sonst Fettflecken bekommt. Unser Sinn für Ästhetik wird immer feiner. Alle Geräusche bei Tisch sind verpönt, nicht mit dem Besteck klappern.

Solche Erläuterungen klingen wie Versatzstücke aus dem „Prozeß der Zivilisation". In der Umgangsliteraturforschung hat Wouters (1986, 516) schon vor längerer Zeit darauf hingewiesen, daß die Verfasser von Benimmbüchern „sichtlich auf das Werk von Norbert Elias zurückgreifen." Der Lehrstoff in den untersuchten Seminaren zeigt jedoch auch, wo dieser Rückgriff seine Grenzen hat: Historische Kulturanalysen werden eher als Fundus für kulturhistorische Anekdoten und Rationalisierungen denn als kulturtheoretische Informationsquelle genutzt. So erklärte auch eine der Lehrenden, die ein Benimmbuch mit einer Literaturliste veröffentlichte, die die beiden Bände „Über den Prozeß der Zivilisation" enthält, in ihrem Seminar ganz entgegen dem Inhalt der Theorie Elias': „Die Gabel wurde aus hygienischen Gründen erfunden."

Eine weitere Strategie der Begründung von Empfehlungen ist der Verweis auf „wissenschaftliche Untersuchungen" von seiten der Lehrenden. So erklärt beispielsweise Frau Bäcker die Bedeutung von Umgangsformen mit Prozentangaben:

> Die Studie eines Unternehmens in den USA untersuchte Beförderungen: Woran liegt es, ob ein Mitarbeiter befördert wird oder nicht? Zu zehn Prozent an der Qualität der Arbeit, zu 30 Prozent am Image, und zu 60 Prozent daran, wie man auf sich aufmerksam machen kann. Der Psychologe Watzlawick hat auch gesagt: 'Es wird einer zum Generaldirektor ernannt, weil er danach aussieht.' Das Aussehen, auch wenn es einem privat wurscht ist, unterschätzen Sie das nicht, vor allem dann nicht, wenn Sie ehrgeizig sind!

Viele solcher Zahlenspiele betreffen den „ersten Eindruck“, der kurz, dem Unterichtsstoff zufolge aber entscheidend ist. Herr Schmitz beispielsweise postuliert: „70 Prozent des ersten Eindrucks beruhen auf der Körpersprache, 30 Prozent auf den Umgangsformen.“ Frau Hohloch lehrt ähnliches:

> Das Gehirn wählt aus allen Informationen, die auf es einströmen (...) sieben Informationen pro Sekunde aus. Man sagt, sieben Sekunden würde es dauern, bis der erste Eindruck entsteht. Das haben Psychologen festgestellt.

Auch Frau Rau lehrt die Bedeutung dieser kurzen Zeitspanne:

> In den ersten zwei bis vier Minuten haben wir die stärkste Aufmerksamkeit unseres Gesprächspartners. Bevor wir sprechen, drücken wir 90 Prozent bereits nonverbal aus.

Es fällt auf, daß diese Begründungen ähnlich strukturiert sind wie die gelehrten Regeln: Während die Umgangsregeln eine einfache, genaue Handlungsanweisung geben, liefern die „wissenschaftlichen“ Erklärungen einzelner Regeln oder für Umgangsformen überhaupt Begründungen, die auf einem einfachen Ursache-Wirkungs-Schema beruhen. Dabei ist es hier weniger relevant, daß diese Behauptungen einer seriösen sozialwissenschaftlichen oder kulturanalytischen Herangehensweise nicht entsprechen. Entscheidend ist, (neben dem Distinktionswert und der Objektivität, die mit dem Verweis auf „Wissenschaft“ reklamiert werden), daß diese vermeintlichen Beweise eine gemeinsame Implikation haben: Kognitive oder rationale Kommunikation, sei es verbal oder in anderer, interaktiver Form, ist nicht Teil des Unterrichtsstoffs. Der explizite oder implizite Rekurs auf „Wissenschaft“ im Unterrichtsstoff dient stets als Beleg dafür, daß Handeln sich im wesentlichen jenseits kognitiver oder rationaler Kontrolle abspielt.[26]

(A-)Historischer Wandel

In allen untersuchten Seminaren ist auch der historische Wandel von Umgangsregeln Teil des Unterrichtsstoffs. Allerdings tragen die Lehrenden hierbei keine eindeutige Perspektive vor: Verweise auf „früher“ (angeblich) gepflegte Sitten oder auf vergangene Jahrhunderte setzen sie sowohl zur Erklärung von Veränderung als auch zur Begründung aktuell „gültiger“ Umgangsregeln ein.

Ein in allen Seminaren besprochenes Beispiel für eine historische Veränderung war das Leeren des Tellers. So erklärt Frau Baumann:

> Heute läßt man keine Anstandsreste mehr übrig. Das Personal wurde früher von dem ernährt, was die Gäste übrigließen. Also von dem in den Schüsseln, von den Tellern haben die auch nichts gegessen.

Auch beim Geschlechterverhältnis wird oft auf veränderte Umgangsregeln verwiesen. Frau Limbach erläutert zum „Vorstellen“:

Heute kann sich jeder selbst vorstellen, auch Frauen. Wir armen Geschäftsfrauen könnten früher gar keine Geschäfte machen. Früher mußten Frauen warten, bis ein Herr sich einem erbarmt.

Und Frau Bäcker empfiehlt zur Benennung des Geschlechterverhältnisses:

Ich möchte noch was zur unverheirateten Partnerschaft nachschieben. Es ist günstig, heute darüber Bescheid zu wissen. 'Lebensgefährte' ist altmodisch, 'Freund' kann man sagen, 'Bekannter' paßt nicht. Unverheiratete Paare stellt man nur mit dem Namen, ohne die Beziehungsverbindung vor. Jeder darf das heute selbst entscheiden, wie er das nennt und ob er sich damit vorstellen möchte. Der Familienstand ist Privatsache geworden. Fräulein ist abgeschafft. Es gibt nur noch 'Herr' und 'Frau'. Wir sollten uns da auch nicht mehr rückwärtsbewegen.

Hier wird deutlich, daß die Lehrenden Wandel nicht lediglich benennen, sondern ihn auch befürworten.[27] Dies ist insbesondere beim Geschlechterverhältnis der Fall. Wenn Regeln als verändert vorgetragen werden, illustrieren die Lehrenden dies oft mit eigenen Erfahrungen, wie hier Frau Kutsch:

Als ich beim Ministerium zum ersten Mal eine Tasche mit Schulterriemen trug, hat man mich gefragt, ob ich zum Wandern gehen wolle. Bis dahin waren nur Handtaschen mit kurzen Griffen, erlaubt, wie Königin Elisabeth sie hat, erlaubt, oder ganz ohne Griffe.

In Einzelfällen plädieren die Lehrenden auch explizit für weitere Veränderungen. Hier wird besonders deutlich, daß es sich bei diesen Seminaren nicht lediglich um Agenturen handelt, die anderswo codifizierte Umgangsregeln umschlagen oder mit „wissenschaftlichen" Begründungen deren Anwendung nahelegen, sondern daß es Orte der Produktion von Regeln und von einem bestimmten Ideal von Gesellschaft sind:

'Gesundheit' sagt man nicht mehr beim Niesen. Das können Sie vergessen. Genaugenommen müßten Sie sich ja dafür entschuldigen, daß Sie Bazillen in die Welt schleudern. Das 'Gesundheit' kommt aus dem Mittelalter, zur Zeit der Pest. Es hat eigentlich 'gute Gesundheit' bedeutet, man wollte dem anderen damit sagen 'es möge nicht die Pest sein'.

Hier zieht Frau Bäcker den von ihr behaupteten Ursprung („kommt aus dem Mittelalter") einer Gepflogenheit als Argument für eine Veränderung heran.

Die Lehrenden behaupten also, je nach ihrer Einschätzung eines Details, entweder, daß sich kulturelle Praxen gewandelt haben, weil sich die Gesellschaft ändert, oder sie erläutern sozusagen umgekehrt, daß sich kulturelle Praxis an soziale Veränderungen anzupassen habe. Indem sie ihre eigene Biographie historisieren, auf den von ihnen wahrgenommenen kulturellen Wandel verweisen oder ihn einfordern, relativieren die Lehrenden einerseits implizit die von ihnen gegebenen Empfehlungen. Andererseits ist der so präsentierte Überblick Teil ihres Expertentums.

Diese Reflexion einzelner Umgangsregeln als historisch bedingt[28] läßt jedoch nicht den Schluß zu, daß die Lehrenden den gesamten Unterrichtsstoff als historisch sich wandelnd präsentieren. Neben Relativierungen von Umgangsregeln und Normen als zeitspezifisch und sich historisch mit der Gesellschaft verändernd, stehen in allen untersuchten Veranstaltungen ahistorische Argumentationen. Diese gibt es in verschiedenen Varianten. Eher selten ist die Konstatierung dessen, daß sich Normen und Formen unverändert erhalten, wie dies beispielsweise Herr Schmitz über den Handkuß behauptet: „Der Handkuß ist noch nicht ausgestorben und der wird auch nicht aussterben. Er gebührte früher nur älteren Damen." Allen Lehrenden gemeinsam ist dagegen die Begründung einzelner Umgangsregeln mit dem Verweis auf vergangene soziale Strukturen, und ebenso wie bei den Begründungen für historischen Wandel praktizieren sie auch dies vor allem bei ihren Empfehlungen zum Geschlechterverhältnis. So erklärte und argumentierte Frau Bäcker: „Welches ist die Ehrenseite? Allgemein die rechte Seite. Das kommt daher, weil links der Degen war, und der störte den Reifrock." Frauen werden bei dieser vermeintlich historischen Begründung von Umgangsregeln entsprechend der tradierten Stereotype über die „Geschlechtscharaktere" (K. Hausen) als schwach und zu beschützend gedacht:

Der Herr geht zuerst ins Restaurant. Das hat immer einen Sinnzusammenhang: Früher wurde im Restaurant noch mit Tischen und Stühlen geschmissen, und deshalb mußte der Herr erst schauen, ob alles friedlich ist.

Die hier von Frau Rau verkündete Begründung ist in variierter Form Teil der meisten Seminare. Und ebenso wie beim Geschlechterverhältnis basieren viele der vermeintlich historischen Begründungen auf einem Bild vergangener Gesellschaftsformen als durch eine anders als „heute" ständige Drohung physischer Gewalt bestimmt. Frau Bäcker begründete eine Empfehlung zur Körpersprache folgendermaßen:

Wenn Sie jemandem entgegenkommen wollen in einem Gespräch oder wenn Sie ihn für etwas gewinnen wollen oder wenn Sie Verständnis brauchen, dann zeigen sie beide Hände mit den Handflächen nach oben. Das geht auf die Germanen zurück: Wenn von den alten Germanen einer die offene Handfläche zeigte, hieß das 'ich bin ohne Waffe'.

Ebenso wie hier Frau Bäcker gehen viele Lehrenden davon aus, daß „früher" oder bei den „Germanen" im Gegensatz zu „heute" physische Gewalt alltäglich gewesen sei. Das Geschichtsbild erscheint somit als populäre Version der Eliasschen Thesen: Es basiert auf der Annahme, daß eine Pazifizierung stattgefunden hat. Diese Form der Begründung einzelner Empfehlungen ist gekennzeichnet durch die ahistorische Verwendung von Geschichte. Der Verweis auf Vergangenes dient nicht, wie in den oben zitierten Erklärungen, zur relativierenden Einordnung aktueller Standards oder Empfehlungen. Historie ist hier nicht der Beleg für die Geschichtlichkeit von Kultur, sondern der Nachweis von Ursprüngen, von „Sinnzusammenhängen", die nicht mehr existieren, kulturelle Praxen aber, so die Lehrenden, nach wie vor determinieren. Und ebenso, wie sie Wandel in einigen Fällen gutheißen („Wir sollten uns da auch nicht mehr rückwärts bewegen."), argumentieren sie an anderer Stelle konservativ und strukturdeterministisch:

Breitbeinig sitzende Studentinnen: Es wirkt einfach ordinär. Weil diese Decodierung von hunderten von Jahren einfach sagt: leichtlebig. Wenn Frauen da was ändern wollen, dann in vielen Generationen, aber nicht alleine und nicht, wenn sie Karriere machen wollen.

Frau Möchten legt Frauen die im Genre tradierte Körperhaltung nahe, wobei sie dadurch, daß sie „Studentinnen" als Beispiel für Frauen heranzieht, die sich auf vermeintlich ungehörige Weise mehr Raum nehmen, in der Tradition antifeministischer Stereotype argumentiert. Hier wird zudem deutlich, daß das Wissen um die historische Gewordenheit von Verhaltensstandards keineswegs einhergeht mit einem Plädoyer für Veränderung, beispielsweise um Ungleichheit zu minimieren, sondern das Wissen um die „longue durée" von sozialem und kulturellem Wandel („hunderte von Jahren") wird als Argument dafür benutzt, überlieferte Teilungen (hier: im Dienste der „Karriere") weiter zu praktizieren.

Döcker (1994, 57) hat solche Begründungsmodi bei ihrer Untersuchung von Umgangsratgebern aus dem späten 19. Jahrhundert vorgefunden: „Der *Sinn* der geltenden Regeln wird in den (...) Manierenbüchern kaum mehr nachgefragt. Die einzige Information, die die Autoren (und Autorinnen) in ihren Vorworten darüber geben, ist, daß bestimmte Manieren in vergangenen Zeiten einmal Sinn hatten" (Hervorhebung i. Orig.). Insofern ist die in der Umgangsliteraturforschung vor allem von Figurationssoziologen formulierte Diagnose eines ab Mitte des 20. Jahrhunderts zu verzeichnenden „Anstiegs des Bewußtseins der Veränderlichkeit von Umgangsformen" (Wouters 1986, 518) zu relativieren. Ob die empfohlenen Regeln als historisch relativ oder als „ursprünglich" und deshalb sinnvoll vorgetragen werden, hängt nicht von irgendeiner Form von Wissen oder „Bewußtsein" der Lehrenden ab, sondern es korreliert mit ihrer Haltung zu einzelnen Gepflogenheiten, mit ihrem Interesse daran, die je in Frage stehende kulturelle Praxis zu verändern oder zu legitimieren. Dies führt dazu, daß im Unterrichtsstoff Hinweise auf den Wandel und die prinzipielle Veränderlichkeit von Normen und Formen neben der ahistorischen Rechtfertigung präferierter Umgangsregeln mit Hilfe behaupteter „früherer" „Sinnzusammenhänge" stehen. Geschichtlichkeit benutzen die Lehrenden nicht als Maßstab, sondern, entsprechend der persönlichen Einschätzung eines bestimmten Details, als Mittel zur Legitimation des von ihnen vorgetragenen Stoffs. Der Unterrichtsstoff ist deshalb charakterisiert durch ein Nebeneinander von historisch informierten Relativierungen aktueller Standards und ahistorischer Behauptung von Kontinuitäten.

Kulturpessimismus versus „Renaissance der guten Manieren"

Neben dem Einhergehen von historischer Relativierung mit ahistorischer Rechtfertigung der gelehrten Umgangsregeln ist der Unterrichtsstoff durch einen weiteren Widerspruch charakterisiert: Kulturpessimistische Menschenbilder und Zeitdiagnosen stehen neben der Behauptung einer „Renaissance der guten Manieren".

Der Kulturpessimismus setzt sich aus zwei Komponenten zusammen: Erstens erscheint der Mensch im Unterrichtsstoff als „von Natur aus" aggressiv und als kaum gezähmtes Tier, zweitens wird die Gegenwart als durch einen Verfall von „Rücksicht" und „Höflichkeit" charakterisiert geschildert.

Die Annahme einer grundsätzlich vorhandenen Aggressivität zeigt sich implizit bei der Begründung zahlreicher Interaktionen als Anti-Aggressions-Strategie: „Grüßen ist ein Beschwichtigungsritual." So wie hier Frau Kutsch informieren viele der Lehrenden über den Sinn einzelner Regeln. Dabei wird, wie in diesem Beispiel, gar nicht immer ausgesprochen, wer oder was „beschwichtigt" werden muß. Es entsteht zunächst das vage, aber grundsätzliche Bild vom Menschen als prinzipiell gefährlich und gefährdet gleichermaßen. Dies wird ergänzt durch explizite Benennungen der (angeblich) drohenden Gefahr. So unterrichtet Frau Rau ihre Kundschaft folgendermaßen über die Aufgabe von Umgangsformen:

> Wenn wir uns das Leben ohne Umgangsformen vorstellen: Es würde immer nur das Recht des Stärkeren gelten. Deswegen brauchen wir Umgangsformen, um unsere Aggressionen zu hemmen.

Und auch Frau Bäcker spricht mit Hilfe eines Beispiels kulturpessimistischen Klartext:

> Die Distanzzonen sollten Sie unbedingt einhalten. Im Fahrstuhl werden die ja übertreten, weil es so eng ist. Was macht man dann?
>
> Teilnehmer: Man schaut auf den Boden.

Frau Bäcker: Richtig. Runter oder hoch, oder an der Seite an den Leuten vorbei. Weil: Die Intimdistanz, wenn die verletzt wird, dann verhalten wir uns wie ein Raubtier.

Charakteristisch für dieses Menschen- und Gesellschaftsbild ist die Tatsache, daß Konflikte hier (wie überhaupt in den untersuchten Seminaren) nicht als Ergebnis gegensätzlicher Interessen der an einer Interaktion Beteiligten dargestellt werden,[29] sondern als aus einer sozusagen anthropologisch konstanten potentiellen Asozialität erwachsend. Diese Perspektive drückt sich indirekt auch darin aus, daß Vorschläge oder Szenarien zur verbalen, rationalen, kognitiven Aushandlung von Interessen und Konflikten nicht Teil des Unterrichtsstoffs sind. Dafür bieten die befragten Lehrenden keine Empfehlungen an. Konflikte werden entweder, mit Hilfe der empfohlenen Umgangsregeln, vermieden, oder sie werden als gewaltförmige Auseinandersetzungen („Aggression", „Recht des Stärkeren", „Raubtier") imaginiert.

Dieses Menschenbild ist flankiert durch eine kulturpessimistische Zeitdiagnose „unserer Gesellschaft". Das reicht von der einfachen Feststellung (Frau Bäcker: „Die Aggressivität nimmt ständig zu."; Herr Schmitz: „Wir haben das vergessen: Es wird nicht mehr 'Bitte' und 'Danke' gesagt. Im Geschäftsleben und privat ist der Ton leider rauher geworden.") bis hin zur Kritik an den behaupteten Ursachen:

Wann hat das angefangen, daß das mit der Höflichkeit so den Bach runter ging? Was meinen Sie?

Teilnehmerin: Geld verdirbt den Charakter. Es geht uns zu gut.

Teilnehmer: Man lernt es nicht mehr in der Jugend, früher hatte die Schule noch erzieherischen Wert.

anderer Teilnehmer: Ältere Leute waren früher Respektspersonen.

Frau Bäcker: Meinen Sie nicht auch, daß das an der antiautoritären Erziehung liegt? Und die Eltern können auch keine guten Umgangsformen mehr vorleben.

Bei dieser und anderen Begründungen zeigt sich indirekt nochmals ein anderer zentraler Teil des Unterrichtsstoffs, nämlich die Konstituierung asymmetrischer Differenz als grundlegendes Vergesellschaftungsprinzip: Es werden nicht nur, wie oben bereits beschrieben, alle Handlungsorientierungen auf dieser Grundlage entworfen. Sondern Versuche, Hierarchien abzubauen, Egalität sowohl zu praktizieren als auch zur Grundlage für Praxis zu machen, werden (wie hier „antiautoritäre Erziehung") kritisiert und dadurch desavouiert, daß man sie für den diagnostizierten Verfall verantwortlich macht.[30]

Diese Verfallsthese widerspricht eigentlich dem sonst in den Seminaren präsentierten Geschichtsbild, bei dem insbesondere die ferne Vergangenheit

(„Mittelalter") als durch alltägliche Gewalt gekennzeichnet und historische Entwicklung als Pazifizierung beschrieben wird. Die kulturpessimistische Einschätzung der jüngeren Entwicklung hat aber wahrscheinlich weniger mit tatsächlichem oder vermeintlichem Wissen über Kulturgeschichte und Gesellschaftsentwicklung zu tun. Auch erscheint es fraglich, ob dies tatsächlich, wie in der Umgangsliteraturforschung von Matter vorgebracht, ausschließlich ein Effekt von Restaurations- oder Konservierungsbemühungen einzelner AutorInnen oder Lehrender ist.[31] Es ist vielmehr wahrscheinlich, daß sich das Bild vom Menschen als „Raubtier", die Imagination von unausgesprochenen Spannungen, die bei jeder Interaktion höflich „beschwichtigt" werden müssen, eine Projektion darstellt, die sich aus einer ganz anderen Quelle speist: Die Lehrenden beteiligen sich mit ihrem Unterrichtsstoff explizit an der Produktion und Reproduktion von Ungleicheit. Der gesamte Unterrichtsstoff, jede Handlungsanleitung basiert auf asymmetrischer Differenz und stellt diese gleichzeitig her, zudem wird dies durch eine Fülle von Begründungen legitimiert und gestützt. In Anlehnung an Erdheim, der Imaginationen von Aggression und damit legitimierte Praxen von Gewalt und Herrschaft am Beispiel des Hexenglaubens im 15. bis 17. Jahrhundert untersucht hat,[32] ist hier auf einen ähnlichen Zusammenhang hinzuweisen: Die Lehrenden beteiligen sich mit ihrem Unterrichtsstoff auf unterschiedliche Art und Weise an der Produktion von Ungleichheit, und sie liefern dafür mit ihren („historischen", biologistischen, etc.) Begründungen eine Legitimation jenseits gesellschaftlicher Verhältnisse. Dem entspricht die Tatsache, daß diejenigen, die soziale Schließung praktizieren, begründen und verkünden, davon ausgehen, daß eine solcherart (ungleich und ungerecht) strukturierte Gesellschaft keine friedvoll integrierte ist, sondern ein System voller Widersprüche, die in ihrer Imagination des Sozialen allerdings nicht explizit, sondern verdreht, als potentielle, aller Sozialität zugrundeliegende „Aggression" erscheinen.

Kehrseite der kulturpessimistischen Perspektive ist die Diagnose einer „Renaissance der guten Manieren". So konstatiert beispielsweise Frau Bäcker: „Höflichkeit wird wieder gerne gesehen." Hiermit weisen Lehrende auf eine ihrer Ansicht nach beginnende positive Entwicklung hin. Dabei fällt auf, daß diese Veränderung als Rückkehr beschrieben wird („wieder gerne gesehen"). Insofern unterscheidet sich die von den Lehrenden konstatierte positiv bewertete Veränderung kultureller Praxen nur wenig von ihrer kulturpessimistischen Zeitdiagnose. Ob ein Verfall diagnostiziert wird oder Verbesserung als Rückkehr beschrieben wird, macht letzten Endes keinen Unterschied: Der ideale und mit Hilfe des Unterrichtsstoffs angestrebte Zustand ist ein „wieder" angestrebter, er liegt in der Vergangenheit.

Es sei an dieser Stelle nochmals daran erinnert, daß sich in den Seminaren auch Versatzstücke aus der Zivilisationstheorie N. Elias' finden, also eine Perspektive, die von einer zunehmenden Befriedung der Gesellschaft ausgeht und die Gegenwart positiv von einem „Mittelalter" abgrenzt, in dem physische Gewalt alltäglicher gewesen sei. Daß Vergangenheit sowohl als negatives Gegenbild („Mittelalter") als auch als Vorbild („vor der antiautoritären Erziehung") herangezogen wird, ist einer der zahlreichen Widersprüche, die den gesamten Unterrichtsstoff charakterisieren. Aus diesem Grund erscheint es irrelevant, ob die von den Lehrenden angeführten Begründungen für einzelne Regeln seriöse wissenschaftliche Befunde über Kulturgeschichte, die Biologie des Menschen oder soziale Phänomene sind. Alle Erklärungen, Begründungen und Forderungen, die in den Seminaren unter dem Titel „Umgangsformen" gegeben werden, eint eines: Sie werden so und dann benutzt, wenn es den einzelnen Lehrenden aufgrund ihrer persönlichen Einschätzung einer Interaktion, der Geschichte, der gesellschaftlichen Verhältnisse passend erscheint. Dabei schätzen sich die Lehrenden subjektiv als aufklärerisch, fortschrittlich und sozial engagiert ein. Darauf hat in der Umgangsliteraturforschung Eigenwald (1978, 571) hingewiesen: „Die Verfasser von Erfolgs- und Managementbüchern halten sich für progressiv (nur ausnahmsweise findet man einmal ein Bekenntnis zu autoritär-hierarchischer Gesinnung)." Frau Möchten beispielsweise postulierte engagiert: „Die Entsolidarisierung der Gesellschaft hat mit meinem Thema definitiv was zu tun." Als ich eine ihrer KollegInnen, Frau Kardorff, im Interview fragte, was sie festlegen würde, wenn sie eine „Regel" erfinden dürfte, antwortete sie: „Daß Männer ihre Frauen nicht mehr schlagen dürfen!" Hier wird wiederum deutlich, inwiefern die Lehrenden der Seminare alles als eine Stilfrage betrachten (vgl. Kap. 4.3), egal, ob es sich um das Essen oder Gewalt handelt, um das Geschlechterverhältnis oder den „Small talk". Das von den Lehrenden in Form der „Regeln" formulierte Ideal von Ungleichheit (qua Geschlecht, qua Hierarchie) steht unverbunden neben solchen Postulaten. Sie argumentieren nicht kultur- oder gar gesellschaftskritisch, sondern ästhetisierend, und hierin liegt die Grenze ihrer Bemühungen, „eine gute Basis für den Umgang miteinander" (Frau Bäcker) zu liefern oder „Mißachtung des anderen zu vermeiden" (Frau Rau).

2.3 Die Form der Seminare: ein ökonomisch und ästhetisch strukturiertes Feld

Während, wie oben erörtert, der in den Seminaren angebotene Unterrichtsstoff inhaltlich uniform ist, weisen die untersuchten Veranstaltungen große formale Unterschiede auf. Diese zeigen sich am deutlichsten an den Preisen und damit verbundenen Aspekten wie der Lage und Ausstattung des Seminarraums. Aber auch der jeweilige zeitliche Rahmen, die unter anderem durch die Sitzordnung vorgenommene Positionierung der Veranstaltung und die Körperhaltung der TeilnehmerInnen geben Auskunft über die Art und Weise, in der formal Unterschiede gemacht werden. Die in und mit der formalen Seite der Seminare produzierte Differenz ist ein Abbild und eine Inszenierung des ökonomischen, sozialen und kulturellen Raums, den die jeweiligen TeilnehmerInnen alltäglich erfahren.

Preise

Das Seminarangebot zu Umgangsregeln gliedert sich preislich in drei Gruppen: Der höchste Preis bei den kommerziellen Angeboten betrug 1997 für ein eintägiges Seminar 1600 Mark inklusive eines mehrgängigen Übungsessens; die anderen Veranstaltungen lagen mit 500 bis 1000 Mark für einen Tag oder 1600 bis 1800 Mark für zwei Tage (ohne Übernachtung) deutlich darunter. Ebenfalls auf dem freien Weiterbildungsmarkt, aber auch in den Bildungsprogrammen der Industrie- und Handelskammern oder Handwerkskammern, gibt es Angebote der mittleren Preisklasse, das sind zweitägige Veranstaltungen für etwa 500 Mark (ohne Übernachtung) sowie Ein-Tages-Seminare für 200 bis 300 Mark. An Volkshochschulen liegen die Preise zwischen 50 und 120 Mark für ein Tagesseminar; ist ein Übungsessen dabei, steigt der Preis auf etwa 130 bis 200 Mark. Für zwei- oder mehrtägige Veranstaltungen an Volkshochschulen sind etwa 180 Mark zu bezahlen.

Orte und Räume

Die Seminare mit den höchsten Preisen auf dem kommerziellen Bildungsmarkt finden in großen Hotels statt: „Steigenberger“ oder „Adlon“ in Berlin, „Kempinski“ bei Frankfurt, „Brenner’s Parkhotel“ in Baden-Baden oder „Sonnenhof“ in Königstein im Taunus. Diese Häuser zeichnen sich nicht nur durch eine besonders aufwendige Ausstattung aus. Sie sind auch überregional bekannt.

Einige davon sind nicht nur alte historische Gebäude, sondern auch Orte, an denen politisch Geschichte gemacht wurde. Mit Hilfe dieses symbolischen Kapitals bekräftigen implizit vor allem die DozentInnen, die (real oder imaginär) aus der „Oberschicht" stammen, ihren Anspruch, „gültige" Umgangsregeln für „Führungskräfte" weiterzugeben. So, wie sie sich selbst bezüglich ihres Unterrichtsstoffs nicht als Erworben-Habende sondern als ErbInnen präsentieren, wählen sie für das Unterrichten Räume, die lange Zeit in diesem Modus weitergegeben wurden und für die Ausübung von Macht stehen. Sie stützen ihren Anspruch auf den Besitz und die Weitergabe legitimer informeller Kultur mit dem symbolischen Kapital dieser Orte und Räume. Bei den hier stattfindenden Seminaren hielten sich die TeilnehmerInnen von der Ankunft bis zur Abreise an einem Ort auf, der viel ökonomisches Kapital indiziert: Meist reisten sie mit dem Flugzeug an und fuhren mit dem von den Hotels angebotenen privaten Pendelverkehr oder mit dem Taxi zum Hotel. Dort bezogen sie für eine oder für zwei Nächte ein Zimmer. Zum Seminar traf man sich in den eigens ausgeschilderten Tagungsräumen. Für die Pausen konnten meist weitere Räumlichkeiten wie die Bar oder das Café im Haus benutzt werden. Ebenso blieb man für die Mahlzeiten, die Teil des Seminars sind, einerseits im Haus; andererseits fanden diese (Übungs-)Essen in der Regel nicht im Hotelrestaurant statt, sondern in einem abgeschlossenen und damit ebenso exklusiven wie geschützten Raum statt.

Die billigeren Seminare am unteren Ende der Preisskala auf dem kommerziellen Bildungsmarkt werden ebenfalls in Hotels abgehalten. Allerdings fehlt hier der Rekurs auf symbolisches Kapital: Meist handelt es sich um Neubauten großer Hotelketten („Dorint", „Mercure") die eine gute Verkehrsanbindung haben, oder um das erste Haus am Platz in einer Kleinstadt des ländlichen Raums. Mit dieser Wahl halten die Lehrenden einerseits Distanz zu den Volkshochschulen, die untrennbar mit dem im Gefüge der Kapitalsorten wertlosen Modus des schulischen Erwerbs verknüpft sind. Andererseits wird mit dem Veranstaltungsort (Tagungs-)Hotel bereits eine gewisse Menge an ökonomischem Kapital behauptet. An diesen Orten reisten die TeilnehmerInnen überwiegend mit dem eigenen PKW an. Auch hier verließ man in der Regel das Gebäude während des Seminars nicht; allerdings war die Menge der genutzten Räume wesentlich kleiner: Für die Pausen stand kein weiterer Raum zur Verfügung, und wenn Mahlzeiten Teil der Veranstaltung waren, dann wurden diese im Restaurant serviert, das auch andere Gäste besuchen.

Am unteren Ende der Topographie der Benimmseminare befinden sich die Volkshochschulen. Hier sind die Seminare am billigsten, und hier wird weder auf symbolisches noch auf ökonomisches Kapital rekurriert. In Großstädten ist die Volkshochschule mitunter als modernes Bildungszentrum gestaltet, aber auch hier wird das eigentliche Geschehen, nämlich die Thematisierung von kulturellem Kapital im Modus der Schule, nicht mehr verdeckt. Während diese Veranstaltungen in architektonisch auffälligen großstädtischen Gebäuden noch dadurch legitimiert werden, daß man sie durch diese Plazierung als „Weiterbildung“ in Diskurse über „lebenslanges Lernen“ und „Wissensgesellschaft“ oder „Informationsgesellschaft“ einfügt, ist dies den Lehrenden an Volkshochschulen im ländlichen Raum nicht möglich. Hier verweisen bereits die Gebäude, zumal wenn es alte, umgebaute Schulen sind, direkt auf den Modus des schulischen Erwerbs. In einem Fall hatte die Volkshochschule keine eigenen Räume, so daß das Seminar im Klassenzimmer einer echten Schule stattfand und die TeilnehmerInnen auf Schulstühlen sitzend den Ausführungen der Dozentin am Lehrerpult vor der Tafel folgten. Die TeilnehmerInnen dieser Seminare reisten häufig mit öffentlichen Verkehrsmitteln an. Wenn ein Übungsessen Teil der Veranstaltung war, dann wurde dafür ein nahegelegenes, als „gut“ eingestuftes Restaurant besucht. Der Restaurantbesuch ist damit nicht, wie in den Seminaren am oberen Ende der Preisskala, eine selbstverständliche oder alltägliche Praxis, bei der man sich sozusagen nach nebenan (in das Hotelrestaurant) begibt, was einerseits ein vertrautes Sich-bewegen in diesem Rahmen und andererseits das mächtige Verfügen über viel Raum indiziert, sondern der Gang in das Restaurant hatte hier eher den Charakter eines Ausflugs oder einer Expedition in eine fremde Welt, in der potentiell Gefahren und Fußangeln lauern, über die letztlich nur der oder die Lehrende Bescheid weiß. Zudem fanden diese Mahlzeiten nicht in einem Nebenraum des Restaurants statt. Dies sorgte bei den TeilnehmerInnen solcher Veranstaltungen immer wieder für Unbehagen, so beispielsweise, als sich ein Teilnehmer vor dem Restaurant gespannt erkundigte: „Wissen die hier, daß wir von der Volkshochschule kommen?“

„Service“ versus Anwesenheitskontrolle

Ebenso wie der räumliche Rahmen verdeutlicht der Platz, der den TeilnehmerInnen interaktiv zugewiesen wird, die Stelle im sozialen Raum, an der sie sich befinden.

Bei den hochpreisigen Angeboten lautete nicht nur während der Mahlzeiten im Restaurant das Schlagwort „Service“: Ankommenden TeilnehmerInnen nahm eine Garderobiere den Mantel ab, und vor der Pause wurden im dafür vorgesehenen Raum Erfrischungen bereitgestellt. Im preislichen Mittelfeld des Angebots fehlte die Bedienung bei der Ankunft. Die Pausensnacks wurden zwar noch bereitgestellt, allerdings beinhaltete dies bereits eine kleine Störung, weil dafür kein weiterer Raum zur Verfügung stand. An den Volkshochschulen schließlich entfiel jede Form von „Service“: Die TeilnehmerInnen wurden hier nicht bedient, sondern mußten sich in den größeren Einrichtungen an Automaten und in der Cafeteria selbst bedienen, oder sie versorgten sich in den kleineren ländlichen Häusern in der Pause mit mitgebrachtem Essen und Getränken. Zudem ersetzte hier Anwesenheitskontrolle die Bedienung: Weil die Volkshochschulen Teilnehmerzahlen für die Statistik brauchen, hakten die Lehrenden am Beginn der Sitzungen eine TeilnehmerInnenliste ab. Bei mehrtägigen Seminaren geschah dies jeden Tag von neuem, so daß weniger der Eindruck entsteht, daß die SeminarteilnehmerInnen Experten sind, die sich austauschen oder Kundschaft, die bedient wird, sondern sie erhalten den Status von SchülerInnen, deren Lernen zu überwachen ist.

Sitz- und Kleiderordnungen

Während direkt mit dem Preis verbundene Parameter wie Ort und Raum des Seminars und die Versorgung während der Veranstaltung ein vorgegebener Rahmen sind, ergeben sich Sitz- und Kleiderordnungen aus dem Handeln der TeilnehmerInnen.

Hexis und Kleidersprache in den Seminaren am oberen Ende der Preisskala kann man als Konferenzmodus charakterisieren: Die Männer trugen Anzug (oft auch mit Weste) und Krawatte, die Frauen Hosenanzug oder Kostüm. Man saß auf gepolsterten Stühlen mit Armlehnen, jede/r hatte ein vorgedrucktes Namensschild vor sich stehen. Die Seminarunterlagen sind gewichtige Ordner. Es wurde wenig mitgeschrieben (so daß die TeilnehmerInnen weniger als Lernende, Aufnehmende erscheinen, sondern eher als in distanzierter Reflexion befindlich), und wenn, dann mit dem vom Tagungshotel bereitgelegten Schreibzeug. Alle saßen aufrecht und gespannt, auch am späten Vormittag oder nachmittags nahm sehr selten eine/r der TeilnehmerInnen eine entlastende, bequeme Haltung ein, bei der der Kopf auf die Hand gestützt wird oder bei der man auf dem Stuhl nach vorne rutscht, um sich mit den Schultern an der Stuhllehne anzulehnen.

Auch in den billigeren Seminaren auf dem kommerziellen Bildungsmarkt dominierte Angestellten-Berufskleidung. Allerdings waren es hier schon weniger Anzüge und Kostüme, sondern Kombinationen, und es gab auch immer wieder Ausnahmen: beispielsweise eine Frau in Jeans und Pullover (die dann aber auch erklärte, ein Seminar sei für sie „Freizeit“, sie müsse bei der Arbeit Kostüm oder

Hosenanzug tragen und sei froh, wenn sie dies am Wochenende ablegen könne) oder eine Frau im schulterfreien Cocktailkleid. Die Seminarunterlagen sind hier meist gebundene Kopien; außerdem schrieben die TeilnehmerInnen der untersuchten Seminare aus dieser Kategorie kontinuierlich selbst mit, so daß unübersehbar war, daß sie sich hier etwas anzueignen suchten, etwas mitnehmen wollten.

An den Volkshochschulen wiederum trugen die TeilnehmerInnen vor allem Freizeitkleidung oder Angestellten-Arbeitskleidung in Form von Hose und Jakkett bei Männern und Frauen, wobei ersteres vor allem an den kleinen Bildungseinrichtungen im ländlichen Raum zu sehen war und in den Großstadt-Volkshochschulen selten auch Anzüge benutzt wurden. Hier teilten die Lehrenden den Seminarinhalt meist in Form gehefteter Kopien aus. Mitgeschrieben wurde eher sporadisch. Während die TeilnehmerInnen anfangs aufmerksam und aufrecht mit nach vorne gewandtem Blick saßen, stützten mehrere spät am Vormittag und am späten Nachmittag oder frühen Abend den Kopf in eine Hand, lehnten sich auf dem Stuhl zurück oder rutschten auf dem Sitz weit nach vorne, und auch ein Gähnen war ab und zu zu sehen. Auch andere Verhaltensweisen erinnerten an den Modus der Schule: Einzelne TeilnehmerInnen kamen zu spät, Kichern, leise Gespräche mit dem oder der Sitznachbar/in, Essen, Schmusen (vgl. Kap. 1.5) oder gedankenverlorenes Malen und Zeichnen sind die Betätigungen, mit denen sich einzelne TeilnehmerInnen, je länger die Veranstaltung dauerte, dem Unterricht gelegentlich entzogen. Den Lehrenden dieser Seminare entging das nicht. Wenn sie darauf reagierten, dann meist, indem sie die Betreffenden mit einer Frage wieder zum behandelten Thema zurückzuholen suchten, was diese dann entschuldigend mit „Ich habe gerade nicht zugehört“ quittierten, so daß auch die Interaktion zwischen Lehrenden und TeilnehmerInnen hier zur Schulstunde geriet.

Medien und „Zertifikate“

Ebenso wie bei den hochpreisigen Veranstaltungen nutzen die Lehrenden der billigeren kommerziellen Angebote Flip-charts für ihre schriftlichen Erläuterungen. An den Volkshochschulen dagegen schrieben die Lehrenden ihre erklärenden Notizen (manchmal auch mit dem ausgesprochenen Bedauern, daß es kein Flip-chart gebe), mit Kreide an die Tafel. Während die an Volkshochschulen benutzten Tafeln das Seminar in die Nähe von Schulunterricht rücken, markiert das Flip-chart das Angebot als dem Bereich der Arbeit zugehörig oder als Austausch von Experten.

Der Konferenz- und Schulmodus zieht sich jedoch nicht durch alle Bereiche. So gaben die Lehrenden der Veranstaltungen am oberen Ende der Preisskala „Zertifikate“ oder „Bestätigungen“ über die Teilnahme aus. In einem Fall war dieses Dokument wie eine Urkunde gestaltet und auf kartonähnlichem Papier gedruckt. An Volkshochschulen gab es dagegen keine solchen Zeugnisse. Diese Dokumentproduktion in den teuren Seminaren widerspricht zunächst der in diesen Veranstaltungen dominierenden Negierung des Erwerbens oder Lernens. Mit dem „Zertifikat“ präsentieren die kommerziellen AnbieterInnen der Benimmseminare ihren Unterrichtsstoff gleich einem Bildungstitel als „institutionalisiertes kulturelles Kapital“ (Bourdieu 1983, 190). In diesen „Zertifikaten“ manifestiert sich in den „Führungskräfte“-Seminaren das, was der Konferenzmodus in diesen Veranstaltungen negiert: der Versuch, kulturelles Kapital zu erwerben, was einem Eingeständnis, daß man dieses nicht geerbt hat, gleichkommt. Diese indirekte Manifestation des explizit negierten Erwerbs kulturellen Kapitals entsteht vermutlich aufgrund der Absicht der Lehrenden, die von ihnen verkaufte Dienstleistung professionell zu präsentieren, genau zu definieren und ihr Gewicht zu verleihen. Die „Zertifikate“ sind also die Konkretion eines Kompromisses, der sich dadurch ergibt, daß kulturelles oder symbolisches Kapital warenförmig wird, damit die Lehrenden es zum Erwerb von ökonomischem Kapital benutzen können.

Der zeitliche Rahmen

Ebenso wie Ort und Raum ist der zeitliche Rahmen der Seminare zugleich Voraussetzung und Verstärkung der durch die Preise fixierten Grenzen.

Die Veranstaltungen mit den höchsten Preisen fanden unter der Woche statt. Das bedeutet, daß die TeilnehmerInnen dafür nicht ihre Freizeit aufwenden mußten. Hier wiederholt sich der Konferenzmodus, der beinhaltet, daß die Beschäftigung mit Umgangsregeln unter diesen Bedingungen weniger als Unterricht oder als Lernen, sondern eher als Arbeit oder wie ein Treffen von Experten erscheint. Die Sitzungen dieser Veranstaltungen begannen in der Regel nach neun Uhr vormittags, meist unterbrach ein mehrstündiges Mittagessen die Sitzung bis zum frühen Nachmittag, so daß die tägliche Sitzungszeit in der Regel vier bis fünf Stunden nicht überschritt.

Bei den Angeboten auf dem kommerziellen Bildungsmarkt, die im Mittelfeld der Preisspanne liegen, findet sich bereits ein entscheidender Unterschied: Man traf sich am Wochenende. Die TeilnehmerInnen opferten dafür ihre Freizeit. Und sie tagten in der Regel länger: Hier begann man eher bereits um neun Uhr, und die Sitzungszeit betrug in der Regel etwa sechs Stunden pro Tag.

An den Volkshochschulen schließlich verschiebt sich die Veranstaltung noch mehr in die Freizeit: Hier gab es mehrtägige Kurse, die bereits am Freitagabend begannen und bis Sonntagnachmittag dauerten. Oder das Seminar fand, wie an Volkshochschulen üblich, mehrere Wochen lang wochentags an einem Abendtermin statt. Dies führte dazu, daß die Sitzungszeiten hier nochmals wesentlich länger waren: In einem Fall war ein Kurs für einen Sonntag zwischen 8.30 und 18 Uhr ausgeschrieben, wobei ein etwa zweistündiges gemeinsames Mittagessen die Veranstaltung unterbrach. So wurde in den untersuchten eintägigen Veranstaltungen auf dem öffentlich geförderten Bildungsmarkt zum Thema Umgangsformen meist etwa sieben Stunden am Tag unterrichtet.

2.4 Lehrziele

Die Lehrenden formulieren für ihre Veranstaltungen eine Reihe von Zielen. Diese sind zwar nicht identisch mit dem Geschehen in den Seminaren, dennoch gibt die Analyse dieser Absichten Aufschluß über die darin enthaltenen Prämissen des Genres Umgangsregeln. Dabei konnten *sozial-kommunikative* Zielsetzungen identifiziert werden. Gleichwohl gibt es auch die Absicht der *Normierung*, das heißt die Umgangsregeln werden als Richtschnur für „richtiges" Handeln begriffen. Als *sozio-kulturelle* Zielsetzung läßt sich die Absicht charakterisieren, eine Lücke zwischen der individuellen Praxis der TeilnehmerInnen und den als allgemein verbindlich verstandenen Umgangsidealen zu schließen. Eher auf das Individuum bezogen ist das *psychologische* Ziel, mit den Regeln „Selbstsicherheit" zu vermitteln, und die Annahme, daß das Beachten von Umgangsregeln *ökonomischen „Erfolg"* mit sich bringt. Schließlich wollen manche Lehrenden die von ihnen präsentierten Umgangsregeln auch im Modus der *Reflexion* betrachtet wissen.

Sozial-kommunikative Ziele: „Menschenwürde" und „harmonisches Miteinander"

Meist an erster Stelle und ausführlich nennen die Lehrenden bei der Frage nach den Zielen des Anstandsunterrichts die Absicht, den alltäglichen Umgang zu humanisieren: Frau Limbach: „Und das ist eigentlich so mein Ziel, daß die Leute einfach wieder rücksichtsvoller und hilfsbereiter miteinander umgehen." Ebenso verbindet Frau Ritter dieses Postulat mit der Distanzierung von „den ganz starren Regeln" (vgl. Kap. 2.1):

E.T.: Welche drei Dinge sind Ihnen als Trainerin am wichtigsten rüberzubringen bei dem Thema?

Frau Ritter: Daß Höflichkeit nicht nur allein von auswendig gelernten Regeln abhängt, sondern etwas zu tun hat mit Taktgefühl, die Würde des anderen achten, alles, also Ethik, Kultur, Moral. Das gehört für mich da rein, das ist mir sehr sehr wichtig, das betone ich immer!

Frau Mayer bezieht ihre Verortung von „Umgangsformen" in der „menschlichen Basis" auf ein demokratisches Ideal:

Also für mich ist das allerwichtigste die menschliche Basis. Das, was ich meinen jeweiligen Teilnehmern immer sage ist, das Bewußtsein für sich und dann das Bewußtsein für andere, damit fängt eigentlich die Umgangsform überhaupt an. (...) Die Menschen als Menschen zu sehen. Auf der, ich sag's jetzt vielleicht mal ein bißchen kitschig, aber auf der Herzlinie, auf der herzbetonten Seite zu sehen. Seitdem wir auch gesetzlich die Gleichberechtigung haben, sind wir Menschen hier eben alle gleich. Wenn wir das mal versuchen im Alltag umzusetzen, dann haben wir es leichter.

Frau Bäcker erklärte den TeilnehmerInnen ihrer Veranstaltung: „Gute Manieren sind ein Ausdruck der Achtung der Menschenwürde!" Und Frau Hohloch begann ihr Seminar folgendermaßen:

Gute Umgangsformen sind wieder gefragt auf allen Ebenen, d.h. sowohl im Beruf als auch im Privatleben. Dieses Wiederaufleben des guten Tons bedeutet aber nicht das Wiederherausholen starrer Etikette oder längst abgeschnittener Zöpfe. Vielmehr geht es darum, durch bestimmte Verhaltensweisen zu einem harmonischen Miteinander beizutragen.

Meist stehen solche Einordnungen des Themas am Beginn und am Ende der Veranstaltungen. Damit schaffen die Lehrenden Raum und Legitimation für andere Ziele, die weniger soziale, sondern eher individuelle Absichten wie „sicherer werden" oder „Karriere machen" oder normative Vorgaben für das „richtige Benehmen" beinhalten.

Diese Rahmung ist kein Spezifikum der Etikette-Seminare. Döcker (1994, 50f.) weist darauf hin, daß sie bereits seit dem 19. Jahrhundert im Ratgeber-Genre zum Thema zu finden ist: „So deutlich die bürgerlichen Haupttugenden, Menschlichkeit, Herzenstakt und Aufrichtigkeit, in den Einleitungen der Umgangslehren herausgestrichen werden, so wenig Bedeutung haben sie in den praxisorientierten Detailkapiteln." Schindler (1985, 195) hat solche Diskurse über „Menschlichkeit" am Beispiel der Geschichte der Freimaurer als Charakteristikum der „bürgerlichen Zwei-Reiche-Lehre" identifiziert, der seit der Entstehungsphase des Bürgertums nie unterbrochenen Arbeit an der Trennung „persönlicher Beziehungen" von „wirtschaftlichen Verflechtungen" in der Art, daß hier für den Alltag „eine beruhigte Vorstellung von Kultur" definiert und praktiziert wird, „in der die von den Reproduktionszwängen dispensierten Menschheitsideale unbeachtet ihrer eingeschränkter Praktikabilität gedeihen können". Adorno (1964, 52) definierte diese durch eine Abschottung gegen gesellschaftliche Verhältnisse begleitete Formulierung eines „Menschlichkeits"-Ideals als einen Aspekt des „Jargons der Eigentlichkeit": Dem vergesellschafteten Individuum werden scheinbar allgemein-menschliche Tugenden vorgehalten, „als wären sie nicht aus entsprungenen und vergänglichen Zuständen abstrahiert, sondern kämen dem Menschenwesen selbst zu, als dessen unveräußerliche Möglichkeit."

Normative Ziele: „richtig", „tabu", „korrekt", „gepflegt"

Von der Distanzierung von „Regeln" und der Betonung von „Herzlinie" und „Menschlichkeit" bei der Deklaration der Unterrichtsziele kann nicht auf eine „Informalisierung" geschlossen werden. Dies zeigt sich nicht nur an der Distinktionsfunktion solcher Postulate (vgl. Kap. 2.1), sondern auch daran, daß parallel dazu Normierungsabsichten genannt werden. So schreibt beispielsweise eine Dozentin im Prospekt ihrer Veranstaltung auf dem kommerziellen Bildungsmarkt zum Inhalt unter anderem: „Wie begrüße ich richtig? (...) Welche Tischregeln sind heute gültig?" Auch in einem Seminar für „Führungskräfte" finden sich die Adjektive „richtig" und „tabu": „Welche Anreden sind zu beachten?/ Wie verhalten Sie sich im Restaurant richtig?/In welcher Reihenfolge benutzen Sie die Gläser?/Welche Gesprächsthemen sind tabu?" Das dritte im Zusammenhang mit normativen Zielen genannte Eigenschaftswort ist „korrekt". So heißt eine Seminareinheit an der Volkshochschule: „Das korrekte Verhalten als Gast." Während bei der Befragung in den Interviews und in den einleitenden Sätzen der Seminarausschreibung und der Veranstaltungen selbst das Ziel, den Alltag zu humanisieren formuliert wird, finden sich die Hinweise auf die Tatsache, daß das Unterrichtsangebot auch „Regeln" enthält, die eine Definition von „richtigem" und „falschem" Handeln geben, bei den detaillierteren Inhaltsangaben. Bei den 15 untersuchten Veranstaltungen war lediglich in einem Fall der Titel eindeutig in diese Richtung formuliert: „Richtige Umgangsformen" hieß ein Kurs im Angebot der Volkshochschule einer ländlichen Kleinstadt.

Sozio-kulturelle Ziele: „Kenntnisse auffrischen"

Ein weniger explizit formulierter normativer Begriff des Seminarinhalts ist die von den Lehrenden deklarierte Absicht, den TeilnehmerInnen die Möglichkeit zu bieten, sich via Seminar auf den neuesten (An-)Stand zu bringen. Ein zweitägiger Volkshochschulkurs in einer Großstadt beispielsweise wurde folgendermaßen angekündigt:

Dieser Kurs bietet Ihnen die Möglichkeit, Ihre Kenntnisse auf folgenden Gebieten in Theorie und Praxis aufzufrischen oder zu erweitern: Höflichkeit heute (...), Körpersprache und Ausdrucksweise, Tischkultur und Tischsitten (...) Kleidung und optimale Farbauswahl (...).

Neben „Kenntnisse auffrischen" gehört die Rede von der „Überprüfung" der eigenen Maßstäbe und Handlungsstile zu dieser von den Lehrenden vorgenommenen Einordnung des Angebots, wie das folgende Beispiel aus dem Seminarprospekt eines Volkshochschulkurses zeigt: „Dieses eintägige Seminar richtet sich an Erwachsene und Jugendliche, die überprüfen wollen, ob ihre Umgangsformen (noch) auf dem heutigen Stand der Zeit sind." Wie ein Computerprogramm, das von Zeit zu Zeit mit einem update versehen wird, positionieren die Lehrenden in dieser Hinsicht ihren Unterricht. Zum selben Seminar heißt es:

Das Ziel des Seminars: Die Teilnehmer lernen spielerisch und in kleinen Gruppen, ihre Kommunikationskunst zu vervollkommnen und die zugrundeliegenden Regeln unverkrampft anzuwenden. Sie aktualisieren ihre Umgangsformen (...)."

Hier postulieren die Lehrenden für ihre Kundschaft unausgesprochen, daß es einen Regelkorpus gibt, der der Praxis vorausgeht, für diese sozusagen den Takt angibt. Dabei fällt auf, daß keine Instanz genannt wird, die die „Aktualisierungen" beschließt. Ebenso wie bei der Thematisierung von historischem Wandel in den Seminaren (vgl. Kap. 2.3) ist auch diese Bezugnahme auf Veränderungen nicht Ausdruck eines Begriffs von Geschichtlichkeit der behandelten Materie. Die „Änderungen" ergeben sich diesen Zielsetzungen zufolge nicht in der sozialen Praxis, sondern scheinen eher aus genau festgeschriebenen Handlungsanweisungen zu bestehen („Stand der Zeit", „Kenntnisse"). Es wird noch zu zeigen sein, inwiefern das hier zwischen den Zeilen entstehende Bild einer nicht benannten Instanz, die permanent „neue" Regeln hervorbringt, mit einer ebenso vagen Vorstellung der TeilnehmerInnen solcher Seminare konvergiert, die besagt, daß es eine große Menge ihnen unbekannter, nicht vernachlässigbarer Umgangsregeln gibt, die sie in den Veranstaltungen genannt bekommen möchten (vgl. Kap. 3.2 u. 4.7).

Psychologische Ziele: „Sicherheit"

Ein weitere, ebenfalls häufig genannte Absicht der Lehrenden ist das Ziel, ihrer Kundschaft „Sicherheit" zu vermitteln. In einem Volkshochschulprogramm heißt es zu einem Kurs: „Lernen Sie den sicheren Umgang mit Gästen." Oder die Dozentin eines Seminars auf dem kommerziellen Bildungsmarkt in ihrem Prospekt: „Sicheres Auftreten durch das Beherrschen der gesellschaftlichen Spielregeln." Auch hier zeigt sich indirekt der zugleich normative und normierende Begriff der Lehrenden von ihrer Materie: Eindeutig definierte „Regeln" sollen, so die Dozentinnen, „Sicherheit" geben. Entweder praktisch („Umgang mit Gästen", „Auftreten") oder psychisch: „Das Beherrschen der richtigen Umgangsformen verhilft zu mehr Selbstsicherheit in Alltag und Beruf." So beschreibt der Dozent eines VHS-Kurses den Nutzen seiner Veranstaltung. Diese Formulierung deutet an, daß die „richtigen Umgangsformen" nicht nur zu geschicktem Handeln („Umgang") beitragen sollen, sondern daß auch psychologische Wirkung nach innen intendiert ist („Selbstsicherheit"). Darauf hebt auch Herr Hartmann ab:

> Mir ist am wichtigsten, daß die Teilnehmer und Teilnehmerinnen nach Hause gehen und sagen: 'Ich habe von all' diesen Massen von Regeln zwei oder drei gehört, die mir die Selbstsicherheit stärken.'

Die Veranstaltungen, so diese Dozenten, sollen dazu dienen, „selbstsicherer" zu werden. Allerdings besteht die Hilfestellung offenbar weniger in Form einer direkten Handlungsanleitung oder Gebrauchsanweisung für bestimmte Räume. Der folgende Hinweis von Frau Bäcker, mit dem sie sich in ihrem Volkshochschulkurs verabschiedete, zeigt, daß eine Vermeidung möglicher Krisen nicht in erster Linie das (erhoffte) Ergebnis dieser Zielsetzung ist: „Nächste Woche sehen Sie, daß viele das nicht so machen. Aber vergessen Sie es bitte trotzdem nicht, es gibt Ihnen Sicherheit, wenn Sie wissen, wie man sich richtig benimmt." Es fällt auf, daß die „Sicherheit", von der die Dozentin spricht, nicht aus Verhaltensänderungen besteht, die, folgt man den Prämissen des Genres, nach dem Bekanntmachen mit den Umgangsregeln nun möglich wäre, sondern aus dem Wissen über „richtiges Benehmen". Unsicherheit, so könnte man diese Aussage auch interpretieren, erwachse nicht aus situativen praktischen Krisen bei der alltäglichen Interaktion, sondern aus der mangelnden Kenntnis von „Regeln". Auch dies ist ein Umgang mit Benimmregeln, der, wie noch zu zeigen sein wird, der Perspektive und Praxis der TeilnehmerInnen entspricht (vgl. Kap. 4.7).

Ökonomische Ziele: „Erfolg"

Das Lernen von Umgangsregeln als Mittel zum „Erfolg" gehört nicht zu den Absichten, die die Lehrenden nennen, wenn man sie nach den Zielen ihres Unterrichts fragt. Gleichwohl spielt dieses Motiv eine zentrale Rolle. In vielen Fällen taucht das Schlagwort bereits in den Titeln der Veranstaltungen auf. Ein Volkshochschulkurs beispielsweise wurde „Imagepflege für den beruflichen Erfolg" genannt, ein hochpreisiges Seminar „Erfolg mit Stil. Repräsentationstraining für Führungskräfte".

Ein Blick in die Umgangsliteraturforschung zeigt, daß diese Verknüpfung von Manieren und Karriere bereits Geschichte hat: „Seit den zwanziger Jahren ist das Wort 'Erfolg', das zum Bestandteil vieler Anstands-Buchtitel wurde, aus den Vorworten und Klappentexten dieser Druckwerke nicht mehr wegzudenken" (Schürmann 1994, 52).

In den Ausschreibungstexten findet sich bei allen untersuchten Seminaren die explizite Verknüpfung des Anstandsunterrichts mit der Verbesserung der sozioökonomischen Lage. Dies nimmt bei den Ausschreibungen oft den meisten Raum ein. So kann man unter dem Titel „Höflichkeit im Management" im Programm einer Volkshochschule lesen:

> International erfolgreiche Verhaltensweisen für mittleres und gehobenes Management. Die geheimen Business-Rituale, die erfolgreich machen. (...) Dress for Success, die international gültige Kleidersprache. Der erste Eindruck ist im Beruf für den Erfolg entscheidend. Die Kleidung spielt dabei eine nicht zu unterschätzende Rolle.

Oder im Prospekt zu einem der billigeren Angebote auf dem kommerziellen Bildungsmarkt: „Zunehmender Wettbewerb erfordert von uns neben der fachlichen Qualifikation auch das Know-how der aktuellen gesellschaftlichen Spielregeln." Hier wird zunehmende Konkurrenz auf dem Arbeitsmarkt behauptet, die es notwendig mache, sich über Umgangsregeln zu informieren. Die dabei verwendete Sprache zeigt an, welche Schärfe diese Auseinandersetzungen in den Augen der Lehrenden, die diese Texte formulieren, (bereits) angenommen haben: „Gepflegte Umgangsformen sind zu einem beruflichen Auslesekriterium geworden." „Umgangsformen", so diese Aussage, entscheiden mittlerweile darüber, wer welchen Beruf in welcher Position ausübt. Diese Behauptung dominiert auch den medialen Diskurs über die Arbeit der Benimm-Lehrenden auf dem Bildungsmarkt. Es sei bereits an dieser Stelle darauf hingewiesen, daß das Sozialprofil der TeilnehmerInnen solcher Veranstaltungen ein Indiz dafür ist, daß diese Behauptung weniger den Tatsachen entspricht, sondern eher die stattgefundene Normierung legitimierend flankiert. Die TeilnehmerInnen solcher Veranstaltungen sind nämlich nicht Personen, die „Erfolg“ noch suchen oder denen die „Auslese“ noch bevorsteht, sondern vor allem diejenigen, die ihre Karriere bereits gemacht haben und ihren sozialen und ökonomischen Aufstieg nun auch mit kulturellem Kapital vor allem nach unten absichern wollen (vgl. Kap. 3.2 u. 4.7).

Reflexion: „Hinterfragen“ und „Kulturgeschichte“ als Ziel

In wenigen Fällen zählt auch die Reflexion von Normen und Formen zu den Absichten der Lehrenden. So heißt es in der Ausschreibung eines VHS-Kurses: „Konkret und praxisorientiert werden in einer kleinen Gruppe von ca. 12 Personen moderne Umgangsregeln besprochen, geübt und auch hinterfragt.“ Allerdings ist dies nie das einzige Ziel. Der Blick auf Umgangsregeln als 'Regeln' ist stets verbunden mit den oben genannten anderen deklarierten Absichten des Unterrichts:

> Wir blättern nach in der älteren Literatur, vor allem im 'Knigge', und wenden uns dann neuerer Literatur zu, die Hinweise gibt auf 'richtiges' Verhalten in verschiedenen Lebenslagen, z.B. im Beruf, bei Freunden, bei Festen, bei Empfängen, bei Tisch, im Ausland usw. So erarbeiten wir uns ein interessantes Stück Kulturgeschichte und schaffen zugleich die Basis für mehr Verhaltenssicherheit und Selbstbewußtsein.

In diesem Text aus einem Volkshochschulprogramm finden sich, bis auf die Humanisierungsintention, alle erwähnten Zielsetzungen: Am Beginn wird, wenn auch in distanzierenden Anführungszeichen, das normative Ziel („richtig“) genannt, dann folgt die Reflexionsabsicht („Kulturgeschichte“) und am Ende steht das psychologische Ziel, nach außen „verhaltenssicher“ und nach innen „selbstbewußt“ zu werden. Allerdings unterschied sich letztlich auch dieses Seminar, dessen Dozentin Sozialpädagogin, Soziologin und Supervisorin ist, kaum von den Veranstaltungen, in deren Zielsetzung Reflexion keine Rolle spielt. Bereits im Titel ist die Absicht, „Kulturgeschichte“ zu betreiben, nicht mehr identifizierbar („Stil und Etikette. Bessere Selbstpräsentation durch 'gute Manieren'“), und der Unterricht von Frau Felsinger beinhaltete ebenso wie viele andere Seminare Übungen mit mitgebrachtem Geschirr und Besteck. Schließlich durchkreuzte die Dozentin selbst dieses Ziel:

> Also ich hab' mir natürlich schon auch überlegt, was ich da anziehe. Also Jeans habe ich nicht angehabt. Ich hab' schon auch mal eine Hose angehabt, aber meistens hatte ich Röcke an. Weil ich bin zunächst erstmal davon ausgegangen, daß da die Leute schon auch gut angezogen sind, und da hab' ich gedacht, also da würde ich mich nicht wohlfühlen, wenn die da alle im Anzug und Kostüm sitzen und ich sitze da in Jeans, da käme ich mir komisch vor.

Obwohl Frau Felsinger sich im Interview vehement wunderte über das große Interesse der TeilnehmerInnen an „Regeln“ und über deren Bemühungen, sich an Gepflogenheiten anzupassen,[33] paßte sie sich zuallererst einmal an ihre Vorstellung von „gut angezogen sein“ an. So reproduzierte sie mit ihrer Kleidungspraxis genau den Diskurs, den sie im Seminar eigentlich gemeinsam mit den TeilnehmerInnen untersuchen wollte.

Die Struktur der Ziele

Die oben erörterten Zielsetzungen der Lehrenden sind auf dem Markt der Benimmseminare nicht zufällig verteilt. Die Verpflichtung des Seminars auf eine bestimmte Absicht hin korreliert oft mit der Position der Veranstaltung im Gefüge des Seminarangebots zum Thema Umgangsregeln:

Über das gesamte Spektrum hinweg finden sich die normativen und die ökonomischen Ziele. In den „Führungskräfte“-Seminaren am oberen Ende des kommerziellen Bildungsmarkts wird die Normierungsintention zwar mehr verschleiert und negiert als an Volkshochschulen, an denen ein Angebot schon auch mal direkt „Richtige Umgangsformen“ betitelt ist (vgl. 1.5). Dennoch taucht in den Ausschreibungstexten und Intentionen der Lehrenden bereits auf, was sich später auch während des „Führungskräfte“-Seminars deutlicher manifestiert: Ein zuungunsten von Aushandlungsprozessen realisiertes Bemühen um Normierung dessen, was als angemessenes Handeln gilt. Ebenso wird in allen Angeboten ein Beitrag von „Umgangsformen“ zum „beruflichen Erfolg“ beabsichtigt, wobei hier feine Unterschiede zu verzeichnen sind: An den Volkshochschulen liegt der „Erfolg“ noch in der Zukunft („Imagepflege für den beruflichen Erfolg“), während es bei den „Führungskräften“ in den teuersten kommerziellen Angeboten laut Lehrenden vor allem darum geht, daß ein bereits erreichter „Erfolg“ angemessen „repräsentiert“ wird (s.o.).

Fast ausschließlich an Volkshochschulen werden die sozio-kulturellen Absichten formuliert. Die Notwendigkeit, „Kenntnisse aufzufrischen“, schreiben die Lehrenden also bezeichnenderweise vor allem ihrer Klientel an Volkshochschulen zu. Damit werden diese TeilnehmerInnen positioniert als eine Gruppe, die etwas nachzuholen oder zu ergänzen hat, sich also etwas aneignen muß, etwas erwerben muß, um weiterhin angemessen handeln zu können. Diesem Ziel entspricht die ebenso vor allem von Lehrenden an Volkshochschulen genannte psychologische Zielsetzung, also die Annahme, daß den TeilnehmerInnen „Sicherheit“ fehlt, zu denen die Umgangsregeln beitragen sollen. Auch das beschreibt die Kundschaft dieser Veranstaltungen als defizitär. Die Absicht, „Kulturgeschichte“ oder Reflexion von Umgangsregeln zu betreiben, fand sich aber ebenso am unteren Ende des Seminarmarkts, in einem Volkshochschulkurs. Vielleicht erklärt sich dieser Befund auch daraus, daß die Dozentin dieses Kurses sich weniger in ihrer sozialen Herkunft (Mutter: Versicherungskauffrau, Vater: Gymnasiallehrer), sondern vor allem in ihrer durch feministische Orientierung geprägten Berufsbiographie und die Tätigkeit in der politischen Bildung insbesondere für Frauen von den anderen Lehrenden unterschied. Gleichwohl fällt auf, daß die Absicht, Umgangsregeln zu reflektieren, nicht Teil der Zielsetzungen von Lehrenden ist, die „Führungskräfte“-Seminare auf dem kommerziellen Bildungsmarkt geben - obwohl in diesen Veranstaltungen ein beträchtlicher Aufwand betrieben wird, um Normierungsabsichten zu verneinen.

Die Intention der Beförderung eines „harmonischen Miteinanders“ oder der „Menschenwürde“ nun findet sich in beiden unteren Sektoren des Benimm-Marktes, also an Volkshochschulen und in den billigeren Angeboten auf dem kommerziellen Bildungsmarkt. Damit wird hier am deutlichsten die Arbeit an der bürgerlichen „Zwei-Reiche-Lehre“ (Schindler) verfolgt, das heißt es geht um eine Definition von angemessener Sozialität ohne deren Anbindung an gesellschaftliche Bedingungen.

Somit gibt diese Struktur der Zielsetzungen Auskunft über das Bild, das die Lehrenden von ihrer jeweiligen Klientel und deren gesellschaftlicher Existenz haben. Dieselbe Struktur findet sich in den Benennungen und Beschreibungen der Zielgruppen, die Gegenstand des nächsten Kapitels ist.

2.5 Zielgruppen

Das formal unterschiedliche Profil der Seminare findet sich auch bei den jeweils von den Lehrenden anvisierten Zielgruppen. Die Beschreibung der Kundschaft ergibt sich vordergründig durch den unterschiedlich hohen finanziellen Aufwand für ein Seminar, je nachdem, ob es an einer Volkshochschule oder in einem Hotel stattfindet. Eine genauere Betrachtung zeigt, daß sich hierbei auch Distinktionsintentionen der Lehrenden manifestieren. Zudem wird dabei nochmals das Bild von Gesellschaft sichtbar, das zur Umgangsformen-Perspektive der Lehrenden gehört.

Am oberen Ende der Preisskala: „Führungskräfte" und Kinder

Bei der Kontaktaufnahme wiesen mich die am oberen Ende der Seminarpreisskala unterrichtenden DozentInnen meist nachdrücklich darauf hin, daß die

TeilnehmerInnen „Führungskräfte" sind. Diese Erklärung zur Zielgruppe hat unterschiedliche Implikationen:

Frau Rau: Mittelständische Unternehmen, das ist meine Zielgruppe überhaupt. Was mich ja eigentlich sehr ansprechen würde, das wäre, Seminare für Berufseinsteiger zu geben. Aber das ist halt eben mit der Preispolitik, die ich habe, nicht zu vereinbaren. Denen könnte man eben mehr mitgeben. Also viele, die bei mir im Seminar sitzen, die haben die Grundausstattung schon, die sind also auch schon lange in sämtlichen Hotels in Deutschland unterwegs und treffen immer auf Menschen, die es eben auch schon können. Also der *direkte* Bedarf, daß die nun sicherer werden würden, wäre wahrscheinlich bei jüngeren Teilnehmern eher da. (Betonung i. Orig.)

Die Gruppe, für die laut dieser Dozentin ihr Seminar wichtig wäre („direkter Bedarf") kann es nicht besuchen, weil es für sie nicht erschwinglich ist. Aus ihrer Schilderung geht nicht hervor, was dann der Bedarf ihrer Kundschaft ist, die „die Grundausstattung" in Sachen Manieren bereits besitzt. Entscheidend ist vielmehr, daß der „Bedarf" weiter unten im sozialen Raum verortet wird, bei denen, die „jünger" sind, „Berufseinsteiger", noch keine „Führungskräfte". Diese Lotung nahmen alle der befragten DozentInnen, deren bevorzugte Zielgruppe „Führungskräfte" sind, vor. So erklärte Fau Möchten:

Dann hab' ich gemerkt, das hilft überhaupt nichts, wenn die Beispiele nicht stimmen, wenn die Vorbilder nicht stimmen. Deshalb bin ich dann auch gern übergewechselt in das Lager der Arbeitgeber wenn Sie so wollen, (...).

Auch sie formuliert als Begründung einen hierarchischen Begriff von Gesellschaft, in der eine sozioökonomisch charakterisierte Spitzengruppe („Führungsleute") beziehungsweise diejenigen, die nicht lohnarbeiten, sondern Kapital akkumulieren („Arbeitgeber") das angemessene Verhalten verkörpern soll. Sie fungieren als „Vorbilder". Der übrige Teil der Gesellschaft, hier implizit als „Arbeitnehmer" benannt, zeichnet sich, nimmt man diese Dozentin beim Wort, durch zweierlei aus: Ohne Schulung von „Vorbildern" würde ihm nicht nur die Orientierung für angemessene soziale Interaktion fehlen, sondern das Handeln dieser Gruppe erwächst allein aus der Nachahmung der „Vorbilder", weil es nämlich „überhaupt nichts hilft", sie zu unterrichten. In diesem Fall verbindet sich bei der Wahl der Zielgruppe Distinktionsintention („an der Volkshochschule biete ich gar nicht an") mit der Imagination derjenigen, die kein Kapital besitzen, sondern Arbeit leisten, als sozial nicht lern- sondern lediglich nachahmungsfähig. Ähnlich formulierte Frau Bäcker, die ein Volkshochschulseminar für „Führungskräfte" gibt („Höflichkeit im Management"): „Wenn Sie als Führungskraft ein höfliches Verhalten haben, werden Sie sehen, daß das auch auf Ihre Abteilung wirkt." Die „Führungskräfte" werden hier als MultiplikatorInnen gedacht, deren „Höflichkeit“ die jeweilige „Abteilung“ prägt („ihr Verhalten wirkt“). Es fällt auf, daß die DozentInnen, die „Führungskräfte“ unterrichten, den „Bedarf“ an ihren Seminaren also sozialstrukturell eigentlich an anderer Stelle sehen: bei „Berufseinsteigern“ oder „Jüngeren“ (Frau Rau) oder bei den „Arbeitnehmern“. Diejenigen, die erklärtermaßen nicht an der Volkshochschule unterrichten, behaupten gleichwohl, daß das „Volk“ den größten „Lernbedarf“ an „Umgangsformen“ habe. Dieser Widerspruch offenbart eine doppelte Abgrenzung: Man will erstens mit dem „Volk“ nichts zu tun haben, weil das nicht genug Geld einbringt. Zweitens aber beinhaltet die Annahme, daß die „Führungskräfte“, deren Schulung man sich aus pekuniären Gründen widmet, als „Vorbilder“ nach unten, ins „Volk“ hinein „wirken“, eine Aussage über letzteres: Es ahmt die Stile der hegenomialen Kultur nach, und zwar nicht nur weil, wie P. Bourdieu und auch N. Elias herausarbeiteten, die Stile der hegemonialen Klassen als legitim gelten, sondern weil das „Volk“ angeblich über keinen anderen Modus der Interaktionsgestaltung oder Vergesellschaftung verfügt als den der Nachahmung („das hat überhaupt keinen Wert, wenn die Beispiele nicht stimmen“).

Mit diesen Erklärungen wird aber nicht nur eine Aussage über den „Bedarf“ des „Volks“ getroffen. Die Lehrenden positionieren damit die von ihnen bevorzugte Zielgruppe präzise an einer ganz bestimmten Stelle im sozialen und ökonomischen Raum: Die überlegene Position der als „Führungskräfte“ Anvisierten erklärt sich weniger aus einem Spezialwissen, das sie bereits haben oder das man ihnen in den Kursen beibringt. Sie resultiert vielmehr daraus, daß diese nicht als Erworben-Habende oder als künftige Erwerbende dastehen, sondern implizit als Erben („die haben die Grundausstattung schon“) gedacht werden. So gelingt es einigen DozentInnen, sich einerseits zu distinguieren und symbolisches Kapital zu verbuchen, indem sie „Führungskräfte“ unterrichten, und andererseits gleichzeitig unmißverständlich klarzumachen, daß diese „Führungskräfte“ dennoch nichts erwerben (vgl. Kap. 1.5) (was nämlich den Distinktionswert der Veranstaltung für alle Beteiligten zerstören würde).

Auch wenn solche Veranstaltungen in die vorliegende Untersuchung nicht einbezogen wurden, sei in diesem Zusammenhang noch eine andere Klientel erwähnt, die im teuren Sektor der Umgangsseminare bedient wird: Kinder. Zwei der befragten Dozentinnen bieten auch Veranstaltungen für Kinder an, und beide behaupteten im Interview, dies als erste getan zu haben. In solchen Seminaren werden den Angaben der Dozentinnen im Interview und Medienberichten[34] zufolge dieselben Themen wie für Erwachsene unterrichtet. Und auch die erklärten Ziele des Angebots sind die gleichen: „Rücksichtnahme und

Freundlichkeit" wolle man den Kindern nahebringen und „es soll nichts eingebleut werden" erklären die Lehrerinnen. Ein Blick auf den Unterrichtsstoff jedoch zeigt, daß diese Humanisierungsintention auch hier wenig mit dem Geschehen im Seminar und viel mit Distinktionsabsichten der Veranstalterinnen zu tun hat: Ebenso wie in den Seminaren für Erwachsene gibt es hier Rollenspiele („Begrüßung der Tante") und Übungsessen. Letzeres allerdings unterscheidet sich in der Methodik beträchtlich von den Mahlzeiten für die Erwachsenen: Geschmackstests mit verbundenen Augen sollen die Zungen ästhetisch schulen, eine Dozentin stellt ihren Zöglingen Spiegel vor den Teller, damit sie ihre Art des Kauens kontrollieren können, eine andere schiebt ihnen während des Essens zusammengerollte Servietten unter die Achseln, damit sie lernen, die Oberarme am Körper zu halten. Daß die betreffende Dozentin diese letzte Übung gegenüber den Kindern als „Gag" bezeichnet, verdeckt kaum die Tatsache, daß es sich hier um gewaltförmigen Drill handelt, dessen pädagogisch-methodische Legitimität gerade dadurch entsteht, daß seine ironische Brechung behauptet wird. Frau Kardoff, eine der beiden Kinder-TrainerInnen, hat sich für ihre Kinder-Umgangslehre, an der jeweils zwischen sechs und 12 Mädchen und Jungen teilnehmen, ein trickreiches Setting ausgedacht: Die Kinder müssen in einem kleinen Rollenspiel die Eltern von zwei Knirpsen spielen, die „Rotz" und „Klecker" heißen. So schiebt sie den Kindern die Identifikation mit den Erziehenden zu - was nicht gerade auf eine emanzipative, dafür aber mächtige Pädagogik hinweist, die zweifellos wirksamer ist als das schlichte Dozieren von Tischregeln. TeilnehmerInnen solcher Kurse sind Kinder im Alter zwischen sechs und 13 Jahren. Sie benutzen in diesen Seminaren (den publizierten Bildern zufolge) nicht ihre Alltagskleidung, sondern sie sind wie für ein Fest angezogen oder eben wie kleine „Führungskräfte", was sich am deutlichsten daran zeigt, daß die kleinen Jungen Anzug und Krawatte tragen. Dies korrespondiert mit dem Raum, in dem diese Seminare stattfinden: Ebenso wie die Veranstaltung für die erwachsenen „Führungskräfte" wählen die Dozentinnen dafür große Hotels. Die Eltern bezahlen 180 Mark für einen dreistündigen Kurs oder 500 Mark für eine eineinhalbtägige Veranstaltung. Während die Lehrenden zu ihrem Angebot für erwachsene „Führungskräfte" erklären, daß sich dies aus den besseren Verdienstmöglichkeiten ergebe, zeigen die Veranstaltungen für Kinder nochmals, daß es hierbei auch um Distinktion geht. Die Dozentinnen arbeiten auch für wesentlich weniger Geld - allerdings nur, wenn sie das entgangene ökonomische Kapital mit symbolischem Kapital kompensieren können, das heißt mit dem Prestige, die Kinder der „Führungskräfte" zu schulen.

Am unteren Ende des kommerziellen Bildungsmarkts: „Menschen" und „Frauen"

Im (preislich) unteren Bereich der Angebote auf dem kommerziellen Bildungsmarkt ist nicht mehr von „Führungskräften" die Rede. In den Prospekten zu ihren Veranstaltungen umschreiben die Lehrenden ihre Zielgruppe folgendermaßen: „Menschen mit Kontakt zu anderen Menschen: Geschäftspartnern, Kunden usw." Ein anderes Beispiel: „Alle, die nicht genau wissen, was sich seit Freiherr von Knigge geändert hat. Alle, die mit Menschen zu tun haben und etwas über moderne Umgangsformen erfahren möchten." Eine ebenso allgemeine, aber geschlechterspezifizierende Variante lautet folgendermaßen:

> Angesprochen sind alle Frauen, die privat oder beruflich repräsentieren müssen oder wollen, Gäste empfangen, sich sicherer in der Öffentlichkeit bewegen und/oder ihre „Etikette-Kenntnisse" auffrischen möchten.

Es fällt auf, daß hier zunächst keine mit der beruflichen Position verbundene Einschränkung formuliert wird. Die Bezeichnung „Menschen" oder „Frauen" scheint auf den ersten Blick das Gegenteil von einer Zielgruppe zu bedeuten, da das Seminar potentiell für alle oder für alle Frauen interessant sein könnte. Eine genaue Benennung der anvisierten Kundschaft wird hier vermieden. Die Erläuterung findet sich in den Nebensätzen: Diejenigen, die „mit Menschen zu tun haben", „privat oder beruflich", deren Praxis die Darstellung verschiedener Kapitalsorten ist („repräsentieren"). Das ist zwar keine sehr viel detailliertere Bezeichnung als „Menschen" oder „Frauen", gleichwohl markiert sie eine ganz bestimmte Lage im ökonomischen und sozialen Raum: Hier wird nicht, wie bei den „Führungskräften", über kulturelles und symbolisches Kapital verfügt, sondern hier wird damit gearbeitet: Man bedient „Kunden" oder verhandelt mit „Geschäftspartnern", und die Frauen „repräsentieren". Diese Arbeit wird bei den „Führungskräfte"-Seminaren nicht erwähnt. Dem Unterrichtsstoff wird damit an dieser Stelle des kommerziellen Bildungsmarktes (auch wenn dies unausgesprochen bleibt) eine andere Funktion als an der Spitze der Preisskala zugeschrieben: Während die „Führungskräfte"-Seminare nicht als Mittel zur Akkumulation von Kapital verschiedener Sorten erscheinen, sondern eher als Ausdruck eines Erbes („die haben die Grundausstattung schon"), ist trotz der vagen Schilderungen der Zielgruppe am unteren Ende des kommerziellen Bildungsmarktes klar, daß hier kulturelles Kapital zum einen erworben und zum anderen für künftigen Erwerb („Kontakt mit Geschäftspartnern, Kunden", „repräsentieren") eingesetzt werden wird. Aus diesem Grund ist bei den zitierten Zielgruppen-Definitionen dieser Kategorie der Seminare trotz der allumfassenden Vokabeln „Menschen“ und „Frauen“ eindeutig, was für eine Gruppe gemeint ist. Viel genauer als eine Berufsbezeichnung wie beispielsweise „Verkäufer“ oder „Kundenberater“ indiziert die Beschreibung der Kundschaft in bezug auf ihre Relation zu den Kapitalsorten ihre Charakterisierung: Sie haben nichts geerbt und müssen deshalb erwerben. Die Benennung des Erwerbsmodus ist die Bezeichnung, die die Klientel präzise im sozialen und ökonomischen Raum verortet.

An der Volkshochschule: „Erwachsene und Jugendliche"

Sucht man auf dem öffentlich geförderten Bildungsmarkt nach der von den Lehrenden anvisierten Zielgruppe, so findet man zunächst nichts. In den Programmen der Volkshochschulen wird in der Regel keine Kundschaft benannt. Lediglich in einem Fall fand sich der folgende Hinweis: „Dieses eintägige Seminar richtet sich an Erwachsene und Jugendliche, die überprüfen wollen, ob ihre Umgangsformen (noch) auf dem heutigen Stand der Zeit sind.“ Auch hier ist die Benennung der Zielgruppe zunächst keine Eingrenzung: „Erwachsene und Jugendliche“ sind, ebenso wie die oben genannten „Menschen“ oder „Frauen“, fast die gesamte Gesellschaft. Während auf dem kommerziellen Bildungsmarkt dann in erläuternden Nebensätzen eine Einschränkung erfolgt, die die Art und Weise des Einsatzes des Unterrichtsstoffs bezeichnen („Kontakt mit Kunden oder Geschäftspartnern“, „repräsentieren“), erweckt die Erläuterung in diesem Fall den Eindruck, daß es um den Anschluß an einen scheinbar allgemein gepflegten Standard („Stand der Zeit“) geht. Diese Positionierung des Stoffs und die darin implizierte Beschreibung der Zielgruppe zeigt sich noch deutlicher im Gros der Ausschreibungstexte der Volkshochschulen, in denen keine Zielgruppe benannt wird: Das Seminar geht potentiell alle an; es scheint somit eine Art Grundwissen zu vermitteln, das man nicht beherrscht, um Macht auszuüben („Führungskräfte“) oder um Kapital verschiedener Sorten zu erwerben („Menschen mit Kontakt zu Geschäftspartnern“), sondern um überhaupt ein soziales/kulturelles Leben zu führen. Die Lehrenden an Volkshochschulen charakterisieren ihre Zielgruppe mittels der Zuschreibung einer Notwendigkeit, erst einmal den „Stand der Zeit“ zu erfassen.

Das zeigt, daß die bereits an den Preisen ablesbare Strukturiertheit des Etikette-Seminar-Angebots ihre Bedeutung hat zum einen bezüglich des Unterschieds zwischen den Modi des Erbens und des Erwerbens innerhalb der beiden oberen Segmente des Marktes und zum anderen in bezug auf die Dichotomie Kultur-Natur, deren Pole der kommerzielle und der öffentlich geförderte Teil der Seminare darstellen.

3 Die SeminarteilnehmerInnen und ihr Interesse

3.1 Die SeminarteilnehmerInnen

Geschlecht: weiblich

An den 15 untersuchten Seminaren nahmen insgesamt 161 Personen teil: 99 Frauen und 62 Männer. Dieses Verhältnis war nicht in allen Veranstaltungen gleich: An Volkshochschulen (neun untersuchte Veranstaltungen) verschob es sich zugunsten der Frauen (insgesamt 64 weibliche und 36 männliche Teilnehmende), in den vier Seminaren an der preislichen Spitze des kommerziellen Bildungsmarkts (insgesamt 22 Männer und 35 Frauen in sechs untersuchten Veranstaltungen) dominierten die Männer (20 Teilnehmer, 17 Teilnehmerinnen).

Die Geschlechterverteilung in den untersuchten Volkshochschul-Etiketteseminaren entspricht damit etwa der insgesamt für Volkshochschulen dokumentierten Quote von 1,5 Frauen je Teilnehmer (Schiersmann 1994, 150). Der hohe Frauenanteil entspricht, ebenso wie die Tatsache, daß Umgangsregeln fast ausschließlich von Frauen unterrichtet werden (vgl. Kap. 2.1), der Annahme, daß sie „die privilegierten Agenten der Umwandlung des ökonomischen Kapitals in symbolisches Kapital" sind (Bourdieu 1997d, 211). Ein genauerer Blick auf die von den TeilnehmerInnen verwendeten Alltagstheorien zu dieser Geschlechterverteilung im untersuchten Feld bestätigt diese These. Dies ermöglicht es aber auch, die für Frauen und Männer je spezifische Resultante, den Schnittpunkt der Dynamik „männlicher Herrschaft" (Bourdieu) mit dem Gefüge der Kapitalsorten, für das untersuchte Feld zu bestimmen.

Im Interview veranschlagten mehrere TeilnehmerInnen die Zuständigkeit von Frauen für symbolisches Kapital, dessen (Re-)Präsentierung und Konvertierung aus ökonomischem Kapital als Grund für die Geschlechterverteilung im Seminar. So erklärte Herr Teubner, Maschinenbauingenieur:

> Ich könnte mir vorstellen, daß das mit dem tradierten Rollenverständnis zusammenhängt. Weil Frauen früher einfach so vom Tisch herrichten zum Beispiel/ daß da speziell eben Frauen dann vielleicht doch für sich überlegen 'wenn ich mal Gäste habe, dann richte ich auch den Tisch schön, daß das einfach stimmt'. Von daher denke ich also, daß das Rollenverständnis der Grund ist.

Dieser Teilnehmer zieht zur Illustrierung der gesellschaftlichen Position von Frauen eine Szene heran, die Beispiel für eine konkrete Praxis der von Bourdieu beschriebenen „Umwandlung“ von Kapitalsorten ist: Wenn „Gäste“ in die Familie kommen, dann sei die Frau dafür zuständig, vorhandenes Kapital beispielsweise durch die Art der Bewirtung, alltagskulturell darzustellen. Frau Kosic, 27 Jahre alt und nicht berufstätig, wählte dieselbe Szene zur Erläuterung der kulturellen und sozialen Zusammenhänge, die ihrer Ansicht nach dazu führen, daß im von ihr besuchten Seminar mehr Frauen waren:

Ich meine, daß Frauen eigentlich mehr den Kontakt hegen und pflegen, zum Beispiel zu Geschäftspartnern, deren Frauen untereinander. Die Männer, wenn die untereinander sind, das ist denen eigentlich egal, wie sie sich benehmen, solange sie, ich sag' mal, so 'nen gewissen Rahmen einhalten, ist das nun egal, ob die das Besteck so oder so legen, also es ist irgendwie lockerer untereinander bei ihnen. Und bei Frauen, die achten schon mehr drauf: Wie verhalten sich die anderen? Ich hab' mich sogar gewundert, daß überhaupt Männer daran teilnehmen. Also ich muß auch sagen, zum Beispiel mein Zukünftiger, der ist ja auch unheimlich engagiert, und der ist ja bis abends in der Firma, der ist über Nacht oft weg, und natürlich, klar, der kann die Kontakte, die sozialen Kontakte nicht so halten, wie denn auch? Der kann ja jetzt auch nicht vom Hotel aus oder vom Büro aus stundenlang die Telefonate führen, und dann bin ich dafür zuständig. Ich habe dann Kontakte mit den Frauen der Männer, was ja eigentlich meine Freundinnen sind, und dann macht man so untereinander aus: 'Wollt Ihr nicht zum Grillen kommen?', und dann sagt sie ihrem Mann Bescheid, dann sag' ich's meinem, dann sag ich 'Du, wir haben Gäste am Wochenende'. Das finden die dann klasse, so nach dem Motto 'wir sind beschäftigt worden'.

Diese Seminarteilnehmerin benennt und beschreibt nicht nur die für sie selbstverständliche Zuständigkeit „der Frau“ für symbolisches Kapital, sie tut dies mit einer Perspektive, die man mit Bourdieu den „Scharfblick der Ausgeschlossenen“ nennen kann:

„Die Frauen haben das (gänzlich negative) Privileg, von den Spielen, bei denen um Privilegien gestritten wird, nicht getäuscht zu werden und zumindest nicht unmittelbar, in eigener Person in sie involviert zu sein. Sie vermögen sogar deren Eitelkeit zu durchschauen und, solange sie nicht über andere in sie hineingezogen sind, mit amüsierter Nachsicht die verzweifelten Anstrengungen des 'Kind-Mannes', den Mann zu spielen, (...) zu betrachten“ (Bourdieu 1997d, 196).

Während Frau Kosic ihren „Zukünftigen“ als gänzlich von der Akkumulation ökonomischen Kapitals in Anspruch genommen schildert, präsentiert sie sich selbst als diejenige, der „diejenigen Spiele, die für Ernst gehalten werden“ (ebd.) zwar vorenthalten sind, die aber gleichwohl den Überblick auch über diesen Bereich hat und die damit beschäftigten Männer, wenn sie es für richtig hält, wochenends mit etwas anderem „beschäftigt“ („das finden die dann klasse“).

Die Verwaltung des symbolischen Kapitals durch Frauen ist jedoch keine Konstante, die sich unabhängig von anderen Parametern durchsetzt. An den „Führungskräfte"-Seminaren am oberen Ende der Preisskala auf dem kommerziellen Bildungsmarkt nehmen mehr Männer teil, was sich daraus erklärt, daß diese nach wie vor die Spitzenpositionen im mittleren und oberen Management („Führungskräfte") nahezu exklusiv innehaben. Der Befund, daß in den untersuchten, abends und am Wochenende stattfindenden Volkshochschulseminaren der Frauenanteil höher ist als an den Veranstaltungen auf dem kommerziellen Bildungsmarkt, die an einem Wochentag abgehalten werden und selten nach 16 Uhr enden, entspricht der in der Bildungsforschung dokumentierten Tatsache, daß Frauen sich (egal ob berufsbezogen oder allgemeinbildend) vorwiegend in ihrer Freizeit weiterbilden (Bendl 1991, 114).

Die TeilnehmerInnen selbst führen die Frauenmehrheit in den Seminaren außerdem auch darauf zurück, daß es für Frauen legitimer und deshalb „einfacher" sei, sich in einen Rahmen zu begeben, der als „Unterricht" definiert ist und damit in eine Position, die nicht durch Vollkommenheit, sondern durch Lernbedarf charakterisiert ist. So beispielsweise Herr Helmers:

E.T.: In dem Seminar waren ja mehr Frauen als Männer. Woran liegt das Ihrer Meinung nach? Ist das Zufall oder/

Herr Helmers: Gleichgültigkeit vielleicht und falsch verstandene Persönlichkeitsrollen, falsches Rollenverständnis. Man geht als Mann vielleicht forscher an die Sache ran: 'Das muß sich von alleine ergeben, da brauche ich keine Lehrer'.

Ebenso Herr Leins, Inhaber eines Zeitschriftenverlags: „Ich glaube, daß vielleicht die Männer entweder sich nicht trauen, da hinzugehen und das auch einfach als überflüssig erachten." Oder Frau Hamm, eine junge Gymnasiallehrerin:

Ich könnte mir einfach vorstellen, daß Männer sich sehr viel schwerer damit tun, Defizite gleich welcher Art zuzugeben, und auch, wenn das in so einem relativ unwichtigen Bereich wie Umgangsformen zum Beispiel ist. Ich glaube das ist in vielen Seminaren ähnlicher Art garantiert auch so der Fall, daß da mehr Frauen sind.

Ebenso schätzte Frau Hermann, sie erzieht drei Kinder und erledigt die Sekretariats- und Verwaltungsarbeiten im Versicherungsbüro ihres Ehemannes, die Geschlechterverteilung ein:

Die Frauen, würde ich sagen, arbeiten immer mehr an sich als Männer. Im allgemeinen. Also so habe ich das meistens erlebt. Ein Mann hat da immer eine gewisse Hemmschwelle: 'Ach, was brauch ich das? Ich bin eigentlich schon fertig. Ich hab' schon meine Umgangsformen, das muß eigentlich genügen.' Außer ein Mann macht eine bestimmte berufliche Laufbahn, wegen der Karriere, daß er dann was unternehmen wird.

Wenn Männer teilnehmen, dann tun sie dies, so Frau Hermann, aus anderen Gründen, der „beruflichen Laufbahn“ wegen. Dieselbe Vermutung äußerte Frau Voormann, Zahnarzthelferin:

Ich kann mir vielleicht noch vorstellen, daß Umgangsformen für Frauen vielleicht noch allgemeiner interessant sind. Und ich glaube Männer machen so was halt, wenn sie es beruflich brauchen. Wenn ich so in meinem Bekanntenkreis rumkuck, ich glaube die Männer würden es nur machen, wenn sie es für den Beruf brauchen. Wenn sie wirklich wissen müssen, was sie da in welcher Situation zu tun haben. Rein so aus privatem Interesse würde es da, glaube ich, keiner machen.

Wenn Männer sich mit dem Thema beschäftigen, dann, so diese TeilnehmerInnen, tun sie zwar das Gleiche, aber unter einer entscheidend anderen Perspektive: „Umgangsformen“ erscheinen dann nicht mehr als kulturelles Kapital („allgemeiner interessant“, „privates Interesse“), sondern haben den Status eines Spezialwissens („Beruf“). Im Gegensatz zur vor allem für Frauen relevanten Bezugsgröße ‘symbolisches Kapital’ erscheinen „Umgangsformen“ hier eher als Sozialtechnik, die es in einem bestimmten Zusammenhang („Beruf“) braucht, so wie die Bedienung einer Maschine auf bestimmten Fertigkeiten oder auf einer Gebrauchsanleitung beruht.

Die TeilnehmerInnen gehen davon aus, daß es Frauen aufgrund des Geschlechterverhältnisses nicht nur bei diesem Thema, sondern allgemein qua sozialer Position leichter falle, „Defizite zuzugeben“, daß Frauen eher als Männer Etiketteseminare besuchen, weil dies ihrer Position als Verwalterinnen von kulturellem Kapital entspricht, und daß der Seminarbesuch von Männern eine Perspektive auf „Umgangsformen“ bedingt, die diese nicht als kulturelles Kapital thematisiert.

Dagegen betteten mehrere Männer ihre Seminarteilnahme in „kontrollgesellschaftliche“ (G. Deleuze) Topoi wie „lebenslanges Lernen“ (K.A. Geißler 1994, 107; Kade/Seitter 1996) ein (vgl. Kap. 4.3). So erklärte Herr Macher, der Geschäftsführer eines mittelständischen Stahlbaubetriebs:

Ich habe über dieses Seminar innerhalb der Familie mit meiner Frau und unserer erwachsenen Tochter gesprochen. Die fanden das beide gut! Die finden überhaupt gut, daß jemand in meinem Alter, ich bin 50, sich noch irgendwo auf die Schulbank setzt, in welcher Form auch immer. Also unsere Tochter meinte, das wäre ein Zeichen von Beweglichkeit und Lebendigkeit, und ich sehe das eben auch so. Ich hab wahnsinnige Probleme mit Leuten, die alles können und alles wissen, oder ihr Verhalten in bestimmten Bereichen als endgültig und nicht mehr verbesserungsfähig definieren. Ich bin also von permanenter Neugierde besessen, auch in solchen Dingen.

Dies bedeutet nicht, daß kontrollgesellschaftliche Bildungspraxen und -ideale, die unter anderem dadurch charakterisiert sind, „daß die Ausbildung nicht länger ein geschlossenes Milieu bleiben wird" (Deleuze 1993a, 251) und daß „die permanente *Weiterbildung* tendenziell die *Schule* ablöst und die kontinuierliche Kontrolle das Examen" (Deleuze 1993b, 257, Hervorhebung i. Orig.), für Frauen weniger relevant sind. Aber die befragten Teilnehmerinnen zogen sie nicht zur Erläuterung ihres Seminarbesuchs heran. Dies liegt daran, daß sie, im Gegensatz zu Männern, ihr „lebenslanges Lernen" egal auf welchem Gebiet bereits durch das Geschlechterverhältnis legitimiert sehen („Frauen geben es eher zu, wenn sie etwas noch nicht wissen").

Alter und Berufe

Das Gros der TeilnehmerInnen ist zwischen 30 und 40 Jahren alt. Diese Altersgruppe dominiert sowohl an den Volkshochschulen als auch auf dem kommerziellen Weiterbildungsmarkt.

Hin und wieder waren Studierende im Alter zwischen 20 und 25 Jahren unter den SeminarteilnehmerInnen, und zwar in den billigeren Veranstaltungen auf dem kommerziellen Bildungsmarkt und in den Volkshochschulkursen. Hier traf ich eine Studentin der Psychologie und vier BWL-Studierende. Keine/r der insgesamt 161 TeilnehmerInnen der 15 untersuchten Seminare befand sich zum Zeitpunkt des Seminarbesuchs in einer Berufsausbildung. Die hier untersuchte Form der (Re-)Produktion von kulturellem Kapital korreliert offenbar eher mit einer akademischen als mit einer gewerblichen Ausbildung. Dies könnte verschiedene Gründe haben: Ein Studium kann nach wie vor, trotz der Entwertung schulischer und akademischer Abschlüsse und auch aufgrund des „Hysteresis-Effekts" des Habitus'[1], einen sozialen Aufstieg indizieren und Distinktionsbemühungen nach sich ziehen, während eine Berufsausbildung eher für den Verbleib in der sozialen Lage der Herkunftsfamilie steht und nicht in erster Linie mit dem Erwerb kulturellen Kapitals assoziiert wird. So ist es vielleicht kein Zufall, daß eine der BWL-Studierenden im Fragebogen vor ihrer eigenen Alltagspraxis die ihrer Kommilitonen als Grund für den Seminarbesuch nannte:

Was waren Ihre Gründe für den Besuch des Seminars?

Interesse am Thema, besonders nach den z.T. erschreckenden Erfahrungen in der Uni bzw. Mensa. Überprüfen der eigenen Kenntnisse und Ansichten.

Im selben Seminar beklagte ihr Freund, ebenfalls Student der Betriebswirtschaft, „daß die Leute in der Mensa nicht einmal richtig essen können, wenn es Schnitzel und Kroketten gibt", wobei er pantomimisch verdeutlichte, wie „die Leute" die Gabel mit der Faust hielten. Später wiederholte er diese Kritik und fügte kopfschüttelnd an: „Und das soll dann der Führungsnachwuchs sein! Für mich ist das Seminar eine Investition in die Zukunft." Es kann an dieser Stelle dahingestellt bleiben, wie nun tatsächlich in Mensen gegessen wird und wie dies zu interpretieren wäre. Entscheidend ist die Tatsache, daß der Seminarbesuch hier mit einem bewertenden Blick auf die ästhetische Praxis anderer Personen einhergeht. Er wird nicht lediglich mit eigenem Interesse an Umgangsregeln oder mit der Absicht, „sicherer werden" zu wollen begründet (vgl. Kap. 3.2), sondern diese beiden TeilnehmerInnen stellen den Besuch des Seminars in den Zusammenhang einer bereits als Studierende aufgenommenen Praxis der Distinktion, des Unterscheidens zwischen legitimen und illegitimen alltagsästhetischer Praxen beim Essen („können nicht einmal richtig Schnitzel und Kroketten essen").

Studentische TeilnehmerInnen jedoch sind, wie gesagt, Ausnahmen. Die Mehrzahl der TeilnehmerInnen hat entweder soeben den Berufseinstieg hinter sich wie beispielsweise die 26jährige „Sachbearbeiterin Controlling - Studium BWL (FH)" und die 27jährige Betriebswirtschaftlerin „in der Finanzplanung eines großen Unternehmens". Oder sie haben, dies ist eine weitere große Gruppe von TeilnehmerInnen, soeben Aufstiege in betrieblichen Hierarchien vollzogen. Hierzu gehören die ausgebildete Versicherungskauffrau, die nach einem „Abendstudium Versicherungsfachwirt" im Alter von 27 Jahren „Gruppenleiter in einer Versicherungsgesellschaft" wurde, oder die 29jährige „PR-Assistentin", die, so ihre Erklärung in der Vorstellungsrunde des Seminars, „nach einem Jahr zur Referentin erhoben" wurde. Schließlich zählen diejenigen, die bereits beruflich etabliert sind, zur Hauptkundschaft von Etiketteseminaren: Angestellte ohne direkte Aufstiegsmöglichkeiten (Zahnarzthelferin, Erzieherin, Sekretärin,) oder (leitende) Angestellte im mittleren Management großer bzw. im oberen Management kleiner Betriebe (PR-Managerin einer Landeszentralbank, „Geschäftsführerin einer Agentur für Kommunikation im Gesundheitswesen", Sparkassendirektor), selbständige kleine und mittelständische Unternehmer und freiberuflich Tätige („selbständiger Handelsvertreter in der Automobilbranche", Steuerberater, Verleger, Controllerin) sowie Beamte (GymnasiallehrerInnen). Während die Mediendiskurse und auch die Lehrenden der untersuchten Seminare den Bedarf an inkorporiertem kulturellem Kapital vor allem zu Beginn der Berufsbiographie sehen und konstatieren, daß „Umgangsformen" „immer mehr" zu einem Kriterium für den Einstieg in den Arbeitsmarkt würden, legt dieser Befund über das Alter und die Berufstätigkeit aus dem Sozialprofil der TeilnehmerInnen von Etiketteseminaren eine andere Relation nahe:[2] Die Arbeit mit und/oder am kulturellen oder symbolischen Kapital praktizieren diejenigen, die ihr ökonomisches Kapital bereits sicher haben. Es handelt sich beim hier untersuchten Interesse an Umgangsformen weniger um den Versuch sozial und ökonomisch (noch) nicht integrierter Gruppen, kulturelles Kapital zur (Selbst-)Integration in diese Bereiche zu erwerben bzw. es dafür einzusetzen, sondern der Seminarbesuch erscheint hier eher als die ästhetische Ergänzung einer bereits stattgefundenen sozialen und ökonomischen Sicherung der eigenen Existenz. Die TeilnehmerInnen der untersuchten Seminare sind, bis auf wenige Ausnahmen, der „Auslese auf dem Arbeitsmarkt" nicht ausgesetzt, sondern tragen zu deren Konstituierung bei, indem sie sich mit einem Kanon ausstatten wollen, der zur Distinguierung taugt.

In wenigen Veranstaltungen aller Kategorien finden sich dennoch einzelne Jugendliche und Männer und Frauen im Alter von über 60 Jahren. Ein Blick auf die jeweilige Soziobiographie zeigt, welche Bedeutung es haben kann, im Alter von 13, 18 oder 75 Jahren ein Benimmseminar zu besuchen.

Die Jugendlichen kamen in beiden Fällen in Begleitung ihrer Familie. Beide hätten ohne sie nicht am Seminar teilgenommen. Dennoch weisen die Seminarbesuche von Tanja Helmers (17 Jahre) und Rainer Holzmann (13 Jahre) große Unterschiede auf. In beiden Fällen sind sie offensichtlich dazu ausersehen, die sozioökonomischen Ambitionen ihrer Eltern umzusetzen oder fortzuführen, und doch geschieht dies aufgrund der je spezifischen Familienbiographie auf sehr unterschiedliche Art und Weise:

Tanja Helmers nahm gemeinsam mit ihren Eltern an einem eintägigen „Führungskräfte"-Seminar teil, das mit einem Preis von 1600 Mark (1996) eines der teuersten Angebote auf dem kommerziellen Bildungsmarkt war. Frau Rau, die Dozentin dieser Veranstaltung, hatte mich bereits vor Beginn darauf aufmerksam gemacht, daß „Teilnehmer aus den neuen Ländern" dabei sind. Es war nicht möglich, mit Tanja Helmers selbst ein Interview zu führen: Ihr Vater schaltete sich sofort ein, als ich die Familie um ein Gespräch bat, erklärte, daß seine Frau wegen ihrer hohen Arbeitsbelastung keine Zeit habe und seine Tochter zur Schule müsse, und so vereinbarte ich einen Termin mit ihm allein. So gibt es neben Tanja Helmers Seminarbesuch lediglich die Auskünfte ihres Vaters, die allerdings auch aufschlußreich sind bezüglich der Frage nach dem Zusammenhang der Teilnahme dieser 17jährigen Frau an einem Etiketteseminar.

Im Interview erzählte Herr Helmers nichts Genaues über seine Ausbildung und Berufstätigkeit in der DDR:

Ich hatte durch meine Stellung vorher schon eine gewisse exponierte Stellung gehabt in der Wirtschaft, Volkswirtschaft. Ich hab Nachrichtentechnik studiert zu DDR-Zeiten, bin dann aber aufgrund meiner Verwandten, die in Hamburg gelebt haben, dort in der DDR-

Zeit nun nicht vorwärtsgekommen, also daß ich mich dann aus diesem Bereich verabschiedet habe und dann in die Volkswirtschaft gegangen bin. War dann als kaufmännischer Direktor zuletzt tätig und als Betriebsdirektor von einem Lebensmittelbetrieb, Brauerei. Und es mußte jeder in der Partei sein damals, und dann bin ich mal mächtig angeeckt und aus der Partei rausgeflogen. Da war natürlich auch die Direktorenstelle dann passé.

Es wird lediglich klar, daß er mit der Wende im Alter von 37 Jahren seine Stelle verlor: „Vor der Wende war, war ich dann in einem Möbelbetrieb Direktor von der Materialwirtschaft und dann kam die Wende und jetzt bin ich hier." Auch zum Zeitpunkt des Seminarbesuchs (1996) war er noch arbeitslos. Allerdings nennt er das nicht so. Er hat sich in der Zahnarztpraxis seiner Frau („Meine Frau hat in der Klinik aufgehört am Sonntag, den 30. November 1990, und hat am Montag, den 1. Dezember, hier in ihrer eigenen Praxis angefangen.") ein Büro eingerichtet, in dem er „die Praxis managt" und in dem er vor allem den Besuch der Familie in zahlreichen kommerziellen Bildungsveranstaltungen (von „Körpersprache" bei Samy Molcho über „Rhetorik" bis hin zu „Etikette") plant und organisiert:

Es gibt auch nach wie vor leider hier im Osten auch Leute, die eben das früher nur so kannten, daß sie von Leuten, oben von der höheren Schicht gelenkt wurde, daß dann immer jemand kam und gesagt hat, jetzt muß Du das und mußt jenes machen. Die warten auch heute noch, aber es wird heute niemand mehr kommen. Bei denen hat sich nichts geändert, die resignieren und dann geht's eher in die negative Richtung. Aber wer selbst *will*, trotz der hohen Arbeitslosigkeit, der wird auf jeden Fall eine positive Entwicklung für sich, auch wenn er arbeitslos zur Zeit ist, [längere Pause] interpretieren. Man will ja jetzt auch mehr aktiv sein durch die Reisemöglichkeiten, die es früher hier nicht gab und jetzt gibt. Ich will ja dort nicht entdeckt werden als Nichtkönner, also geht's mit der Mode los, geht's mit dem Verhalten los, wir machen's auch mit der Zahngesundheit, die Zähne sind das wichtigste Outfit, was nützt aller Glimmer, Gloria und Glanz in Mode und Schmuck und Hairstyling, wenn derjenige den Mund aufmacht und man guckt dort in ein schwarzes Loch rein und dann kommt der sächsische Dialekt oder der bayrische oder was, das wird immer ein Erschrecken dann auslösen. Und das haben viele begriffen. Es gibt auch welche, die es noch nicht begriffen haben, aber die wird es überall geben. (Betonung i. Orig.)

Die „Arbeitslosigkeit" ist das eine Problem, aber schmerzhaft ist es auch, nach der Wende nun alltagskulturell („Mode", „Verhalten") als „Nichtkönner" dazustehen, mit der eigenen Sprache „Erschrecken" zu verursachen (vgl. Schmidt/ Schönberger 1999 zu solchen Erfahrungen). Herr Helmers lebt zwar einerseits ökonomisch sicher durch die Berufstätigkeit seiner Frau. Andererseits ist er damit konfrontiert, daß ihm nicht nur Arbeit fehlt, sondern daß sein Habitus nun an anderen Maßstäben gemessen wird und deshalb jetzt als Unvermögen erscheint. Zudem beinhaltet gerade die Rollenverteilung, auf der die ökonomische Existenz von Familie Helmers basiert, in einer patriarchalen Gesellschaft eine Demütigung, die für Herrn Helmers den Abstieg, den der Arbeitsplatzverlust mit sich brachte, verschärft haben dürfte. Daß es sich hierbei nicht um die kulturell legitime, dominante Aufgabenverteilung handelt, wurde ihm auch anläßlich des besuchten Umgangsseminars vor Augen geführt: Obwohl die Familie Stammkunde bei Frau Rau ist und bei ihr schon Seminare zu verschiedenen Themen besucht hatte, führte die Sekretärin der Dozentin Herrn Helmers auf der Teilnehmerliste mit dem Doktortitel seiner Frau auf, die auf diesem Papier, ebenso wie ihre Tochter, lediglich mit Namen firmierte. Herrn Helmers jedoch ist es gelungen, seinen Abstieg in einen Aufstieg umzudeuten („eine positive Entwicklung für sich - interpretieren"): Er organisiert die Konvertierung des von seiner Frau erarbeiteten ökonomischen Kapitals in kulturelles und symbolisches Kapital. Dies geschieht mittels des Besuchs von Bildungsveranstaltungen der obersten Preisklasse durch die gesamte Familie. Diese im aktuellen Klassen- und Geschlechterverhältnis eigentlich Frauen vorbehaltene Tätigkeit praktiziert er in seinem Büro als Fulltime-Job:

Ich mach hier so das ganze Management für unsere Zahnarztpraxis. Und dazu gehört die Aus- und Weiterbildung, um meiner Frau den Rücken freizuhalten, damit sie Zahnarzt bleiben kann. Und im Rahmen der Aus- und Weiterbildung laufen ja viele Kataloge, viele Angebote hier ein, aus verschiedenen Richtungen. Da habe ich speziell Kurse selbst besucht und suche die aus für die Praxis hier.

Er beteiligt sich auch an der Auswahl der Bewerberinnen für die Ausbildung zur Zahnarzthelferin in der Praxis seiner Frau. Herr Helmers erzählt, daß diese zum Vorstellungsgespräch mit den Eltern oder (Ehe-)Partnern eingeladen werden, um etwas über das soziale Umfeld zu erfahren:

Herr Helmers: Wir haben auch Azubis, und dort laden wir die Eltern mit ein.

E.T.: Wie reagieren da Ihre Bewerberinnen drauf, das ist ja eher ungewöhnlich?

Herr Helmers: Also sie haben das zumindest immer akzeptiert. Es kam dann auch am Anfang im Auswahlbereich einmal zu Aversionen, und dann war es sowieso gut, dann ist man nicht der richtige Partner. Wir akzeptieren das, aber das war es dann. Aber, wie sagt man, Martin Luther hat schon gesagt: Lieber gar kein Kind als ein mißratenes Kind. Davon geh' ich aus.

Herr Helmers, der selbst schmerzhaft erfährt, wieviel die informelle, alltagskulturelle Seite von kulturellem Kapital („Nichtkönner", „Sprache löst Erschrekken aus") zählt, setzt dieses bereits selbst als „Auswahlkriterium" ein. Gemeinsam mit seiner Frau testet er die Bewerberinnen nicht lediglich länger als üblich, in einem ausführlicheren Gespräch oder bei einem gemeinsamen Essen, sondern sie prüfen mit dem Blick auf „die Eltern" zielsicher den Parameter, der im

Gefüge der Kapitalsorten entscheidender ist als das Verfügen über „institutionalisiertes kulturelles Kapital“ (Bourdieu 1983, 190) wie Abschlußzeugnisse oder die Teile von Habitus und Hexis, die in einem einfachen Bewerbungsgespräch sichtbar werden: Er kontrolliert den sozialen Ort des Erbens kulturellen Kapitals bzw. den Erblasser, die Familie. Ein Grund für diese Nutzung kulturellen Kapitals als (Aus-)Schließungskriterium ist vermutlich die Tatsache, daß Herr Helmers eigene Praxen und Standards nach dem „Erschrecken“ des Westens darüber entwertete:

Da war es ja so zu DDR-Zeiten, daß schon in der Jugendzeit, in der Kinderzeit, im Kindergarten, in der Kinderkrippe alles getan wurde, weg vom Ich hin zum Wir. Heute ist es gerade umgedreht, das sehe ich jetzt eigentlich richtig. Und wenn ich sage ‘Ich’, dann verlangt das auch einen eigenen Stil, einen eigenen Ton, und möglichst einen guten Ton. Wer will denn von vornherein schlecht erscheinen und sich schlecht darstellen?

Dennoch bringt diese Umwertung („heute ist es gerade umgedreht“) neue Probleme mit sich. Auch Herrn Helmers und seiner Familie geht es um den Erwerb und Einsatz kulturellen Kapitals; gleichwohl geschieht ihr Seminarbesuch vor einem anderen Hintergrund als derjenige von West-TeilnehmerInnen. Während die Kundschaft aus den alten Bundesländern ihre Aufstiegsabsichten und die damit verbundene Distinktion und Abgrenzung in einen hegemonialen legitimen, soziokulturellen Mainstream von Flexibilisierung und „kontrollgesellschaftlicher“ (G. Deleuze) Selbstwahrnehmung einbetten kann („lebenslanges Lernen“), ist Herr Helmers unmittelbar damit konfrontiert, daß solche Distinguierung Ausgrenzungen und Verluste mit sich bringen kann:

Wir hatten zum Beispiel ein Freundespaar, was gar kein Freundespaar war. Die haben mit uns hier dieselbe Entwicklung begangen hier im Osten. Und die haben unsere gemeinsamen Interessen und die Unterhaltungen, die da gelaufen sind, nun so interpretiert, daß wir nun karrieresüchtig sind. Während sie sich dem Jeansmoden-Dasein und dem Zufall hingeben als ihrem Lebensstil. Das habe ich bereut, daß ich hier eine Freundschaft vermutet habe und mich freundschaftlich, mitteilsam verhalten habe. Das war eben eine Erfahrung.

Herr Helmers dagegen sagt „ich“ „in einem eigenen guten Ton“, und deshalb besuchte er mit seiner Familie das Seminar. In dessen Vorstellungsrunde erklärte Herr Helmers, der in einer Kombination mit Krawatte und goldfarbenen Knöpfen am Jackett erschienen war: „Ich freue mich, das Seminar hier zu besuchen. Mir kommt es vor allem auf die Verbesserung meiner Sicherheit im Auftreten an, und ich möchte auch meine Körpersprache verbessern.“ Frau Helmers (in langem schmalem Jeanskleid) sagte: „Ich interessiere mich vor allem für Anreden, für kleine Gespräche auf Empfängen mit Unbekannten, welche Kleider man bei welcher Gelegenheit anzieht." Ihre Tochter, Tanja Helmers, (sie trug ein unauffälliges sommerliches Blümchenkleid über einem T-Shirt) äußert sich in der Vorstellungsrunde folgendermaßen zu ihrem Interesse am Seminar: „Ich bin mit meinen Eltern da und habe keine besonderen Ziele, sondern will mich überraschen lassen." Während ihre Eltern einige Male nach der genauen Anwendung einer „Regel" in einer bestimmten Situation fragten, sprach die 17jährige junge Frau in der gesamten Veranstaltung nur dann, wenn die Seminarleiterin sie beispielsweise zur Beantwortung einer Frage oder zur Nennung eines Begriffs für einen Lückentext über Umgangsregeln aufrief. Auch in den Pausen hielt sie sich stets freundlich lächelnd, aber still in der Nähe der Eltern auf. Die immensen Kraftanstrengungen, mit denen ihre Familie dem sozioökonomischen Absturz entgegenarbeitet, haben ihr offenbar, zumindest in dieser Benimm-Veranstaltung, die Sprache genommen. Versehen mit dem Abitur und der Gewißheit, daß ihr Vater, der den Kampf im ökonomischen Feld verloren hat („Dann kam die Wende und jetzt bin ich hier."), denjenigen um das kulturelle Kapital mit enormem finanziellem Aufwand („So ein Seminar bei Samy Molcho kostet dreibis viertausend Mark. Aber es hat sich gelohnt!") und unerbittlich führt („Lieber kein Kind als ein mißratenes Kind."), bleibt ihr, will sie diese Anstrengungen und die damit verbundenen Entbehrungen nicht entwerten (vgl. Bourdieu 1997e, 651-658), kaum eine andere Möglichkeit, als den Ambitionen ihrer Eltern bis in ein Etiketteseminar zu entsprechen. Sie hat „keine besonderen Ziele", das heißt: keine eigenen Ziele, sondern folgt ihren Eltern um den Preis einer eigenen Sprache, mit der höflich formulierten Hoffnung, daß dieser Weg schon eine „Überraschung" mit sich bringen werde.

Auch Sven Holzmann, mit 13 Jahren der jüngste Teilnehmer aller 15 beobachteten Seminare, war nicht alleine gekommen. Gemeinsam mit seiner Großmutter besuchte er ein eintägiges Volkshochschulseminar an seinem Heimatort. Auch er ist der „Erbe eines väterlichen Projekts" (ebd.), und doch hat er sich dieses auf eine gänzlich andere Weise als Tanja Helmers zu eigen gemacht. In der Vorstellungsrunde des Seminars präsentierte er sich folgendermaßen: „Mein Name ist Sven Helmut Holzmann. Ich möchte lernen, mich richtig zu verhalten. Ich gehe in die achte Klasse." Während ihn die Seminarleiterin und seine Großmutter mit „Sven" anredeten, nennt er hier seinen zweiten Vornamen. Dieser stammt nicht aus dem aktuell beliebten Vornamensrepertoire, sondern aus einem vor Jahrzehnten gebräuchlichen Fundus. Auf diese Weise machte Sven Holzmann kurz aber unmißverständlich deutlich, daß er ein Erbe ist, der Sohn einer Familie, in der die Weitergabe des Namens des Vaters indiziert, daß etwas vererbt wird. Viel eindeutiger als eine bestimmte soziale Praxis oder demonstrierte Kennerschaft auf egal welchem Gebiet markiert dieser kleine Verweis auf die „Ancienníťät" (Bourdieu) der eigenen gesellschaftlichen Existenz die als legitim geltende Position im Gefüge der Kapitalsorten, die sich, so Bourdieu, nicht nach der Menge an kulturellem Kapital bemißt, sondern vor allem nach dem Modus seines Erwerbs (Bourdieu 1987, 127ff. u. 120-125). Sven Holzmann trug Anzug, weißes Hemd und Krawatte im Seminar. Beim späteren gemeinsamen Essen im Restaurant eines international bekannten, traditionsreichen großen Hotels am Ort erzählte er, daß er in diesem Restaurant schon mehrfach gegessen hatte und hier nächstes Jahr seine Konfirmation feiern werde. Ohne seine Großmutter, so erzählten beide in einer Pause, hätte er das Seminar nicht besucht. Dennoch erweckte er während der Veranstaltung nicht den Eindruck, gezwungenermaßen anwesend zu sein: Er beteiligte sich lebhaft mit Antworten und Fragen am Seminar, absolvierte wortreich und selbstbewußt seinen Part als „Bewerber in einem Vorstellungsgespräch" im ihm von der Dozentin zugewiesenen Teil in einem Rollenspiel und freute sich mit lautem „Jaaa!", als er ein Quiz, bei dem Fragen zum „richtigen Benehmen" in verschiedenen Situationen zu beantworten waren, gewann. Nina Holzmann, seine Großmutter, formulierte ihr Interesse in der Vorstellungsrunde folgendermaßen: „Ich habe vier Kinder und sechs Enkelkinder. Ich möchte wissen, ob das, was ich an die Kinder und Enkel weitergegeben habe, so richtig war." Sie trug einen schwarzen Anzug, war perfekt-unauffällig geschminkt, zeigte dezenten Goldschmuck und trug über ihrem Anzug eine große Stola aus dünner Wolle, was ihren Bewegungen eine gewisse Grandezza verlieh. Während der Sitzungen meldete sie sich mehrmals als Angehörige der kleinstädtischen Oberschicht des Veranstaltungsortes zu Wort, der international als mondäner Bade- und Kurort gilt. Als die Dozentin zwei TeilnehmerInnen einen Handkuß üben ließ und dazu erklärte, daß diese Form der Begrüßung nur in geschlossenen Räumen angemessen sei, sagte sie beispielsweise: „Hier macht man es auch auf der Straße. Hier passiert's sowieso oft." Der Restaurantbesuch in einem weltweit bekannten Hotel am Ort warf seine Schatten voraus. In den Pausen unterhielten sich die TeilnehmerInnen über das Haus, das zwar alle kannten, das aber außer Frau Holzmann und ihrem Enkel nur eine Teilnehmerin von innen gesehen hatte. Während Frau Holzmann und ihr Enkel nichts Genaueres über ihre Besuche verlauten ließen, erzählte die Teilnehmerin, die schon einmal „dort" gewesen war, wo sich ökonomisches Kapital topographisch manifestiert und wo alle ihnen unbekannte Praxen in Form von „Umgangsregeln" vermuteten, den anderen, die sie in der Pause danach fragten: „Ich war mal dort zum Kaffeetrinken, auf der Terrasse. Es ist sehr schön da. Der Kaffee kostet 15

Mark." Die Umstehenden staunten. Alle schüttelten zwar etwas den Kopf wegen des hohen Preises, dies führte aber weder zu einer Abwertung der sich in diesen Preisen manifestierenden Distinktion, wie es für den „Notwendigkeitsgeschmack" typisch wäre (Bourdieu 1987, 587-601), noch zu Bewunderung, sondern eher zu einer Art ratlosen Enthaltung von jeglichem Urteil, ähnlich, wie Bourdieu es für die Betrachtung bestimmter Kunstwerke durch das Kleinbürgertum beschreibt. Die TeilnehmerInnen dieses Seminars grenzen sich nicht ab gegen die Symbole der legitimen Kultur, sondern sie versuchen, sich ihrer unauffällig zu bemächtigen. Dies beinhaltet eine Art respektvolle Bewegungslosigkeit angesichts des Raumes, dem die sozioökonomische Ambition gilt. Während die SeminarteilnehmerInnen vor dem Essen, als ein Aperitiv gereicht wurde, eher unbehaglich und unbeweglich in der Bar herumstanden, ging Frau Holzmann energischen Schrittes durch die Mitte des hohen Portals in das in historischem Gebäude befindliche Restaurant und schaute sich den bereits gedeckten Tisch an. Als sie zurück kam, erzählte sie: „Eine tolle Tafel!" Diese raumgreifende Aktivität setzte sie auch während des Essens fort. Hier sekundierte sie mehrfach der Dozentin, die nicht immer alle 15 TeilnehmerInnen an dem großen Tisch im Blick hatte. So mahnte sie beispielsweise als der Wein serviert worden war und man sich zutrank: „Anschauen! *Alle* anschauen! (Betonung i. Orig.)" Dabei schaute sie einmal die ganze Runde entlang, jede/m in die Augen, nickte mehrmals, bevor sie ihr Glas an die Lippen setzte und auch bevor sie es nach dem ersten Schluck wieder absetzte.

Frau Baumann akzeptierte nicht nur Frau Holzmanns kurze Auftritte als Lehrerin im Seminar, sondern sie hob diese Teilnehmerin auch insofern heraus, als sie sie am häufigsten und stets mit Namen persönlich ansprach, ihr eine Frage stellte oder um einen Kommentar bat.

Beim Seminarbesuch von Frau Holzmann und ihrem Enkel wird deutlich, daß das Interesse an Umgangsregeln durchaus mit einem sozialen Aufstieg zu tun hat (so erklärte mir Frau Baumann im Interview: „Frau Holzmann war vor 50 Jahren neureich"). Andererseits zeigt die Art und Weise, wie sich sowohl Frau Holzmann als auch ihr Enkel während des Seminars gaben, daß die während der Sitzung in der Volkshochschule imaginierte und abends im Firstclassrestaurant (das Männer nur mit Krawatte betreten durften) inszenierte Welt der „modernen Umgangsformen" (so die Benennung des Inhalts im Ausschreibungstext) ihnen nicht mehr fremd ist. Sogar der jugendliche Sven Holzmann ist im Vergleich mit anderen SeminarteilnehmerInnen, die sich seltener zu Wort meldeten und die Rollenspiele wortkarger absolvierten, kein Novize mehr. Der durch das Seminar und insbesondere durch den Restaurantbesuch geschaffene Rahmen war für ihn offensichtlich weniger eine Art Schulbank, auf der sitzend man bis dahin unbekannte Inhalte zu hören bekommt, sondern er nutzte dies eher als eine Art Übungsparcours zum Trainieren und Erproben bereits vorhandener Gewißheiten. Und im Gegensatz zur in einer sächsischen Kleinstadt lebenden 17jährigen Tanja Helmers im „Führungskräfte"-Seminar läuft dieser jugendliche Seminarteilnehmer bei seiner Aneignung kulturellen Kapitals nicht Gefahr, durch ein soziokulturelles Umfeld, in dem Solidarität einmal ein zumindest durch staatliche Institutionen behauptetes Handlungsideal war, daran erinnert zu werden, daß Distinktion Ab- und Ausgrenzung impliziert. So hat Sven Holzmann es (obwohl auch er dies als Vollstrecker eines familiären „Projekts" (P. Bourdieu) tut) leichter, unbekümmert zu „lernen" und danach zu fragen, „wie man sich richtig verhält".

Auch die ältesten TeilnehmerInnen verteilten sich auf alle Kategorien der untersuchten Seminare: Die 75jährige Frau Vogt besuchte einen Kurs in der Volkshochschule ihres Wohnorts, Herr Schwab (64 Jahre alt) hatte eine zweitägige Veranstaltung auf dem kommerziellen Bildungsmarkt für 500 Mark gebucht, und die fast 70jährige Frau Wild, eine selbständige Unternehmensberaterin, traf ich in einem der teuersten Seminare mit dem Titel „Etikette - Takt und Ton". Am Beispiel von Frau Vogt soll im folgenden gezeigt werden, in welchem Zusammenhang der Besuch eines Benimmseminars in diesem Lebensabschnitt steht.

Frau Vogt benannte ihr Interesse in der Vorstellungsrunde folgendermaßen: „Ich möchte kucken, was sich geändert hat." Sie meldete sich im Seminar nicht oft, aber regelmäßig zu Wort, wies bei einer praktischen Übung den ihr zugeteilten jungen Vermessungsingenieur mütterlich an, wie der Tisch für das an der Tafel notierte Menü „korrekt" zu decken ist und beantwortete Fragen des Dozenten mit spitzbübischem Lächeln, so daß man den Eindruck hatte, daß ihr der Seminarbesuch Spaß macht. Die Bitte um ein Interview wehrte sie zunächst lachend ab, dann aber erklärt sie sich doch bereit. Bei der Terminabsprache bestand sie darauf, mich mit dem Auto vom Bahnhof abzuholen. Auf der Fahrt zu ihrem Haus erzählte sie von ihrer Ausbildung und Berufstätigkeit als Krankenschwester und von ihrem Mann, der bis zu seiner Pensionierung Chirurg im städtischen Krankenhaus war. Im Interview, das in einem mit Antiquitäten eingerichteten Wohnzimmer an einer Kaffeetafel stattfand, bestätigte sie zunächst das Bild, das sie bereits im Seminar vermittelte: „Also diese normalen Sachen, wie man sich benimmt, die beherrsch' ich schon. Aber mich hat's halt einfach interessiert. Das meiste ist mir ja schon bekannt gewesen." In Expertenmanier verortete sie die anderen SeminarteilnehmerInnen im sozialen Raum:

Eigentlich hab' ich mich im Stillen amüsiert, als der Dozent sagte, wenn man ein sehr gutes Restaurant betritt, daß dann der Oberkellner alles sieht, und daß dann einer, der gleich Fehler macht, schon abgewertet ist. Und da hab' ich mir gedacht, dieser Kreis, der dort war, in der Volkshochschule, die werden kaum in Verlegenheit kommen [kichernd:] derartige Lokale zu besuchen, wo man so sehr auf Etikette achtet, daß die Dame den Vortritt hat, der Herr dann stehenbleibt, wenn sie reingegangen ist, ihr aus dem Mantel hilft, die Mäntel dem Kellner übergibt und nicht selbst weghängt.

So ging es das ganze Interview durch: Frau Vogt präsentierte sich als eine, die „das alles schon" wußte, der Seminarinhalt sei für sie „das Normale", wobei sie auch Wert darauf legte, nicht als kleinliche Regelbefolgerin dazustehen, sondern zu zeigen, daß es sich, wenn sie einmal eine Regel nicht beachtet, nicht um Unwissenheit, sondern um „kontrollierte Unterkorrektheit" (Bourdieu 1990, 42) handelt:

Ich weiß nicht, wie's Ihnen geht, also ich achte da auch nicht immer auf alles. Daß man nur mit dem Essen beginnen darf, wenn der Eingeladene seine Serviette genommen hat und daß man auch dann erst seine Serviette nehmen darf, das sind so Dinge, die man schon weiß, aber das wird im allgemeinen, wenn wir mit unseren Freunden ausgehen oder Freunde zum Essen einladen/ dann nehmen wir das eigentlich nicht so genau.

Es wurde zunächst nicht klar, weshalb Frau Vogt das Seminar besuchte, präsentierte sie sich doch als genaue Beobachterin und souveräne Anwenderin kulturellen Kapitals. Erst als wir gegen Ende des Interviews auf ihre Biographie zu sprechen kamen, erfuhr ich Folgendes: Die Eltern von Frau Vogt hatten lediglich Volksschul-Abschlüsse, und keine Berufsausbildung; „meine Mutter war Hausfrau und mein Vater war beim Militär und später bei der Reichsbahn Angestellter". Frau Vogt machte eine Ausbildung zur Krankenschwester. In englischer Kriegsgefangenschaft (warum sie dahin als Krankenschwester geriet, war im Interview nicht zu erfahren) lernte sie ihren späteren Mann, einen Chirurgen, kennen, den sie 1954 heiratete. Sie hatte sich also die Fähigkeiten, die sie zur Führung des bürgerlichen Arzthaushaltes benötigte, selbst angeeignet. Wie kulturell prekär solch ein ökonomischer und sozialer Aufstieg sein kann, wurde bei einer längeren Geschichte deutlich, die ihr Mann nun im Interview erzählte:

Wir haben hier die Firma Bayer, das ist Ihnen ja hoffentlich ein Begriff. Sie sind der größte Arbeitgeber am Platz, 3000 Beschäftigte, davon 300 Akademiker, das zieht natürlich auch ein bestimmtes kulturelles Angebot nach sich. Das ist hier die Forschungsabteilung, der Stadt wäre es lieber, wenn es die Produktion wäre, dann gäbe es mehr Gewerbesteuer. Bayer sponsert aber immer Projekte der Stadt, vor kurzem beispielsweise haben sie neue Kirchenglocken bezahlt. Dann gibt es noch eine andere Medizintechnikfirma, die macht Stühle für Zahnärzte. Und eine Posamentenfabrik, die größte in ganz Deutschland. Und dann natürlich Schöttler. Die machen hier Baumaschinen und im Nachbardorf Sägen. Der alte Schöttler hat seine Firma hier nach dem Krieg nach oben gebracht. Im Krieg hat er für die Organisation Todt gearbeitet. Er hat nicht studiert, sondern ist Maurermeister. Jedes seiner vier Kinder hat eine Million Mark geerbt! Er hat auch Hotels in Schottland gebaut, die verwaltet heute seine Tochter. Dafür hat er in Italien Marmor eingekauft. Einmal ist er dazu nach Italien gefahren. Da hat ihn der Steinbruchbesitzer zum Essen eingeladen, weil es ein großer Auftrag war. Der Schöttler hat dann eine andere Suppe bestellt: Nicht die feine, die es gab, sondern er wollte eine Kartoffelsuppe. Die bekam er dann auch. Der Italiener hat deshalb aber Zweifel an der Liquidität von Schöttler bekommen. Bei einem Besuch hier in Kleinstadt war er dann aber beruhigt, als er die große Firma gesehen hat. Der alte Schöttler hat immer gearbeitet. Einmal ist er beim Kutschefahren gestürzt und hat sich mehrere Rippen gebrochen. Er kam zu uns ins Krankenhaus und wollte nicht dableiben. Ich und ein Internist haben auf ihn eingeredet, aber er wollte zur Eröffnung einer Filiale in die Schweiz. Er hat sich dann mit seinem Mercedes abholen lassen. Nach einer Woche kam er wieder, natürlich war alles blau wegen den Blutergüssen. Er hatte Seife, Zahnbürste, Schlafanzug und Handtuch in einer Plastiktüte dabei!

Frau Vogt ergänzte: „Frau Schöttler ist in Kleinstadt nie richtig akzeptiert worden: Sie war Putzfrau. Und wischte eben auch zuhause mal selber den Boden oder putzte die Fenster oder klopfte die Teppiche aus." Wenig später war das Interview beendet. Frau Vogt lud mich energisch zu einer kleinen Stadtführung ein. Wir fuhren mit dem Auto an den Rand der Altstadt, stiegen dort aus, und sie leitete mich durch die Gassen. Ihre Führung beinhaltete nicht nur einen Rundgang durch die historische Altstadt, den Besuch in einer Kirche aus dem 15. Jahrhundert und den Blick auf ein frisch restauriertes altes Stadttor, sondern sie wies mich vor den Schaufenstern auch darauf hin, daß ihr das Konsumangebot dieses Raumes nicht ausreicht, weil ihr Horizont ein anderer ist: „Es gibt hier schon sehr gute Geschäfte. Aber ab und zu haue ich ab, nach Stuttgart. Da habe ich so meine Geschäfte. Ich brauche dazu nur drei Stunden, und das macht mir großen Spaß!" Schließlich führte mir Frau Vogt nicht nur den architektonischen, sondern auch (womit sie und ihr Mann bereits im Interview begonnen hatten) nochmals nachdrücklich den sozialen Raum des Ortes, an dem sie lebt, vor Augen. Auf der Fahrt zum Bahnhof sagte sie kurz vor der Verabschiedung: „In Kleinstadt gibt es so einen Klüngel in Arztkreisen, da muß man schon eine Putzfrau, eine Zugehfrau haben. Ich habe das nicht. Ich bin mein eigener Chef." Nun wurde klar, worin sich Frau Vogt von den „Freunden" unterscheidet, denen sie sich bei gegenseitigen Einladungen als Gastgeberin ebenbürtig erweist: Sie hat zwar kulturelles Kapital in Gestalt der von ihr als „richtig" eingeschätzten Umgangsregeln. Aber obwohl ihre ökonomische Situation es erlauben würde, läßt sie niemand für sich arbeiten, sondern verrichtet, ebenso wie eine prominente Aufsteigerin in Kleinstadt („Frau Schöttler"), eine der am meisten verachteten Erwerbsarbeiten („putzen") selbst, und sei es um den Preis, „nie richtig akzeptiert" zu werden. Der Seminarbesuch der 75jährigen Frau Vogt macht deutlich, daß sozialer Aufstieg ein nie abgeschlossenes Projekt sein kann; der „Urmakel" (Poulantzas 1975, 220) des Erwerbens ist von einer penetranten, lebenslangen Realität. Während man aufgrund des Gros der Teilnehmer im Alter von 30 bis 40 Jahren annehmen kann, daß ein Aufstieg unmittelbar nach dem Erreichen eines ökonomischen Ziels soziokulturell abgesichert wird, zeigt diese Soziobiographie, daß der Wechsel von der Gruppe derjenigen, die erwerben müssen, zur Gruppe derer, die ver/erben und andere (in welcher Form auch immer) für sich arbeiten lassen, eine Grenzüberschreitung impliziert, die im Rahmen einer Biographie soziokulturell nicht vollzogen, sondern lediglich für die Nachkommen angelegt werden kann. In diesem Zusammenhang eignet sich ein Benimmseminar dazu, sich auch noch spät in der Biographie dieses Aufstiegs dann zu vergewissern, wenn die alltagskulturelle „Akzeptanz" (Frau Vogt) der eigenen Praxis fehlt.

Soziale Herkunft

Die Analyse der sozialen Herkunft der SeminarteilnehmerInnen macht deutlich, warum sich diese der (Re)Produktion kulturellen Kapitals widmen. Ebenso wie die Lehrenden stammt auch die Kundschaft der untersuchten Seminare aus dem Kleinbürgertum. Die Väter der befragten SeminarteilnehmerInnen haben selten Abitur, meist Hauptschulabschluß oder Mittlere Reife und arbeiten in Dienstleistungsberufen (Versicherungsangestellte, Krankenpfleger), als Facharbeiter (Metallformer), (selbständige) Handwerker (Metzger, Radiotechniker, Schreiner, Schneider, Wagner, Graveur, Elektriker), Angestellte oder kleine Beamte im öffentlichen Dienst (Post, Bundesbahn, Bundeswehr, Zoll); außerdem gibt es unter ihnen wenige Landwirte. Sehr selten sind Väter mit akademischer Ausbildung, in allen Fällen handelt es sich dabei um ein Ingenieursstudium. Ihre Mütter haben in der Regel keine höhere Schulbildung, in vielen Fällen keine Ausbildung, und wenn sie einen Beruf erlernt haben, dann handelt es sich häufig um Dienstleistungs- (Verkäuferin, Laborantin, Erzieherin) und selten um Handwerksberufe (Schneiderin, Friseurin, Modistin).

Ähnlich wie bei den Lehrenden (vgl. Kap. 2.1) war die Datenerhebung zur sozialen Herkunft bei den SeminarteilnehmerInnen problematisch. Dies zeigte sich beispielsweise bei der Beantwortung der Frage nach Schul- und Ausbildung und Berufstätigkeit der Eltern als Indikatoren für die soziale Herkunft: Auf den 45 zurückgesandten Fragebögen von 161 ausgegebenen waren diese Fragen diejenigen, die am häufigsten (nämlich von zehn Personen) nicht beantwortet wurden. In den Interviews waren diese Fragen die einzigen, auf die einige der Befragten explizit oder ausweichend die Antwort verweigerten. Während einige der Lehrenden ihren sozialen Aufstieg ausführlich schilderten und ihre vielfältige Berufsbiographie im Seminar als Kompetenz für die Umgangslehre präsentierten, gingen nur sehr wenige der befragten SeminarteilnehmerInnen auf ihre Soziobiographie ein. So erklärte Herr Leins:

Ich komme ja auch hier irgendwo aus ganz einfachen Familienverhältnissen und habe mich hochgearbeitet vom Drucker bis zum Verleger. Und dann kommen halt immer wieder Dinge, wo man sagt abschalten, man schaltet aber nicht ab. Ein schönes Beispiel ist das Kalte Buffet.

Auch Frau Vogt, mit 75 Jahren eine der ältesten TeilnehmerInnen, Tochter eines Reichsbahnbeamten, ging kurz auf diesen Punkt ein:

E.T.: Wo haben Sie Ihre Umgangsformen gelernt?

Frau Vogt: Wissen Sie, zuhause war das so das, wie soll ich sagen, das Nötigste. Daß man zu grüßen hat. Das war früher gang und gäbe: 'Benimm Dich anständig!' Das wurde also laufend gesagt. Und dann später hat man halt beobachtet und aufgepaßt. Und dann auch bestimmte Dinge auch gelesen. Über diese und jene Umgangsformen. Und so hat sich das/ wenn man interessiert ist/ und wenn man auf andere Leute achtet, sagen wir mal, die in der Erziehung/ denen mehr geboten wurde, das merkt man ja. Dann hat man eben ein bißchen beobachtet. Das war dann nicht so schwierig.

Die Lehrenden und ihre Kundschaft unterscheiden sich also weniger bezüglich ihrer sozialen Herkunft, sondern vielmehr im Umgang mit diesem Teil ihrer Biographie. Während einige DozentInnen einen stattgefundenen sozialen Aufstieg als Lehrjahre für die spätere Tätigkeit als BenimmlehrerIn interpretieren und die soziale Herkunft damit in die präsentierte Version der Biographie integrieren, bleibt diese für viele TeilnehmerInnen eher ein Teil der Biographie, den man nicht nur in bezug auf die eigene soziale Lage hinter sich läßt, sondern unter Umständen auch im präsentierten Selbstbild ausläßt. Ebenso gingen die im Interview befragten TeilnehmerInnen wenig auf den sozialen Aufstieg ein, den sie durchlaufen haben.

Daß dieser gleichwohl charakteristisch ist für die Kundschaft der untersuchten Seminare, zeigen nicht nur die oben erörterten Informationen zur sozialen Herkunft, sondern auch die Angaben zur beruflichen Laufbahn: Die meisten SeminarteilnehmerInnen haben ihre akademische Ausbildung nicht an Universitäten, sondern an einer Fachhochschule, Verwaltungsakademie oder an einer Technischen Universität absolviert, also an Institutionen, die - abgesehen von der Fächerwahl - weniger für legitime Kultur stehen als die klassischen Universitäten. Oder es handelte sich um ein Studium, das berufsbegleitend absolviert wurde: Dies tat beispielsweise Frau Braun, die nach Ausbildung und Berufstätigkeit als Bankkauffrau im Abendstudium einen Abschluß als „Kommunikationswirtin" machte und nun PR-Managerin in einer Landeszentralbank ist. Ebenso finden sich häufig SeminarteilnehmerInnen, die den ursprünglich erlernten Beruf mit Hilfe von Fortbildungen gewechselt haben: Dazu gehören beispielsweise Frau Beuter und Frau Schick, ursprünglich Rechtsanwaltsgehilfin und Arzthelferin, die nun beide als Chefsekretärinnen beim Vorstand einer Bank arbeiten. Sozialer Aufstieg beinhaltet also bei vielen befragten Seminarteilnehmerinnen nicht lediglich, eine höhere Schulbildung als die Mutter und im Gegensatz zu ihr eine Ausbildung zu absolvieren, und bei den Männern im Gegensatz zu ihren Vätern akademische Bildung, sondern der Erwerb von mehr Bildung ist mit der Schule und Ausbildung oder dem Studium nicht abgeschlossen; er wird während der eigenen Berufstätigkeit fortgesetzt. Neben den Gründen für die Seminarteilnahme (vgl. Kap. 3.2) zeigen diese beruflichen Laufbahnen, inwiefern das Interesse an kulturellem Kapital unter dem Titel „Umgangsformen" Teil eines Aufstiegsprozesses ist, der mit dem Erreichen sozialer und ökonomischer Sicherheit nicht abgeschlossen ist.

In diesem Zusammenhang fällt außerdem auf, daß die untersuchten Seminare häufig von Ehepaaren besucht wurden. An den 15 teilnehmend beobachteten Veranstaltungen nahmen insgesamt zehn Ehepaare teil. Sie fanden sich auf allen Ebenen des Angebots: in ländlichen und großstädtischen Volkshochschulen, in den billigeren und in den teuersten Seminaren auf dem kommerziellen Bildungsmarkt. In allen Fällen handelte es sich um beruflich, ökonomisch und sozial etablierte Paare, bei denen bis auf eine Ausnahme beide berufstätig sind: Die Männer arbeiten als Lehrer, selbständige Unternehmer, Steuerberater, Professor für Graphikdesign oder leitende Angestellte. Die Frauen üben Berufe wie Sekretärin, Zahnärztin, Betriebswirtschaftlerin oder Geschäftsführerin aus. Diese TeilnehmerInnen versuchen, die Laufbahn nach einer Etablierung gemeinsam mit dem/der PartnerIn kulturell zu festigen und abzusichern.

Insofern bestätigt die Analyse des Sozialprofils die in der volkskundlichen und kulturwissenschaftlichen Umgangsliteraturforschung angestellten Vermutungen über einen Zusammenhang zwischen Aufstiegsambitionen und dem Blick in solche Ratgeber (Heckendorn 1970, 131; Schürmann 1994, 50f.). Diese Korrelation läßt sich nun präziser bestimmen: Die Bemühungen um den Erwerb von kulturellem Kapital unter dem Titel „Umgangsformen" finden weniger *vor* einem sozialen Aufstieg statt, sondern sie manifestieren sich (z.B. im Besuch eines Benimmkurses), *nachdem* institutionalisiertes kulturelles Kapital in Form von Bildungstiteln erworben wurde, wenn ökonomische Sicherheit erreicht ist und soziale Etablierung stattgefunden hat. Auf diese Relevanz von Benimmratgebern für bereits „Aufgestiegene“ wiesen in der Umgangsliteraturforschung bereits Beck/Enßlin (1991, 57) hin. Allerdings könnte es sich hierbei um ein Phänomen handeln, das nicht ausschließlich typisch für die Teilnahme an einem Benimmkurs ist. Field (1994, 89) hat darauf hingewiesen, daß Erwachsenenbildung allgemein eine Domäne des neuen Kleinbürgertums ist:

„Lacking the assurance and confidence of inherited cultural capital, '(t)he new petit bourgeoisie therefore adopts a learning mode to life; he is consciously educating himself in the field of taste, style, lifestyle' (Featherstone 1991, 91).“

3.2 Gründe für die Seminarteilnahme

Am Beginn jedes Benimmseminars gab es eine Vorstellungsrunde, in der die TeilnehmerInnen auf Aufforderung der Lehrenden hin sagten, warum sie sich für das Thema Umgangsformen interessieren. Außerdem habe ich die Gründe für die Seminarteilnahme im Fragebogen und in den Interviews abgefragt. In beiden Fällen äußerten sich die TeilnehmerInnen nur sehr selten allgemein („Neugier, persönliches Interesse“, „Ich bin aus Neugier da“). Meist nannten sie die mit dem Seminarbesuch verbundenen Ziele so genau, daß eine Interpretation dieses Interesses möglich ist, was weitere Informationen über die Bedeutung der untersuchten Seminare im Gefüge der Kapitalsorten und in bezug auf die betreffende Biographie erbringt. Schließlich gaben auch Geschichten und Erlebnisse, die an anderer Stelle im Interview erzählt wurden, Hinweise auf die Relevanz weniger explizit formulierter Zusammenhänge des Seminarbesuchs: Hier gibt die meist sich in Geschichten manifestierende Perspektive auf kulturelles und/oder symbolisches Kapital Auskunft über die jeweils relevante Dynamik der Kapitalsorten als Movens für den Seminarbesuch.

Ebenso wie der Unterrichtsstoff in allen untersuchten Veranstaltungen derselbe ist, sind auch die Gründe für die Seminarteilnahme uniform: Der 50jährige Maschinenbauingenieur, Geschäftsführer eines mittelständischen Stahlbaubetriebs, nannte mit „Überprüfung des eigenen Verhaltens“ denselben Grund für seine Teilnahme an einem „Führungskräfte“-Seminar (das mit dem Preis von 1600 Mark für eineinhalb Tage zu den teuersten Angeboten auf dem kommerziellen Bildungsmarkt zählte) wie die 40jährige Sachbearbeiterin, die in einem VHS-Kurs zum Thema ihre „Kenntnisse auffrischen“ wollte. „Sicherheit“ erhoffte sich eine 35jährige promovierte Ärztin im Umgangsformenseminar an einem „Management-Institut“ ebenso wie die 32jährige Verwaltungsangestellte, die mit

Hilfe eines Seminars an der Volkshochschule ihrer Heimatstadt „sicherer" werden wollte. Das deklarierte Interesse der TeilnehmerInnen an den einzelnen Veranstaltungen weist in bezug auf die preisliche Struktur des Angebots keine prinzipiellen Unterschiede auf.

Psychologisch: „Sicherheit gewinnen", „Bestätigung"

An erster Stelle nannten die SeminarteilnehmerInnen sowohl in der Vorstellungsrunde zu Beginn der Veranstaltungen als auch bei der entsprechenden Frage im Fragebogen entweder positiv formuliert die Absicht „sicherer werden" zu wollen:

Was waren Ihre Gründe für den Besuch des Seminars?

Mehr Selbstsicherheit im gesellschaftlichen Umgang mit Menschen. (Studentin, Jg. 1966, VHS-Kurs)

Mehr Sicherheit im Umgang mit Mitmenschen. (Auslandskorrespondentin, Jg. 1949, „Führungskräfte"-Seminar)

Ebenso häufig wurde dieses Ansinnen umgekehrt, mit der Selbstdiagnose „Unsicherheit" ausgedrückt:

Unsicherheit der eigenen Umgangsformen. (Sozialpädagogin, Inh. einer Firma für EDV-Schulungen, Jg. 1958, VHS-Kurs)

Unsicherheit über Umgangsformen. (Theologe und Unternehmensberater, Jg. 1962, VHS-Kurs)

Die Absicht, „sicherer werden" zu wollen oder „Unsicherheit" zu beheben, liegt auch den immer wieder geäußerten Bekundungen zugrunde, mit denen die TeilnehmerInnen „Bestätigung" im Seminar verlangen:

Ich möchte bestätigt werden. (Gymnasiallehrer, Jg. 1964, VHS-Kurs)

Ich wollte mich dessen vergewissern, was ich bis jetzt praktiziert habe und eventuell aktuelle Regeln neu kennenlernen. (Gymnasiallehrerin, Jg. 1964, VHS-Kurs)

Durch meine berufliche Tätigkeit bin ich täglich mit 'Benimmregeln' konfrontiert. Ich wollte teils Bestätigung für mein Handeln, aber auch Grenzfälle für mich klären bzw. geänderte Verhaltensweisen kennenlernen. (Kauffrau und Werbefachwirtin, „Event-Managerin" bei einer großen Bank, Jg. 1962, „Führungskräfte"-Seminar)

Auf dem Dorf wird es oft anders gemacht. Ich möchte einfach wissen, wie es geht, dann habe ich den Anspruch drauf, daß es so richtig ist. (Kriminalbeamter, Jg. 1962, VHS-Kurs)

Die erklärte „Unsicherheit" läßt sich diesen Äußerungen zufolge weniger als situative Ratlosigkeit beschreiben. Die TeilnehmerInnen handeln nämlich, aber sie tun dies eigener Bekundung zufolge ohne Legitimation, ohne „Bestätigung".

Welches genau die „Sicherheiten“ sind, die sie sich vom Seminarbesuch erhoffen, zeigen die Äußerungen, bei denen auf die Frage nach den Gründen für den Seminarbesuch detaillierter geantwortet wurde. Dabei ging es ausnahmslos entweder um Tischmanieren oder um das Handeln in der „Öffentlichkeit“:

Sicherheit im Umgang mit Repräsentationspflichten gewinnen. (Dr.med. u. Inhaberin einer Medizinberatungsfirma, Jg. 1961, „Führungskräfte“-Seminar)

Um noch mehr Sicherheit beim Auftritt in der Öffentlichkeit zu bekommen. (Bankkauffrau u. PR-Managerin, Jg. 1964, billigeres kommerzielles Seminar)

Sicherheit beim Verhalten im Restaurant. (Verwaltungsangestellte, Jg. 1964, VHS-Seminar)

Mehr Selbstsicherheit im Umgang mit Gästen zu gewinnen. (Bankkaufmann und Informatiker, Jg. 1966, VHS-Seminar)

Die „Öffentlichkeit“ steht hier zum einen für das Gegenteil von „privat“ und als Synonym für „öffentlichen Raum“. Der Terminus bezeichnet hier zum anderen aber auch all' die Gelegenheiten, bei denen kulturelles Kapital eine Rolle spielt: Wenn zuhause „Gäste“ empfangen werden und sobald andere Personen anwesend sind, weil man sich „im Restaurant“ befindet oder weil es ein „offizieller Anlaß“ ist. „Unsicherheit“ meint also weniger grundsätzliche oder allgemeine Probleme bei der alltäglichen Interaktion, sondern vielmehr die kulturellen Aspekte sozialen Handelns, also hier die Handlungen, mit denen kulturelles Kapital inszeniert wird. Die „Sicherheit“, die die TeilnehmerInnen suchen, liegt nicht auf sozialem oder ökonomischem Gebiet, sondern ihr kulturelles Kapital kann sie ihnen offenbar nicht bieten. So wählen sie den Weg ins Benimmseminar, um die „Bestätigung“ dafür zu bekommen, daß ihre Praxen legitime Formen sind.

Soziokulturell: „Kenntnisse auffrischen"

Ebenso häufig wie „sicherer werden“ beabsichtigen die TeilnehmerInnen, bereits vorhandene „Kenntnisse“ zu aktualisieren:

Was waren Ihre Gründe für den Besuch des Seminars?

Den neuesten Stand der Etikette zu erfahren. (ungelernte Sekretärin, Jg. 1969, VHS-Seminar)

Auffrischung von Kenntnissen. (Maschinenbauingenieur, Jg. 1957, VHS-Seminar)
Ich möchte mich vergewissern, ob das, was ich gelernt habe, noch Gültigkeit hat. (selbst. Ingenieur für Messebau, Jg. 1965, VHS-Seminar)

In einigen Formulierungen wird deutlich, daß die TeilnehmerInnen davon ausgehen, daß man „Umgangsformen“ in der Herkunftsfamilie lernt:

Ich möchte wissen, was sich seit der Erziehung durch die Eltern geändert hat. (Frau, VHS-Seminar)

Ich möchte wissen, ob meine Kinderstube noch aktuell ist. (Mann, „Führungskräfte"-Seminar)

Dieses Interesse am Besuch eines Benimmseminars impliziert die Annahme, daß es ein Reservoir an Regeln gibt, das sich historisch wandelt („neuester Stand der Etikette"), bei dem einzelne Regeln nicht mehr in Kraft sind („Gültigkeit") und bei dem es Novationen gibt („neue Umgangsformen"). Dieser Wandel geschieht sozusagen jenseits der eigenen Biographie: In ihr folgt man diesen Äußerungen zufolge dem qua „Erziehung" inkorporierten „Stand der Etikette". Der Besuch des Seminars zielt hier darauf ab, die biographisch erworbene Praxis mit „Regeln", die die TeilnehmerInnen als objektiv vorhanden vermuten, in Einklang zu bringen.

In einigen Fällen wurde die beabsichtigte kulturelle „Auffrischung" genauer qualifiziert in Form von Distinktionsabsichten:

Was waren Ihre Gründe für den Besuch des Seminars?

Tischmanieren verfeinern. (Gymnasiallehrerin, Jg. 1964, VHS-Seminar.)

Den letzten und neuesten Schliff kriegen. (Frau, VHS-Seminar)

Inwiefern diese Intention soziale Ab- und Ausgrenzung mit sich bringen kann, zeigt besonders deutlich die Seminarteilnahme von Frau Kosic. Sie nahm im Juni 1996 an einem der teuren eintägigen Führungskräfte-Seminare teil und gab im Fragebogen als Grund für den Besuch der Veranstaltung „um den neuesten Stand der Etikette zu erfahren" an. In der Vorstellungsrunde hatte sie sich folgendermaßen eingeführt: „Mein Name ist Eva Kosic und ich bin 27 Jahre alt. Ich komme jetzt so in das Alter, wo man [zögernd] - Empfänge gibt." Als die Seminarleiterin, Frau Rau, nach dem Ende der Vorstellungsrunde den ersten Themenblock eröffnete, wurde sie sogleich von Frau Kosic unterbrochen:

Frau Rau: Das Äußere: Es kann die Eintrittskarte sein oder auch nicht. In puncto Kleidung ist unser Verhalten heute etwas weniger bunt als früher. Wann zieht man schon noch einen Smoking an?

Frau Kosic: Also, die Hochzeit ist ja im September. Ist denn der Bekleidungsvermerk bindend? Ich und mein Zukünftiger haben darüber gesprochen. Es gibt Argumente dafür, aber auch dagegen, wenn jemand keinen Smoking tragen will oder keinen hat.

Frau Rau: Sie können auch schreiben 'Abendgarderobe erbeten', das bedeutet dann Smoking oder dunkler Anzug. Der Bräutigam darf am Vormittag auch Smoking tragen, nicht nur, wie die anderen Herren, Frack oder Stresemann. In welchem Rahmen findet denn die Hochzeit statt?

Frau Kosic: In Kitzbühel in einem sehr guten Hotel, mit einem Champagnerempfang am Anfang.

Frau Rau: Ahja. Die Braut trägt weiß, sonst darf niemand weiß tragen.

Frau Kosic: Ich habe kein weißes Kleid, sondern ein cremefarbenes. Welche Farben dürfen die anderen dann tragen?

Frau Rau: Nein, dann dürfen sie so ein Creme nicht tragen, alles andere ist erlaubt.

Frau Kosic: Ich habe auch so ein Hochzeitsbuch gekauft.

„Die Hochzeit" markiert den sozialen Aufstieg von Frau Kosic. Sie ist in Deutschland geboren als Tochter jugoslawischer Migranten. Zum Zeitpunkt des Seminars arbeitete sie, so ihr Eintrag im Fragebogen „beim Freund in der Baubrange (sic!)", an anderer Stelle schrieb sie: „Mein Arbeitgeber ist mein Zukünftiger." Ihr künftiger Ehemann ist, das ging aus ihren Erzählungen in den Seminarpausen hervor, Immobilienhändler und Bauunternehmer. Unklar ist dagegen, ob die Angaben zu ihrem Schulabschluß und ihrer früheren Berufstätigkeit - „Abitur", „Galleristin (sic!) dann in die Informatik" - tatsächlich ihrer Bildungslaufbahn entsprechen oder ob sich hier nicht vielmehr das Wissen darüber artikuliert, daß die Vertrautheit mit Kunst die legitimste Form kulturellen Kapitals darstellt. Die Erzählungen von Frau Kosic zeigen weniger, daß sie durch ihre Heirat an einem Ort im sozialen Raum landet, an dem sie ihr unbekannte „Regeln" vermutet. Der Seminarbesuch ist vielmehr Teil von Frau Kosics Suche nach Unterschieden, oder genauer: nach Distinktionsmöglichkeiten. Die sind nämlich zunächst gar nicht so offensichtlich, wie sie im Interview erklärte:

Es gibt nicht mehr so diese extremen sozialen Schichten, mittlerweile hat jeder 'ne goldene Uhr, jeder hat'n großen Wagen fast, ja, ob er Kellner ist, ob er Direktor ist, und dadurch ist natürlich schwer zu erkennen: Was steckt dahinter? Weil ich meine, optisch sehen sie sich jetzt erstmal sehr ähnlich. Und dadurch, daß, ich sag' jetzt mal die untere Klasse sich immer mehr und mehr versucht der oberen Klasse zumindest rein äußerlich anzupassen, auch Umgangsformen annimmt, und wie gesagt, dieses ganze Materielle, dieses Äußerliche halt unheimlich annimmt, ist diese Kluft verlorengegangen. Und da gibt es ja Leute, die sich dabei total verschulden, die das alles mit Krediten finanzieren! Ich meine, es soll jeder ein Dach über dem Kopf und genug zu essen und was anzuziehen haben, um Gottes Willen! Aber so bestimmte Grenzen. Ich meine, wenn ich so richtig gut essen gehe, teuer, und da sitzt dann am Nebentisch der Kellner aus dem Bistro, wo ich immer hingehe![3] Und dann gibt es natürlich auch den Neid.

Aufgrund des kulturellen Wandels vermißt Frau Kosic eindeutige „Distinktionen"[4]. Auch für sie ist der Seminarbesuch weniger Mittel zum sozialen Aufstieg als Teil von dessen Besiegelung und symbolischer Markierung.

Ökonomisch: „berufliches Interesse"

Im medialen Diskus über Umgangsregeln, aber auch in den Erklärungen der Lehrenden dominiert die Behauptung, daß „Umgangsformen" auf dem Arbeitsmarkt an Bedeutung gewännen bzw. zu einem „Auslesekriterium" für den Eintritt in den Arbeitsmarkt geworden seien. Auch in der Umgangsliteraturforschung wurde (obwohl man nie die Leserschaft, sondern stets die Ratgeber analysierte) konstatiert, daß das Interesse an „Umgangsformen" auch aus dem Eintritt in das Berufsleben resultiere, wie beispielsweise von Schürmann (1994, 50f.): „Vor allem die hohe soziale Mobilität und die größer gewordene soziale Unsicherheit dürften die Bereitschaft vergrößert haben, eigenes Verhalten zu überprüfen und sich oberschichtigen Leitbildern anzupassen. Die Käufer erstrebten nicht nur den Aufstieg in stärker prestigegebundene Kreise; sie suchten auch ihre Erfolgschancen bei der Stellensuche und in anderen Situationen, wo sie sich gegen die Konkurrenz anderer Bewerber behaupten mußten, zu erhöhen". Von den TeilnehmerInnen der Benimmseminare aus wird diesbezüglich eher selten und mit sehr allgemeinen Formulierungen Interesse bekundet:

Was waren Ihre Gründe für den Besuch des Seminars?

Ich wollte einfach einiges zu Takt und Ton dazulernen, besonders für den beruflichen Bereich. (Zeitschriften-Verleger, Jg. 1951, „Führungskräfte"-Seminar)

Sicherheit im Umgang mit Geschäftspartnern und -freunden. (Bankkauffrau, Jg. 1963, VHS-Seminar)

Privates/berufliches Ansehen festigen. (Betriebswirtin Krankenhausverwaltung, Jg. 1970, VHS-Seminar)

„Beruflich" und „geschäftlich" sind hier die Schlagworte, mit denen TeilnehmerInnen unterschiedlichster sozialer Lagen ihren Bedarf beschreiben. In wenigen Fällen nennen TeilnehmerInnen den Wechsel des Arbeitsplatzes als Anlaß für den Seminarbesuch:

Was waren Ihre Gründe für den Besuch des Seminars?

Ich werde mich zum Jahreswechsel beruflich verändern, Abteilungsleiterin in der Versicherung werden, und bin deshalb an diesem Bereich interessiert. (Versicherungskauffrau, Jg. 1965, VHS-Kurs)

Ich werde in Kürze einen der größten deutschen Privatforstbetriebe übernehmen. (Forstwirt, Jg. 1962, „Führungskräfte"-Seminar)

In diesen Fällen wird ein beruflicher Aufstieg als Anlaß für das Interesse an Umgangsformen genannt. Allerdings scheint hier ein konkreter Bedarf weniger darin zu bestehen, daß die genannten „beruflichen Veränderungen" eine völlig andere Tätigkeit als die bisherige mit sich bringen: Die Versicherungsfachfrau und der Förster übernehmen Führungspositionen in ihrem bisherigen Beruf. Auch wenn Befragte konkrete „berufliche Gründe“ für die Seminarteilnahme nennen, ist der Zusammenhang zum Unterrichtsstoff kein direkter, sondern ein eher diffuser. Das Interesse an „Umgangsformen“ artikuliert sich hier zwar anläßlich eines beruflichen Aufstiegs, es handelt sich dabei jedoch nicht um Berufe, deren Inhalt aus (symbolischer) Dienstleistung (z.B. Hotelfachleute) oder Repräsentieren (z.B. Öffentlichkeitsarbeit) im engeren Sinne besteht. Damit verweist auch der „beruflich“ genannte Bedarf zurück auf die jenseits des beruflichen Bereichs liegenden Voraussetzungen und Zusammenhänge des damit verbundenen sozialen Aufstiegs sowie auf die Konsequenzen, die die SeminarteilnehmerInnen daraus ziehen: Sie interessieren sich für als objektiv vorhanden vermutete Umgangsregeln weniger als Fachwissen für Repräsentations-, Erziehungs- oder Dienstleistungsaufgaben, sondern der Besuch des Benimmseminars zielt allgemeiner auf den Bereich kulturellen Kapitals.

Allerdings gab es bei den insgesamt 161 TeilnehmerInnen der untersuchten Seminare zwei Ausnahmen: Herr Arndt und Herr Schubert haben sich beide auf dem Arbeitsmarkt nicht oder nicht zu ihrer Zufriedenheit etablieren können, und beide besuchten in diesem Zusammenhang ein Benimmseminar an einer großstädtischen bzw. kleinstädtischen Volkshochschule.

Herr Arndt war Teilnehmer eines Volkshochschulseminars, das an insgesamt vier Abenden von 19 Uhr 30 bis 21 Uhr stattfand. Er nahm für die Veranstaltungen jeweils eine Hin- und Rückfahrt von 45 Minuten auf sich und kam bis auf den ersten Abend jeweils zehn bis 15 Minuten zu spät. Als sich in der ersten Sitzung alle TeilnehmerInnen mit ihrem Beruf und ihrem Interesse am Seminar kurz vorstellten, präsentierte sich Herr Arndt folgendermaßen: „Dieter Arndt. Ich bin momentan ohne Tätigkeit.“ Auf Nachfrage der Dozentin ergänzte er: „Kaufmännischer Bereich. Ich komme, um allgemein Erfahrung zu sammeln.“ Herr Arndt war zum Zeitpunkt des Seminarbesuchs 31 Jahre alt. Er trug die Haare lang, hatte einen Dreitagebart und einen Ohrring. Herr Arndt sah blaß und krank aus, auf der Stirne hatte er einen rötlichen Ausschlag, und während des Seminars stütze er meist müde den Kopf in die Hände. Die Gestaltung des Körpers und der Kleidung waren die Themen, zu denen er sich vor allem äußerte. Gleich am ersten Abend beispielsweise schaltete er sich diesbezüglich ein:

Teilnehmerin: Ich habe kürzlich in der Zeitung von einem Spielcasino gelesen, da müssen die Männer nicht nur Krawatte und keine Jeans anhaben, da dürfen sie auch mit Bart nicht rein. Mit Schnauzer auch nicht.

Dozentin: Das ist mir jetzt neu.

Herr Arndt: Sollte man sich täglich rasieren?

Dozentin: In Ihrem Beruf ja. Auch der Dreitagebart ist nicht so gut, er paßt nicht zu jedem. Wird eher kritisch gesehen.

Herr Arndt: Also negativ.

Wenig später, als die Dozentin den Gebrauch von Parfums erklärte, stellte er knapp eine Frage:

Herr Arndt: Lange Haare?

Dozentin: Wird nicht gerne gesehen.

Herr Arndt: Pferdeschwanz?

Dozentin: Wenn überhaupt, dann straff.

Herr Arndt [protestierend]: Lagerfeld!

Dozentin: Das ist ein Kreativer, die dürfen das.

Hier bringt Herr Arndt seine ästhetische Praxis zur Sprache: Er erkundigt sich bei der Barttracht nach einer Bewertung der von ihm bevorzugten Manier; und ebenso tut er dies bei der Frisur. Dabei akzeptiert er bei seiner zweiten Frage die von der Dozentin gegebene Einschätzung nicht ohne Widerspruch: Der Verweis auf „Lagerfeld“ ist der Versuch, seine Präferenz zu (re)integrieren in den hegemonial bewerteten kulturellen Raum, der ihm ästhetisch keinen mit Legitimität versehenen Ort bietet, und in das ökonomische Feld (auf dem Herr Arndt keinen Arbeitsplatz findet): Nach der Lehre als Bankkaufmann, so erzählt er im Interview, hatte er eine Fortbildung zum Handelsfachwirt gemacht und dann auch in diesem Beruf gearbeitet, wobei er Folgendes erlebte:

Am Anfang bei der Arbeit haben sie mich auch ein bißchen gerügt. Als Einkäufer. Da bin ich halt auch mit Jeans und so, aber das war scheinbar nicht so genehm. Ich sollte nicht unbedingt Anzug und Krawatte, aber etwas Höherwertiges tragen. Keine Jeans. Bundfaltenhosen oder sowas. Ich habe meistens Sweatshirts angehabt. Man mußte halt die Firma repräsentieren. Das war der Gedanke. Ich fühle mich dann nicht so wohl. Wenn ich in einem Anzug rumlaufen müßte, würde ich mich nicht wohlfühlen. Ich bin der Typ nicht.

Herr Arndt versucht, sich einen Reim auf seine Arbeitslosigkeit zu machen. Als sich später während des mehrgängigen Essens die Dozentin nach seiner beruflichen Situation erkundigt, entspinnt sich folgendes Gespräch:

Dozentin: Hat sich denn bei Ihnen beruflich schon was bewegt?

Herr Arndt: Nein.

Frau Ehmann sr.: Um was geht's denn?

Herr Arndt: Ich bin zur Zeit ohne Tätigkeit.

Dozentin: Was würden Sie denn gerne machen?

Herr Arndt: Ich habe Bankkaufmann gelernt, aber im Einkauf in der Industrie gearbeitet. Würde am liebsten im Einkauf, Disposition arbeiten. Es ist nicht leicht, was zu finden. Die Anforderungen sind hoch. Zwei Fremdsprachen und was die alles verlangen! Und dann suchen sie für das Büro halt oft Frauen. Und wenn da steht 'zwischen 20 und 30', dann brauche ich mich gar nicht erst zu bewerben. Ich bin 34.

Dozentin (witzelnd): Jaja, 20, aber mit dreißig Jahren Berufserfahrung!

Herr Arndt (lachend): Ja. So ist es! Ich würde zehn Prozent weniger Gehalt als bisher schon nehmen, aber nicht 30 Prozent.

Dozentin: Genau. Von irgendwas muß man ja leben!

Herrn Arndt erscheint der Arbeitsmarkt entweder verrückt (aufgrund der Anforderungen, die so gestaltet sind, daß er sie nicht erfüllen kann) oder als untragbar (weil er für einen zu geringen Lohn arbeiten müßte). Beim Interview verdeutlichte er nochmals sowohl seine soziale Lage als auch seine Versuche, diese zu begreifen und zu verändern. Drei Monate nach dem Seminar besuchte ich ihn zum vereinbarten Termin. Herr Arndt holte mich am Bahnhof ab. Nach wie vor sehr blaß und nun mit einem Schnurrbart im Gesicht begrüßte er mich mit einem langen, sehr festen Handschlag. Auf der Fahrt zu seiner Wohnung am anderen Endes des kleinen Ortes mit etwa 5000 Einwohnern, der die Endstation einer langen und langsamen Bahnfahrt ist, erklärte er mir dessen Position im Wegenetz: „Das Dorf ist eine Sackgasse." Es führe nur eine Straße hinein, aber keine hindurch. Es liegt nahe, diese topographische Erläuterung als Beschreibung zu lesen, die sich nicht nur auf den geographischen Wohnort, sondern auch auf Herrn Arndts Existenz im gesellschaftlichen Raum bezieht: Der bisher von ihm eingeschlagene Weg hat ihn an ein Ziel gebracht, das sich als toter Punkt erweist, weil es von hier aus kein Weiterkommen gibt. Herr Arndt hat das zweistöckige Haus, in dem er eine Wohnung bezogen hatte und dessen Vermietung seine wichtigste Einnahmequelle ist, vor drei Jahren von seinem Vater, der im Nachbarort gemeinsam mit seiner Ehefrau eine kleine Schneiderei betrieben hatte, geschenkt bekommen. Bis dahin lebte er bei seinen Eltern. Er hat seine Wohnung komplett renoviert und jedes Zimmer mit einheitlichen und neuen Möbelsätzen aus hellem Holz und hellen Stoffen eingerichtet. In der gesamten Wohnung sind, mit Ausnahme eines Fotos seiner Mutter, keine persönlichen Gegenstände zu sehen. Man hat fast den Eindruck, sich in einem Wohnland zu bewegen. Zum Interview führte er mich in ein etwa 40 Quadratmeter großes Wohnzimmer, das mit einer großen Couchgarnitur einschließlich Tisch und einer Eßecke für sechs Personen möbliert war. Dazu erläuterte er:

Ich bin hier eigentlich nur eingezogen, weil der Mieter unzumutbar war und ich ihn nur über Eigenbedarf rauskriegen konnte. Die Wohnung hat 100 Quadratmeter und ist für mich eigentlich viel zu groß. Mir würden 50 genügen. Das ist alles totes Kapital. Es gab dann auch einen Rechtsstreit.

Vor Beginn des Interviews wiederholte er, was er bereits am Telefon bei der Terminabsprache mehrfach gesagt hatte: Daß er über „das Thema" nichts wisse und sich an das Seminar kaum noch erinnern könne. Ich solle nicht „enttäuscht" sein. Das Gespräch dauerte dann etwa 40 Minuten. Nur an wenigen Stellen äußerte er sich ausführlich. So beispielsweise gleich zu Beginn:

E.T.: Wie haben Sie denn von dem Seminar erfahren?

Herr Arndt: Ich habe mir von Kleinstadt bis Großstadt sämtliche VHS-Programme besorgt. Und dann habe ich alle mal durchgelesen. Es waren zirka 20 Kurse, die ich in der engeren Wahl hatte, und da habe ich dann halt unter anderem diesen da belegt.

E.T.: Und was haben Sie noch belegt?

Herr Arndt: Ja, ich habe noch zwei andere Kurse belegt gehabt. Jonglieren und Zauberei.

Und etwas später erläutert er zum „Händedruck":

Das was die Dozentin zum Händedruck sagte, das habe ich schon gewußt. Daß man da nicht so lasch wie ein toter Fisch, das zeigt natürlich einen mangelhaften Charakter. Ein ziemlich fester Händedruck, da kann man schon auf Charakter schließen. Nur - das lernt man ja auch in anderen Seminaren, und der, der normalerweise keinen guten Charakter hat, der tut jetzt zukünftig immer die Hände drücken, obwohl es immer noch derselbe Mann ist wie vorher. Ja, so ist es halt. Also den starken Händedruck, den habe ich normalerweise immer. Ich habe aber auch schon von der Gegenseite gehört: 'Was drückst Du mir die Hand so stark?' Jetzt weiß ich natürlich nicht: Was stimmt? Was soll ich jetzt machen? Ich bin unschlüssig.

Herr Arndt kann seinen Besitz (ein Mietshaus, einen Beruf, Beobachtungen über Menschen und ihre Körpersprache) nicht nutzen: Nicht nur die Immobilie ist „totes Kapital" weil nicht im von ihm gewünschten Maße zu vermieten, auch sein „institutionalisiertes kulturelles Kapital", die Berufsausbildung, ist nicht in ökonomisches Kapital konvertierbar, und seine sozial-ästhetische Alltagserfahrung scheint angesichts der simplen aber dennoch hegemonialen Körperpsychologie der Ratgeber nichts wert zu sein. So macht sich Herr Arndt auf andere Art und Weise einen Reim auf die Welt, auf andere Menschen und auf seine Situation: Er versucht - legt man einmal die Palette der von ihm gewählten VHS-Kurse zugrunde - dem mit Geschicklichkeit beizukommen („Jonglieren"), mit übernatürlichen Kräften („Zauberei") und eben mit Umgangsformen („fester Händedruck"), aber er findet kein ihn befriedigendes Kriterium, das zwischen seiner individuellen Lage, seinen persönlichen Erfahrungen und der sozialen, kulturellen und ökonomischen Welt vermitteln könnte, so daß er „unschlüssig“ bleibt angesichts der Ergebnisse seiner Anstrengungen. Später im Gespräch kommt er nochmals auf den „Händedruck“ zurück:

Einer kann die Hände fast zerfleischen mit festem Händedruck, und er ist ein Arschloch. Ich sage es, wie es ist. Ich habe so einen gekannt. In den Büchern steht ja, wenn es ein fester Händedruck ist, ist es ein positiver Charakter. Aber das muß nicht immer so sein. Das kann man nach einer gewissen Zeit erst feststellen: Wie gibt er sich? Was für eine Art von Typ ist der Mensch?

Herr Arndt stellte bei der Abgleichung seiner Erfahrung mit der Ratgeberliteratur eine Lücke fest. Seine Alltagsbeobachtung ist sehr viel differenzierter als die eindimensionalen Ursache-Wirkungs-Prinzipien und Richtig-Falsch-Kriterien der Umgangsregeldozentin und der SachbuchautorInnen. Dies führt jedoch nicht dazu, daß er selbst vom Prinzip des festen Händedrucks abrückt, im Gegenteil: Bei der Verabschiedung nach dem Interview hatte ich das Gefühl, meine Hand sei in einen Schraubstock geraten. Ebenso wenig verwirft er aufgrund seiner Reflexion und Alltagsbeobachtung die Ratgeberliteratur: Nach dem Interview führte er mich in sein Arbeitszimmer und erläuterte mir Brett für Brett den Inhalt des Bücherregals, in dem Stiftung-Warentest-Ausgaben neben je spezieller Literatur zu Bewerbung, Bewerbungsschreiben und Bewerbungsgespräch und alles über Körpersprache von Samy Molcho steht. Sein Lieblingsbuch ist Dale Carnegies „How to win friends and influence people“: „Das beste Buch überhaupt“, er habe es mehrfach gelesen, und er wies mich auf die gebundene Ausgabe hin, die er besitzt.

Ebenso erfolglos wie seine Versuche, sozialem Handeln einen konsistenten Sinn abzugewinnen und sich ästhetisch zu (re)integrieren, blieben Herrn Arndts Bemühungen, wieder eine Arbeitsstelle zu bekommen. Nachdem er arbeitslos geworden war, absolvierte er zwei Vollzeit-EDV-Schulungen, die das Arbeitsamt finanzierte. Aber auch das half nichts:

Ich bin ja wöchentlich auf dem Arbeitsamt und schaue mir alles durch. Aber so katastrophal wie das aussieht, meistens steht ja auch schon dabei 'Kenntnisse', wenn sie Französisch in Wort und Schrift verlangen, kann ich es vergessen, wenn sie eine Frau suchen, hake ich es auch ab. Wenn halt drin steht, 20 bis 25 Jahre, das vergesse ich auch gleich, und wenn sie reinschreiben brutto 2500, das ist wie mein Arbeitslosengeld, da wäre ich hirnrissig. In der Gegend hier gibt es zwei, drei größere Firmen, aber da reinzukommen, die bauen momentan Stellen ab und stellen nicht ein. So sieht es momentan aus. Die wirtschaftliche Lage ist desolat. Ganz schlimm. Und je länger ich arbeitslos bin, gut, ich habe halt meine Mieteinnahmen. Aber das Haus ist Baujahr '71. Ich müßte das Haus anstreichen, neuer Verputz, das würde mich 15.000 Mark kosten, und die Fenster sind 25

Jahre alt, und dann habe ich jetzt Probleme mit Schimmelpilz. Der Sachverständige war schon da, der sagt, es liegt am Lüften und am Heizen, und am Donnerstag kommt ein Handwerker, mal sehen, ob der mir was anderes berichtet. Wenn er sagt, das liegt an der Isolierung, dann steht Aussage gegen Aussage. Was soll ich machen? Wenn jetzt ein Mieter bei mir anrufen täte und sagen würde, kürzen sie 20 Prozent von der Miete, dann müßte ich wieder vor's Gericht gehen. Das ist halt das Problem von Vermietern.

Herr Arndt lebt zwar trotz seiner Arbeitslosigkeit ökonomisch sicher, aber er schildert auch die Versorgung durch die Mieteinnahmen als gefährdet. So befindet er sich in mehrfacher Hinsicht in einer widersprüchlichen Situation: Einerseits ist er finanziell nicht arm, andererseits lebt er aufgrund seiner Arbeitslosigkeit und aufgrund seines Hauseigentums alleine in einer großen Wohnung, die er als „totes Kapital" charakterisiert und die sich in einem Dorf befindet, das eine „Sackgasse" ist. Einerseits hat er mehrere Aus- und Fortbildungen abgeschlossen, andererseits bleibt ihm der Arbeitsmarkt dennoch verschlossen. Seine Bemühungen, sich die eigene Lage oder das Handeln anderer mit Hilfe von Ratgebern (Umgangsformen, Körpersprache) zu erklären, scheiterten, weil die Ratschläge mit der von ihm erfahrenen Wirklichkeit nicht übereinstimmen („der mit dem festen Händedruck kann auch ein Arschloch sein") oder weil die ExpertInnen-Maximen für die ästhetische Praxis keinen Platz für seine Präferenzen bieten („Ich bin nicht der Anzug-Typ"). Schließlich ist Herr Arndt Kinofan. Bei der Führung durch sein Arbeitszimmer machte er mich auf seine Kinozeitschriftensammlung und auf das mehrbändige Filmlexikon aufmerksam:

Ich habe ja den Fernseher abgeschafft. Jetzt gehe ich ein- oder zweimal die Woche ins Kino. Hier gibt es ja keines, das hat vor zehn Jahren zugemacht, aber in Mittelstadt. Ich mag am liebsten Actionfilme. Aber ich gehe auch in Problemfilme! Kürzlich war ich in 'Zeit der Stille'. Der hat ja sehr gute Kritiken bekommen, aber ich fand ihn nicht so gut. Das Thema war zu seicht.

In seiner Freizeit widmet er sich also Geschichten und Bildern und deren Interpretation, und es ist naheliegend, dieses Interesse als eine weitere Variante der Tätigkeiten zu interpretieren, mit denen Herr Arndt seine eigene Biographie ökonomisch in den Arbeitsmarkt, sozial bei der alltäglichen Interaktion („Händedruck") und kulturell in bezug auf seine ästhetische Praxis („Lagerfeld!") zu (re)integrieren sucht.

Einen ähnlichen Kampf wie Herr Arndt führt Herr Schubert. Er hatte nach der Ausbildung zum Bürokaufmann den Magister in Pädagogik gemacht. Dieser Abschluß jedoch, so schildert er, war auf dem Arbeitsmarkt nicht nur nichts wert, sondern nicht einmal ein Begriff. Das machte er dann zum Thema seiner Promotion:

Es ging um die Chancen von Magistern in der Privatwirtschaft. Die bevorzugen bestimmte Abschlüsse, habe ich herausgefunden. Meist das Diplom. Die wissen gar nicht, was ein Magister ist, und nehmen dann vorwiegend Betriebswirte, egal ob Uni oder FH. Ich habe mal ein Interview bei Kienbaum, der Unternehmensberatung geführt. Der Personalchef, das war ein promovierter Psychologe, wußte gar nicht, was das ist, ein Magister. Der war der Meinung, Magister ist ein Berufsschullehrer. Da gibt es ja auch so Initiativen an Unis, um das ein bißchen zu verbreiten in der Bevölkerung, um klarzumachen, was das überhaupt ist, ein Magister.

Auf den Tip eines Freundes hin („er ist Arzt und Dolmetscher dort") promovierte Herr Schubert in Bratislava. Sein Berater hatte ihm gesagt, daß dies dort „schneller" geht. Es habe dann aber fünf Jahre gedauert. Allein die Prüfung seiner Hochschulzugangsberechtigung und seine Hochschulzeugnisse nahm ein Jahr in Anspruch. Die Promotion hat ihn „viel gekostet", er flog „sicher zehnmal hin und her", „business class, das kostet 1200 Mark bis Wien, und Preßburg liegt dann 60 Kilometer entfernt". Herr Schubert war während seiner gesamten Promotion, die das baden-württembergischen Wissenschaftsministerium 1994 anerkannte, voll berufstätig. Dennoch hat er nach wie vor keine Arbeitsstelle, die seinen Vorstellungen entspricht:

Ich habe nur eine Lehrtätigkeit im Moment, in einer privaten Weiterbildungsfirma. Also nicht Organisation, das suche ich eigentlich gerade. Das ist etwas schwierig. Ich würde gerne ins betriebliche Bildungswesen.

Sein Kampf um die Bewertung seiner akademischen Qualifikation und die Suche nach für ihn befriedigenden Einsatzmöglichkeiten seiner Abschlüsse hängt mit Veränderungen im Gefüge der Kapitalsorten ab, die Bourdieu (1987, 258) als Effekt der Bildungsreform beschrieb, und die auch für das deutsche Schul- und Hochschulsystem gelten: „Zwar speist das aktuelle System einen Großteil seiner Benutzer mit entwerteten Titeln ab (...), doch bleibt unbestritten, daß es seinen Benutzern keine derart brutale Frustration auferlegt wie das ältere System und daß im weiteren die verworrene Lage der Rangfolgen und Scheidelinien zwischen den Auserwählten und den Ausgeschlossenen, zwischen den wahren und den falschen Titeln zu einer 'sanften' Eliminierung und zu einer 'sanften' Anerkennung dieser Eliminierung beiträgt (...). Es ist die vom modernen System vielfach ermutigte Allodoxia, die bewirkt, daß die Relegierten bei ihrer eigenen Relegation mithelfen - durch Überschätzung der von ihnen besuchten Zweige und Überbewertung ihrer Titel so gut wie durch das Einstellen auf Möglichkeiten, die ihnen faktisch verwehrt sind. Zugleich ist diese Allodoxia aber auch Grund dafür, daß sie sich gegenüber der Anerkennung der objektiven Wahrheit ihrer Stellung und ihrer Titel sperren." Eine Möglichkeit, dies zu tun, ist der

Verbleib der Inhaber entwerteter Titel im Bildungssystem - so wie dies Herr Schubert tut, der auf dem kommerziellen Bildungsmarkt unterrichtet: „Verständlich, daß diesen Akteuren im fortwährenden Aufschub Fortbildung (oder ihre Fortdauer im Bildungssystem) am Herzen liegt - Fortbildung, weil sie als perfektes Gegenstück zum System der großen Concours Zeitgrenzen zu markieren und so früh wie möglich auf den endgültigen Abschluß zu verweisen hat, eine offene und grenzenlose Zukunft offeriert. Auf diese Weise finden die Überschußprodukte des Ausbildungssystems zumindest partiell Beschäftigung in der Verwaltung und Steuerung der durch die schulische 'Überproduktion' und die daraus folgende neue 'Nachfrage' (z.B. das 'Bedürfnis' nach permanenter Weiterbildung) erzeugten sozialen Probleme und Konflikte" (ebd., 259). „An die Stelle abrupter Zäsuren und Einschnitte des Alles oder Nichts zwischen Studium und Beruf, Beruf und Pensionierung, treten unmerkliche, sacht gleitende Übergänge (...)" (ebd., 260). Auch Herr Schubert bleibt nicht nur als Erwachsenenbildner im Bildungssystem, seine Ausbildung ist ebenso nie abgeschlossen:[5]

Ich mache die übliche Weiterbildung vorwiegend, an der Volkshochschule. Seminare über Projektmanagement, Bilanzanalyse. Und vor diesem Kurs habe ich das Grundseminar 'Umgangsformen' bei der Frau Bäcker besucht. Das fand ich eigentlich ganz gut. Und das war dann ausschlaggebend. Deswegen habe ich auch das zweite Seminar bei ihr besucht. Ich interessiere mich allgemein für Benehmen. Ich habe auch schon Bücher drüber gelesen, dann liest man was in irgendwelchen Zeitschriften, und dann dachte ich, kannst ja mal ein Seminar besuchen, in der Volkshochschule sind die ja auch preisgünstig.

Herr Schubert hat mit der Promotion zwar einen akademischen Titel erworben, der im Gegensatz zum Magisterabschluß bekannt ist, das heißt: nicht nur kulturelles Kapital darstellt, sondern auch als „symbolisches Kapital"[6] wirkt. Dabei ist jedoch dieser Titel, sein „institutionalisiertes kulturelles Kapital", nicht konvertierbar, er kann aus ihm auf dem Arbeitsmarkt buchstäblich kein (ökonomisches) Kapital schlagen. So eignet er sich weitere Qualifikationen an („Projektmanagement", „Bilanzanalyse"), damit ebenso wie mit der Reflexion seiner „Umgangsformen" einen Prozeß praktizierend, den Bourdieu (1987, 260) als Folge der Wandlungen des Bildungssystems beschreibt: „Alles hat den Anschein, als ob die neue Logik des Bildungs- und des Wirtschaftssystems dazu ermutigte, so lange wie möglich jenen Zeitpunkt hinauszuzögern, an dem einmal doch Schluß ist, jenen Augenblick, auf den hin sich alle winzig kleinen Veränderungen zu bewegen: die Schlußbilanz nämlich (...)".
Obwohl bei Herrn Arndt und bei Herrn Schubert der Seminarbesuch eng mit der ökonomischen Seite ihrer Existenz verknüpft ist, belegen ihre Geschichten weniger, daß „Umgangsformen auf dem Arbeitsmarkt an Bedeutung gewinnen".

Sie zeigen vielmehr, daß es sich bei dieser Verknüpfung um einen (auch biographischen) Versuch handelt, dem sich schließenden Arbeitsmarkt (Herr Arndt) oder der Entwertung bestimmter akademischer Abschlüsse (Herr Schubert) sozusagen symbolisch beizukommen. Das Interesse für „Umgangsformen" ist zwar in den Augen der Befragten das Mittel zur Verbesserung der ökonomischen Situation. Kulturtheoretisch betrachtet jedoch stellt es sich weniger als Hebel dar, mit dem die beiden Männer in ihre Situation eingreifen, sondern vielmehr als ein alltagskultureller Modus, mit dem sie die Realität des sozialen und ökonomischen Raums erfahren und ihr Sinn zu geben suchen - entgegen ihrer eigenen Erfahrung, daß diese Wirklichkeit differenzierter und komplizierter ist als von den ExpertInnen behauptet, und ohne damit verhindern zu können, daß ihnen (besser bezahlte) Arbeitsstellen verwehrt bleiben.

Normativ: „Ob es richtig ist, wie man sich verhält."

Ein weiterer Grund für die Seminarteilnahme ist ein normatives Interesse. Dies wird dabei nur selten konkreter definiert:

E.T.: Was hat Sie denn interessiert an dem Seminar?

Frau Beuter: Also bei mir ging's eigentlich von meinem Freund aus, weil der hat gesagt, das wäre vielleicht mal was, gerad auch ' wie ißt man denn richtig?' Wenn man beispielsweise in einem Restaurant ist, in einem guten, dann sitzt man halt oftmals auch davor, und dann hab ich gesagt ja, da machen wir mit.

Frau Beuter (Jg. 1967), Chefsekretärin beim Vorstand einer Bank, gibt hier zunächst ein normatives Interesse an: „'Wie ißt man denn richtig?'" Das heißt: Sie und ihr Freund essen zwar „in guten Restaurants", aber sie „sitzen oft auch davor" und fragen sich, ob es so „richtig" ist. Während hier der Besuch des Benimmseminars sich als Suche nach einer Gebrauchsanleitung für einen aufwendig gedeckten Tisch darstellt, wird die Absicht, „richtiges" Verhalten zu lernen, meist sehr allgemein formuliert.

Was waren Ihre Gründe für den Besuch des Seminars?

Möchte mich korrekt benehmen können, wissen 'was' richtig ist. (Versicherungsfachwirtin, Gruppenleiterin in einer Versicherungsgesellschaft, Jg. 1969, VHS-Seminar)

Fehler vermeiden. (Bankkaufmann und Informatiker, Jg. 1966, VHS-Seminar)

Diese Begründungen implizieren zum einen die Annahme, daß es feststehende Definitionen für „richtiges" und „falsches" Handeln gibt. Zum anderen wird bei diesem Interesse deutlich, daß die TeilnehmerInnen vermuten, daß objektiv existierende „Regeln" gelten, die sie nicht kennen, und über die sie hier informiert werden wollen, um sich „richtig zu verhalten“ und „Fehler zu vermeiden“. Die Vermutung unbekannter „Regeln“ bzw. die Absicht, diese beim Besuch des Seminars kennenzulernen, ist eine ebenfalls immer wieder genannte Begründung:

Was waren Ihre Gründe für den Besuch des Seminars?

Etwas zu erfahren, was ich generell noch nicht weiß. (Steuerberater, Jg. 1927, VHS-Seminar)

Wollte dazu lernen. (Kaufm. Angestellte, Jg. 1961, VHS-Seminar)

Ebenso vage wie die Suche nach Normen für das „richtige“ Verhalten artikuliert sich hier die Absicht, im Seminar etwas bis dahin Unbekanntes zu „lernen“. Das Interesse ist so allgemein formuliert, daß damit auch der Besuch jeder anderen Bildungsveranstaltung begründet werden könnte. „Korrekt“, „richtig“, „was sich gehört“ sind die Schlagworte, die diese TeilnehmerInnen in ein Benimmseminar führten, mit denen sie beabsichtigen, künftig „Fehler zu vermeiden“. Solche Begründungen zeigen, daß sich die TeilnehmerInnen von den untersuchten Veranstaltungen auch eine normative und normierende Handlungsanleitung wünschen. Diese basiert wiederum auf der Annahme, daß für jede Handlung eine Vorlage, hier in Gestalt von „Regeln“, existiert.[7] Allerdings kann hieraus nicht geschlossen werden, daß das Interesse an solchen Regel-Vorlagen unbedingt mit der Absicht, diese auch zu befolgen, einhergeht:

E.T.: Was hat Sie am Seminar vor allem interessiert?

Herr Gier: Die Umgangsformen an sich. Ich meine, ich glaube zwar, daß ich einen gewissen Rahmen hab' irgendwo, in dem ich mich zurechtfinde. Aber so der letzte Schliff fehlt, oder ein bißchen Sicherheit. Ich muß ja den Rahmen kennen um sagen zu können: 'Die Abweichung kannst Du Dir erlauben, und die nicht', das war's eigentlich. (Kriminalbeamter, Jg. 1962, VHS-Seminar)

Was waren Ihre Gründe für den Besuch des Seminars?

Sicherheit gewinnen im Umgang mit den Regeln. (Fremdsprachenkorrespondentin, Hausfrau und Mutter, Jg. 1958, billiges Angebot auf dem kommerziellen Markt)

Die hier formulierte Absicht zeigt, daß man vom Interesse an „Regeln“ nicht automatisch auf eine damit einhergehende Annahme ihrer Verbindlichkeit schließen kann. „Regeln“ werden zwar als handlungsrelevant, jedoch nicht unbedingt als handlungspräskriptiv gedacht, sondern als „Rahmen“ betrachtet, mit dem man „umgeht“. Auch diese Begründung für die Seminarteilnahme ist im Kern normativ orientiert. Im Gegensatz zur Absicht, „richtiges Verhalten“ zu „lernen“ geht es dabei jedoch eher darum, mit Hilfe des Seminars einen alltagskulturellen Modus zu praktizieren, der der von Bourdieu bestimmten Sprachpraxis der „kontrollierten Unterkorrektheit“ (Bourdieu 1990, 41f.) entspricht:

„Die bewußte oder unbewußte Vermeidung der augenfälligsten Merkmale sprachlicher Anspannung und Bemühtheit der Kleinbürger (...) können bei Bürgern und Intellektuellen zur kontrollierten Unterkorrektheit führen, bei der sich selbstbewußte Lässigkeit und souveräne Mißachtung kleinlicher Regeln mit einer bewußt zur Schau getragenen Gewandtheit auf schwierigstem Terrain vereinen." Die TeilnehmerInnen sind also, auch wenn sie sich via Seminar nach „richtigem Verhalten" und „korrektem Benehmen" erkundigen, nicht nur daran interessiert, damit ihrer Einschätzung nach fehlendes Wissen über „gültige Regeln" zu erwerben, sondern sie erhoffen sich von der Frage danach „discretio" (Bourdieu 1987, 748f.), Unterscheidungsvermögen, das sie sich offenbar bis zum Zeitpunkt des Seminarbesuchs nicht zuschreiben. Diese Bezugnahme auf „Regeln" relativiert einerseits die normative Prämisse der Frage nach dem, „was sich gehört". Andererseits reproduziert das Ziel, das eigene Handeln mit Hilfe des Seminarbesuchs diskursiv und praktisch als „Abweichung" zu konstituieren, präzise den „Rahmen" legitimer Kultur, von dessen vager Präsenz und undurchschaubarer Normativität sich die SeminarteilnehmerInnen mit den Informationen über „gültige Regeln" zu befreien erhoffen. Der Absicht, in Benimmseminaren sowohl „doxa" (Bourdieu 1987) („was sich gehört") als auch „Orthodoxie" („richtiges Verhalten") definiert zu bekommen, ist nicht unbedingt vom Willen zur „Orthodoxie" getragen. Da sich aber auch eine „heterodoxe" Handlungsmaxime stets auf „die doxa, das ungefragt Selbstverständliche" (ebd.) und auf dessen Legitimation, die „Orthodoxie" bezieht, ist auch die erklärte „Abweichung" mit Hilfe des Seminarbesuchs kein Unterlaufen von Normen, sondern sozusagen deren (Re-)Produktion mit umgekehrtem Vorzeichen.

Beschämungen

Sehr selten berichteten TeilnehmerInnen im Seminar von Beschämungen, das heißt von Situationen, in denen sie „Blicke" als negativen Kommentar zu ihrer Praxis deuteten. So beispielsweise Tanja und Martin Händel. Das junge Ehepaar, er ist Maurermeister und sie Kinderpflegerin, besuchte an der Volkshochschule einer Kleinstadt gemeinsam mit seiner Mutter ein eintägiges Seminar mit dem Titel „Moderne Umgangsformen". In der Vorstellungsrunde nannte Herr Händel außer seinem Namen kurz den Grund für ihr Interesse am Seminar: „Wir waren im Urlaub in einem Firstclasshotel, und da gab es auch Probleme mit dem Besteck." Als ich Herrn und Frau Händel gleich in der ersten Pause ansprach und um ein Interview bat, sagten sie sofort zu. Er erläuterte nochmals: „Wir waren in einem Firstclasshotel. Deswegen sind wir hier. Das Hotel war spitze! Wir wollen da nächstes Jahr wieder hingehen. Mallorca ist ja so verrufen, aber das stimmt nicht." So wurde ich für einen Samstagnachmittag zum Kaffee eingeladen. Das junge Ehepaar bewohnt eine Wohnung im großen Haus seiner Mutter, das am Rand eines Neubaugebietes steht, welches mittlerweile das kleine Dorf, dem es zugeordnet ist, an Fläche beinahe übertrifft. Auf der Eckbank in der Küche sitzend führte ich dann das Interview, in dem sich, wie bereits im Seminar, vor allem die Mutter von Herrn Händel am Gespräch beteiligte und er und seine Frau sich sehr knapp äußerten. Er erzählte lediglich zu Beginn nochmals ausführlicher den Grund für ihren Seminarbesuch:

Herr Händel: Wie ich schon gesagt habe, wir waren ja in dem Firstclasshotel untergebracht im Urlaub, eigentlich unwissend. Und ja, da hatten wir eben auch einen Brotteller, und mehrere Messer, Gabeln.

E.T.: Ja. Und wie haben Sie das dann gemacht im Urlaub, weil irgendwie gegessen haben Sie dann ja wahrscheinlich trotzdem?

Herr Händel: Haja, also mit dem Essen ging's, mit dem Besteck vielleicht auch noch, von außen nach innen, das hat man irgendwann einmal/ das kam bei 'Pretty Woman' oder so was, von außen nach innen. Aber mit dem Brotteller, da hat es uns halt reingehauen. Wir haben halt genommen und aufgeschnitten das Brötchen und die Butter draufgestrichen und dann halt runtergebissen, und das war halt der Fehler.[8]

E.T.: Ach so.

Herr Händel: Ja.

E.T.: Aber, hat jemand was deswegen gesagt?

Herr Händel: Nein, aber man hat schon einen Blick gesehen, so vom Personal, das was nicht stimmt irgendwie, aber die haben halt nicht drauf hingewiesen und nichts.

Dieses Urlaubserlebnis dokumentiert weniger, daß in bestimmten Restaurants strenge Regeln herrschen. Es zeigt vielmehr, daß es Orte gibt, die zwar prinzipiell jedem, der über genügend Geld verfügt, zugänglich sind, an denen sich bestimmte Personen aber gleichwohl unmißverständlich in ihre Schranken verwiesen sehen - wobei dieser Prozeß weniger als Ausgrenzung beschrieben werden kann, sondern er sich eher von zwei Seiten her konstituiert: Einmal durch den ästhetischen Rahmen (Besteck, Speisenfolge) und diejenigen, die sich darin im wörtlichen und im übergeordneten Sinne professionell bewegen (Bedienungspersonal), zum anderen durch die Gäste, die davon ausgehen, es gebe ihnen unbekannte „Regeln", deren Einhaltung das Personal mit „Blicken" überwacht und/oder kritisiert, so daß sie am Ende sicher sind: „Da stimmt was nicht irgendwie." Herr und Frau Händel haben nun in der Form Konsequenzen gezogen, daß sie im Herbst nach diesem Sommerurlaubserlebnis ein Seminar besuchten, um sich über die ungeschriebenen Gesetze des Ortes zu informieren, an dem sie sich beobachtet und ertappt fühlten, den sie aber gleichwohl mit Begeisterung wieder besuchen wollen. Nach dem Abschalten des Bandgeräts ging Frau Händel und holte den Prospekt und die Speisekarte des besagten Hotels, und beide erzählten begeistert, wie toll es dort war und daß sie kommenden Sommer dort wieder ihren Urlaub verbringen werden. Ihr Seminarbesuch erscheint im Gegensatz zu vielen anderen TeilnehmerInnen (siehe oben) weniger als Versuch, sich eigener Praxen zu vergewissern, sondern er basiert auf einem sozusagen handwerklichen Begriff von kulturellem Kapital: Dieses erscheint hier eher als Fachwissen, das notwendig ist, um bestimmte Aufgaben zu lösen, und dessen Fehlen das junge Ehepaar vielleicht deshalb so freimütig benannte, weil sie es nicht als „inkorporiertes kulturelles Kapital" betrachteten, das direkt auf soziale Herkunft verweisen würde. Diese Interpretation legt auch die Schilderung der Situation durch Herrn Händel nahe, in der er einerseits die peinlich berührenden „Blicke" nennt, bei der aber andererseits anklingt, daß es ihm auch recht gewesen wäre, wenn das „Personal" ihnen erklärt hätte, wie man das Besteck in diesem Fall „richtig" benutzt („aber die haben halt nicht drauf hingewiesen und nichts"), so, wie es eben für jedes Werkzeug eine Gebrauchsanleitung gibt. Daß Herr und Frau Händel sich nicht grundsätzlich unwohl fühlten im beschriebenen Rahmen, zeigten sie mit den Erzählungen über ihre Restaurantbesuche am Ende des Interviews, bei denen sie jeden Samstagabend in einem anderen ersten Haus am Platz irgendwo zwischen Bodensee und Schwäbischer Alb essen. Dabei stießen sie offenbar noch nicht wie im Urlaub auf das Problem, „beobachtet" zu werden, im Gegenteil: Sie erzählten aus der Perspektive von Kennern über die Lokale: Wo man ihnen einmal „aufgewärmte Spätzle und aufgewärmte Pommes" serviert habe, wo der Ober ihnen einmal nicht die bestellte, sondern „eine falsche Pizza" brachte, ohne sich dafür zu entschuldigen, oder wo die Portionen „zu klein" waren: „Als ich den Teller gesehen habe, ich habe gar nicht glauben können, daß das alles ist! Es hat 80 Mark gekostet. Wir sind dann nachher noch zu McDonald's gegangen und haben uns dort satt gegessen." Die Sicherheit, die sich hier artikuliert und mit der die Speisen weniger nach der Form, sondern nach der Menge bemessen werden, zeigt, daß Herr und Frau Händel trotz ihrer Bemühung, sich bestimmte Eß-Techniken anzueignen, nach wie vor bezüglich des Essens ein ästhetisches Ideal pflegen und behaupten, das im Gegensatz zur hegemonialen bürgerlichen Kultur nicht „Form", sondern „Substanz" und „Menge" zum Gegenstand hat:

„(H)ier das Nahrungsmittel als sättigender Stoff, der 'vorhält' und Kraft spendet (...); dort läßt die Form (...) und den 'Formen' eingeräumte Vorrangigkeit das Interesse an Kraft und Substanz zweitrangig werden und wahre Freiheit in der selbstgewählten Askese finden" (Bourdieu 1987, 321, ähnlich 288, 316f. u. 320).

Im Gegensatz zu den TeilnehmerInnen aus den kleinbürgerlichen Fraktionen (z.B. kaufmännische Angestellte, Betriebsfachwirtin), die die dominanten bürgerlichen Ideale übernehmen,[9] praktizieren und verteidigen, also damit „orthodox" handeln in der Absicht oder Hoffnung, auf diese Weise selbst einmal dominieren zu können, läßt sich die ästhetische Praxis der Händels als „heterodoxer Konsum" beschreiben: „Die Eß- und Trinkkultur ist sicher einer der wenigsten Bereiche, wo die unteren Schichten der Bevölkerung in einem expliziten Gegensatz zur legitimen Lebensart stehen" (Bourdieu 1987, 292). Die Selbstverständlichkeit, mit der sie ihre Ideale formulieren, sobald es nicht mehr um die Gebrauchsanweisung für das Besteck, sondern um die unmittelbar mit dem Körper verbundene Ästhetik des Essens geht, zeigt sich auch bei der Art und Weise, in der Herr Händel seine Position im ökonomischen Raum beschreibt: Er ist gelernter Beton- und Stahlbetonbauer und arbeitete nach seiner Lehre in einer großen internationalen Baufirma. Währenddessen absolvierte er die Prüfung zum Maurermeister; in den zwei Wochen, die man zum Lernen freigestellt wird, habe er bei einer kleineren Baufirma im Nachbarort gearbeitet und statt dessen „abends und am Wochenende" gelernt. Als der Konzern 1000 Arbeiter entließ, „hat es auch mich getroffen". Der Chef der kleinen Firma wollte ihn dann sofort einstellen, aber er habe nicht gleich zugesagt, wie er grinsend erklärt: „Das treibt den Preis in die Höhe!" So habe er durch dreimonatiges Zögern erreicht, daß er nicht wie bisher als Vorarbeiter eingestuft, sondern als Polier eingestellt wurde und besser bezahlt wird. Er ist für mehrere Baustellen zuständig, für die er die Verteilung und Anlieferung des Materials koordiniert. Nächstes Jahr wird er Bauleiter. Vermutlich ist die Tatsache, daß Herr Händel mit seinem Körper arbeitet, ausschlaggebend dafür, daß er nur einen Teil hegemonialer Kultur übernimmt, oder bildlich formuliert: Was, wie kleine Portionen beim Essen, gegen das Prinzip der „Substanz" gerichtet ist, würde ihm im wahrsten Sinne an die körperliche Substanz gehen, die Grundlage seiner Existenz ist, und mit der er, worauf er mich nach dem Interview hinwies, im Alter von 25 Jahren bereits die Mittel für eine 100 Quadratmeter große Eigentumswohnung und einen Daimler-Neuwagen erwirtschaftet hat:

> „Der Geschmack: als Natur gewordene, d.h. inkorporierte Kultur, Körper gewordene Klasse, trägt er bei zur Erstellung des 'Klassenkörpers'; als inkorporiertes, jedwede Form der Inkorporation bestimmendes Klassifikationsprinzip wählt er aus und modifiziert er, was der Körper physiologisch wie psychologisch aufnimmt, verdaut und assimiliert, woraus folgt, daß der Körper die unwiderlegbarste Objektivierung des Klassengeschmacks darstellt, diesen vielfältig zum Ausdruck bringt: (...)" (Bourdieu 1987, 307).

Vergleicht man die Informationen der Händels zu ihrem Seminarbesuch mit denen von Herrn Helmers, der mit der Wende arbeitslos wurde und seither die

„Weiterbildung“ seiner Familie organisiert (siehe oben), treten große Unterschiede zutage: Herr Händel berichtet ebenso, wie Herr Helmers vom „Erschrecken“ erzählt, das ihm aufgrund seines Dialekts entgegengebracht wurde, auch von „Blicken“, die er auf sich gerichtet sah. Aber die Schlußfolgerung aus dieser Erfahrung ist sehr unterschiedlich: Zwar besuchten beide im Zusammenhang solcher Erfahrungen ein Benimmseminar. Während dies bei Herrn Helmers einer Distinktionsintention, Abgrenzung und Abschied von „Freunden, die sich dem Jeansleben hingeben wollen“ entsprang, fehlt dieser nach oben gerichtete Blick beim Ehepaar Händel, sie praktizieren eher einen handwerklichen Begriff von „Umgangsformen“. Solche Unterschiede legen nahe, Distinktion nicht einfach, wie dies Bourdieu tendenziell tut, als ein Phänomen zu begreifen, das sich aus der objektiven Sozialstruktur einer Gesellschaft bzw. der sozialen Herkunft und Lage einzelner AkteurInnen ergibt. Das hier untersuchte Material spricht dafür, die Haltung, die die AkteurInnen zu dieser Struktur einnehmen, als mindestens genauso ausschlaggebend für die Manifestation oder das Ausbleiben von Distinktion zu veranschlagen: „Durch den ‘Blick nach oben’ unterscheidet sich die kleinbürgerliche Struktur spezifisch von der Struktur des Industriearbeiters“ (Reich 1971, 70f.).

Weniger explizit, aber ebenso relevant wie bei Tanja und Martin Händel, (denen sich ästhetisch gewandete Teilungen in einem Urlaubserlebnis verdichtet darstellten), ist die Tatsache, daß die Dynamik kulturellen Kapitals auch auf der Abwertung mancher Formen basiert, für die Seminarteilnahme von Frau Irniger und Frau Voormann. Allerdings nehmen sie bezüglich des im Seminar gelehrten Stoffs eine andere Perspektive ein: Ihr Interesse für hegemoniale Kultur („richtige Umgangsformen“) resultiert auch aus der Absicht, diese gegen diejenigen zu richten, die sie alltäglich als deren Schöpfer, als Herrschende wahrnehmen.[10] Frau Voormann (Jg. 1961, Zahnarzthelferin) und ihre Freundin, Frau Irniger (Jg. 1960, Bankkauffrau) hatten gemeinsam ein VHS-Benimmseminar besucht und meinten im Interview:

Frau Voormann: Also ich kenne da von den Patienten her, da ist der Vater Professor, und da sind die Kinder mit 17 schon ein halber Professor, und die haben überhaupt kein Benehmen.

Frau Irniger: Aber die haben gar nichts dazu getan, nur der Papa ist es!

Frau Voormann: Nee, nee! Aber die bilden sich dann da/

Frau Irniger: Und das können die quasi erben. Oder die Frauen, die solche heiraten, kriegen es.

Hier werden (Re-)Präsentanten kulturellen und symbolischen Kapitals („Sohn vom Professor“) als besonders unhöflich charakterisiert, wobei anklingt, daß es gerade die Demonstration dieser Kapitalsorte ist, die an sich als „schlechtes Benehmen“ bezeichnet wird. Die beiden TeilnehmerInnen berufen sich auf die Perspektive des „Benehmens“, um Distinktion, das Markieren von Grenzen, zu kritisieren. Außerdem erkundigten sie sich bei mir, ob in anderen Seminaren, die ich untersucht habe, „arrogante Leute“ waren, „die so von oben herab“ sind, und Frau Irniger erklärte:

Ich finde es wichtig: Man muß auch noch mit der Putzfrau reden können. Oder die Boten, die die Post im Haus austragen. Die sind ja auch wichtig, wenn die das nicht machen, können die Chefs nicht arbeiten, und wenn ich nicht arbeite auch nicht, dann können sie nichts unterschreiben.

Frau Irniger und Frau Voormann legen Wert darauf, nicht „von oben herab“ zu handeln, und Frau Irniger macht klar, daß dies mit ihrer Stellung im Produktionsprozeß zu tun hat, die sie einerseits als grundlegend für die Produktion bzw. Dienstleistung überhaupt schildert, deren „Wichtigkeit“ jedoch so wenig gewürdigt wird, daß sie darauf eigens hinweist. Diese beiden TeilnehmerInnen wenden sich explizit gegen Distinktion, gegen das Sich-Unterscheiden-Wollen von „der Putzfrau“, das sie in ihrem Arbeitsalltag stets als gekoppelt mit Abwertung erfahren. Hier manifestiert sich das „Konformitätsprinzip“, laut Bourdieu (1987, 596f.) „die einzige explizite Geschmacksnorm der unteren Klassen“. Es beinhaltet „eine Warnung davor, sich durch Identifizierung mit anderen gesellschaftlichen Gruppen abheben zu wollen, also einen Befehl, nicht aus der Reihe zu tanzen“ (ebd.). „Was verworfen wird, ist nicht die Differenz an sich, sondern die zur Schau getragene Absicht, sich zu unterscheiden“ (ebd.). Diese Anti-Distinktions-Haltung zeigte sich auch an anderer Stelle, nämlich bei der Kritik von Frau Voormann an einzelnen Umgangsregeln. Sie schrieb im Fragebogen:

Gibt es Umgangsregeln, die Sie weniger wichtig finden? Wenn ja, welche?

1. Aufreihung von Titeln bei der Vorstellung.

2. Farben wie schwarz und grau im Berufsleben.

Warum finden Sie gerade diese Umgangsregeln weniger wichtig?

zu 1. Ein Mensch wird durch Titel nicht aufgewertet; die positive, freundliche Ausstrahlung zählt.

zu 2. Es reicht für mich aus, wenn die Kleidung zum jeweiligen Anlaß, zum Typ paßt u. sauber u. ordentlich ist.

Frau Voormann findet gerade die Handlungsanweisungen weniger wichtig, die (Bildungs-)Unterschiede bezeichnen (wie die Vorstellung mit Titel) und die (feine) Unterschiede produzieren (wie die Angestellten-Berufskleidung). Bei dem von ihr formulierten Ideal für die Kleidung fällt zudem auf, daß sie mit „sauber und ordentlich" die Schlagworte nennt, die den „Notwendigkeitsgeschmack" (Bourdieu 1987, 585-619) charakterisieren, sei es als Umkehrung „klassenrassistischer" (ebd., 591 u. 290ff.)[11] Bilder oder weil diese aufgrund des „*Verzicht(s) auf* ohnehin unzugängliche *symbolische Gewinne* (...) Verhalten und Objekte auf ihre technische Funktion reduzieren" (Bourdieu 1987, 594, Hervorhebung i. Orig.). Frau Irniger und Frau Voormann besuchten dasselbe Seminar wie diejenigen, die ihre „Kenntnisse auffrischen" oder „Tischmanieren verfeinern" wollen, aber sie tun dies eben nicht in der Absicht, Distinktionstaktiken zu erwerben, sondern um unter dem Titel „Höflichkeit" Munition zu sammeln für ihren zwar nicht dramatisch zugespitzten, aber doch alltäglichen Kampf im „individuellen wie kollektiven Klassifikations- und Ordnungssystem" (ebd., 755). Gleichwohl unterscheiden sie sich in einem zentralen Punkt nicht von denjenigen, die sich mit Hilfe des Seminarbesuchs zu distinguieren suchen: Sie übernehmen zwar nicht wie diese die herrschenden Ideale, aber auch ihr Kampf ist auf diese bezogen, weil sie den Gegner („Sohn vom Professor ...") mit seinen eigenen Waffen („... hat kein Benehmen", das heißt kein kulturelles Kapital) zu schlagen beabsichtigen. Daß sie gesellschaftliche Verhältnisse, die sie mit Personalisierungen wie „Putzfrau" oder „Bürobote" vs. „Chefs" benennen, unter dem Stichwort „Höflichkeit" thematisieren, bietet ihnen einerseits die Möglichkeit zur Kritik daran. Gleichzeitig jedoch markiert diese Kategorisierung die Grenze solcher Funktionalisierungen, weil letztlich nicht Verhältnisse, sondern Verhalten, nicht Gesellschaft, sondern Personen kritisiert werden.

Das Seminar testen; selbst Lehrende werden wollen

Schließlich gibt es diese eine kleine Gruppe von TeilnehmerInnen, deren Interesse nicht unmittelbar dem angebotenen Stoff gilt.

Dies sind zum einen VertreterInnen von Firmen, die das Seminar in Augenschein nehmen, weil sie es eventuell firmenintern für KollegInnen oder ihre Angestellten buchen wollen. Solch eine Absicht äußerten vier Teilnehmer in Führungskräfteseminaren auf dem kommerziellen Bildungsmarkt: Hier waren es Selbständige, mittelständische Geschäftsführer oder Sparkassendirektoren, die die Dozentin in Augenschein nahmen und dies in der Vorstellungsrunde zum Teil sehr forsch kundtaten: „Wir möchten so was eventuell firmenintern für unsere Mitarbeiter machen. Also: Strengen Sie sich an!" Ebenso gibt es „Spione", so die Bezeichnung der Dozentinnen, in Volkshochschulseminaren. Allerdings waren es hier Frauen, die als Sekretärin oder Assistentin ihrem Chef zuarbeiteten und sozusagen stellvertretend für ihn das Angebot prüften.

Zum anderen gehören hierzu InteressentInnen, die planen, selbst Benimmseminare anzubieten. Dies waren ein ehemaliges Fotomodell, die sich als Farb- und Stilberaterin selbständig gemacht hatte und nun „Umgangsformen“ mit in ihre Angebotspalette aufnehmen wollte, und eine selbständige betriebswirtschaftliche Unternehmensberaterin, die ebenfalls ihre Angebotspalette erweitern möchte. Beide nahmen an teuren kommerziellen Seminaren teil und taten ihre Absicht auch in der Vorstellungsrunde kund. Die Dozentinnen hatten sie bereits vor ihrer Teilnahme über ihr Interesse informiert. Diese erklärten einerseits im Seminar, vor den anderen TeilnehmerInnen und bei direkter Nachfrage zu diesen Fällen im Interview, daß sie das nicht weiter störe, wie hier Frau Möchten: „Ich hab' meinen Namen, und insofern bin ich konkurrenzlos.“ Andererseits gibt es an anderen Stellen im Interview oft Kritik an Frauen, die früher Teilnehmerinnen waren und zu Konkurrentinnen wurden, sei es mit der Begründung, sie hätten „geklaut“ (vgl. Kap. 2.1) oder mit dem Hinweis auf den in der Dynamik kulturellen Kapitals allein legitimierten Modus des Erbens von „Umgangsformen“ in der Familie (vgl. ebd.).

4 Das Seminar: Produktion und Reproduktion von Regeln

4.1 Gegenüberstellung: Lehrziele und Teilnahmegründe

Die Beteiligten der untersuchten Seminare haben, wie in den Teilen 2 (Die Lehrenden und das Angebot) und 3 (Die SeminarteilnehmerInnen und ihr Interesse) der Arbeit dargestellt, fast dieselben Prämissen: Man geht davon aus, daß es ein feststehendes Set an Regeln für „richtiges“ oder „korrektes“ „Verhalten“ gibt, das es mitzuteilen bzw. dem das Interesse gilt. Ebenso teilen die VeranstalterInnen und ihre Kundschaft die Annahme, daß sich dieser Regelkorpus sozusagen jenseits ihrer eigenen sozialen Praxis ändert, wobei die Lehrenden hier in Form des „Arbeitskreises Umgangsformen International“ (vgl. Kap. 2.1) genauer ausgemalte Vorstellungen von einer Instanz haben, die die Änderungen und Gültigkeiten verantworte. Auch das Ziel, „Sicherheit“ zu vermitteln, bzw. die Absicht, „Unsicherheit“ zu beseitigen, eint Lehrende und TeilnehmerInnen. Ebenso bezieht sich bei beiden Gruppen „Sicherheit“ nicht auf Probleme bei alltäglicher Interaktion, sondern auf die Präsentation oder Performanz kulturellen beziehungsweise symbolischen Kapitals und damit verbundene Distinktionspraxen.

In bezug auf den qua Umgangsregeln beförderten „beruflichen Erfolg“ dagegen unterscheiden sich Lehrende und TeilnehmerInnen: Die Lehrenden postulieren, daß „Umgangsformen“ die Voraussetzung dafür sind, überhaupt Zugang zum Arbeitsmarkt zu bekommen; die TeilnehmerInnen dagegen sprechen vom „beruflichen Bedarf“ in bezug darauf, eine bereits erreichte Position zu festigen und alltagskulturell nach unten abzusichern.

Ausschließlich die Lehrenden formulieren die Absicht, mit Hilfe von „Umgangsformen“ allgemein zu einem „harmonischen Miteinander“ beizutragen oder der „Menschenwürde“ Platz zu verschaffen. Bei den TeilnehmerInnen sind zwar auch kulturpessimistische Geschichts- und Gesellschaftsbilder vorhanden, im Gegensatz zu den Lehrenden mündet dies bei ihnen aber nicht in ein formuliertes Ziel, mit Hilfe von „Umgangsformen“ zu einer Humanisierung von Gesellschaft beizutragen. Ihre Ziele bleiben individuell, auf die Klassenzugehörigkeit und kulturelle Praxis der eigenen Person bezogen. Die Lehrenden dagegen schaffen mit der wertrationalen, auf soziale Integration abzielenden Rede von der mit Hilfe von „Höflichkeit“ zu wahrenden „Menschenwürde“ jeweils zu Beginn und am Ende der Veranstaltungen den Rahmen, innerhalb dessen die TeilnehmerInnen individuelle, zweckrationale Interessen legitim äußern und Distinktionsintentionen, die soziale Abgrenzung nach sich ziehen, legitim verfolgen können. Ebenfalls eine Domäne der Lehrenden ist die Absicht, in den Seminaren „Reflexion“ von Benimmregeln zu betreiben oder die mehr oder weniger explizite Negierung eines Bezugs auf „Regeln“. Ähnlich wie der beabsichtigte Beitrag zum „harmonischen Miteinander“ ist auch dies ein der Distinktion geschuldetes Ziel, mit dem gegen eine beflissene Aneignung von „Regeln“ gearbeitet wird, die alle Beteiligten dem Verdacht der Kleinbürgerlichkeit aussetzen bzw. offensichtlich machen würde, daß sie keine ErbInnen sind, sondern Kapital egal welcher Sorte erwerben müssen.

Die teilnehmende Beobachtung in den Seminaren zeigte, daß das Geschehen in den Seminaren sich nicht mit den von TeilnehmerInnen und Lehrenden formulierten Absichten deckt. Da beide Gruppen dieselben Ziele mit bzw. im Seminar verfolgen, handelte es sich beim Geschehen in den beobachteten Seminaren zudem kaum mehr um Unterricht, sondern eher um das von Lehrenden und TeilnehmerInnen gemeinsam betriebene Projekt, Gesellschaft und Kultur unter der Prämisse „Benimmregeln“ zu benennen, zu deuten und zu legitimieren (Kap. 4.2). Diese Praxis ist Gegenstand der folgenden Kapitel in diesem Teil der Arbeit: Sie beinhaltet vor allem die (Re-)Produktion von Klassen- und Geschlechterverhältnissen (Kap. 4.3 und 4.4).[1] Der genauere Blick auf das Geschehen in den Seminaren zeigt zudem, wo der Anstandsunterricht trotz ähnlicher Prämissen und Intentionen von Lehrenden und TeilnehmerInnen Grenzen hat - sei es, weil die Kundschaft einzelnen Empfehlungen widerspricht (Kap. 4.5), oder weil es zu „Allodoxieeffekten“ (P. Bourdieu) kommt (Kap. 4.6). Schließlich zeigt ein Blick auf die Nutzung des Unterrichts durch die TeilnehmerInnen (Kap. 4.7) deren Umgang mit den im Seminar thematisierten Benimmregeln.

4.2 Vom Interesse zur Form: Fragen und Antworten als Konstituierung von Regeln und Gesellschaft

Die soziologische und kulturwissenschaftliche Forschung hat sich bei der Untersuchung von Benimmregeln fast ausschließlich an der Zivilisationstheorie N. Elias' orientiert. Dies ist ein Grund dafür, daß bei der Analyse von Umgangsliteratur eine historische Perspektive dominiert, die das an den Zahlen der Neuerscheinungen und Auflagen einschlägiger Ratgeber gemessene schwankende Interesse an Benimmregeln als Ergebnis oder Zeichen gesellschaftlichen Wandels interpretiert (z.B. Heckendorn 1970, Krumrey 1984, Matter 1993, Schürmann 1994, Wouters 1986, 1995a u. b). Weniger rezipiert wurde dagegen die Deutung des Interesses an Benimmregeln als alltagskultureller Versuch sozialer und politischer Konservierung oder Restauration (z.B. Turnaturi 1988, Picard 1994, 1995). Die Ergebnisse der teilnehmenden Beobachtung in Benimmseminaren stützen eher die letztgenannte These, also die Annahme, daß die Thematisierung von Gesellschaft und Kultur unter dem Titel „Umgangsformen" oder „Höflichkeit" durch kleinbürgerliche Fraktionen die oberen Klassen und Klassenfraktionen stärkt. Dies geschieht, wie bei der Analyse des Sozialprofils der Lehrenden und des Unterrichtsstoffs gezeigt, zum einen deshalb, weil die gelehrten Formen hegemoniale Stile sind. Grund für die Präferierung einer alltagskulturellen Praxis ist letztlich immer deren Assoziation mit einer als gesellschaftliche Elite verstandenen Gruppe. Sowohl N. Elias als auch P. Bourdieu haben diese soziale Lokalisierung legitimer Kultur herausgearbeitet. Zum anderen perpetuiert die Benimmregel-Perspektive bestehende Ungleichheiten zugleich indirekter und grundsätzlicher dadurch, daß sie auf alltagskultureller Ebene Teilungen nach Klasse und Geschlecht instituiert. Die Untersuchung der Benimmseminare zeigt, daß der insbesondere für die zweite Hälfte das 20. Jahrhundert von der Figurationssoziologie behauptete Wandel (Krumrey 1984, Wouters 1979: „Informalisierung") eher ein Epiphänomen ist, das zwar Überarbeitung und Neuformulierung der einschlägigen Ratgeber nach sich zieht. Auch in den Benimmseminaren wird viel über „Änderung von Regeln" oder „neue Regeln" gesprochen. Bestimmte „Selbstverständlichkeiten"[2] wie die Orientierung aller Regeln an Ungleichheit nach Alter, Geschlecht und „Rang" jedoch wurden von diesen „Änderungen" nicht grundsätzlich berührt - im Gegenteil: Die behauptete Modernisierung des Genres reproduziert diese Teilungen[3] und versieht sie mit einem höheren Maß an Legitimität.

Die Praxis des Unterscheidens

Ein genauerer Blick auf das Geschehen in den Seminaren zeigt, daß diese Veranstaltungen vor allem aus der „Einsetzung" hegemonialer Teilungen bestehen:

> „Instituieren, einsetzen, heißt in diesem Falle, einen Zustand, eine bestehende Ordnung bestätigen, sie festschreiben und heiligen, genau wie eine Konstituierung im politisch-rechtlichen Sinne. (...) Die Einsetzung ist ein Akt sozialer Magie und kann einen Unterschied *ex nihilo* schaffen oder sich - was am häufigsten ist - bereits bestehende Unterschiede in irgendeiner Form zunutze machen, etwa den biologischen Geschlechtsunterschied oder - wie bei der Einsetzung des Erben nach dem Erstgeburtsrecht - den Altersunterschied. (...) Die sozial wirksamsten Unterschiede sind diejenigen, die den Anschein erwecken, sie beruhten auf objektiven Differenzen (...). Dennoch hat man es, wie bei den sozialen Klassen deutlich wird, aufgrund der Tatsache, daß unterschiedliche Unterscheidungsprinzipien auch zu unterschiedlichen und einander nie ganz deckenden Unterscheidungen führen, fast immer mit Kontinuen zu tun, mit kontinuierlichen Verteilungen. Immer jedoch gelingt es der sozialen Magie, aus dem Kontinuierlichen etwas Diskontinuierliches zu machen. (...) Ein Sosein oder eine Kompetenz instituieren heißt, ein Sein-Dürfen durchsetzen, das ein Sein-Müssen (oder eine Seins-Pflicht) ist. Es heißt, jemandem *bedeuten*, was er ist, und ihm bedeuten, daß er sich dementsprechend zu benehmen hat. Der Indikativ ist hier ein Imperativ. (...) Das soziale Sosein ist die Gesamtheit jener vom Einsetzungsakt geschaffenen sozialen Attribute und Attribuierungen, ein feierlicher Akt der Kategorienbildung, der dazu dient, zu erzeugen, was er bezeichnet" (Bourdieu 1990, 86f.).

Bourdieu bezieht sich hier eigentlich auf „Einsetzungsriten" im engeren Sinne und meint damit Rituale, die van Gennep (1986) und Turner „Übergangsriten" nannten. An dieser Definition kritisiert er, daß sie

> „mit der Betonung des zeitlichen Übergangs - z.B. von der Kindheit in das Erwachsenenalter - einen ganz wesentlichen Effekt des Ritus verdeckt: die *Trennung* derer, die ihn durchlaufen haben, nicht etwa von denen, die ihn noch nicht durchlaufen haben, sondern von denen, die ihn unter gar keinen Umständen durchlaufen werden, also die *Instituierung* oder *Setzung* einer dauerhaften Unterscheidung zwischen denen, die von diesem Ritus betroffen, und denen, die nicht von ihm betroffen sind. (Bourdieu 1990, 86f.)"

„Institutiert" werden hier also vor allem Teilungsprinzipien, und aus diesem Grund erscheint es angebracht, bei den untersuchten Seminaren von einer Praxis der „Instituierung" zu sprechen. „Instituiert", das heißt in Szene gesetzt und legitimiert werden in diesen Veranstaltungen von Lehrenden und TeilnehmerInnen gemeinsam die bereits erwähnten hegemonialen Teilungen nach Alter, Geschlecht und „Rang".

Dieser Inhalt der Seminare führt dazu, daß die Veranstaltungen kein Unterricht im engeren Sinne sind. Die Lehrenden und Teilnehmenden wechseln sich vielmehr ab bei der gleichzeitigen Bezeichnung, Erzeugung und Legitimation der ungleichen Teilungen des sozialen Raums mit Hilfe von Benimmregeln. Das Seminarprogramm, das insbesondere in den hochpreisigen Veranstaltungen ähnlich detailliert wie ein Tagungsprogramm aufgestellt und ausgeteilt wird, gibt zwar einen gewissen Rahmen vor:

9.30 Uhr Begrüßung und Vorstellung, Namen und Titel
13.00 Uhr Das Geschäftsessen: Mittagessen mit Tischregeln
15.00 Uhr Die zum Anlaß passende Kleidung

Und auch den Auftakt geben in der Regel die Lehrenden, indem sie Themen eröffnen oder beenden oder einzelne TeilnehmerInnen und Arbeitsgruppen mit Hilfe einer fragend-erarbeitenden Methode um Antworten und Wortmeldungen bitten. Einige Lehrende setzen auch selbst oder professionell produzierte Filme oder Spielfilmausschnitte ein, um die Teilnehmenden dann mit „Was noch?"-Fragen die „falschen" Praxen beim Essen, im Restaurant, beim Gespräch mit dem Vorgesetzten im Betrieb oder bei der Kleidung identifizieren zu lassen. Insgesamt jedoch bestimmen vor allem die TeilnehmerInnen durch Fragen und Nachfragen das Thema und die Zeit, die einzelnen Bereichen gewidmet wird. Diese Praxis beschrieb beispielsweise Frau Ritter:

Ich bereite Arbeitsblätter vor, wo allgemeine Fragen drauf sind zu Stil und Etikette, zu Benimm. Und wenn jetzt von den Teilnehmern nicht gezielte Fragen kommen, dann teile ich einfach mal so einen Bogen aus und da steht jetzt zum Beispiel drauf 'Was verstehen Sie unter Besteckssprache?' oder 'Wer begrüßt wen? Die Dame den Herrn oder der Herr die Dame?' Und da stelle ich einfach so ein paar Fragen, und das müssen die Teilnehmer beantworten, und dann sprechen wir drüber, und aus diesen Bogen ergeben sich meistens dann von den Teilnehmern ganz viele Fragen. Ich muß nur vorbereitet sein, falls ich mal eine sehr introvertierte Gruppe habe, dann habe ich eben mehr Papier, und dann macht man's über diese Schiene. Wenn aber die Gruppe sehr offen ist, braucht man manchmal nur einen Bogen, und dann braucht man überhaupt keinen mehr, dann läuft das alles so.

Auf den ersten Blick geht es dabei um sehr viele, unterschiedliche Themen (vgl. Kap. 2.2). Bei genauerem Hinsehen jedoch dienen alle Details der unausgesprochenen, von Lehrenden und Teilnehmenden aber gleichwohl geteilte Prämisse der „Instituierung" (P. Bourdieu) asymmetrischer Differenz vor allem in bezug auf Klasse und Geschlecht. Die Deklination der Kategorien Alter, „Rang" und Geschlecht für eine Fülle von Situationen und Personenkonstellationen ist das Movens der Fragen und Nachfragen. So folgten beispielsweise in vielen Veranstaltungen nach Erklärungen zum Öffnen von Türen für Frauen Fragen nach dem „korrekten" Durchschreiten von Dreh- oder Automatiktüren.

Dabei kann man aus der Tatsache, daß eine Frage gestellt wird und daß dazu überwiegend die Verben „dürfen" oder „müssen" benutzt werden,[4] nicht schließen, daß dies aus alltäglichen oder einzelnen Problemen mit dieser Alltagspraxis resultiert. Die Fragen der TeilnehmerInnen sind vielmehr Teil der *Praxis des Kategorisierens* jeder alltäglichen Situation und Handlung nach Alter, „Rang“ und Geschlecht. Die von den TeilnehmerInnen gestellten Fragen resultieren ebensowenig wie die didaktisch eingesetzten Fragen der Lehrenden aus einer grundsätzlichen Unwissenheit beziehungsweise Notwendigkeit, eine der drei zugleich banalen und totalen Teilungen überhaupt erst einzuführen. Wenn beispielsweise eine Dozentin zur Nennung der „korrekten“ Reihenfolge der Geschlechter auf der Treppe auffordert, so basiert dieses Abfragen bereits auf der (zutreffenden) Annahme, daß die Teilung nach Geschlecht den TeilnehmerInnen selbstverständlich ist. Umgekehrt entwickeln die TeilnehmerInnen ihre Fragen auf der Grundlage von Teilungen nach Alter, Geschlecht und „Rang“, eine Grundlage, um deren detaillierte Deklination sie zwar die Lehrenden bitten, die ihnen aber vertraut und derart selbstredend ist, daß man darüber nicht mehr sprechen muß.

In den Seminaren ist zudem ein Phänomen zu beobachten, das man als „gesellschaftliche Produktion von Unbewußtheit“ (M. Erdheim) bezeichnen kann: Alle Beteiligten behandeln die thematisierten Regeln wie Handlungsanweisungen für den Alltag, und alle Beteiligten verstoßen gleichzeitig gegen diese Regeln. So erklärte beispielsweise Frau Rau in ihrem „Führungskräfte“-Seminar: „Frauen sollten sich auf keinen Fall verspielt anziehen. Dunkle Kleidung, alles andere wirkt unseriös.“ Daß Frau Rau dabei ein cremeweißes Kostüm trug, fiel ihr selbst offenbar nicht auf, und auch keine/n der Teilnehmenden regte dieser Widerspruch zwischen Ideal und Praxis zum (Hinter-)Fragen der vorgetragenen Regel an. Neben solchen unbeabsichtigten Regelverstößen handeln die Lehrenden aber auch immer wieder explizit nach ihrer eigenen Fasson und gegen die von ihnen verkündeten Empfehlungen. So wischte beispielsweise Frau Kutsch beim Übungsessen in ihrem „Führungskräfte“-Seminar mit einem Stück Brot genüßlich die beiden kleinen Schälchen aus, in denen jede/r zur Artischocke zwei Soßen serviert bekommen hatte und erklärte dazu: „Das darf man natürlich nicht.“ Die TeilnehmerInnen schauten ihr zu, man bestätigte sich nochmals gegenseitig, wie lecker die Soßen waren, aber niemand tat es ihr nach.

Diese Beispiele zeigen besonders deutlich, daß es im untersuchten Feld lediglich manifest um die einzelnen Regeln und deren Anwendung geht. Latent, aber gleichwohl dominant ist der grundlegende Effekt der Veranstaltung, nämlich jede alltagskulturelle Praxis vom Grüßen über das Sitzen und die Kleidung bis zum Essen und Sprechen einzuteilen und mit festgeschriebenen Bedeutungen zu versehen, kurzum: „discretio“ (P. Bourdieu) so zu praktizieren, daß

Ungleichheit entsteht. Damit relativieren sich auch die in der soziologischen und kulturwissenschaftlichen Forschung immer wieder aufgeworfenen Fragen nach dem Quellenwert von Umgangsliteratur und nach der „Anwendung“ oder „Befolgung“ der Ratgeber-Tips (vgl. Kap. 1.3). Der entscheidende, aber m.E. unterschätzte Punkt des Prinzips der Umgangsregeln ist weniger dessen Funktion als Vorlage für soziales Handeln, sondern seine Rolle als Praxis der Kategorisierung. Diese ließ sich in den untersuchten Seminaren detailliert beobachten. Das wiederholt sich beim Nutzen, den die TeilnehmerInnen aus dem Seminarbesuch ziehen. Nach den Auskünften in den Interviews und Fragebögen ist ihr Ziel weniger, anders zu handeln, sondern sie sind mit der Veranstaltung deshalb zufrieden, weil sie nun „alle (neuen) Regeln“ kennen, mit anderen Worten: Weil sie nach eigenem Bekunden bzw. Empfinden nun nicht mehr Objekt, sondern (auch) Subjekt von Unterscheidungen sind (vgl. Kap. 4.7).

Übungen und Rollenspiele

Bis auf eine Veranstaltung[5] wurden einige der behandelten Regeln in allen 15 untersuchten Seminaren praktisch trainiert. Dabei gab es einfache Übungen, bei denen beispielsweise Frau Bäcker in ihrem VHS-Seminar die „korrekte Reihenfolge von Namen und Tagesgruß beim Vorstellen“ prüfte oder bei denen ein Teilnehmer und eine Teilnehmerin das Applizieren eines Handkusses vorführten. Zum Training von „Vorstellen“ und „Bekanntmachen“ werden in vielen Seminaren aber auch kleine Rollenspiele gemacht, bei denen drei oder mehr Beteiligte sich einander vorstellen und begrüßen entsprechend den zuvor behandelten Regeln für die „richtige Reihenfolge“ von Geschlecht, Alter und „Rang“, wofür die Lehrenden dann ein Setting vorgeben wie beispielsweise das folgende von Frau Rau:

> Der Chefarzt und seine Frau treffen beim Spazierengehen in der Stadt seinen Oberarzt und dessen Frau und einen ihm unbekannten Herrn. Der Chefarzt kennt die Frau seines Oberarztes. Die Frau des Chefarztes kennt den Oberarzt und dessen Frau nicht. Die dritte Person ist weder dem Chefarzt noch seiner Frau bekannt. Bitte stellen Sie sich der Rangfolge nach gegenseitig korrekt vor.

Eher selten rufen die Lehrenden zum Spielen von Szenen auf, bei denen „Small talk“ geübt wird oder per Spielanweisung aufgebaute Konflikte zu lösen sind (vgl. Kap. 1.5). Bei allen Übungen kritisierten der/die Lehrende und die zuschauenden TeilnehmerInnen gemeinsam die Vorführung. Schließlich dienen in fast allen Veranstaltungen eine oder mehrere gemeinsame Mahlzeiten mit mehreren Gängen dem Üben von Tischregeln.

Allen Übungen liegt der Gedanke zugrunde, daß die präferierten Formen „inkorporiert" (P. Bourdieu) werden müssen, um Teil des Habitus zu werden. Gleichwohl dient auch diese Praxis bei genauerer Betrachtung eher der Bekräftigung von Teilungen als deren alltäglicher Performanz außerhalb des Seminars: So fragte bei den Gruß- und Vorstellübungen in der Regel in jedem Seminar ein/e TeilnehmerIn, was man denn mache, wenn jemand die Regeln nicht kenne: „Und wenn der andere das nicht weiß?" Worauf die Lehrenden meist erwiderten: „Immer das tun, wozu der andere mich einlädt! Eine dargebotene Hand nie ausschlagen!" Viele der Rollenspiele sind durch die Vorgaben so kompliziert (s.o.), daß sie lediglich in Zeitlupe „korrekt" durchgeführt werden können. Oder es werden Praktiken geübt, obwohl die Seminarleiterin diese zuvor ausdrücklich als „selten", „ausgestorben" oder „altmodisch" bezeichnete wie beispielsweise den Handkuß. Die eher frei zu spielenden Szenen zum Smalltalk oder zur Konfliktlösung dienen meist der Reflexion von in einer Situation relevanten Wünschen und Hoffnungen bei der anschließenden gemeinsamen Besprechung und haben daher kaum den Charakter von Handlungsanweisungen. Schließlich werden vor den Übungsessen zwar jede Menge „Regeln" detailliert erörtert. Während der Mahlzeiten jedoch korrigierten lediglich drei der Lehrenden gelegentlich einzelne TeilnehmerInnen, so daß keineswegs alles umgesetzt oder „geübt" wurde, was man zuvor als „richtig" konstatiert hatte. Bei diesen Gelegenheiten jedoch war die Stimmung stets etwas angespannt, weil alle Gespräche verstummten, sobald der oder die Lehrende auf den „Fehler" hinwies, wie beispielsweise Frau Rau in ihrem „Führungskräfte"-Seminar: „Messer und Gabel in den Teller legen. Nicht mit den Griffen auf die Tischdecke. Keine Auslegerboote machen!" Die Dozentin ließ dabei ihren Blick kurz in Richtung des Verursachers schweifen, worauf hin alle anschließend unauffällig ihre eigene Bestecknutzung überprüften oder korrigierten. Eine andere Praxis stellten Übungsessen dar, in denen Aufgaben vorgegeben wurden, die den Lehrenden zufolge erklärtermaßen unrealistisch sind: So widmeten sich drei TeilnehmerInnen in einem Seminar von Frau Baumann zur Gaudi aller Anwesenden und mit fröhlicher Selbstironie dem Schälen und Verzehr einer Orange mit Messer und Gabel. Obgleich Frau Baumann diese Praxis als „überzogen" und „kommt eigentlich nicht vor" klassifiziert hatte, gab sie den dreien detaillierte Anweisungen für die einzelnen Schritte, und das Trio bemühte sich sowohl, ihren Anweisungen gerecht zu werden, als auch mit Hilfe von Mimik maximale Lacherfolge am Tisch zu erzielen. In einem anderen Seminar mußten die TeilnehmerInnen in Tomatensauce schwimmende Schalentiere (laut Speisekarte: „Langostinos im Gemüsesud") mit den Händen herausfischen, knacken und als Vorspeise essen (vgl. 1.5). Diese Übung erforderte beträchtliche Konzentration, die Schale war ebenso hart wie glitschig, und die Gespräche verstummten. Irgendwann erkundigte sich einer der Teilnehmer, ein 50jähriger Geschäftsführer eines Metallbaubetriebs: „So etwas gibt es bei einem offiziellen Essen wohl eher nicht?" Worauf Frau Möchten, die Dozentin, antwortete: „Nein, natürlich nicht." Hier wird also „korrekte Haltung und Etikette bei Tisch", so das Seminarprogramm, an einer Speise geübt, mit man der laut Dozentin bei „offiziellen" Gelegenheiten (das heißt Situationen, in denen es um die (Re-)Präsentation von symbolischem bzw. kulturellem Kapital geht) gar nicht konfrontiert sein wird. Das per Übung zu lösende Problem ist erklärtermaßen unrealistisch. Da die Lehrenden bei den Essen zudem nicht systematisch, sondern gar nicht, ausschnitthaft und überraschend kritisierten, dienen solche Übungen weniger dem praktischen Training von Eßregeln, sondern die Lehrenden verdeutlichten damit eine Art allgegenwärtige, undurchschaubare Kontrolle, was wahrscheinlich viel mehr zur Imagination einer solchen Instanz beiträgt, als eine explizit ausgesprochene Korrektur dies tun würde. Geübt wurde also auch in den Praxis-Teilen der untersuchten Seminare weniger die Umsetzung von Handlungsanweisungen, Fingerfertigkeit oder Geschicklichkeit, sondern das Training reproduziert für die TeilnehmerInnen letztendlich vor allem die Vorstellung, daß einen die „discretio" anderer zu jeder Zeit treffen und bloßstellen könnte. Dies verstärkt sich durch Übungsteile, die nicht eine alltägliche oder festtägliche Praxis simulieren, sondern unrealistische oder „antiquierte" (z.B. Handkuß) Aufgaben stellen. Dadurch bestehen sie weniger aus einem Training für den Alltag, sondern sie rufen eher in Erinnerung, daß es (angeblich) eine Fülle von „Regeln" gibt, die man selbst nicht, eine irgendwie definierte Elite aber sehr wohl kennt und praktiziert. Schließlich haben die Lehrenden, wie die oben erörterten Beispiele ihrer freimütigen Brüche der selbst formulierten Regeln zeigen, einen sehr viel größeren Spielraum bezüglich der Regeln. Durch den Rahmen „Seminar" vertreten sie die Benimm Legislative, die sie nach dem Motto quod licet jovi non licet bovi handhaben: Ihr Regelbruch ist etwas grundsätzlich anderes, als ein „Fehler" der TeilnehmerInnen. Er wird von den TeilnehmerInnen nicht als Indiz für die Relativität des vorgestellten Regelkorpus gelesen, sondern hingenommen als die Freiheit derjenigen, deren Definitionsmacht („discretio") allein daraus resultiert, daß sie selbst sie ihnen zugesprochen haben

4.3 Produktion und Reproduktion: Klasse

„Die Erlauchten", „der Chef" und „eine nicht so tolle Position"

Für den Unterrichtsstoff wurde bereits dargestellt, daß es zu den Prämissen der Lehrenden gehört, Regeln für eine alltägliche asymmetrische Differenzierung nach „Rang" zu vermitteln. Im folgenden soll gezeigt werden, inwiefern dieser Inhalt mit den Prämissen der TeilnehmerInnen korrespondiert und welche Aushandlungen diesbezüglich in den Seminaren zu beobachten sind.

Auch die TeilnehmerInnen gehen selbstverständlich von einer hierarchisch gegliederten Gesellschaft aus, und auch sie suchen nach einer Performanz, die diese Teilung adäquat abbildet:

Frau Bäcker: Man beginnt mit dem Essen, wenn die Gastgeberin anfängt. Teilnehmerin: Und wenn man mit dem Betrieb weg ist, gibt der Chef das Signal zum Essen?

Frau Bäcker: Ja.

Hier vergewissert sich die Teilnehmerin in einem VHS-Seminar, eine etwa 30jährige Versicherungsangestellte, daß der Chef nicht lediglich am Schreibtisch im Büro das Sagen hat, sondern auch beim Betriebsausflug oder Geschäftsessen am Eßtisch bestimmt, was wann gemacht wird. Die Seminarkundschaft nun erkundigt sich mit solchen Fragen nicht nach „Regeln", die ihr unbekannt sind, sondern sie bekräftigt die alltagskulturelle Deklination des Prinzips der asymmetrischen Differenzierung nach „Rang", dessen handlungsleitende Funktion so selbstverständlich ist, daß sie nicht mehr eigens benannt oder eingeführt werden muß.

Dabei wird aber nicht immer die Performanz von Hierarchie empfohlen. Im Gegensatz zu beispielsweise Frau Möchten, die die berufliche Position ihrer TeilnehmerInnen auf der Teilnehmerliste in den Seminarunterlagen bekannt gibt, versucht Frau Bäcker in ihrem Volkshochschulseminar, solche Markierungen zu vermeiden. Während Lehrende wie Frau Möchten oder Frau Rau die „Position" der TeilnehmerInnen als Plus auf ihrem Distinktionskonto verbuchen („Führungskräfte") und deren Selbstdarstellung im Kurs nicht einschränken, bittet Frau Bäcker am Beginn ihrer Seminare an der Volkshochschule einer Großstadt, nicht den Namen der Firma zu nennen, in der man arbeitet. Im Interview erklärte sie dazu:

Also ich habe damit schlechte Erfahrungen gemacht. Sie werden es vielleicht schon festgestellt haben, es kann sehr leicht passieren, daß wir im Seminar jemanden haben, der sich da über seine berufliche Stellung besonders hervortut, und dann fühlen sich andere eingeengt. Denn in der Volkshochschule in Großstadt waren schon öfter auch mal hochkarätige Leute aus Firmen, und wenn die sich dann so präsentiert haben, dann fühlten sich die, die nur aus privatem Interesse da waren, an die Wand gedrückt.

So versucht sie, Ungleichheit nicht offenbar werden zu lassen und das Seminar damit zu einem Raum zu machen, der von den Anwesenden nicht ungleich („an die Wand gedrückt"), sondern gleich benutzt werden kann: „Das ist mir sehr wichtig. Also niemand soll das Gefühl haben, er ist was Besseres, ja. Ich möchte vermeiden, daß manche Beklemmung empfinden." Dies ist freilich eine Strategie, die den Raum nur begrenzt erweitert. Kleidung wie Kostüme und Hosenanzüge und Anspielungen in der Selbstvorstellung („Ich arbeite in einem sehr großen Unternehmen in der Finanzplanung.") machten auch in der Veranstaltung von Frau Bäcker deutlich, welcher TeilnehmerIn in welcher Position Geld verdient. So erkundigten sich eine Zahnarzthelferin und eine Bankkauffrau aus diesem Seminar im Interview, warum ich gerade sie befragen wollte:

Frau Voormann: Ja, uns würde interessieren, warum Sie uns ausgewählt haben aus diesem erlauchten Kreise?

E.T.: War der so erlaucht, der Kreis?

(Alle lachen.)

Frau Irniger: So berufsmäßig schon.

Auch ohne Nennung der Firmennamen, der Habitus genügte ihnen als Informationsquelle, spürten diese beiden TeilnehmerInnen einen Unterschied, den sie hier spöttisch benennen. Im Gegensatz zur Sorge von Frau Bäcker jedoch brachte sie dies nicht zum Verstummen. An anderer Stelle im Interview kommentierten sie kritisch die Mitarbeit der „Erlauchten" im Seminar:

Frau Irniger: Fanden Sie nicht auch, fanden Sie nicht, daß da *wenig* Erwiderung kam von den Teilnehmern?! Die, also ich weiß nicht, ob die Frau Bäcker das immer so macht, da haben wir uns drüber unterhalten. Ich will auch nicht immer das Wort ergreifen, aber sie hat immer so Fragen gestellt 'Wie würden Sie das machen in der Situation?' Und da hat nie *irgend jemand geantwortet*!

E.T.: Ja, das stimmt. Das stimmt, das war so ein bißchen zäh/

Frau Voormann: Ja, mhm.

Frau Irniger: Und dann waren es also immer nur wir, und dann noch aus der hinteren Ecke jemand. Und gerade die Dame, die eigentlich dann ja doch langsam in so Führungspositionen kommt/ die eigentlich/ weil, also ich habe keinen so einen Job, ich muß mich nie irgend/ wenn ich so jemanden am Telefon hab, und ich weiß nicht mehr weiter, habe ich immer noch einen Kollegen. Ich hab praktisch keine so eine tolle Position, und das fand ich ein bißchen schwach von denen im Seminar! Die saßen eigentlich nur da und haben gewartet 'Was wird mir vorgesetzt.'

(...)

Frau Voormann: immer wenn sie gefragt hat 'Was halten Sie davon?', dann kam überhaupt keine Reaktion.

(...)

Frau Irniger: Aber dann hat man denken können am zweiten Tag sind sie vielleicht aufgetaut, aber das wurde nicht besser!

Frau Voormann: (Lacht.)

E.T.: Ja.

Frau Irniger: Ich kam mir da schon manchmal dumm vor, weil ich wollte nicht immer was sagen, aber man kann die Seminarleiterin ja auch nicht immer ohne/

Frau Voormann: Wir sind uns dann schon fast zu gesprächig und zu vorlaut vorgekommen, weil meistens wir zwei was gesagt haben und die anderen eigentlich immer nur geschrieben haben und nicht reagiert haben. (Betonungen i. Orig.)

In der Tat waren Frau Irniger und Frau Voormann die aktivsten Teilnehmerinnen im Seminar, sie stellten viele Fragen, gaben bei entsprechender Bitte der Dozentin ihre Meinung kund, die sie mit eigenen Erfahrungen illustrierten, und sie gehörten zu den wenigen, die in diesem Seminar der Dozentin widersprachen (vgl. Kap. 4.5). Im Interview nun stellen sie ihre Praxis während des Seminars derjenigen der „Erlauchten" gegenüber, wobei sie von deren Praxis im Seminar offenbar nicht besonders viel halten. Die „Erlauchten" erscheinen vielmehr als angepaßte passive TeilnehmerInnen, deren Aktivität sich im Erklimmen von „Führungspositionen" erschöpft, während Frau Voormann und Frau Irniger die von der Dozentin angesprochenen Standards diskutieren und reflektieren - ein Umgang mit Benimmregeln, den sie im Interview als die überlegene Variante darstellen. Die Anwesenheit der „Erlauchten" haben diese beiden Frauen mit „nicht so tollen Positionen" trotz des von Frau Bäcker geschaffenen Schutzraums („bitte keine Firmennamen Ihrer Arbeitgeber nennen") identifiziert, aber sie hat ihnen nicht die Sprache verschlagen. Dies resultiert vermutlich daraus, daß sie selbst keine Aufstiegsambitionen pflegen. Da sie nicht aufsteigen wollen, müssen sie sich auch nicht „klein machen, um Bürger zu werden" (Bourdieu 1987, 530f.), beziehungsweise: Da sie später einmal keine Befehle erteilen wollen, müssen sie im Seminar nicht schweigen, sondern können von ihren heterodoxen Praxen berichten, „freimütige Rede" (ebd., 313) pflegen, auch wenn dies den von der Dozentin vorgestellten hegemonialen Stilen nicht entspricht. Hier wird deutlich, daß die oft verkürzte Rezeption von P. Bourdieu oder auch N. Elias und der Vorwurf des Determinismus bei genauerem empirischem Hinsehen differenziert werden muß: Stile wandern nicht schlicht sozial von oben nach unten. Bestimmte Formen werden zwar als hegemonial wahrgenommen, aber dies impliziert nicht, daß sie (deshalb) übernommen werden. Es gibt stets einen Spielraum, in dem Aufstiegsabsichten und damit verbundene Distinktion bis hin zur Konstatierung einer eigenen „nicht so tollen Position" auf dem Arbeitsmarkt und damit einhergehender kritischer Distanz gegenüber hegemonialen Stilen praktiziert wurde.

Der Versuch von Frau Bäcker, aus ihrem Seminar einen Raum ohne „Rangunterschiede" zu machen und der geschilderte Umgang der beiden Teilnehmerinnen mit dennoch zutage tretenden Unterschieden zeigt, daß es zu einfach wäre, das in der Seminarteilnahme sich artikulierende Interesse an Benimmregeln per se als Teil der Perpetuierung einer hierarchischen Gesellschaftsordnung zu deuten. Umgekehrt jedoch kann nicht jede von TeilnehmerInnen vorgetragene Ablehnung von „Hierarchie" für bare Münze genommen werden. In einem „Führungskräfte"-Seminar beispielsweise gab es folgenden Dialog zwischen zwei Teilnehmern:

Herr Arnold (EDV-Berater, Jg. 1949): Man sollte die Hierarchien abbauen. Sie rufen Aggressionen hervor.[6]

Herr Jung (Gebietsleiter der Dresdner Bank, etwa 50 Jahre): Es gibt doch praktisch keine Hierarchie mehr. Der Adel ist doch fast ausgestorben und hat auch gar keine Bedeutung mehr.

Diese Postulate sind jedes für sich erstaunlich: Obwohl diese Männer sich in einer explizit für „Führungskräfte" ausgeschriebenen Veranstaltung befinden, und obwohl einer von ihnen eine hohe Position bekleidet, sprechen sie sich gegen „Hierarchie" aus. Dabei mißt Herr Jung aktuelle gesellschaftliche Verhältnisse an einer Monarchie („Adel"[7]), und auf diese Weise gelingt es ihm, seine gesellschaftliche Existenz als bar jeder „Hierarchie" wahrzunehmen.

Deshalb kann aus solchen Äußerungen nicht geschlossen werden, daß in den Seminaren ein Abbau der Performanz von Hierarchie präferiert wird. Sie sind vielmehr die eine Seite eines Widerspruchs, der zwischen der Ablehnung der Benennung von Ungleichheit und der Befürwortung einer Praxis von Hierarchie besteht: „Rangunterschiede" sollen zwar performiert werden, gleichzeitig jedoch dürfen sie nicht explizit gemacht oder gar eingefordert werden. Es wird ihnen eine beträchtliche Verschleierungsarbeit gewidmet. Diese kann wie im zuletzt zitierten Beispiel darin bestehen, jedwede „Hierarchie" als „abgebaut" zu klassifizieren. Dazu trägt auch die im Namen von „Höflichkeit" empfohlene Ausblendung jeglicher Formulierung von Interessensgegensätzen bei, die in den Seminaren Teil der Abschnitte über den „Small talk"[8] ist:

Dozentin: Warum soll man beim Small talk nicht über Politik sprechen?

Teilnehmerin: Der andere könnte ja die Gegenposition einnehmen.

Neben solchen Taktiken zur Negierung von „Hierarchie" und Interessensunterschieden[9] geschieht dies auch mit Hilfe einer Doppel-Strategie, die sich aus einer Kompartmentalisierung von Gesellschaft/Kultur und Ökonomie entsprechend der „bürgerlichen Zwei-Reiche-Lehre" (Schindler 1985, 195) und einem Modus der Kulturalisierung von Ökonomie zusammensetzt, und die Gegenstand der folgenden Überlegungen ist.

Die Ästhetisierung von Ökonomie: Exkurs zur „Kontrollgesellschaft" (G. Deleuze)

Eine Variante der diskursiven (Re-)Produktion des Klassenverhältnisses besteht darin, eine Ästhetisierung von Ökonomie zu betreiben. So echauffierte sich beispielsweise Frau Mayer, eine der befragten Dozentinnen, im Interview über den „Umgangston" in Firmen. Ihr Mann hat viele Jahre lang als externer Berater bankrotte Firmen saniert:

> Sie sind letztlich alle wegen schlechten Umgangsformen pleite gegangen. Das Hauptproblem ist die Kommunikation. Mein Mann hat zur Zeit bei einer Firma in Finnland zu tun, es ist menschenunwürdig, wie man da mit den Leuten umgeht. Einer langgedienten Führungskraft hat man per Fax gekündigt! Das ist genau die Verletzung der Würde, die Entwürdigung, gegen die ich in meinen Kursen arbeite.

Hier werden Arbeitsbeziehungen als Stilfrage behandelt. Die moralischen Geschütze, die dabei aufgefahren werden („Menschenwürde") betreffen jedoch nicht den Inhalt einer Praxis (hier: die Kündigung), sondern deren Form („per Fax!"). Nicht die Entlassung ist „menschenunwürdig", sondern die Tatsache, daß sie „stillos" ausgesprochen wurde. Diese Ästhetisierung von Ökonomie entspricht der Tatsache, daß in der freien Wirtschaft seit dem Unternehmenskulturboom weniger von Unternehmenspolitik die Rede ist, sondern von der „Kultur" oder dem „Stil" eines Konzerns (Wittel 1997). Diese Veränderungen wurden als die Ablösung der fordistischen Regulationsweise (mit „Überwachung des Einzelnen durch die Betriebsleitung") durch die postfordistische Regulationsweise („Identifikation mit dem Betrieb") von Akkumulation charakterisiert (vgl. für die BRD Kind/Ronneberger 1996). In diesem Zusammenhang weisen die Thesen von G. Deleuze über den Wandel der Fabrik im Rahmen der Entwicklung hin zur „Kontrollgesellschaft" in eine Richtung, die es ermöglicht, solche Ästhetisierungspraktiken zu beschreiben. Das folgende Beispiel aus einem „Führungskräfte"-Seminar zeigt, inwiefern dieses Phänomen dort eine Rolle spielt und welche Position die Dozentin und die TeilnehmerInnen dabei einnehmen:

Als Frau Möchten „die Voraussetzungen für ein Betriebsklima ohne Reibungsverluste" erläutert, erntet sie deutlichen Widerspruch: „Geben Sie immer konkrete Anweisungen als Chef, um auch loben zu können, wenn sie befolgt wurden." Herr Jung, Gebietsleiter der Dresdner Bank, meldet sich und widerspricht: „Ich denke, es geht ja weg von 'Anweisungen', von der Tendenz her, schon allein wegen des Teamgedankens." Frau Möchten bittet Herrn Macher, der Geschäftsführer einer Stahlbaufirma ist, um seine Meinung: „Herr Macher, bei Ihnen wird es ja sicher Anweisungen geben?" Herr Macher verneint: „Nein, das gibt es bei uns nicht. Es gibt 'Vereinbarungen'. Ich habe gerade bei jüngeren Mitarbeitern erlebt, daß die sehr sensibel für das sind, was man von ihnen erwartet." Frau Möchten kann das nicht glauben: „Aber wenn die das dann weitergeben, dann müssen die doch Anweisungen geben?!" Herr Möchten verneint nochmals: „Nein, das geht so nach unten weiter." Ein anderer Teilnehmer, Direktor einer Sparkasse, schaltet sich ein und widerspricht ebenfalls: „Man spricht weniger von 'Anweisungen', sondern mehr von 'Aufgabenverteilung'." Herr Macher meldet sich und erklärt Frau Möchten: „Ich mache mal ein Beispiel: Wir haben zehn Anfragen in einem Zeitraum, in dem man die eigentlich nicht bewältigen kann. Da treffe ich mich dann mit den beiden Leuten, die dafür zuständig sind, aber da geht es um *Information*: 'Das ist das Problem', und dann lösen die das untereinander. Ich sage nicht: 'Jeder bearbeitet fünf Aufträge'." Frau Möchten erwidert konsterniert: „Und da ist Ihnen dann auch die Vorbildung egal?" Herr Macher relativiert nun etwas: „Ich denke jetzt an Mitarbeiter in gehobenen Positionen, die auch im Studium gelernt haben, Fragen selber zu lösen." Ein weiterer Teilnehmer schaltet sich ein und spricht Klartext: „Das Wort 'Anweisung' ist negativ. 'Checkliste' sagt man heute." Frau Möchten gibt nun nach: „Gut, ich werde das mit dem 'Anweisungen geben' aus dem Programm streichen, das wirkt ein bißchen antiquiert." Jetzt meldet sich Frau Sebastian und weist auf eine weitere 'Antiquität' in Frau Möchtens Sprache hin. Obwohl sie sich als „Controllerin" vorgestellt hatte, kritisiert sie diesen Begriff: „Mir fällt das Wort 'kontrollierbar' in den Unterlagen auf. Man sagt jetzt immer '*meßbar*'; 'kontrollieren' ist negativ besetzt. Eine andere Teilnehmerin unterstützt sie: „Oder 'überprüfbar'." Frau Möchten beendet die kleine Diskussion: „*Schön*! Nun habe ich was von Ihnen gelernt." (Betonungen i. Orig.)

Widerspruch gibt es in allen Benimmseminaren, und in der Regel behalten die Lehrenden bei den dadurch ausgelösten Auseinandersetzungen inhaltlich und kommunikativ das letzte Wort (vgl. 4.5). Die hier geschilderte Szene ist einer der wenigen Fälle, in denen eine Dozentin von ihrer Empfehlung explizit abrückt. Theoretisch formuliert liegt dies vermutlich daran, daß Frau Möchten für eine höflich gewandete Version von Machtausübung eintritt, die man mit M. Foucault und G. Deleuze als typisch für „Disziplinargesellschaften" bezeichnen könnte, während die TeilnehmerInnen bereits für „kontrollgesellschaftliche" Machtformen plädieren. Diese zeichnen sich unter anderem dadurch aus, daß sie ein „freiheitliches Aussehen" haben: Im Gegensatz zu den Disziplinargesellschaften, in denen „die Fabrik die Individuen zu einem Körper zusammensetzte" und sowohl alle zusammen als auch jede/n Einzelne/n „überwachte", „verbreitet das Unternehmen" in der Kontrollgesellschaft „ständig eine unhintergehbare Rivalität als heilsamen Wetteifer und ausgezeichnete Motivation, die die Individuen zueinander in Gegensatz bringt, jedes von ihnen durchläuft und in sich selbst spaltet" (Deleuze 1993, 255, 257). Der zitierte Dialog, dessen Ausgangspunkt die als Frage des Stils und der Höflichkeit verstandenen Arbeitsverhältnisse waren, führt den von Deleuze diagnostizierten Übergang von der einen zur anderen Herrschaftskonstitution vor Augen: Während Frau Möchten von den durch einen „Chef" zu überwachenden (und um der Höflichkeit willen auch zu lobenden) „Mitarbeitern" ausgeht, präferieren und praktizieren die TeilnehmerInnen andere Machtformen, deren Stärke darin liegt, daß keine „Anweisungen gegeben", sondern „Probleme geschildert" werden, die die Angestellten dann aufgrund ihrer „Sensibilität" (Herr Macher), d.h. aufgrund ihrer Identifizierung mit dem „Unternehmen" (dies meint Deleuze mit „in sich gespaltenen", d.h. nicht allein mit ihren Interessen als Arbeitnehmer identifizierte „Individuen") lösen.[10] Die Perzeption von ökonomischen Interessengegensätzen (oder, anders formuliert: des Widerspruchs zwischen Arbeit und Kapital) als Stilfrage ist eine Strategie, die Klassenverhältnisse unbewußt macht (M. Erdheim). In der zuletzt geschilderten Auseinandersetzung klassifizieren die TeilnehmerInnen die explizite Benennung von Klassenverhältnissen bei der Arbeit („Anweisung", „Kontrolle") als „stillos" („negativ"). Dies indiziert nicht etwa einen Abbau von Hierarchie, sondern diese ästhetisierte Wahrnehmung von Arbeitsbeziehungen[11] reproduziert die Klassenverhältnisse und versieht sie mit einer höheren Legitimität, weil sie nun als mit dem bürgerlichen Gleichheitsideal vereinbart erscheinen. Dies geht freilich mit der Zerstörung eigener Erfahrung und Wahrnehmung einher: So kann die oben zitierte, sich selbst so bezeichnende „Controllerin" erklären, daß „kontrollieren" ein Wort sei, das „negativ besetzt" und deshalb zu vermeiden sei.[12]

Grenzerfahrungen und Kämpfe im Restaurant

Die Regeln zum Essen und zur Benutzung von Besteck sind in der kulturwissenschaftlichen und soziologischen Forschung in Nachfolge von N. Elias, dem sie als Quellengrundlage für seine Theorie vom Prozeß der Zivilisation dienten, mehrfach ausführlich untersucht worden (Heckendorn 1970, Krumrey 1984, Matter 1993, Schürmann 1994). Mit der Interpretation des Materials belegten diese Autoren die Überlegungen von N. Elias. Ebenso könnte man viele der in dieser Studie zitierten Fragen und Antworten aus den untersuchten Seminaren als Belege für die weiterhin geltende oder fortschreitende „Tendenz, den Gebrauch des Messers (...) soweit als irgend möglich einzuschränken, und, wo irgend es angeht, dieses Instrument überhaupt nicht zu gebrauchen" (Elias 1969a, 168) oder für das Zurückdrängen des Körpers aus Kommunikation und Interaktion (ebd., insbes. 174-219) („Man sagt nicht mehr 'Gesundheit', sondern übergeht das Niesen.", „Man sagt nicht mehr 'Guten Appetit!'") nutzen. Im folgenden jedoch soll der Effekt solcher Verbote und Gebot als „soziale Distinktionsmittel" (ebd., 167) genauer betrachtet werden. Dieser Aspekt konnte auf Grundlage der bisher von der Forschung genutzten Quellen kaum analysiert werden, da Umgangsliteratur als serielle Quelle eher über langfristige Entwicklungen Auskunft geben kann als über die alltagskulturelle Seite sozialer Kämpfe und Auseinandersetzungen. Letztere schafften sich in den untersuchten Benimmseminaren immer wieder Raum, wobei das „Restaurant" der Ort ist, den die Beteiligten als Arena für diese Kämpfe imaginieren.

So wurde immer wieder nicht lediglich nach Gebrauchsanweisungen für beispielsweise Besteckteile gefragt, die den TeilnehmerInnen weniger bekannt sind („Hummergabel?"), sondern die TeilnehmerInnen erkundigten sich explizit nach der Handhabung, die zur Distinktion taugt:

Herr Sommer: Je weniger Sie das Messer benutzen, um so besser essen Sie.

Frau Wagner (Architektin und Pharmareferentin, Jg. 1951): Es ist edler, wenn ich das Fischfilet ohne Messer esse?

Herr Sommer: Ja.

Hier wird deutlich, daß den TeilnehmerInnen vor allem daran liegt, sich mit Hilfe des Benimmseminars zu distinguieren. Die Teilnehmerin fragt nach der „edleren" Praktik. Diese Distinktionsintention teilen Lehrende und TeilnehmerInnen weitgehend:

Herr Arndt (Industriekaufmann, 34 Jahre): Warum ist die Serviette auf dem Schoß und nicht am Kragen?

Frau Hohloch (Dozentin): Da fällt nichts hin, da spritzt es nur.

Frau Ehmann jr. (Berufsfachschülerin, Jg. 1978): Es sieht auch nicht edel aus.

Herr Gsell (Schreiner, etwa 30 Jahre alt): Ist eh unbequem.

Auch hier bekräftigen Lehrende und TeilnehmerInnen abwechselnd und gemeinsam, daß das, was als distinguiert gilt, auch vernünftig ist und umgekehrt.

Das Restaurant ist der Ort, an dem die Beteiligten der untersuchten Seminare Kämpfe und Kategorisierungen in verdichteter Form imaginieren. Da gibt es zum einen die Sorge, an diesem Ort keinen guten Platz zu bekommen. So erklärte beispielsweise Frau Kappel, Industriekauffrau und Teilnehmerin eines VHS-Kurses, beim Betreten des Restaurants zum Übungsessen den Umstehenden: „Nur ein Tisch nahe am Eingang ist besetzt. Die schlechten Tische werden zuerst besetzt, weil man nicht weiß, wer noch kommt." Zwischen den Worten artikuliert sie hier die Sorge, beim Eintreten in ein Restaurant selbst nicht eines „guten" Tisches für würdig befunden zu werden. Auch bei der folgenden Frage in einem VHS-Seminar ist der Teilnehmer derjenige, der vom „Ober" als Nichtkenner entlarvt wird:

Herr Pech (etwa Mitte 40): Wenn man das Menü zusammenstellt, dann kann man sicher den Ober fragen, ob es paßt?

Herr Sommer: Ein Menü ist eine Speisenfolge zu einem festen Preis, sonst wird es teurer.

Herr Pech: Es sollen ja zum Beispiel gleiche Farben nicht vorkommen, keine gleichen Produkte ...

Herr Sommer: Dann lesen Sie's genau, dann kriegen Sie raus, was dabei ist.

Herr Pech: Dann heißt es 'à la chef'. Darf ich dann aber trotzdem fragen, ob es zusammenpaßt?

Herr Sommer: Aber natürlich darf man fragen.

Herr Pech: Es ist ja trotzdem ein gewisses Zusammenstellen, wenn man zwischen drei oder vier Sachen wählen kann. Ich bin mal von einem Ober angefahren worden, der sagte 'Ja, wenn Sie meinen, daß das paßt ...'.

So wie in diesem von Mißverständnissen zwischen Herrn Pech und dem Dozenten durchzogenen Dialog, fungieren „Ober" und „Bedienungen" in vielen Fragen und Geschichten im Seminar als diejenigen, deren „discretio" zu fürchten ist. In diesem Zusammenhang wird auch immer wieder nach der Möglichkeit gefragt, sich bei „schlechter" Behandlung zu wehren, wie im folgenden VHS-Seminar:

Frau Freude (etwa 50 Jahre alt): Reklamationen?

Herr Sommer (Dozent): Ja. Mit *netten* Worten. Und mit netten Worten ausgeführte Reklamationen werden meistens befolgt. Zum Beispiel wenn das Essen kalt ist. Ich reklamiere nicht gerne.

Frau Freude: Man wird ja immer gefragt am Schluß: 'War's recht?', 'Hat's geschmeckt?' Das hat dann ja gar keinen Sinn.

Herr Sommer: Ich gehe einmal im Jahr mit meiner fast blinden Mutter zum Augenarzt. Die lädt mich dann immer in ein Restaurant in der Schweiz ein. Beim letzten Mal ging alles schief: Erst haben sie uns Brot ohne Butter serviert. Dann haben sie mir den Teller weggenommen, als meine Mutter noch aß, ich esse ja schneller als eine alte Frau. Da habe ich mich dann beim Personal beschwert. Da haben die getuschelt. Dann habe ich mich erst recht geärgert. Und mich deshalb beim Chef beschwert. Wir haben dann eine Schachtel Pralinen bekommen. Es hat sich also gelohnt! (Betonung i. Orig.)

Solche Fragen und Geschichten von „Reklamation" weisen bereits auf die Befreiung von der Sorge hin, buchstäblich diskriminiert zu werden und dann einen „schlechten Tisch“ zu bekommen. Statt dessen erscheinen die TeilnehmerInnen oder Lehrenden hier selbst als diejenigen, die „discretio“ (P. Bourdieu) praktizieren, also unterscheiden und andere kategorisieren.

Das Verhältnis zum Bedienungspersonal und damit das Handeln ihnen gegenüber ist in verschiedener Hinsicht unklar:

Herr Gsell (Schreiner, etwa 30 Jahre): Wenn der Ober von hinten kommt, macht man dann ein bißchen Platz?

Frau Hohloch (Dozentin): Ja, auf jeden Fall.

Oder:

Frau Meer (Fremdsprachenkorrespondentin 38 Jahre): Soll man sich beim Kellner bedanken, oder soll man so tun, als ob sie Luft wären?

Frau Baumann (Dozentin): Die werden so geschult, daß Sie sie als Gast nicht bemerken. Aber das geht in der Realität überhaupt nicht. Ich sage immer ‘Danke’, wenn was kommt. Ich drehe mich außerdem immer irgendwann mal um, weil ich wissen will, wem die Hand gehört, die da neben mir auftaucht und was hinstellt. Dann wird auch eine Beziehung aufgebaut, die nicht eine von Herrscher und Lakai ist.

Während Frau Hohloch und Frau Baumann hier empfehlen, dem Kellner die Arbeit zu erleichtern, das heißt den Unterschied zwischen den Gästen, die Arbeitskraft kaufen und den Bedienungen, die diese verkaufen, symbolisch zu minimieren, wird eine bestimmte Grenze in diesem Setting nie empfohlen zu überschreiten. Nach der damit verbundenen Situation wurde in allen Seminaren fast wortgleich gefragt:

Teilnehmer: Stellt man die Teller zusammen?

Frau Möchten: Nein, das macht man nur in Kantinen, Jugendherbergen und Mensen.

Frau Möchten begründet die von ihre genannte Regel mit der dadurch praktizierten Distinktion gegenüber Arbeitern und Angestellten („Kantine“) und Jugendlichen/Studierenden („Jugendherbergen und Mensen“). Eine andere Begründung lautet folgendermaßen:

Teilnehmerin (Inhaberin eines Elektrogeschäfts, Jg. 1950): Stellt man denn die Teller für die Bedienung zusammen?

Frau Hohloch: Nein. Jede Bedienung hat ihr eigenes System, und das kommt dann durcheinander. Man reicht aber schon den Teller aus einer Ecke, wo sie schlecht dran kommt.

Hier werden lediglich praktische Gründe für die Regel angeführt. Herr Sommer wiederum verneinte die Frage mit derselben Einschränkung wie Frau Hohloch. Er erklärt aber ebenso wie Frau Möchten mit Hilfe des Distinktionswertes, was es bedeutet, wenn Hilfe beim Abräumen des Geschirrs überhaupt notwendig wird:

Frau Freude (etwa 50 Jahre alt): Manche stellen alle Teller zusammen, um dem Ober zu helfen.

Herr Sommer (Dozent): Niemals.

Frau Schöner: Und angeben?

Herr Sommer: Niemals. Es sei denn, man sitzt hinten. Aber in guten Häusern ist ein perfekter Service an allen Plätzen möglich. Meistens sind es deshalb runde, freistehende Tische.

Diese Szene ist in der kulturwissenschaftlichen und soziologischen Forschung bereits analysiert worden: Während Neckel (1991, insbes. 235-245; 1993, insbes. 270-282) sie eher als Ausschnitt eines bestimmten „Lebensstils" positioniert und als Beispiel für „soziale Scham" interpretiert, weist Bourdieu (1987, 588) bei seiner Deutung auf die ihrer Symbolik zugrundeliegenden gesellschaftlichen Verhältnisse hin:

„Um die völlig symbolischen Dienstleistungen, die in Hotels und bei Friseuren z.B. den eigentlichen Unterschied zwischen luxuriösen und gewöhnlichen Etablissements ausmachen, 'nach ihrem rechten Wert' einzuschätzen, muß man sich als der legitime Adressat dieser bürokratisch verwalteten und scheinbar persönlichen Bemühungen und Aufmerksamkeiten empfinden und gegenüber denen, die dafür bezahlt werden, dieselbe Mischung aus Distanz (dazu gehört das 'großzügige' Trinkgeld) und Unbefangenheit an den Tag legen wie Großbürger gegenüber ihren Bediensteten. Wer daran zweifeln sollte, ob die 'Kunst, sich bedienen zu lassen', wie es bei den Bürgern heißt, zum bürgerlichen Lebensstil gehört, brauchten sich nur jene Arbeiter oder kleine Angestellten zu vergegenwärtigen, die aus irgendeinem festlichen Anlaß ein schickes Restaurant betreten und den Kellnern, die 'sofort sehen, mit wem sie es zu tun haben', ins Handwerk pfuschen, als wollten sie symbolisch das Gefälle zwischen ihnen und dem Personal zerstören und so ihr Unbehagen daran bannen."

Ausgehend von Bourdieu läßt sich weiter deuten: Die Frage nach dem Zusammenstellen der Teller interessierte alle Teilnehmenden vermutlich deshalb, weil beim Restaurantbesuch gesellschaftliche Verhältnisse sozusagen en miniature performiert werden: Die einen verkaufen ihre Arbeitskraft und die anderen kaufen sie - eine Position, die im Restaurant mit einer bestimmten Summe Geld zwar eingenommen werden kann, die aber insofern nicht käuflich (d.h. mit ökonomischem Kapital erwerbbar) ist, als die TeilnehmerInnen sich nicht legitimiert fühlen, Arbeit zu kaufen, wenn es auf eine so offensichtliche Art und Weise geschieht. So ziehen sie in Erwägung, lieber (wieder) selbst zu arbeiten („Teller angeben?"), als derart die Seite zu wechseln.

Die Lehrenden der untersuchten Seminare wissen um diese Probleme ihrer Kundschaft, und deshalb versuchten manche, Gefühle des Unbehagens vor dem Übungsessen dadurch zu begegnen, daß sie die TeilnehmerInnen nach den theoretischen ersten Erläuterungen als KennerInnen ansprachen, indem sie sagten: „Die Ober und Bedienungen in Restaurants wie diesem freuen sich darüber, wenn hier Leute essen, die die Regeln kennen und einen guten Service zu schätzen wissen." Auch mit dieser Hilfskonstruktion reproduzieren die Lehrenden damit vor dem Gang ins Restaurant die Perspektive ihrer Kundschaft, die diesen Ort weniger mit dem Ziel genießerischen Konsums aufsucht, sondern voller Sorge, dort durch die Art und Weise ihrer Praxen als zur Gruppe derjenigen gehörend entlarvt zu werden, die normalerweise nicht in den Genuß des Bedient-Werdens kommt, das heißt: Außerhalb des Restaurants gehören sie nicht zu den Käufern, sondern zu den Verkäufern von Arbeitskraft. Die Lehrenden nun drehen die Situation quasi um, indem sie den TeilnehmerInnen erklären, sie würden mit „richtigem" Handeln am Eßtisch den Bediensteten einen Dienst erweisen („Ober freuen sich darüber"), wodurch das Bedient-Werden selbst in den Hintergrund rückt.

Die TeilnehmerInnen wiederum haben während des Essens eine weitere Strategie: Sie gerieren sich als ExpertInnen, wenn sie kennerhaft von „schlechtem Service" oder „Spitzenservice!" in diesem oder jenem Restaurant erzählen oder die Arbeit des Bedienungspersonals fachmännisch kommentieren. So monierte beispielsweise eine junge Gymnasiallehrerin beim Übungsessen in einem Volkshochschulkurs: „Es wurde kein Gemüse nachgelegt. Das ist kein guter Service." „Service" in verschiedenen Variationen („Sercivewüste Deutschland"), ist das Schlagwort, mit dem man zu erkennen gibt, daß man sich auskennt, oder anders formuliert: Mit diesem Stichwort beanspruchen die TeilnehmerInnen bereits die Position der Beobachtung, es macht sie selbst zum Subjekt und diejenigen zum Objekt, deren Blick und „discretio" sie und auch die DozentInnen zunächst als entlarvend imaginieren (z.B. Herr Sommer: „der gefürchtete Oberkellner").

Diese Beispiele zeigen, inwiefern das Restaurant für die TeilnehmerInnen der untersuchten Seminare ein Raum der Grenzerfahrung ist. Sie spüren und kämpfen mit einer Grenze, die zwar subjektiv darin besteht, daß sie fürchten, an die Grenzen ihres Alltagswissens zu stoßen; bei genauerer Analyse und Deutung manifestiert sich in diesem Raum jedoch eine viel grundlegendere Teilung: Es zeigt sich, daß es nicht lediglich einer gewissen Summe Geldes bedarf, um gekaufte Arbeitskraft auch guten Gewissens nutzen zu können. Das bedeutet jedoch nicht, daß die TeilnehmerInnen an dieser Grenze scheitern müssen, daß sie für sie unüberschreitbar ist. Sie können sich selbst mit Hilfe bestimmter Wörter („Service") alltagskulturell auf die andere Seite fantasieren. Und sie können selbst neue, eigene Grenzen ziehen und damit einen Raum als ihren, in mehrfacher Hinsicht exklusiven Ort bezeichnen, wie das folgende Gespräch in einem Seminar zeigt:

Als Herr Sommer in seinem Volkshochschul-Seminar erklärt, wie man im Gegensatz zum „First-class-Restaurant" „in einem bürgerlichen Restaurant", in dem es keinen freien Tisch mehr gibt, um einen Platz bittet („Gestatten Sie?") und daß man umgekehrt anderen Gästen stets erlauben müsse, sich dazu zu setzen, entspinnt sich eine Debatte. Herr Mann, ein Maschinenbauunternehmer aus dem ländlichen Raum, meldet sich grinsend und widerspricht: „Aber man kann immer noch sagen, es kommt noch jemand." Eine Teilnehmerin findet das nicht gut: „Ja, und wenn dann niemand kommt?!" Eine andere Teilnehmerin unterstützt Herrn Mann und meint, ebenfalls grinsend und achselzuckend: „Verspätet!" Nun widerspricht die Teilnehmerin, die von Anfang an gegen diese Ausrede war: „Das finde ich nicht gut! Wenn sich die Leute dann woanders hinsetzen, dann sehen die ja, daß niemand kommt! Das ist nicht fair!" Herr Mann legt nach und erklärt, daß er auch nicht immer ablehne, wenn sich jemand im Restaurant an seinen Tisch setzen möchte: „Wenn die Leute dazupassen, dann schon. Aber wenn sie mit Ohrring und Nasenring kommen, dann nicht." Seine Opponentin fragt irritiert und nun auch etwas empört zurück: „Wieso nicht?" Herr Mann: „Das stört mich." Außerdem lehne er auch Raucher ab. Eine weitere Teilnehmerin meldet sich zu Wort: „Ich habe immer Probleme mit Gästen, die einen Hund mitbringen." Nun schaltet sich Herr Sommer wieder ein: „In ein Restaurant können Sie keinen Hund mitbringen!" Außerdem schlägt er sich auf die Seite von Herrn Mann: „Wenn es sehr unangenehme Leute sind, können sie sagen, daß sie noch jemanden erwarten. Eine Notlüge ist besser als eine Absage." Die Opponentin (deren Widerspruch sich jedoch eher gegen das „lügen" als gegen die Grenzziehung gerichtet hatte) gibt auf und murmelt in sich hinein: „Das finde ich nicht gut, eine Notlüge." Herr Sommer beendet das Thema mit dem allgemeinen Appell, daß man „nicht so sein soll", wenn Leute einen Tisch suchen.

Der Restaurantbesuch ist ein prekäres Unterfangen: Vom Personal droht Beobachtung, und wenn man einen guten Tisch ergattert hat („nicht einen am Ausgang"), dann soll man ihn auch noch mit anderen Gästen teilen. Dabei geht es hier nicht lediglich um das bürgerliche Bemühen, Privatheit (hier: einen Tisch für sich haben) in der Öffentlichkeit zu praktizieren. Der Raum des Restaurants steht vielmehr für das soziale Feld: Es fällt nämlich auf, daß die Hinzukommenden nicht irgendwelche Leute sind, sondern daß ihre Ausstattung („Ohrring und Nasenring", „Hunde", „Zigaretten") 'Punks' assoziiert und damit den unteren sozialen Raum bezeichnet. Kaum hat man den ersehnten Tisch erreicht, muß man ihn auch schon wieder verteidigen. Oder, allgemeiner formuliert und interpretiert: Das aufgestiegene Kleinbürgertum verteidigt hier einen mühevoll erklommenen, als „bürgerlich" bezeichneten Platz („bürgerliches Restaurant"), in dem es selbst unsicher ist und sich beobachtet fühlt, gegen die subalternen Klassen, die diesen auch nutzen wollen, sich aber nicht im selben Maße anpassen: Sie pflegen einen anderen Kleidungsstil („Ohrring und Nasenring"), sie leben so eng mit Tieren zusammen, daß sie diese sogar beim Essen bei sich haben, und sie pflegen nicht den in mittlerer sozialer Lage präferierten Umgang mit dem Körper („pflegen", „gesund erhalten" (Bourdieu 1997b, 124), sondern benutzen Genußgifte wie Nikotin. Diejenigen, die selbst so weit aufgestiegen sind, daß sie sich einen Besuch im „bürgerlichen Restaurant" leisten können, ziehen hier eine Grenze zu denen, deren Kleidungsstil und Körperpraxis für die unterste soziale Position steht. Mit dieser Ausschließungspraxis positionieren sich die SeminarteilnehmerInnen ebenso wie mit dem Stichwort „Service" auf der Seite der Beobachtung, der Ausschließenden, und so entgehen sie ihrer Sorge, selbst beobachtet und „an einen schlechten Tisch" gesetzt zu werden. Dabei fällt auf, daß es im in der zuletzt geschilderten Seminar-Szene imaginierten Restaurant bzw. im davon symbolisierten Raum eigentlich nicht zu wenig Platz gibt. Es wäre genug für alle da. Die Ausgrenzenden haben nichts zu verlieren, sondern vielmehr die Sorge, daß ihnen die subalternen Klassen zu nahe kommen („am selben Tisch"). Das Motiv für die Ausgrenzung ist nicht die Sicherung eines eigenen Bedarfs, sondern vielmehr die Absicht, unter sich bleiben zu wollen an einem Ort, der in doppelter Hinsicht als exklusiv dargestellt wird: Es ist, wie die Alltagssprache anzeigt, ein besonderer Ort, und es ist ein Ort, der ihnen und wenigen anderen vorbehalten bleiben soll, zu dem nicht jeder Zutritt hat. Hier wird deutlich, wie eng Aufstiegsambitionen mit Ausgrenzung verwoben sind. Der im Benimmseminar praktizierte alltagskulturelle Blick nach oben impliziert Klassenpraktiken, mit denen Abstand nach unten nicht nur durch den eigenen (realen oder imaginierten) Aufstieg hergestellt wird, sondern auch durch den Ausschluß anderer Gruppen, die im zuletzt zitierten Beispiel vor allem dadurch charakterisiert werden, daß es ihnen an Anpassungsbereitschaft bezüglich hegemonialer Stile mangelt.

Die stilvolle Produktion gesellschaftlicher Unbewußtheit

Ordnung des Alltags ist kein Faktum, das in den Seminaren ohne Verhandlung inszeniert und imaginiert wird. Lehrende und TeilnehmerInnen bedienen bei der Behandlung dieses Themas stets zwei Prinzipien: Zum einen gilt es, das bürgerliche Ideal von persönlichen Beziehungen als zweckfreien Hort der „Menschlichkeit" zu performieren. Zum anderen wird Ökonomie, das heißt Arbeitsbeziehungen, als der Gegenraum hierzu entworfen, in dem legitimerweise reine Zweckrationalität herrscht. Schindler (1985, 200) hat die Entstehung dieser „zwei bürgerlichen Reiche" nachgezeichnet und charakterisiert: „Was hier geboten ist, das ist dort verpönt. Der Bürger muß lernen, in beiden Welten zu leben, und die wichtigste Voraussetzung dafür ist, daß die Trennung von Ökonomischem und Kulturellem ihm zur zweiten Natur wird. Er muß die unterschiedlichen Handlungslogiken beider Bereiche jederzeit auseinanderhalten können, er darf die Ökonomie nicht mehr mit moralischen Maßstäben messen und umgekehrt."[13] Diese Praxis der Trennung nimmt in den untersuchten Seminaren beispielsweise folgendermaßen Gestalt an:

Frau Bäcker: Die guten Sitten in Deutschland sind ein bißchen heruntergekommen. Wir sind auf Platz 14 der Höflichkeit.

Frau Himmel (Ingenieurin, Ende 30): Wer sagt das? Auf Platz 14 von was?

Frau Bäcker: Ich weiß nicht, von welchem Institut die Untersuchung ist. Sie ist zwei Jahre alt.

Herr Herbst (EdV-Berater, Anfang 30) War das früher mal anders?

Frau Bäcker. Ja. Und was glauben Sie, woran das liegt?

Herr Teufel (Theologe u. EDV-Berater, Anfang 30): Es klingt platt, aber das liegt am Werteverfall. Den gibt es einfach.

Herr Vogel (Unternehmensberater, etwa 40 Jahre): Die Leute in den USA sind wirklich freundlicher, und zwar nicht nur im Berufsleben, sondern auch beim Einkaufen.

Frau Bäcker: Das stimmt. Das gilt insbesondere auch in den Unternehmen.

Herr Herbst: Stimmt das? Dort herrscht doch hire and fire?

Frau Bäcker: Das gibt es schon. Aber das ist kein Widerspruch, weil es eben den höflichen Umgangston trotzdem gibt. Niemand wird unhöflich behandelt, so wie man das hier oft sieht.

Die Dozentin in diesem Volkshochschulkurs mit dem Titel „Höflichkeit im Management" steigt ein mit einer kulturpessimistischen Zeitdiagnose über den „Niedergang der guten Sitten", insbesondere in Deutschland. Sie muß aufgrund einer Nachfrage kurz auf die Quelle und das Datum der vorgestellten „Untersuchung" eingehen, insgesamt jedoch wird die von ihr gegebene Information von den TeilnehmerInnen zunächst nicht in Zweifel gezogen, im Gegenteil: Zwei Teilnehmer bestätigen sowohl ihre Verfallsthese als auch die Einschätzung, daß es „in Deutschland" um „Höflichkeit" besonders schlecht bestellt sei. Dann jedoch äußert ein Teilnehmer massivere Zweifel an der Höflichkeits-Hitliste mit dem schlechten Platz für Deutschland. Der Hinweis auf „hire and fire" in US-amerikanischen Unternehmen wendet sich nicht lediglich gegen die Plazierung auf der Rangliste, sondern er dekonstruiert sozusagen die Prämisse des Genres

„Umgangsregeln", indem er einen Bezug herstellt zwischen der strikt von Ökonomie getrennten Alltagswelt und den „Umgangsformen" der Unternehmen mit den Arbeitnehmern. Sobald diese Trennung zerstört ist, wirkt das Loblied auf die US-amerikanische „Höflichkeit" unangemessen. Die Dozentin nun antwortet, indem sie erklärt, was entsprechend des bürgerlichen Kulturbegriffs auseinanderzuhalten ist, nämlich Ökonomie und Kultur („das ist kein Widerspruch"), so daß das zweckrationale Entlassen von Mitarbeitern keinen Verstoß gegen „gute Sitten" darstellt, solange man sich im Arbeitsalltag höflich grüßt etc. In dieser Szene praktizieren Dozentin und Teilnehmer etwas, das man nach Erdheim (1984, 221) „gesellschaftliche Produktion von Unbewußtheit" nennen kann:

> „Ergänzen möchte ich auch, daß es nicht nur Phantasien, Triebe und andere Manifestationen des Psychischen sind, die in Bewußtsein zugelassen oder verdrängt werden müssen, sondern auch Wahrnehmungen der äußeren Realität. Das *gesellschaftlich Unbewußte* ist also jener Teil des Unbewußten eines Individuums, den es gemeinsam mit der Mehrzahl der Mitglieder seiner sozialen Klasse hat (wobei 'Klasse' den Stellenwert im Machtsystem angibt). Jede Kultur gestattet gewisse Phantasien, Trieben und anderen Manifestationen des Psychischen ebenso wie Wahrnehmungen der Realität den Zutritt ins Bewußtsein und verlangt, daß andere verdrängt werden. Unbewußt muß all das gemacht werden, was die Stabilität der Kultur bedroht" (Hervorhebung i. Orig.).

Es ist nicht bekannt, ob der Teilnehmer sich seinen erfahrungsgesättigten Blick auf Ökonomie und Gesellschaft durch die Antwort der Dozentin trüben ließ oder ob er sich weiter die Frage stellte, wie es möglich sein kann, eine Praxis („hire and fire") als „höflich", also als kulturell ideal zu bezeichnen, die bar jeden Gedankens von Solidarität und Gerechtigkeit funktioniert. Durch sein Hinterfragen jedoch wurde im Seminar deutlich, welche Arbeit in solchen Veranstaltungen eigentlich geleistet wird: Hier werden Klassenverhältnisse dadurch alltagskulturell zugleich thematisiert und verschleiert, daß Lehrende und TeilnehmerInnen gemeinsam die Trennung zwischen Ökonomie und Kultur erarbeiten. Dabei kam es jedoch in den untersuchten Seminaren sehr selten vor, daß TeilnehmerInnen, wie in diesem Beispiel, die von den Lehrenden vorgetragene Gesellschaftsdiagnose mit eigener Wahrnehmung und Erfahrung kontrastieren (vgl. Kap. 4.5). Demgegenüber bieten alle Lehrenden eine Interpretation an, die nicht darin besteht, bezüglich bestimmter Praxen („hire and fire") Scheuklappen anzulegen, sondern die Ökonomie als eine Seite definiert, auf der legitimerweise eine grundsätzlich andere Rationalität als „Höflichkeit" schaltet und waltet („das ist kein Widerspruch"). Man sieht, inwiefern der bürgerliche Kulturbegriff, der in den untersuchten Benimmseminaren heruntergebrochen wird auf alltägliche Interaktion und Kommunikation, mit dem Klassenverhältnis korrespondiert, wie er dieses mikrologisch stützt und legitimiert.

Aus der Arbeit an dieser Trennung, die in deren Unbewußtmachung mündet, erwächst in einem anderen Punkt Einigkeit zwischen Lehrenden und TeilnehmerInnen im Seminar: Kritisiert wird nicht die Existenz von Hierarchie oder Ungleichheit, sondern „unhöflich" ist derjenige, der auf sie pocht. Die folgenden Beispiele zeigen, warum dies als „schlechter Stil" gilt:

Herr Pech (etwa Mitte 50): Die Traube in Tonbach, weltberühmt! Da kommen Sie gar nicht rein! Da reicht der dicke Geldbeutel nicht aus. Das finde ich nicht gut. Ich bin immer in einem elsässischen Spezialitätenrestaurant, der Koch heißt Pfleiderer, und das Restaurant auch. Er gehört zu den fünf besten Köchen der Welt. Und wenn man da vergleicht, was da für Autos davor stehen: Pfleiderer akzeptiert auch kleine Wagen.
Herr Sommer (Dozent): Diese anderen Restaurants interessieren mich überhaupt nicht, diese Schickimickiläden.

Hier wird ein aufschlußreicher Widerspruch deutlich: Einerseits geht es in den Seminaren darum, „discretio" zu erwerben, andererseits aber wird eine zu explizite Distinktionspraxis verurteilt. Dies hat wohl nicht nur damit zu tun, daß eine übertriebene Distinktion die Grenze zur Allodoxie überschreiten könnte, sondern auch damit, daß eine solche Grenzziehung bestimmte Ausgrenzungen, die unbekannt bleiben sollen, kenntlich machen würde: Herr Pech, der gemeinsam mit seiner Frau ein Volkshochschulseminar besuchte und sich mehrfach als Kenner von Feinschmeckerrestaurants hervortat, wird von Herrn Sommer in seiner Einschätzung bestätigt, nach der eine offensichtlich geschlossene Gesellschaft nicht die Art von Exklusivität ist, die guten Stil kennzeichnet. Der „Tonbacher" Wirt stört das durch die mögliche Rückkehr der verleugneten Realität stets prekäre Nebeneinander von kleinbürgerlichen Aufstiegs- und Abgrenzungspraxen und bürgerlichem Gleichheitsideal, nach dem Ressourcen und Güter prinzipiell jede/m zugänglich sein sollten und zumindest nicht willkürlich begrenzt werden sollten. „Pfleiderer" dagegen versöhnt diese Widersprüche: Er garantiert, so Herr Pech, einen Ort, der sowohl exklusiv („einer der fünf besten Köche der Welt") als auch jede/m (das heißt auch denen mit „kleinen Wagen") zugänglich ist. „Dem *Sinn für Grenzen* eignet das Vergessen der Grenzen" (Bourdieu 1987, 734, Hervorhebung i. Orig.), und im untersuchten Genre der Benimmregeln wird deshalb jede Praktik, die eine Abgrenzung explizit macht, als „stillos" verurteilt.

Auf der Suche nach Geheimnissen

Das Essen und der Restaurantbesuch gehören zu den Themengebieten, deren Behandlung die TeilnehmerInnen mit zahlreichen detaillierten Fragen intensivieren. Das Interesse ist hier besonders groß:

Es wird gefragt nach dem Verzehr der „Dekoration" (Frau Bäcker: „Ja, man darf die ganze Dekoration essen.", Herr Hartmann: „Ja.", Frau Hohloch: „Nein.", Herr Sommer: „Nein."), dem Schneiden von Salat (Frau Bäcker: „Ja.", Frau Baumann: „Ja.", Herr Sommer: „Nein."), Kartoffeln (Frau Bäcker: „Ja.", Frau Baumann: „Ja.", Herr Sommer: „Nein."), Klößen (Herr Sommer: „Nein."), Nudeln (Frau Hohloch: „Nein.") und Spargel (Frau Bäcker: „Ja.", Frau Baumann: „Ja, und zwar in der Richtung, in der man liest. Der Spargel wird mit den Köpfen nach links serviert, und da beginnt man.", Herr Sommer: „Ja, es ist egal, mit welchem Ende man anfängt."), nach dem Verzehr von zum Essen gereichtem Brot (Frau Bäcker: „Erst ein Brotstück auf den Teller, dann davon ein kleines Stück abbrechen und bestreichen, dann essen."), ob man die Speisen auch erst zerschneiden und dann nur noch mit der Gabel essen „darf" (Frau Bäcker: „Nein, das kommt aus den USA und daher, daß man in Amerika die Gabel immer bereit hielt, weil das Land noch nicht so zivilisiert war, daß man sich eventuell verteidigen konnte."), nach dem Köpfen des Frühstückseis (Frau Bäcker: „Ja."), dem Rauchen vor dem Dessert im Restaurant (Frau Bäcker: „Ja."), dem Gebrauch der Serviette während des Essens (Frau Bäcker: „Man legt sie einmal gefaltet mit der offenen Seite zum Körper zeigend auf den Schoß.", Herr Sommer: „Die Serviette wird ganz aufgefaltet und der Teil, mit dem man sich vor dem Trinken den Mund abgetupft hat, immer wieder umgeklappt.") und beim Aufstehen (Frau Bäcker: „Locker links neben den Teller legen.", Frau Möchten: „Links.", Frau Limbach: „Rechts, weil links der Brotteller steht."), ob der Platzteller „nur" der Dekoration dient (Frau Bäcker: „Ja."), ob es „erlaubt" ist, den Salatteller in den großen Teller zu stellen (Frau Bäcker: „Nein, das sieht nicht gut aus."), dem Abwischen von Lippenstift an der Serviette (Frau Kardorff: „Nein.", Frau Baumann: „Ja.", Herr Sommer: „Tupfen."), nach dem „Abspreizen des kleinen Fingers irgendwo beim Essen" (Frau Baumann: „Nein."), dem Ablegen des Bestecks auf dem Teller (Frau Baumann: Zwanzig nach vier ist 'fertig', zwanzig nach sieben ist 'noch Hunger'."), dem Ende des Aperitivs (Frau Baumann: „Sie dürfen den Aperitif mit an den Tisch nehmen.", Frau Rau: „Das Aperitifglas nicht mit an den Tisch nehmen."), nach dem Umgang mit heruntergefallenem Besteck (Frau Limbach: „Liegenlassen.", Frau Kardorff: „Wenn der Service gut geschult ist, hört er am Geräusch, welches Teil das war und bringt sofort ein neues."), was man macht, wenn ein Stück Kork im Glas ist (Frau Limbach: „Der Bedienung sagen und ein neues bringen lassen oder mit dem Löffel rausholen.", Frau Rau: „Man geht niemals mit einem Besteckteil ins Glas."), ob man ein Glas Wasser auf einen Zug austrinken „darf" (Frau Rau: „Nein."), ob man als Linkshänder umdecken „darf" (Herr Sommer: „Nein.", Frau Kutsch: „Ja.", Frau Kardorff: „Ja.") oder ob man ungeliebte Speisen auslassen darf (Frau Bäcker: „Nein.", Herr Sommer: „Ja.", Frau Möchten: „Ja, aber man sagt nicht, daß man es nicht mag, sondern 'Danke, ich verzichte'.").

Oft reagieren die TeilnehmerInnen auf die Antworten der Lehrenden mit weiteren, noch detaillierteren Fragen:

Frau Witzmann (Personalleiterin, etwa 40 Jahre): Spiegeleier, zerschneidet man die oder zerteilt man die mit der Gabel?

Frau Rau (Dozentin): Alles, was mit der Gabel zerteilt werden kann, wird zerteilt.

Frau Vogler (promovierte Ärztin, Mitte 30): Was macht man, wenn es verschieden harte Sachen zu essen gibt. Wechselt man dann zwischen Gabel und Messer?

Frau Rau: Nein, dann ist ja ein Messer da, wenn es Fleisch gibt.

Herr Leins (Verleger, Jg. 1951): Und wenn es trotzdem eingedeckt ist? Zum Beispiel Messer und Gabel zu Rührei?

Frau Rau: Dann benutzen sie es. Und wenn es Fisch gibt und kein Fischbesteck, dann bitten Sie drum, es sei denn, sie sind an einem Ort, wo Sie nicht sicher wissen, ob es welches gibt, damit Sie den anderen nicht beschämen.

So ergeben sich Frage-Antwort-Ketten, denen im Prinzip kein Ende innewohnt, wie im folgenden VHS-Seminar:

Frau Hohloch (Dozentin): Am Kalten Büffet die Gänge nicht mischen. Erst die Hauptspeise nehmen, dann nochmal gehen und das Dessert holen.

Frau Ehmann jr. (Berufsschülerin, Jg. 1978): Was macht man, wenn man das nicht sieht?

Frau Hohloch [irritiert]: Das ist ja entsprechend aufgestellt.

Herr Gsell (Schreiner, Mitte 30): Gibt's bestimmte Regeln, wo man anfängt?

Frau Hohloch: Da wo die Teller stehen. Das ist rechts.

Herr Gsell: Also da, wo die Teller stehen.

Frau Handmann (Optikerin, Mitte 30): Wechselt man die Teller nach der Vorspeise?

Frau Hohloch: Ja, so gehört sich das. Man kriegt frische Teller und frisches Besteck, man soll es ja nicht auf den Tisch legen.

Für jede Variation wird um eine Handlungsanweisung gebeten, was nicht immer zu einem positiven Ergebnis führt:

Frau Hohloch (Dozentin): Auch Nudeln nicht schneiden, Bandnudeln auch nicht, drehen.

Frau Ehmann jr.: Und wenn es jetzt Makkaroni sind?

Frau Hohloch [ratlos]: Gibt es selten. Das sind die dicken, die kann man schlecht drehen. In den Büchern steht immer 'Nudeln nicht schneiden'.

Auch wenn Frage-und-Antwort-Dialoge so endeten wie in diesem Beispiel, quittierten die TeilnehmerInnen der untersuchten Seminare dies nicht mit Unmut, Widerspruch, Relativierung oder Kritik der vorgestellten Regel. Das Ziel der Fragen scheint zwar darin zu bestehen, für jede Situation eine genaue, normative Handlungsanweisung zu bekommen. Dies indiziert die Fülle der Fragen, die

Benutzung des Verbs „dürfen" und das Allgemeingültigkeit behauptende „man". Die Lehrenden bestätigen diese Normierung sprachlich ebenfalls durch „man" als Subjekt ihrer Erklärungen und durch das Präsens Indikativ bei den Verben („Nudeln nicht schneiden"). Aus dieser Frage-und-Antwort-Manier kann jedoch nicht einfach darauf geschlossen werden, daß die TeilnehmerInnen sich in all diesen Punkten ihrer Alltagspraxis unsicher sind und deshalb eine Handlungsanweisung erbitten. Bei genauerem Hinsehen erfüllen die Fragen einen anderen Zweck: Die Menge der Fragen resultiert weniger aus alltäglicher Handlungsunsicherheit, sondern sie indiziert vielmehr, daß die TeilnehmerInnen eine hohe Zahl ihnen unbekannter „Regeln" imaginieren. Diesen Bereich suchen sie mit Hilfe der Fragen auszumessen. Deshalb widersprechen und kritisieren die TeilnehmerInnen nicht, wenn die Lehrenden irgendwann keine konkrete Antwort geben, keine Handlungsanleitung bieten können. Die ausbleibende, ratlose oder ausweichende Antwort („Makkaroni gib es selten.") markiert lediglich den Punkt, an dem das Frage-Lot, das die Seminarkundschaft unablässig auswirft, auf Grund gestoßen ist - ein Punkt, der für die Fragenden eine wichtige Information beinhaltet: Es gibt in diesem Teilbereich keine „Regel" mehr, die ihnen noch unbekannt ist. Dort, wo sie eine große Menge an Geheimnissen vermuteten, ist ihnen nun alles enthüllt worden.

Somit hängt der hier am Beispiel der Fragen zur Art und Weise des Essens und der Benutzung von Besteck und anderen Utensilien bei Tisch beschriebene Umgang mit Benimmregeln in den untersuchten Seminaren weniger mit Problemen bei der entsprechenden Alltagspraxis außerhalb des besuchten Seminars zusammen. Die Thematisierung der „Regeln" verweist vielmehr auf die gesellschaftliche Position der Fragenden: Ihnen fehlt die „Gewißheit, im Besitz der kulturellen Legitimität zu sein" (Bourdieu 1987, 121).

Der in allen Seminaren thematisierte Ausdruck aller geheimen Praxen, die die TeilnehmerInnen vermuten, ist der „Hummer". So erklärte eine Teilnehmerin in der Vorstellungsrunde eines Seminars von Herrn Sommer: „Ich bin hier, weil ich schon immer wissen wollte, wie man Hummer ißt." Beim Übungsessen in der Veranstaltung stellte sich dann heraus, daß sie und andere TeilnehmerInnen auch dem Ausschreibungstext[14] dieser VHS-Veranstaltung entnommen hatten, daß es Hummer zum Essen gebe - ein bezeichnendes Mißverständnis, steht diese Speise doch für all die Geheimnisse, auf deren Enthüllung die Kundschaft der untersuchten Seminare hofft. Dabei geht es auch hier nicht um das Erlernen einer Praxis, sondern, wie bereits erläutert, vor allem um das Vermessen eines von den TeilnehmerInnen vermuteten fremden alltagskulturellen Raums. So erklärte Frau Beuter im Interview:

E.T.: Haben denn Freunde oder Bekannte den Besuch des Kurses kommentiert?

Frau Beuter: Okay, manche lächeln natürlich schon erst und sagen: 'Mensch, was lernt man denn da?!' Oder, wenn man so ein paar Sachen aufzählt, zum Beispiel da gerade mit dem Essen, oder wenn man da dieses Hummerbesteck oder Kaviarmesser erklärt, sagen die 'Ha, das braucht man ja nie!' Aber irgendwo, irgendwo ist schon ein Interesse da.

Die Lehrenden nun behandeln diese Interesse folgendermaßen:

Herr Sommer: Manche Leute, die legen ja so großen Wert drauf, richtig mal einen Hummer essen zu lernen, das ist für die ja überhaupt der Grund, warum sie da sind. Das ist aber völlig unwichtig.

Ebenso wie Herr Sommer hält Frau Baumann das Prinzip „Herz statt Hummer" hoch:

Ich hab ja mal in einer Sendung im Radio den Begriff geprägt, der gefällt mir selber: 'Der Mythos Hummer.' Also Hummer schmeckt längst nicht so gut wie Languste, und ich finde bei Languste schmeckt die große auch nicht so gut wie die kleine. Aber *jeder will Hummer essen lernen*! Weil das so/ wenn ich das kann, das ist so le top du top, und wenn ich das beherrsche, dann bin ich auch auf der Ebene. Wobei sie nirgendwo Hummer oder ganz ganz selten mal Hummer so kriegen. In guten Restaurants serviert Ihnen kein Mensch den Hummer, ohne ihn Ihnen aufzumachen, weil sie das Zeug ja verkaufen wollen. Sie kriegen das doch nicht los mit diesen ungeübten Gästen! So. Und wenn sie in Maine oder sonstwo in so einem Hafenrestaurant sitzen, da ist es dann auch wurscht, ob sie den schön essen oder nicht schön. Da kriegen Sie Ihr Lätzchen um, und dann ist es 'ne Gaudi und dann ist das völlig wuscht, ob Sie da richtig oder falschrum draufhauen. Und soll mir keiner erzählen von dem Genuß des Hummerbeinchens (lacht). Ja, ich halte das für Schwachsinn! Aber es ist so! Kaviar ist was anderes! Also beim Kaviar, bei manchen Dingen muß ich's wissen. Denn wenn ich an Kaviar mit 'nem Messer geh', dann oxydiert das, und dann schmeckt der Kaviar auch nicht mehr richtig. Wenn ich den mit 'nem Silberlöffel in den Mund tue, schmeckt der nicht mehr. Das ist also schon wichtig, daß ich das weiß. Oder daß ich weiß, daß ich bei der Artischocke mich nicht wundern muß, daß die nicht schmeckt, wenn ich auf den Blättern rumkaue. Aber das ist *Warenkunde* und nicht Benimm! Was die Leute dann tun, ist, mit dem Hummerbesteck hervorragend umgehen und dem Nachbarn ihre Ellbogen in die Rippen hauen. Oder sich quer über den Tisch legen, um an das Salz zu kommen. Also die Leute wollen Tischregeln, sie wollen Tischregeln, die meiner Meinung nach unwichtig sind. Und *die basics*, an die haben 'se nicht gedacht, und manche sagen dann: 'Ja, die basics hätte ich nicht gebraucht.' Aber die machen sie nach dem Seminar immer noch falsch! (Betonungen i. Orig.)

Herr Hartmann berichtet vom selben Bedarf seiner TeilnehmerInnen:

E.T.: In welchen Bereichen gibt's Ihrer Erfahrung nach für die Teilnehmer einen besonders großen Bedarf?

Herr Hartmann: Also subjektiver Bedarf der Teilnehmer: Hummer! (Beide lachen.) Hummer, Hummer, Hummer! Vielleicht sollte ich mal ein reines Hummer-Seminar anbieten. *Tatsächlicher* Bedarf aber ist der vorhin erwähnte Umgang untereinander. Also ich sehe es ja, wir reden im Seminar über Umgangsformen, und dann packt irgendjemand seine Butterbrote aus und fängt dann an zu mampfen, quer über den Tisch oder so. Das heißt, das, was sie tatsächlich brauchen, unterscheidet sich von dem, was sie glauben zu brauchen. Aber das läßt sich im Seminar natürlich gut beides unterbringen. Das Buch, das ich bald veröffentliche, da wird auch ein Hummer auf dem Umschlag sein. Da habe ich keinen Einfluß mehr drauf. Also das dürfte auch kein Zufall sein, das kennzeichnet offenbar irgend etwas: Der Hummer, das ist das, was ich brauche. (Betonung i. Orig.)

Herr Sommer, Frau Baumann und Herr Hartmann betonen, ebenso wie viele andere Lehrenden, daß es „nicht wichtig" sei, wie man Hummer ißt. Dabei geht Frau Baumann auf den symbolischen Wert ein, den diese Speise für die SeminarteilnehmerInnen hat, wobei sie dessen Distinktionskraft entwertet, indem sie mir als Interviewerin einerseits vorführt, daß sie das Interesse ihrer Kundschaft nicht lediglich befriedigt, sondern es auch deutet, und indem sie andererseits darauf hinweist, daß es ihres Erachtens sehr wohl Geheimnisse („kleine Languste") gibt - allerdings laut Frau Baumann so sehr im Verborgenen, daß die SeminarteilnehmerInnen nicht einmal von deren Existenz einen Begriff haben. Die von diesen Lehrenden vorgenommene Unterscheidung zwischen „wichtigen" und „unwichtigen" Gepflogenheiten ist die Praxis, mit der sie sich von ihrer Kundschaft buchstäblich unterscheiden.

Die Alltagspraxis der SeminarteilnehmerInnen also ist zwar 'Kultur' im ethnologischen Sinne, aber sie können sie nicht zur Distinktion einsetzen. So suchen sie sich mit den Fragen nach als legitim („richtig", „korrekt") definierten Praxen im Benimmseminar den Überblick zu verschaffen bis hin zu den geheimsten Geheimnissen wie „Hummer", der aus ihnen Unterscheidende statt Unterschiedene macht. Mit diesem Handeln hoffen sie, ihre „Unsicherheit" zu kurieren. Damit positionieren sie sich jedoch auf alltagskulturellem Gebiet als Erwerbende und verkennen, daß ihr Mangel an „discretio" nichts mit der Art und Weise ihrer Praxis zu tun hat, sondern daraus resultiert, daß sie legitime Praxis (hier: Tischmanieren mit „Hummer" als rätselhaftem Höhepunkt) mit einer sozialen Lage assoziieren, deren Bezug zu egal welcher Sorte von Kapital nicht durch Erwerben, sondern durch Erben bestimmt ist: „An heir is someone who knows there are no mysteries: he assumes he is capable of doing as much as his parents managed to do and, had there been mysteries, his parents would have had access to them" (Veyne 1983, zit. nach Le Wita 1994, 2). Die Praxis in den untersuchten Seminaren kann man also charakterisieren als eine Suche nach „Geheimnissen", die, wie die oben zitierten Frage-und-Antwort-Ketten zeigen, prinzipiell kein Ende hat, weil die Beteiligten versuchen, in den Besitz von etwas zu gelangen, das sie aufgrund der Dynamik der Kapitalsorten nicht erreichen können: „discretio". Dabei produzieren Lehrende und TeilnehmerInnen gemeinsam diese Unerreichbarkeit, weil legitime Praxen für sie untrennbar mit dem Modus des Erbens verbunden sind, der wiederum nicht erwerbbar ist. Die von Lehrenden und TeilnehmerInnen gemeinsam betriebene Reproduktion der „bürgerlichen Zwei-Reiche-Lehre“ (N. Schindler) geht einher mit der ebenfalls in den Veranstaltungen stattfindenden „gesellschaftliche Produktion von Unbewußtheit“ (M. Erdheim) bezüglich der Klassengesellschaft, die ein viel größeres Geheimnis ist als die fremde „Sprache des Bestecks“ oder die „geheimen Business-Rituale“, in die die Seminarprogramme einzuweihen versprechen: Die Teilung von Gesellschaft in die (sehr kleine) Gruppe derjenigen, die Kapital (in jedweder Form) erben, und in die (sehr große) Gruppe derer, die lohnarbeiten, d.h. erwerben müssen, und die damit verbundene Bewertung dieser bzw. jener alltagskulturellen Praxen als legitim und illegitim.

4.4 Produktion und Reproduktion: Geschlecht

Die Selbstverständlichkeit der Kategorie Geschlecht

Die Konstituierung der Kategorie Geschlecht in der bürgerlichen Umgangsliteratur war mehrfach Gegenstand eingehender Untersuchungen in Soziologie und Kulturwissenschaft. Diese kamen überwiegend zum Ergebnis, daß Benimmregeln Körper- und Handlungsstereotype entsprechend der bürgerlichen „Geschlechtscharaktere“ (K. Hausen) festschreiben:

„These rules of etiquette, we assert, have inherent in them a subordinating status. These rules further, are persistent through time - they make the subordination of women a historical feature of multiple situations, transcending any specific situation and any specific rule“ (Bartelt u.a. 1986, 200).

Die teilnehmende Beobachtung in den Benimmseminaren ergab denselben Befund. Die TeilnehmerInnen gehen davon aus, daß nahezu jede Alltagshandlung eine je spezifische Position für Männer und für Frauen vorsieht, und die Lehrenden bekräftigten diese Vorannahme, ein Faktum, das auf die Totalität der Geschlechterdifferenz verweist: „Hinreichend abgesichert, bedarf die männliche Herrschaft keiner Rechtfertigung: Es genügt, wenn sie sich in Praktiken und Diskursen niederschlägt, die das Sein im Modus der Evidenz aussprechen und so daran mitwirken, daß es dem Sagen entspricht“ (Bourdieu 1997d, 158). So beispielsweise beim Durchlaufen von Türen:

Herr Jäger (selbständiger Metzgermeister, Anfang 30): Wie macht man es denn bei Dreh- und Automatiktüren?

Frau Baumann: Reingehen, sie trippelt dann hinterher.

Entweder die TeilnehmerInnen bitten wie im hier zitierten Beispiel die Lehrenden um eine Deklinierung bekannter Geschlechterstereotype, oder sie versuchen selbst, diese auf unterschiedliche alltägliche Handlungen anzuwenden:

Frau Hohloch (Dozentin): Beim Betreten eines Restaurants geht der Mann voran. Das kommt noch aus der Zeit, als er erst schauen mußte, ob da noch Stühle durch die Gegend fliegen.

Herr Gier (Kriminalbeamter, Jg. 1962): Ist es nicht so, daß bei einem bekannten Restaurant die Dame vorgeht und bei einem unbekannten der Herr?

Frau Hohloch: Eher nein. Dann geht auch der Mann zum Tisch voraus oder der Ober geht voraus.

Der Teilnehmer schießt hier sozusagen über das Ziel, jede Alltagshandlung zu vergeschlechtlichen, hinaus. Die Dozentin begründet dabei ihre Ablehnung seines Vorschlags für eine geschlechtsspezifizierende Umgangsregel nicht. Sie fährt mit der Fortsetzung des behandelten Exempels fort, wobei die Reihenfolge der Geschlechter im Gänsemarsch vom Eingang zum Tisch wieder hergebrachten Stereotypen entspricht.

Diese von Lehrenden und TeilnehmerInnen gemeinsam in das Seminar mitgebrachte und dort bestätigte „Organisation der sozialen Welt nach der doxa des Geschlechterverhältnisses" (Krais 1993, 235) schließt Körperstereotype mit ein:

Frau Baumann (Dozentin): Frauen tragen, wenn sie im Berufsleben repräsentieren wollen ein Kostüm, kein Kleid.

Frau Stein (Controllerin, Jg. 1969): Geht auch ein Hosenanzug?

Frau Baumann: Das können Sie machen, manche Männer reagieren darauf etwas erschrokken.

Frau Stein: Das habe ich eben schon erlebt.

Obwohl Frau Baumann die beiden beobachteten Seminare (eines davon an einer Volkshochschule, eines auf dem freien Weiterbildungsmarkt) in Hose und Jackett abhielt, empfiehlt sie ausschließlich die geschlechtsunterscheidende Kleidung als „repräsentativ". Als sich eine Teilnehmerin nach einer anderen Möglichkeit erkundigt, läßt sie diese auch gelten, allerdings mit einem einschränkenden Hinweis auf den damit verbundenen für „manche Männer" offenbar Angst erzeugenden Bruch mit hergebrachter geschlechtsspezifizierender Kleidung. Die Teilnehmerin ist mit der von ihr präferierten Kleidung (sie trug an beiden Seminartagen einen Hosenanzug bzw. Hose mit passender Weste über einer Bluse) offenbar auf Ablehnung gestoßen. Obwohl selbst die Dozentin ihrer eigenen Empfehlung nicht folgt,[15] formuliert sie ein Ideal, das nicht darauf abzielt, die Praxis zu verändern, sondern die Geschlechterunterscheidung darzustellen. Auch ihre Antwort auf die Teilnehmerin enthält keinen Tip für den Umgang mit „erschrockenen Männern", sondern eher eine Warnung vor dem Ärger, den frau sich mit einem Hosenanzug einhandeln könne. Solche Dialoge zeigen, daß die Geschlechterdifferenzierung (hier: Frauen sollen eine bestimmte Kleidung tragen) den TeilnehmerInnen bereits selbstverständlich ist, und inwiefern diese Selbstverständlichkeit in der Auseinandersetzung zwischen Lehrenden und TeilnehmerInnen nicht thematisiert, sondern für eine Fülle von alltäglichen Praxen und Situationen dekliniert wird. Lediglich in einem „Führungskräfte"-Seminar gab es eine kleine Debatte darüber, wer die Hosen anhaben darf:

Frau Weingart (PR-Referentin in einem Verlag, etwa 30 Jahre): Gibt's eine Alternative für das Kleine Schwarze?

Frau Deesfink (ehem. Fotomodell und Inhaberin einer Farb- und Stilberatungsfirma, etwa 50 Jahre alt): Royalblau zu Schwarz ist auch sehr schön! Oder einen Damensmoking.

Frau Möchten: Ein Damensmoking: Unmöglich!

Frau Deesfink (entschuldigend und irritiert zugleich): Es gibt sehr schöne! Und es muß ein Bruch drin sein. Und man muß sehr feminin sein und sehr schlank.

Frau Möchten: Die Herren: Tragen Sie nie einen Smoking zur Hochzeit, das ist wie ein Outing 'ich habe keine Ahnung', wenn man tagsüber einen Smoking trägt.

Hier unterscheidet sich das Geschlechterideal der Dozentin von dem einer Teilnehmerin. Obwohl die Dozentin keinen Grund für ihr ästhetisches Urteil nennt, lenkt die Teilnehmerin etwas ein („sie muß sehr feminin sein"). Dieses weitgehende Einverständnis zur auch in Körperstereotypen sich konkretisierenden Geschlechterdifferenz gilt auch für die die praktischen Übungen: In allen Veranstaltungen wurde hier stets das tradierte asymmetrische Geschlechterideal performiert: „Die Frau" sollte jeweils als erste gegrüßt werden; umgekehrt obliegt es ihr, die Initiative zur Begrüßung (Händeschütteln) zu ergreifen. Bei den Übungsessen wurde jeder Teilnehmerin („Tischdame") ein „Tischherr" zugeteilt, der links neben ihr zu sitzen hatte und ihr den Stuhl rücken sollte, wenn sie einmal aufstand und sich wieder setzte. Das Weinkosten am Trainingstisch delegierten die Dozentinnen stets an Teilnehmer, niemals an eine Frau. Die Ober und Bedienungen servierten stets reihum zuerst den Frauen, und dann den Männern. Während in den sprachlichen Auseinandersetzungen im Seminar der Widerspruch zwischen einer solchen Differenzpraxis und dem Anspruch auf „Emanzipation und Gleichberechtigung der Frau" thematisiert wurde, reduzierte sich die empfohlene Performanz des Geschlechterverhältnisses eindeutig auf asymmetrische Differenz.

Plädoyers für „Gleichberechtigung"

Männer und Frauen unterschieden sich in ihrer (Re-)Produktion geschlechtsspezifizierender Standards nicht.[16] Dagegen war ein Unterschied zwischen Dozenten und Dozentinnen zu beobachten: Lediglich die Frauen verwiesen (meist zu Beginn ihrer Veranstaltungen) auf Bemühungen zur „Emanzipation der Frau" - Deklarationen, die angesichts der oben zitierten Teilung nach Geschlecht in den Seminaren zunächst verwundern. Frau Bäcker beispielsweise wandte sich zu Beginn ihrer Veranstaltung an die anwesenden Frauen:

Sie könnten, wenn Sie sich stark engagieren und in der richtigen Partei sind, die erste Bundespräsidentin werden. Auf dem Papier steht nichts dagegen. Früher war das anders. Meine Mutter, sie war eine sehr resolute Frau, wollte einen Kühlschrank kaufen. Sie suchte sich einen im Katalog aus und bestellte ihn. Dann wurde er geliefert - und wieder mitgenommen! Weil kein schriftliches Einverständnis des Ehemannes vorlag! Eine Frau war damals nicht geschäftsfähig. (Die TeilnehmerInnen schütteln ungläubig und empört den Kopf, E.T.)

Die Dozentin weist die Teilnehmerinnen ihres Volkshochschulkurses auf ihre legal als den Männern gleich definierten politischen Möglichkeiten hin, und mit der kopfschüttelnd erzählten Geschichte aus einer eine Generation zurückliegende Zeit, in der Frauen noch nicht als eigenständige Konsumentinnen handeln konnten, macht sie klar, daß sie die „Emanzipation der Frau" befürwortet.

Eine ihrer Kolleginnen, Frau Möchten, kritisierte ebenfalls programmatisch zu Beginn ihres „Führungskräfte"-Seminars auf dem freien Weiterbildungsmarkt: „Männer kriegen 30 Prozent mehr Gehalt durch alle Stufen bis in den Produktionsbereich." Ebenso stieg Frau Rau in ihrer „Führungskräfte" Veranstaltung mit einer Kritik der Diskriminierung von Frauen auf dem Arbeitsmarkt ein:

Wenn die Emanzipation in dem Tempo voranschreitet, wie sie es bis jetzt getan hat, wird es noch 450 bis 500 Jahre dauern, bis ebensoviele Frauen wie Männer in Führungspositionen sind. Die Welt soll für die Herren ja schon in Ordnung bleiben, aber ganz solange sollte es vielleicht doch nicht mehr dauern.

Hier deutet sich allerdings schon an, welche Funktion solche Statements in den beobachteten Seminaren erfüllen: Der Rekurs auf das bürgerliche Ideal von der „Gleichberechtigung von Mann und Frau" ähnelt den abstrakten Postulaten von „Menschenwürde" und „harmonischem Miteinander", die die Lehrenden oft zu Beginn und am Ende ihrer Veranstaltungen als Ziel des von ihnen unterrichteten Genres nennen (vgl. Kap. 2.4). Ebenso wie sie mit diesen Erklärungen Raum schaffen für zweckrationale Absichten, Distinktionsinteresse und normierende Vorgaben, bildet der kämpferisch daherkommende Verweis auf die Diskriminierung von Frauen die Klammer für das weniger legitime Ziel, informell Ungleichheit aufrechterhalten zu wollen. Im schmunzelnden Hinweis von Frau Rau, daß „die Welt für die Herren schon in Ordnung bleiben soll" deutet sich diese Grenze des Plädoyers für „Gleichberechtigung" bereits an.

Umdeutung und Einforderung der Geschlechterdifferenz

Die Bestätigung und Bekräftigung geschlechterdifferenzierender Benimmregeln in den untersuchten Seminaren ist also begleitet von der Auseinandersetzung mit dem Ideal einer „Gleichberechtigung von Mann und Frau". Hierbei findet auch eine Auseinandersetzung mit geschlechtsspezifizierender Höflichkeit als kaum verbrämtem Sexismus statt, eine Deutung, die seit den 70er Jahren popularisiert wurde (z.B. Schmerl/Steinbach 1973). Bei der teilnehmenden Beobachtung war häufig die Thematisierung und Inszenierung dieses Punktes zu verzeichnen. Es wäre also zu eindimensional, die untersuchten Seminare als Agenturen der Verschränkung von Frauendiskriminierung, Geschlechterstereotypen und alltäglicher Interaktion zu beschreiben. Während die (Re-)Produktion des Klassenverhältnisses von dessen Unbewußtmachung zugunsten des bürgerlichen Gleichheitsideals charakterisiert ist (vgl. Kap. 4.3), wird der Konflikt zwischen performierter Geschlechterdifferenz und dem Ideal von der Egalität der Geschlechter explizit thematisiert:

Frau Bäcker (Dozentin): Männer grüßen Frauen immer zuerst.

Herr Rabe (Student der Informatik, Inhaber einer Softwareberatungsfirma, Jg. 1968): Ich finde das beklemmend. Schließlich haben sich die Frauen doch emanzipiert. Ist das nicht alles letztlich ein Machtspiel?

Frau Bäcker: Das hat mit Emanzipation gar nichts zu tun.

In solchen Dialogen der Lehrenden und TeilnehmerInnen geht es weniger darum, althergebrachte Geschlechterstereotype und ihre alltägliche Inszenierung restaurativ oder konservativ (neu) zu etablieren. Es läßt sich vielmehr der Versuch einer Umdeutung feststellen: Differenzpraxen sollen nun nicht mehr die Konnotation 'Ungleichheit' haben, sondern eine Verschiedenheit bezeichnen, die mit dem Egalitätsideal vereinbart werden kann: Geschlechterdifferenzierende Umgangsregeln „haben mit Emanzipation gar nichts zu tun". Auf dieselbe Weise wurden die Begriffe in einem Seminar von Frau Baumann geklärt:

Frau Baumann (Dozentin): Das In-den-Mantel-helfen ist eine nette Geste. Und dann passiert es Männern in der Tat, daß sie hören 'Kann ich selber!'!! Männer sollten sich dadurch nicht davon abbringen lassen, hilfsbereit und zuvorkommend zu sein.

Herr Roth (selbständiger Raumausstatter, Jg. 1957): Weil die Männer auch verunsichert sind. Die Frauen warten nur darauf, einen abblitzen zu lassen!

Frau Holzmann (etwa Ende 60, begleitete ihren Enkel im Seminar): In zehn Jahren ist das alles vielleicht anders und nicht mehr so kompliziert.

Frau Herder (Bilanzbuchhalterin, Jg. 1953): Ich finde es immer angenehm, wenn mir jemand in den Mantel hilft.

Frau Baumann: Man sollte auch einem Mann in den Mantel helfen, allerdings nur, wenn er sehr gebrechlich ist.

Herr Roth: Man muß manchmal eine hohe Frustrationstoleranz haben.

Frau Baumann: Manche Frauen halten unhöfliches Verhalten für emanzipiert. Die Männer sollten nicht von einer Ablehnung aus verallgemeinern.

Die geschlechterunterscheidende Praktik (In-den-Mantel-Helfen) wird hier nicht als Praxis des Geschlechterverhältnisses verstanden, sondern Dozentin und TeilnehmerInnen konstatieren gemeinsam, daß diejenigen (insbesondere Frauen), die hier einen Bezug herstellen, „unhöflich" handeln. „Stillos" ist sozusagen eine Perspektive, die die „Gleichheits"-Idee beim Wort nimmt, indem sie sie in die Tat umsetzen will. Dabei wird auch deutlich, daß die Lehrenden (hier: Frau Baumann) sowohl Frauen als auch Männer eindeutig zur Performanz asymmetrischer Geschlechterdifferenz auffordert. Auf dieses Phänomen hat in der Umgangsliteraturforschung Krumrey (1984, 383) hingewiesen: „Bei der Untersuchung der Entwicklung von Verhaltensprivilegien in den Geschlechterbeziehungen fällt im Untersuchungszeitraum auf, daß viele Verfasser Wandlungen konzedieren und anschaulich beschreiben, oft jedoch bemüht sind, ihre Leser in der Anwendung traditionaler Verhaltensstandards zu bestärken, obwohl diese nach ihren eigenen Ausführungen im Schwinden sind." Eine ähnliche Trennung zwischen alltäglichem Handeln und „Emanzipations"-Ideal wurde im Volkshochschul-Seminar von Frau Limbach entwickelt:

Frau Merton (gebürtige Engländerin, Inhaberin einer Unternehmensberatung, etwa Mitte 50): In Deutschland habe ich erlebt: Die Frauen *lassen sich im Restaurant nichts schenken*!

Frau Limbach: Ja, das wäre in England eine Beleidigung für einen Herrn. Ich mache es so: Wenn ich eingeladen werde sage ich: 'Herzlichen Dank, ich bin dann nächstes Mal dran.' Eine Zeitlang habe ich diese Richtung auch vertreten, da wollte ich meine Emanzipation 'raushängen lassen. Ich denke jetzt aber: Man merkt es einer Frau an, ob sie emanzipiert ist oder nicht. (Betonung i. Orig.)

Hier wird eine Trennung vollzogen zwischen einem Ideal für soziale Beziehungen („Emanzipation der Frau") und alltäglicher Interaktionspraxis: Das Ideal muß nicht umgesetzt werden, dies erscheint laut Teilnehmerin („lassen sich nichts schenken") und Dozentin („raushängen lassen") entweder kleinlich oder geltungssüchtig. Damit wird die Idee der „Emanzipation" gemäß der „bürgerlichen Zwei-Reiche-Lehre" (N. Schindler) von gesellschaftlicher Praxis isoliert und dem „Reich der Freiheit" zugeschlagen, „einer beruhigten Vorstellung von Kultur, in der die von den Reproduktionszwängen dispensierten Menschheitsideale ungeachtet ihrer eingeschränkte Praktikabilität gedeihen können" (Schindler 1985, 195).

Während der Konflikt, der aus dem Nebeneinander von bürgerlichem Gleichheitsideal und der vom Widerspruch von Kapital und Arbeit ausgehenden sozialen Ungleichheit erwächst, in den untersuchten Seminaren erst mit Hilfe von Interpretation aufgespürt werden konnte, wird der Konflikt zwischen Ideal und Wirklichkeit beim Geschlechterverhältnis explizit benannt. Die auf die Kategorie Geschlecht bezogene Arbeit an der Trennung von Ideal („Gleichberechtigung") und Realität oder Handlungsmaxime („Frauen haben Einladungen grundsätzlich anzunehmen") kann sozusagen live beobachtet werden. Dies resultiert vermutlich aus dem Verhältnis und der jüngeren historischen Entwicklung der beiden Teilungen: Während sich Klassengegensätze (beispielsweise gemessen am Verhältnis zwischen sozialer Herkunft und Bildungsabschluß) seit den 80er Jahren verschärft haben (z.B. Vester u.a. 1993), war Frauendiskriminierung im Bildungsbereich der einzige Mißstand, den die Bildungsreform seit den 1970er Jahren nachhaltig zugunsten von Frauen veränderte (Köhler 1992, Behringer/ Jeschek 1993).[17] Dieser Wandel kann jedoch nicht ausschließlich als Abbau von Frauendiskriminierung gelesen werden: Bourdieu (1987, 224f.) hat darauf hingewiesen, daß die Öffnung des Bildungsmarkts mit der Abwertung der höheren Bildungsabschlüsse korreliert. Er schlägt deshalb vor, einen steigenden Frauenanteil in egal welchem Bereich zugleich als Effekt wie auch als Motor der Abwertung bestimmter Praxen zu interpretieren. Ähnlich wie Bourdieu hat unter anderem Wetterer (1992) problematisiert, daß dem seit der Bildungsreform stark gestiegenen Anteil von studierenden Frauen die Tatsache gegenübersteht, daß Frauen vor allem Studienfächer wählen, deren Abschlüsse wenig Chancen auf gut bezahlte, prestigeträchtige und machtvolle Positionen beinhalten.

Dieser Entwicklung entspricht in den untersuchten Seminaren der Widerspruch zwischen der Präferierung geschlechterspezifizierender Umgangsregeln einerseits und der Kritik an der „Benachteiligung von Frauen im Berufsleben" andererseits. Nach Bourdieu (1997d, 170) kann man zudem sagen, daß diese Einforderung der informellen alltäglichen Geschlechterteilung dem Schwinden institutionalisierter Teilungen nach Geschlecht nicht widerspricht, sondern diesem Wandel insofern inhärent ist, als die symbolische Dimension jeder Herrschaft nicht mit dem Wandel institutionalisierter ungleicher Teilungen endet, was dazu führt, „daß die Befreiung der Opfer symbolischer Gewalt nicht per Dekret geschehen kann":

„Es ist sogar zu beobachten, daß die inkorporierten Grenzen dann besonders deutlich werden, wenn die äußeren Zwänge beseitigt und die formalen Freiheiten (das Wahlrecht, das Recht auf Bildung, der Zugang zu allen Berufen, die politischen einbegriffen) erworben sind: der Selbstausschluß und die (negative wie positive) 'Berufung' bzw. 'Bestimmung' treten dann an die Stelle des ausdrücklichen Ausschlusses."

Die Tatsache, daß Geschlechterdifferenz in den untersuchten Seminaren umgedeutet wird, indem man sie vom Ideal der „Gleichberechtigung" trennt, hatte in einer Veranstaltung den informellen Ausschluß eines Teilnehmers zur Folge. Dieser zog sich die ganze, zweitägige Veranstaltung für „Führungskräfte" über hin:

Die Auseinandersetzung zwischen Herrn Baum und den anderen TeilnehmerInnen sowie der Dozentin Frau Möchten begann bereits am ersten Vormittag des Seminars, das in einem First-class-Hotel im Taunus stattfand (vgl. Kap. 1.5). Frau Möchten erläuterte ihre Empfehlungen für das höfliche Telefonieren, als Herr Baum seine erste Frage stellte: Was man machen könne, wenn man wo anrufe, und man werde nicht weiterverbunden: „Die macht das nicht!" Er sprach dabei explizit von „Frauen", die ihn nicht weiterverbinden, weil sie nicht verstünden, um was es gehe. Die Stimmung im Seminar war sofort am Siedepunkt, und die Dozentin fragte echauffiert zurück: „Könnte es sein, daß Sie unbewußt mit Frauen anders reden als mit Männern, nämlich wie mit Schwachsinnigen?" Einer der Teilnehmer, Gebietsleiter der Dresdner Bank, sprang ihr bei mit dem Hinweis, daß es doch gerade die Aufgabe von Sekretärinnen sei, ihren Chef abzuschirmen. Außerdem erklärte er deutlich, was er von der Frauenkritik Herrn Baums hält: „Ich hab' da letztlich doch keine Probleme, meine Erfahrung ist, daß die Sekretärinnen ihren Job gut machen!" Herr Baum indessen ließ sich nicht verunsichern, sondern erläuterte nochmals sein Problem: Daß er „immer wieder" an Frauen gerate, die ihn nicht weiterverbinden, „obwohl sie sachlich nicht zuständig sind!" Die zwei TeilnehmerInnen, die links und rechts neben mir saßen, hatten den Wortwechsel unruhig und verärgert verfolgt. Eine murmelte mir zu, daß es doch sein könne, daß der gewünschte Gesprächspartner mit Herrn Baum nicht reden wolle und die Sekretärin oder wer auch immer das eben weitergebe. Herr Baum indes ließ sich überhaupt nicht irritieren und wurde noch deutlicher: „Im Moment hab' ich gesagt, ich mach' mit Frauen keine Geschäfte!" Die TeilnehmerInnen quittierten dies mit Grinsen und Kopfschütteln. Dann meldete sich eine Frau heftig und energisch zu Wort: „Dann sind nicht die Frauen das Problem, sondern Sie!!" Eine weitere Teilnehmerin schaltete sich ein und kritisierte Herrn Baums „Grundhaltung" gegenüber Frauen. Die Dozentin ging dann zu einem anderen Thema über. Wenig später meldete sich Herr Baum wieder zu Wort: „Wie begegne ich dem, wenn ich einer selbstbewußten Dame begegne und der in den Mantel helfen will? Laß ich dann den Mantel fallen?" Die TeilnehmerInnen quittierten seine Frage mit Lachen, und die Dozentin antwortete: „Da ist ihr Fingerspitzengefühl gefordert." Eine meiner Nebensitzerinnen murmelte mir grinsend zu: „Der scheint ja mächtig Probleme zu haben!" Als am späten Vormittag zu einer Pause in einem barähnlich ausgestatteten Saal neben dem Seminarraum gebeten wurde und sich die TeilnehmerInnen in kleinen Grüppchen lebhaft unterhielten, sprach niemand mit Herrn Baum. Vielleicht war dies der Grund, daß er ein Gespräch mit mir begann („Sind Sie aus eigener Initiative hier oder von ihrem Chef geschickt?"), da ich mich aufgrund meines Forschungsansinnens, als die jüngste Anwesende und durch meine Kleidung deutlich von den anderen TeilnehmerInnen unterschied. Als sich vor der Mittagspause mehrere TeilnehmerInnen und die Dozentin in der Toilette trafen, läutete Frau Möchten eine Lästerrunde über „unseren Herrn Baum" ein. Er habe „mächtige Probleme mit verschiedenen Standards". Alle redeten eifrig mit und ließen ihrer Empörung über seinen Sexismus lachend und selbstsicher freien Lauf. Nur eine Teilnehmerin (eine Niederländerin, die lange als Fotomodell gearbeitet hatte und nun eine Farb- und Stilberatungsfirma leitet) bremste und meinte: „Oohh, das ist ja fast schon Mobbing!" Im Seminar nahm die Auseinandersetzung mit Herrn Baum beim festlichen Abendessen ihren Fortgang. Als die Dozentin sogenannte „Damenkarten" ohne Preise kritisierte, weil diese vorsehen, daß der Mann im Restaurant bezahlt, erzählte Herr Baum: „Ich kann mich nicht von einer Frau einladen lassen, und ich mag es auch nicht, wenn eine Frau selbst zahlt. Ich habe das so gelernt, daß man Frauen einlädt." Die TeilnehmerInnen reagierten darauf mit mimischer Empörung. Die Dozentin sagte: „Herr Baum, könnte es sein, daß Sie ein Chauvinist sind?" Baum schnappte nach Luft und meinte: „Diese Bemerkung ist eine Unhöflichkeit!" Frau Möchten: „Ich habe es *gefragt*." Herr Baum machte nun langsam aber sicher einen verunsicherten Eindruck, der dadurch verstärkt wurde, daß er in den Pausen zwischen den Gängen stets einen Arm über die Stuhllehne nach hinten schob, so, als ob er den Tisch lieber verlassen würde. Dann intervenierte eine Teilnehmerin und schlug vor, er solle sich doch ausmalen, daß eine Frau ihn einlade, ohne zu fragen, und dann könne er sich vielleicht vorstellen, wie unangenehm das für die Frauen sei. Die Frauen am Tisch grinsten, die Ober trugen den nächsten Gang auf, und damit war das Thema zunächst beendet. Es war vermutlich kein Zufall, daß Herr Baum sich fortan nicht mehr am Tischgespräch beteiligte. Er verließ bereits kurz nach dem Dessert - man wartete noch auf den Kaffee - die Tafel. Während sich die Dozentin sonst sehr aufmerksam um alle TeilnehmerInnen kümmerte, stellte sie bei Herrn Baum, der über eine halbe Stunde weg blieb, keine Nachforschungen an, und sie thematisierte auch nicht sein ungewöhnlich langes Wegbleiben. Obwohl Herr Baum nun deutlich in seine Schranken verwiesen worden war, gab er noch nicht auf. Am nächsten Tag meldete er sich zu Wort, als es um den Empfang von Geschäftspartnern oder Kunden im Büro ging: „Stichwort: Kaffeeanbieten." Man habe ein Gespräch, und er bitte eine Frau, Kaffee zu machen, „und sie wäre eine Kollegin". Unsicher und relativierend fragte er dann: „Da würde sie (deutet auf seine Nebensitzerin) ja sicher sagen 'Ich bin doch hier nicht die Oberkellnerin!'" Die Teilnehmerinnen bestätigten das, verdrehten die Augen und schüttelten den Kopf. Die Dozentin antwortete: „Das geht nicht. Es kann kein Besucher erwarten, daß eine Fachfrau die Kaffeemaid macht." Herr Baum fragte wiederum: „Ich hab' aber das Problem der Erwartungshaltung des anderen, der Kaffee trinken möchte." Die TeilnehmerInnen begannen zu flüstern, schnauften empört und schließlich beschieden ihm zwei Frauen: „Kaffee vorher machen!" Dann wurde der Konflikt wie die vorangegangenen auch von der Dozentin mit einem Themenwechsel abgebrochen. Schließlich gab es eine letzte Konfrontation, als Herr Baum sagte: „In den USA heißt es, man dürfe einer Frau maximal acht Sekunden in die Augen schauen, sonst ist es sexuelle Belästigung." Die TeilnehmerInnen hatten bereits abgewunken, als er zu sprechen angesetzt hatte, und die Dozentin erwiderte lediglich „Bullshit!", um dann fortzufahren mit der Anweisung, daß Frauen „auf der Führungsebene" stets Strümpfe tragen sollen. Als sich die Frauen wiederum vor dem Mittagessen in der Toilette begegneten, meinte eine von ihnen wütend: „Deshalb ist Herr

Baum auch selbständig. Weil so einen keine Firma einstellen würde!" (Betonung i. Orig.) Am letzten Tag ging Herr Baum bereits mehrere Stunden vor dem Ende der Veranstaltung - vielleicht hatte er noch einen anderen Termin, vielleicht aber stand sein verfrühter Aufbruch auch im Zusammenhang mit dem Verlauf des Seminars, in dem sich niemand bereit zeigte, eine Auseinandersetzung mit ihm zu führen.

Herr Baum wurde aus diesem Seminar informell ausgeschlossen. Die Kritik an seiner Haltung führte nicht zu einer Auseinandersetzung, sondern man isolierte ihn: In der Pause mochte niemand mit ihm reden, in mehreren Lästerrunden erklärten ihn die Dozentin und alle TeilnehmerInnen (mit Ausnahme einer Frau) für nicht gesellschaftsfähig („so einen würde keine Firma einstellen"), und die Dozentin (ansonsten bemüht darum, auf jede Frage einzugehen) quittierte einen Redebeitrag von Herrn Baum fluchend („Bullshit!"). TeilnehmerInnen und Dozentin wenden die von ihnen kritisierte Praxis Herrn Baums („mit Frauen mache ich keine Geschäfte mehr") gegen ihn selbst: Mit ihm machen sie kein Seminar. Herr Baum gefährdet mit seinem sexistischen Geschlechterideal die im Seminar betriebene Umdeutung der Geschlechterdifferenz vom Indikator für Ungleichheit zu einem Zeichen für Unterschiedlichkeit. Damit sprengt er das prekäre Nebeneinander zwischen Egalitätsideal und Differenzpraxis. So erklärt sich, weshalb die TeilnehmerInnen und allen voran die Dozentin seinen Sexismus nicht anders zu kritisieren wissen, als ihn auszuschließen - obwohl Herr Baum mehrfach das Gespräch sucht, seine Position zur Debatte stellt, nach einiger Zeit die Einwände antizipiert und auf seine Erziehung als Quelle seiner Haltung verweist. Sie setzten sich nicht mit ihm auseinander, sondern benutzen ihn dazu, sich triumphierend ihres Egalitätsideals zu vergewissern, und vergessen dabei um so mehr, was beispielsweise die von ihnen geteilten sexistischen Körperhaltungsideale bedeuten (Frau Möchten: „Frauen sollten die Beine immer geschlossen halten. Wenn ich immer diese breitbeinig sitzenden Studentinnen sehe: Wenn Frauen da was ändern wollen, dann im Laufe von Hunderten von Jahren, aber nicht alleine, und nicht, wenn sie Karriere machen wollen."). Die Ausgrenzung von Hern Baum ist in dieser Veranstaltung der Garant dafür, daß es bei den anderen Teilungen nach Geschlecht, über die im Seminar Konsens hergestellt wird, mit (ge)rechten Dingen zugeht.

Abwertung des Egalitätsideals

Neben dem Versuch der Kombination von Egalitätsideal und Differenzpraxis mit Hilfe der Umdeutung bestimmter Alltagsinteraktionen war in den untersuchten Seminaren noch ein anderer Umgang mit geschlechterspezifizierenden

Benimmregeln zu beobachten. Um den Widerspruch zwischen Ideal (Gleichheit) und Praxis (Ungleichheit) zu lösen, wurde das Ideal desavouiert. Aus dem erstrebenswerten Ideal der „Emanzipation der Frau" wird die abstoßende, lächerliche „Emanze". Dies ist eine Perspektive, die sowohl von Lehrenden als auch von TeilnehmerInnen eingenommen wurde: Die Dozentin bittet um die Vorstellung der TeilnehmerInnen und fordert auf, zu formulieren, was die Gründe für das Interesse am Seminar „Die Kunst des gewandten Auftretens" sind. Nach und nach notiert sie die Ziele, die die TeilnehmerInnen für ihren Seminarbesuch nennen, auf ein Flip-chart. Bei Frau Stein kommt das Protokoll ins Stocken:

Frau Stein (Controllerin, Jg. 1969): Ich habe Probleme damit, mich als junge Frau durchzusetzen, gerade gegenüber Männern am Arbeitsplatz. Daß sie einen nicht ernst nehmen. Und mir ist auch wichtig, hier nicht nur Theorie zu behandeln, sondern auch Ratschläge für die Umsetzung zu kriegen.

Frau Baumann (Dozentin) vergewissert sich: Verhalten als emanzipierte Frau.

Frau Stein: 'Emanzipiert' würde ich nicht sagen - 'natürlich'.

Frau Baumann zögert kurz, wendet sich dann dem Papier zu und schreibt an: 'Mut, die gelernten Verhaltensweisen auch umzusetzen.'

Die Teilnehmerin sieht ihr Anliegen, nämlich im Berufsalltag ungeachtet von Geschlechtszuschreibung arbeiten zu können, im Begriff der „Emanzipation" nicht aufgehoben. Sie möchte sich so nicht bezeichnet sehen, obgleich das Problem, das sie laut eigenem Bekunden ins Seminar führte, zweifellos mit dem Geschlechterverhältnis und männlicher Herrschaft zu tun hat. Auch hier kann man von der bereits bezüglich des Klassenverhältnisses erwähnten Zerstörung von Erfahrung sprechen (vgl. Kap. 4.3): Die Teilnehmerin trennt ihre Erfahrung von gesellschaftlichen Verhältnissen (hier: Kategorie Geschlecht) ab und formuliert sie statt dessen als Stilfrage: „Natürlich" möchte sie sich verhalten - eine Begrifflichkeit, die eine Thematisierung von Gesellschaft mit Bezug auf Machtverhältnisse als „unnatürlich" erscheinen läßt. Die Dozentin nun verteidigt ihren Vorschlag, das Problem explizit zu benennen, nicht, sondern weicht aus und beschränkt sich für das Protokoll der Teilnahmegründe auf den zweiten Aspekt der Seminarteilnahme von Frau Stein („Mut, die gelernten Verhaltensweisen auch umzusetzen"). Als es später in ihrem Seminar um „die passende Kleidung" ging, erklärt dieselbe Dozentin:

Frau Baumann: Auch wenn Frauen Strümpfe tragen, sollten sie sich immer die Beine rasieren. Ich habe schon erlebt, wenn ich das gesagt habe, daß so die Emanzenrichtung, Frauenbewegung, kritisierte, ich plädiere für die *Verstümmelung* des weiblichen Körpers.

Die TeilnehmerInnen grinsen abfällig und schütteln verneinend den Kopf. (Betonung i. Orig.)

Die Empfehlung der Dozentin für den Umgang von Frauen mit ihrem Körper hat keine Begründung nötig. Sprachlos stimmen ihr die TeilnehmerInnen zu. Man ist sich nicht nur einig über das dekretierte Ideal bestrumpfter und haarloser Frauenbeine, sondern auch bei der abschätzigen Einschätzung feministischer Kritik an solchen Körperstereotypen gehen die Dozentin und ihre Kundschaft d'accord. Indirekt bekräftigen solche Szenen geschlechtsdifferenzierende Umgangsregeln und Körperideale dadurch, daß die Kritik an ihnen lächerlich gemacht wird, und zwar gerade weil diese einen Zusammenhang herstellt zwischen (politischem) Ideal und (gesellschaftlicher und alltagskultureller) Praxis. Solche Umdeutungen und die damit verbundenen Strategien des Lächerlichmachens feministischer Politik und der Benutzung von 'Feminismus' als Schimpfwort (Huhnke 1995) wurden jüngst auch in anderen Studien, beispielsweise in der Medienforschung, festgestellt und als „Modernisierung antifeministischer Debatten“ (Möller 1999) oder als „neuer Antifeminismus“ (Frank 1996) interpretiert.

Kein Geheimnis

Für den Umgang mit Benimmregeln, die Teilungen nach „Rang“ bedeuten, wurde aufgezeigt, daß dies mit der Unbewußtmachung des damit performierten Klassenverhältnisses einhergeht. Hierdurch kann das bürgerliche Gleichheitsideal beibehalten werden, ohne es in die Praxis umsetzen zu müssen. In bezug auf geschlechtsspezifizierende Benimmregeln ist ein ähnlicher Konflikt zu verzeichnen: Auch diese entsprechen nicht der bürgerlichen Vorstellung von „Gleichheit“, die in den untersuchten Veranstaltungen eine wichtige Rolle spielt. Hier jedoch waren in den Seminaren andere Strategien zu beobachten. Der Widerspruch zwischen Ideal (Gleichheit) und präferierter Alltagspraxis (Ungleichheit) wurde nicht verschleiert, sondern explizit benannt. Sowohl die Lehrenden als auch ihre Kundschaft plädieren in den untersuchten Seminaren dafür, Geschlechterdifferenz weiterhin zu performieren. Den Widerspruch zwischen Egalitätsideal und Differenzpraxis lösten sie dabei auf verschiedene Art und Weise: Die performierte Differenz wird ihrer überlieferten Bedeutung (= Ungleichheit) entkleidet, oder das Gleichheitsideal wird mit einer modernisierten antifeministischen Argumentation entwertet und lächerlich gemacht.

4.5 Grenzen des Seminars: Widerspruch

Unbotmäßigkeit in „verordneten Seminaren"

Wie eingangs bereits dargestellt (Kap. 1.2), wurden die Daten für diese Studie in Veranstaltungen auf dem öffentlichen und kommerziellen Bildungsmarkt erhoben: Die TeilnehmerInnen besuchten die Seminare aus eigener Initiative, auf eigene Kosten und in ihrer Freizeit abends oder am Wochenende. Dies unterscheidet sie von denjenigen, die solche Angebote pflichtgemäß als firmeninterne „Weiterbildung" nutzen müssen. Der selbst gewählte Besuch eines Benimmseminars impliziert ein eigenes Interesse an dessen Inhalt. Während es in den teilnehmend beobachteten Seminaren nie zu einem offenen Konflikt oder zu Auseinandersetzungen, die für Verärgerung sorgten, kam, berichteten die Lehrenden von solchen - allerdings sehr seltenen - Szenen in den Seminaren, die sie firmenintern anbieten und an denen die Beschäftigten des jeweiligen Betriebs gezwungenermaßen teilnehmen. Frau Mayer beispielsweise erzählte auf die Frage nach dem unangenehmsten Erlebnis in einer ihrer Veranstaltungen:

Das unangenehmste Erlebnis war ein Teilnehmer aus einer Firma in Bochum, dem ich liebevollerweise, wie ich es immer mache, versuchte, gute Umgangsformen beizubringen. Und der die ganzen Teilnehmer mehr oder weniger immer wieder aufforderte, Front gegen mich zu machen, und der dann, als er beim Essen saß, er rülpste und pulte in den Zähnen und band sich die Serviette, nachdem wir *alles* vorher besprochen hatten!, um den Hals. Er schmatzte oft und fraß bei Tisch, und als ich ihn darum bat, das doch bitte nicht zu machen, und die anderen Teilnehmer ihn auch darum baten, daß er dann also ganz ärgerlich sagte: 'Wieso, was soll ich hier eigentlich? Ich bin doch sowieso nur wegen dem Essen gekommen.' Also wegen *dem Essen*!, das war dann auch grammatikalisch ganz falsch, das drückt also einiges aus, ne. Er knallte auch die Serviette auf den Tisch und sagte dann 'Mahlzeit!', obwohl wir über solche Grußformen gesprochen hatten und so, also er wollte mich provozieren. Und das war sehr unangenehm, vor allen Dingen tat's mir für die anderen Teilnehmer leid, sehr leid. (Betonungen i. Orig.)

Hier kam es zu einem Eklat, weil ein Teilnehmer absichtlich gegen die guten (Tisch-)Sitten verstieß. Die Dozentin wies ihn wie eine Lehrerin (erfolglos) zurecht und klassifiziert ihn (obwohl offensichtlich ist, daß er die „vorher besprochenen" Regeln erklärtermaßen und zum Zwecke des Protests bricht) negativ. Dabei liest sie seine Sprache, die nicht dem Schriftdeutschen entspricht („wegen *dem Essen*!"), als untrügliches Zeichen dafür („das drückt also einiges aus"), daß sie es hier mit dem Pöbel zu tun hatte. Eine ihrer Kolleginnen machte in einem „verordneten" Seminar eine ähnliche Erfahrung:

Frau Fauser: Ich habe auch schon erlebt, daß/ gerade einmal so ein Kurs, Männer, arbeitslose Ingenieure, die haben sich halbtot gelacht, egal, was ich gesagt habe, und ich fand das dann/ also, das ging wirklich an die Grenze, so daß ich gesagt habe: 'Also jetzt, Jungs, wenn Ihr jetzt nicht ruhig seid, dann schmeiße ich Euch raus!' Die waren also so blöd, die haben nur gekichert, und haben dann halt natürlich zu provozieren versucht. Das kann ich dann schon abfangen. Beispielsweise als ich die Kleiderfragen im Beruf hatte, daß der Kragen oder die Manschetten einen Zentimeter aus dem Ärmel kucken, und da haben die gegackert, die haben sich nicht mehr gekriegt! Sie würden jetzt immer nachmessen, so blöde Bemerkungen halt. Das sind halt die, wo das natürlich zwangsverordnet kriegen. Die, die sich freiwillig melden, die sitzen dann ganz eifrig da und schreiben mit. Man muß das wirklich unterscheiden, was für ein Klientel man da sitzen hat.

Frau Fauser pflegt ein distanzierteres Verhältnis zu ihrem Unterrichtsstoff als Frau Mayer, die sich durch den Protest eines Teilnehmers auch persönlich gekränkt sah („nachdem wir alles vorher besprochen hatten!"):

E.T.: Gibt es Regeln, die Sie unterrichten, und wo es regelmäßig Widerspruch gibt?

Frau Fauser: Regelmäßig Widerspruch. Also in den freien Seminaren nicht. In den verordneten (lacht), da ist es dann so, daß die sich sehr häufig gerade an so Sachen stoßen, was Rang und Rangordnung betrifft. Da haben sich also gerade die Leute in diesen Seminaren immer/ da gibt es bestimmt, so Menschen, die stoßen sich dann immer an dieser Geschichte, mit dem Ranghöheren zum Beispiel. Dann muß ich sagen: 'Ja, gut, ich meine, ich habe es nicht erfunden. Ja, es ist einfach so. Sie brauchen sich hier nicht dran zu halten. Sie können auch mit der Tür ins Haus fallen. Aber das ist oft/ aber ich meine, es ist ja auch klar, alle Menschen sind irgendwo gleich, laut Gesetz und liebem Gott, und trotzdem gibt es dann Regeln, wo der Ranghöhere/ da kann man sich also schon drüber streiten, ob das auch wirklich sinnvoll ist, aber es existiert halt und ich habe gesagt. 'Wenn jetzt die Königin Elisabeth herkommen würde, würden Sie auch nicht hingehen und sagen 'He, wie sieht's aus? Gehen wir Kaffeetrinken zusammen? Ja.

Diese Dozentin versucht die Regeln dadurch an ihre TeilnehmerInnen zu bringen, daß sie sich nicht mit ihnen identifiziert („ich habe es nicht erfunden"). Damit schiebt sie ihre Person als Lehrende aus der Schußlinie der KritikerInnen, was vermutlich zu einer Deeskalation der durch den Widerspruch gefährdeten Unterrichtssituation führt. Dies bedeutet jedoch nicht, daß sie die empfohlene Praxis (hier: die Performanz von Hierarchie) relativiert oder zur Diskussion stellt, im Gegenteil: Sie positioniert die „Regel" als etwas nicht verhandelbares („es existiert halt"), mit dem man ebenso zu rechnen hat wie mit Fallgesetzen der Physik. Gegen Praxen zu protestieren, die Ungleichheit sowohl zur Voraussetzung als auch zum Effekt haben (vgl. Kap. 2.2), erscheint in ihrer Rede genauso absurd, wie die Opposition gegen einen abwärts fallenden Stein. Indirekt qualifiziert dabei Frau Fauser ebenso wie Frau Mayer Handeln, das nicht den von ihr gelehrten Regeln entspricht, als asozial: Wer nicht dem „Rang" entsprechend grüßt „fällt mit der Tür ins Haus", so, als ob man gar nicht grüßen würde.

In den für diese Studie untersuchten Seminaren waren keine solchen grundsätzlichen Auseinandersetzungen zum Genre der Umgangsregeln zu beobachten. Gleichwohl äußerten einzelne TeilnehmerInnen in wenigen Fällen Widerspruch. Dieser richtete sich jedoch nie, wie im oben zitierten Beispiel, prinzipiell gegen die Lehrenden oder die mit dem Titel „Höflichkeit" eingenommene Perspektive. Er betraf stets einzelne Äußerungen der Lehrenden. TeilnehmerInnen widersprachen ihnen, weil sie andere Erfahrungen hatten oder eine bestimmte Praxis in einem anderen Zusammenhang interpretierten. Die Analyse dieser Opposition in den Veranstaltungen ist Gegenstand der folgenden Überlegungen: Gegen welche Inhalte wurde Einspruch erhoben? Richtet sich Widerspruch gegen einzelne Regeln und Empfehlungen und/oder wird die Perspektive „Umgangsformen" grundsätzlich in Frage gestellt? Was waren die Reaktionen der Lehrenden auf solche Herausforderungen ihrer Sachkenntnis und Autorität?

Andere Meinungen

Ein Anlaß für Einspruch oder Zweifel der TeilnehmerInnen an empfohlenen Praxen waren andere Haltungen oder eine andere Meinung:

Frau Baumann (Dozentin): 'h.c.' bedeutet, daß der Titel ehrenhalber verliehen ist.

Herr Schwab (selbständiger Unternehmensberater, Jg. 1932): Den Leuten ist der Titel oft viel wichtiger als der erworbene Doktor.

Frau Baumann: Deshalb empfiehlt es sich, so jemanden aus diesem Grund immer mit Doktortitel anzusprechen.

Frau Bayer (gelernte Übersetzerin, etwa Mitte 30): Ich sag' nur zu jemandem Doktor, wenn er ihn auch selber gemacht hat!

Frau Hader (Sekretärin aus Österreich, etwa Mitte 50): Wenn die Ehefrau eines Hofrats es eben gerne hören will, dann sagt man eben auch 'Frau Hofrat' zu ihr. Aber man kommt davon ab.

Frau Baumann: Man sollte sie anreden, wie sie das gerne möchte. Die Frau eines Pfarrers wird nur mit Namen angesprochen, es sei denn, sie hätte es gern, daß man zu ihr 'Frau Pastor' sagt.

Eine Teilnehmerin meldet sich und widerspricht: Sie praktiziere keinen strategischen, sondern einen meritokratischen Titelgebrauch. Es kommt nicht zu einer kontroversen Diskussion. Am Ende bekräftigt die Dozentin den Titelgebrauch bei der Anrede entsprechend den Wünschen des Gegenübers, so wie sie es zu Beginn der Sequenz vorgeschlagen hatte. Dieser Verlauf eines Widerspruchs war häufig zu beobachten, und zwar auch dann, wenn mehrere TeilnehmerInnen eine andere Meinung vertraten:

Frau Kaiser (Versicherungsangestellte, etwa 30 Jahre alt): Was mache ich denn, wenn ein Herr die Hose offen hat?

Frau Bäcker (Dozentin): Übersehen.

Herr Ruck (Angestellter, etwa Mitte 30): Ich sag das! Unter Männern kann man das sagen.

Frau Bäcker: Übersehen. Wie bei allen Peinlichkeiten. Ihnen ist doch sicher auch schon mal was Peinliches passiert?

Frau Grüner (Inhaberin einer Softwareschulungsfirma, Jg. 1958) erzählt: Sie habe einmal eine Schulung gegeben. „Während des Unterrichts haben mich die Leute so komisch angeschaut und gelächelt." Später habe sie dann im Spiegel gesehen, daß sie sich mit den Händen, an denen sie grüne Flecken vom Faserstift für den Tageslichtprojektor hatte, so ins Gesicht gefaßt hatte, daß dies voll grüner Farbe war. Daraufhin erzählt die Dozentin, wie sie zu Beginn ihrer Tätigkeit selbst einmal ein Benimmseminar besuchte: Die Seminarleiterin habe sie von Beginn an abschätzig taxiert. In der Pause stand sie in einer Schlange vor einer Kaffeemaschine. Weil sie sich dabei unterhielt, übersah sie eine Stufe und stürzte. „So schnell bin ich noch nie aufgestanden! Die Seminarleiterin hat mir nur einen strafenden Blick zugeworfen und nichts gesagt, so nach dem Motto 'Was für ein Trampel!'" In der Situation sei das Übergehen ihres Sturzes „richtig" gewesen, aber anschließend hätte sie zur ihr kommen sollen und sich erkundigen sollen, ob sie sich verletzt habe. Dann erklärt Frau Bäcker weiter zum Umgang mit Mißgeschicken: „Die Herren sollten eine zweite Krawatte im Büro in der Schublade haben, falls sie beim Mittagessen kleckern. Die Damen haben für diesen Fall Tücher, mit denen können sie auch einen Fleck auf der Bluse verdecken."

Frau Grüner: (Nickt zustimmend und leidgeprüft.)

Frau Kaiser: Wenn einer Schnittlauch am Mund hat, sagt man da nichts, gerade wenn sonst alle kucken, in einem Seminar zum Beispiel?

Frau Bäcker: Nein.

Frau Irniger (Bankkauffrau, Jg. 1960): Der wäre aber vielleicht dankbar!

Frau Scherer (Ausbildung zur Hotelmanagementassistentin, etwa 20 Jahre alt): Ja, genau!

Frau Bäcker (lächelnd): Jeder muß selbst sehen, daß er sich nach dem Essen wieder in Ordnung bringt.

(Dann geht es mit einem anderen Thema weiter.)

Hier widersprechen mehrere TeilnehmerInnen der Empfehlung für den Umgang mit Fauxpas. Im Gegensatz zur Dozentin plädieren sie dafür, Mißgeschikke nicht zu übersehen, sondern diese anzusprechen. Die von der Frage einer Teilnehmerin ausgelöste Debatte über den Umgang mit solchen Situationen endet - obwohl mehrere TeilnehmerInnen am Ende nicht nur Fragen stellten, sondern deutlich eine andere Meinung äußerten und diese begründeten („der andere wäre vielleicht dankbar") - mit der ohne Angabe von Gründen formulierten Anweisung der Dozentin. Es gibt zwar Raum für Meinungen der

TeilnehmerInnen, aber die Dozentin läßt diese letztlich unkommentiert und isoliert neben ihrer als allgemeingültig hingestellten Empfehlung („Jeder muß ...“) stehen. Dies war auch dann festzustellen, wenn TeilnehmerInnen eine für sie nicht einsichtige Empfehlung mehrfach hinterfragen:

Frau Kardorff (Dozentin): Man sagt nur noch in der Familie ‘Guten Appetit!’, bei einem offiziellen Anlaß aber nicht mehr.

Teilnehmerin: Das ist doch ein guter Wunsch.

Frau Kardorff: Das machen wir nicht mehr.

(Einige Stunden später ging man zum Übungsessen in einen Nebenraum. Als der erste Gang serviert wurde, fragten mehrere Teilnehmerinnen erneut, warum man denn nicht mehr ‘Guten Appetit!’ wünsche. Und was man statt dessen sage? Die Dozentin nannte keinen Grund, sondern bekräftigte nur nochmals die von ihr präferierte „Regel“ und begann dann mit den Worten ‘Ja, dann schauen wir mal!’ zu essen. Alle Teilnehmerinnen begannen ebenfalls zu essen, ohne sich ‘Guten Appetit!’ zu wünschen.)

Obwohl die TeilnehmerInnen in diesem Seminar letztlich keine Antwort auf ihre Frage erhielten, hielten sie sich an die Vorgabe der Dozentin. Dabei ist natürlich offen, ob sie diese auch außerhalb der Seminarsituation befolgen. Klar wird dagegen, wieviel bzw. wie wenig Raum die Lehrenden für Auseinandersetzungen offen lassen. Sie gehen auf Widerspruch inhaltlich nicht ein, sondern wiederholen ihre Aussagen in Form von Allsätzen („Jeder muß selbst sehen, daß er sich wieder in Ordnung bringt!“, „Die Frau eines Pfarrers wird so angesprochen, wie sie es gerne möchte.“, „Das machen wir nicht mehr.“) ohne eine Begründung zu liefern. Umgekehrt verfolgen die TeilnehmerInnen ihren Widerspruch nicht besonders hartnäckig, sondern geben sich mit dieser Wiederholung der Empfehlung zufrieden.

Relativierung von Stereotypen mit Hilfe eigener Erfahrung

Eine andere Art von Widerspruch schöpfen die TeilnehmerInnen aus eigener Erfahrung:

Frau Bäcker: Die Deutschen haben in Sachen Höflichkeit einen schlechten Ruf. Sie stehen an 14. Stelle. Wann hat diese Entwicklung hin zu schlechteren Manieren begonnen? Sind Sie nicht auch der Meinung, daß das an der antiautoritären Erziehung liegt?

Frau Rose (Jg. 1945): Nein, auf keinen Fall. Ich kenne ein wunderbar höfliches Mädchen, *ein Herzenskind*, das wurde antiautoritär erzogen.

Frau Bäcker (lächelnd): Kürzlich hat mich der Gesamtelternbeirat des Landkreises hier angerufen. Es gab dann eine Besprechung mit Lehrern und Elternbeirat. Dabei haben sich die beiden immer den schwarzen Peter für die unhöflichen Kinder zugeschoben.

Weder die Eltern noch die Lehrer waren bereit, etwas zu tun. Viele Eltern können gute Umgangsformen auch gar nicht mehr vorleben. (Hervorhebung i. Orig.)

Die Dozentin trägt die These vor, nach der Teile der sozialen Bewegung, die nach neuen Formen des Zusammenlebens der Geschlechter und der Generationen suchte, dafür verantwortlich sind, daß nun ein Mangel an „Formen" existiere. Diese Argumentation vertreten viele der Benimmexpertinnen, und sie ist auch in der medialen Diskussion zum Thema eine gängige Interpretation des „Benimm-Booms" seit Mitte der achtziger Jahre. Möller (1999, 51, 198) interpretiert solche Behauptungen als konservative politische Strategien, die nicht nur in der BRD, sondern beispielsweise auch in den USA seit Mitte der achtziger Jahre verfolgt werden. In der zitierten Szene widerspricht eine Teilnehmerin diesem Urteil, indem sie auf eigene, andere Erfahrungen verweist. Die Dozentin nun geht darauf nicht ein, sondern verschärft ihre Argumentation dadurch, daß sie sie nun auf fast alle familiär oder schulische Erziehenden („viele Eltern") ausweitet. Dieses Muster der Auseinandersetzung findet sich auch in der folgenden Szene:

Frau Baumann: Sybil Gräfin Schönfeldt[18] sagt, es ist erlaubt, den Lippenstift am Tisch nachzuziehen. Ich finde das nicht gut. Sonst sind wir irgendwann beim Fingernägelschneiden und beim Deo, ich sage früher Schluß!

Frau Leroc (Französin, mit einem Deutschen verheiratet, arbeitet im Betrieb ihres Ehemannes, etwa 40 Jahre alt): In Frankreich machen es alle!

(Frau Baumann geht darauf nicht ein, sondern erklärt, daß „Herren" aufstehen sollen, wenn am Eßtisch neben ihnen sitzende „Damen" dies tun.)

Auch hier widerspricht eine Teilnehmerin der Dozentin aufgrund eigener, anderer Erfahrungen, und ebenso wie ihre Kollegin Frau Bäcker geht Frau Baumann auf diese Relativierung nicht ein. Die konkrete praktische Erfahrung hat im Seminar zwar Platz in Form des Widerspruchs, aber sie führt nicht zu einer Auseinandersetzung mit der von der Dozentin apodiktisch verkündeten Regel. Dies war auch bei Empfehlungen in vielen anderen Bereichen zu beobachten:

Frau Bäcker (Dozentin): Wenn Sie autoritär wirken wollen: Tragen Sie Kontraste, ein weißes Hemd oder eine weiße Bluse und ein dunkles Sakko oder eine dunkle Jacke drüber.

Frau Grüner (Inhaberin einer Softwareschulungsfirma, Jg. 1958): Ich war einmal bei einer Präsentation für Kunden schwarz-weiß angezogen. Kurz vor Beginn habe ich nochmal am Kalten Buffet geschaut, ob alles in Ordnung ist. Dann habe ich die Teilnehmer begrüßt. Da hat dann einer von denen gemeint, es sei aber ungewöhnlich, daß die Bedienung die Begrüßung macht! Dabei war ich die Projektleiterin!

(Die Dozentin äußerte sich nicht dazu, sondern lächelt und referiert weiter zu „neutralen Farben für die Basisgarderobe".)

Die Dozentin lehrt keine relationale oder situationsgebundene Deutung von Kleidungsfarben, sondern eine absolute. Eine Teilnehmerin widerspricht dieser Generalisierung, indem sie berichtet, wie ihre schwarzweiße Kleidung einmal genau entgegen der von der Dozentin behaupteten Bedeutung gelesen wurde: Nicht als Zeichen von Autorität („Projektleiterin"), sondern von Subordination („Bedienung"). Auch hier kommt es nicht zu einer Diskussion über die Deutung von Praxen, sondern die Dozentin fährt mit der nächsten Empfehlung fort. In einer anderen Veranstaltung kam es auf dieselbe Weise zur Zerstörung von Erfahrung:

Frau Weingart (PR-Referentin in einem Verlag, etwa 30 Jahre alt): Bei der französischen Begrüßung mit Küßchen: Muß ich da dreimal die Wange hinhalten?

Frau Möchten (Dozentin): Im Augenblick hat das in Deutschland so Tennisclubhöhe erreicht. Es gehört nicht in unsere Tradition. Wenn sich Feuerwehrmänner so begrüßen, dann ist es in der Gesellschaft damit schon wieder vorbei. Es ist was Südeuropäisches.

Frau Deesfink (Niederländerin, Inhaberin einer Farb- und Stilberatungsfirma, etwa 50 Jahre): In Holland ist das sehr üblich. Also nicht nur im Freundeskreis, und nicht nur die Akkolade, sondern drei Küßchen links und rechts.

Frau Möchten: Das stimmt. Ich habe die Holländer in meinem Buch[19] als 'hemdsärmelig' bezeichnet. Der holländische Kulturattaché hat dann bei mir angerufen und gefragt, was das denn heiße, (Frau Möchten imitiert einen holländischen Akzent und sagt mehrmals:) 'hemdsärmelig'. Wir haben uns dann auf 'leger' geeinigt.

Frau Weingart: Die Begrüßung mit Küßchen ist auch schwierig. Ich habe oft in Südfrankreich zu tun, und da sind die Männer kleiner.

Frau Möchten: Die Situation ist nicht vorgesehen. Ich finde das ganz toll, daß Sie mit den Problemen hier so auf den Tisch kommen!

Ebenso wie in der zuvor beschriebenen Szene verweist eine Teilnehmerin auf ihre andere Erfahrung und widerspricht damit einer Klassifizierung der Dozentin („Begrüßung mit Küßchen ist was Südeuropäisches"). Die Dozentin reagiert wiederum in derselben Manier, indem sie die andere Erfahrung als nicht zur Distinktion tauglich einordnet. Sie verstärkt ihre eingangs formulierte Abwertung einer Begrüßungspraxis noch, indem sie von einem anderen Widerspruch berichtet: Auch vom „holländischen Kulturattaché" hat sie sich nicht bei ihrer ethnozentrischen (Ab-)Qualifizierung bestimmter Alltagspraxen irritieren lassen („wir haben uns dann geeinigt auf ..."). Dann springt ihr eine andere Teilnehmerin bei, indem sie die Abwertung bestimmter Begrüßungsformen mit einem „praktischen" Argument, das an einen stereotypen Körperdiskurs anknüpft („die kleinen Südfranzosen"), stützt. Frau Möchten schließlich beendet das Thema, indem sie den TeilnehmerInnen für ihre Wortmeldungen eine positive

Rückmeldung gibt („ich finde das ganz toll"). Dabei entsteht in dieser Szene eine pejoratives Konglomerat, gegen das gerade die von der Niederländerin formulierten „Probleme" keine Chance auf Diskussion haben: „Tennisclubhöhe", „Feuerwehrmänner", „südeuropäisch", „hemdsärmelig", „leger" und „kleine Männer" sind die Ingredienzen einer zur Distinktion nicht nützlichen und deshalb „in unserer Tradition", „in der Gesellschaft" wertlosen Praxis. Hier erscheinen Phantasien von Masse, Süden und Handarbeit verbunden mit Körperstereotypen („kleine südfranzösische Männer") als Gefährdung eines positiv codierten Selbstbildes („unsere Tradition"), das sich (explizit bzw. indirekt) zusammensetzt aus den Stichworten Norden, einem absoluten Gebrauch der Vokabel „Gesellschaft" und damit 'Klasse' im sozialstrukturellen Sinne und dem Bild einer großen, deutschen Frau. Diese Szene führt vor Augen, wie soziale, aggressive Distinktion und die ethnozentrische, körperstereotype Codierung einer Alltagspraxis sich abwechseln und wie beide die Abwertung anderer und die Aufwertung eigener Präferenzen sowohl zur Voraussetzung als auch zum Effekt haben. Bei dieser Dozentin wird besonders deutlich, auf welchen Platz den „Regeln" widersprechende konkrete praktische Alltagserfahrung in den beobachteten Veranstaltungen mitunter verwiesen wird: Die Teilnehmerin konnte sie zwar äußern, die Lehrende jedoch reagiert darauf mit (aggressiver) Distinktion.

Mit (eigener) Praxis gegen Benimmregeln

Eine weitere, noch gewichtigere Form des Widerspruchs ist der Verweis auf eine andere Praxis:

Frau Bäcker: Frauen sollten keine roten Schuhe tragen.

Frau Setzler (Dolmetscherin, etwa 30 Jahre alt, streckt ihre Füße mit roten Wildlederschuhen unter dem Tisch nach vorne, zappelt mit den Beinen und sagt laut und triumphierend lachend:) Hier sind sie, die roten Schuhe!!

Frau Fein (etwa 40 Jahre alt, Sekretärin, entrüstet:) Und was soll ich dann anziehen, wenn ich meine rote Lederjacke trage? Da passen doch nur rote Schuhe!!

Frau Bäcker (zögernd): Wenn es vom Stil her paßt, dann können Sie schon rote Schuhe tragen.

Der konkrete Verweis auf eine andere Praxis fordert die Dozentin mehr heraus als der bloße Bericht davon. Mit einer einfach formulierten Regel stößt sie auf vehementen Widerspruch zweier Teilnehmerinnen. Während die oben erörterten schlichten Verweise der Teilnehmerinnen auf andere Praxen in den untersuchten Veranstaltungen von den Lehrenden eher übergangen werden, führt die so untermauerte Opposition zu einer Relativierung bei der Dozentin. Sie bleibt nicht bei der genannten Kleidungsregel, sondern schränkt diese bis hin zu einer völligen Relativierung („wenn es zum Stil paßt") ein. Nachfragen, die sich mit der Umsetzbarkeit von „Regeln" befassen, nehmen einen ähnlichen Verlauf:

Frau Ehmann (Inhaberin eines Elektrogeschäfts, Jg. 1950): Wenn ich gute Freunde, Verwandte und zum Kaffee zu Besuch habe, weiß ich nie, wem ich zuerst einschenken soll.

Frau Hohloch (Dozentin): Zuerst den entfernten Bekannten, dann den guten Freunden, und am Schluß den Verwandten bzw. der eigenen Familie.

Frau Handmann (selbständige Augenoptikerin, etwa Mitte 30): Aber wenn einer der Bekannten da sitzt, und der andere Bekannte dort, dann ist das doch auch komisch?

Frau Hohloch: Zickzack muß man natürlich nicht eingießen.

Eine Teilnehmerin setzt eine Handlungsanleitung der Dozentin gedanklich in die Praxis um und zweifelt, ob diese Empfehlung für die Kaffeetafel wirklich praktikabel ist. Daraufhin relativiert die Dozentin die verkündete „Regel", freilich ohne eine andere Lösung zu empfehlen.

Diese Art von Widerspruch macht deutlich, daß es in den beobachteten Veranstaltungen lediglich auf den ersten Blick um eine „Umsetzung" oder „Anwendung" der gelehrten Regeln geht. Wenn die TeilnehmerInnen die Empfehlungen in einem Gedankenspiel testen, dann erweisen sie sich zum Teil als untauglich zur Lösung der behandelten Probleme. Dennoch führt dies nicht, zumindest nicht während des Seminars, zu einer grundsätzlichen Abwendung vom Genre „Umgangsformen". Vermutlich liegt dies daran, daß die Lehrenden „Regeln" explizit zwar als Handlungsanleitung für die Praxis positionieren. Implizit aber besteht der in den Seminaren inszenierte Zusammenhang zwischen Praxis und Umgangsregel vielmehr darin, alltäglich eine informell aber prinzipiell (nach Alter, Geschlecht, „Rang") ungleich geteilte Gesellschaft zu denken.

Ein Blick auf tabuisierte Zusammenhänge

Selten äußerten TeilnehmerInnen Widerspruch, der die Prämissen der Umgangslehre in Frage stellt:

Frau Bäcker: Ist Ihnen auch schon aufgefallen, daß von äußeren auf innere Qualitäten geschlossen wird?

Frau Setzler (Dolmetscherin, etwa 30 Jahre alt): In meiner Firma geht es sehr unkonventionell zu. Die Geschäftsführerin kommt im Sommer barfuß, weil sie Schuhe nicht mag.

Der Entwicklungsleiter läuft in Strümpfen herum, die manchmal sogar Löcher haben. Bei denen im Verkauf ist es natürlich anders, und da gibt es auch manchmal Spannungen mit denen. Wenn Kunden da sind, kucken die manchmal ziemlich komisch wegen der Kleidung. Wir sind die Marktführer mit unserem Produkt. Ich will das nur sagen, daß man auch so Geld verdienen kann.

Frau Bäcker: Ja, das ist sicher ein Ausnahmefall.

Herr Maske (Ingenieur, etwa Mitte 30): Leitende Angestellte sind immer konservativ angezogen: Krawatte und dunkles Sakko.

Frau Bäcker: Man sollte sich angewöhnen, Berufs- und Privatkleidung zu haben. In den USA ist das ganz normal. Die Normen haben sich bei uns nicht so gelockert, wie man das oft denkt. Ich mache gerade eine Umfrage, da kommt das auch raus. Ob es berechtigt ist oder nicht: Man wird nach seinem Äußeren beurteilt.

Frau Fischer (Angestellte, etwa 30 Jahre alt): Ich mußte kürzlich innerhalb der Firma in ein anderes Gebäude ziehen, in dem auch Kundenverkehr ist. Deshalb muß ich mich jetzt anders anziehen. Das ist lästig.

Frau Bäcker: International gilt, daß man sich immer ein bißchen besser anziehen soll, als es von der beruflichen Position her nötig ist. Damit zeigt man, daß man bereit ist, Verantwortung zu übernehmen.

Frau Hoheisel (selbständige Apothekerin, etwa Mitte 40): Es kann aber auch Probleme geben, wenn man sich nicht so anzieht wie die Position ist.

(Die Dozentin geht darauf nicht ein, sondern erklärt statt dessen die Lehre von den Farbtypen, bei der man die Kleidung entsprechend dem Haut- und Haarton und der Augenfarbe wählen soll.)

Der hier geäußerte Widerspruch gilt nicht nur einer einzelnen „Regel“, sondern er greift einen zentralen Aspekt des untersuchten Genres an: „Umgangsformen“ werden dort als etwas konzipiert, das Gesellschaft sozusagen vorausgeht, bzw. sie werden insofern als ein abstraktes Regelsystem konstruiert, als sie nicht mit sozialen Beziehungen und damit verbundener Macht oder damit einhergehenden (politischen, sozialen, ökonomischen) Interessen verknüpft gedacht werden. Sie sind der Sphäre der „Kultur“ zugeschlagen, „in der die von den Reproduktionszwängen dispensierten Menschheitsideale unbeachtet ihrer eingeschränkter Praktikabilität gedeihen können“ (Schindler 1985, 195). Zwar beinhaltet die Behauptung der Dozentin eine Annahme über die soziale Dynamik von ästhetischen Bewertungen („von äußeren auf innere Qualitäten schließen“). Aber diese Beobachtung wird sozusagen von sozialer und ökonomischer Realität abgeschnitten und zu einer Regel geschmiedet. Die Teilnehmerin, die mit einem Verweis auf die Kleidungsgepflogenheiten in ihrem Betrieb widerspricht, stellt die Verbindung wieder her, die die Dozentin zu kappen sucht: Es gebe keine allgemeingültige Dynamik zwischen „Äußerem“ (hier: Kleidung bei der

Arbeit) und „Innerem" („Qualitäten" eines Menschen), sondern der Spielraum beim „Äußeren" korreliert mit ökonomischen Machtverhältnissen (hier: der „Marktführer"). Die Dozentin nun geht auf diese Generalkritik nicht ein. Sie klassifiziert das Beispiel, mit dem die Teilnehmerin ihren Widerspruch illustrierte, als „Ausnahme". Dann bekräftigt eine andere Teilnehmerin die Perspektive der Dozentin, und diese wiederholt ihre abstrakte Empfehlung zur Trennung von „Berufs- und Privatkleidung", sozusagen die vestiäre alltägliche Umsetzung der „bürgerlichen Zwei-Reiche-Lehre" (N. Schindler), in der Kultur bzw. Gesellschaft und Ökonomie nichts miteinander zu tun haben. Nachdem eine weitere Teilnehmerin die Dozentin einerseits unterstützt, andererseits betont, daß bestimmte Kleidungsgepflogenheiten „lästig" seien, bricht die Dozentin die Erörterung des Themas ab, indem sie auf die Farbtypenlehre zu sprechen kommt, das heißt auf ein Modell, das nicht in der bis dahin in dieser Szene relevanten Weise angreifbar ist, weil die Kleidungsempfehlungen dabei nichts mehr mit dem vergesellschafteten Individuum zu tun haben, sondern aus dessen Körper (Hautton, Haar- und Augenfarbe) scheinbar logisch die „richtige" Kleidung bestimmt wird. Es kommt in dieser Szene also nicht zu einer Erörterung von Verhaltensstandards im Blick auf Machtbeziehungen und Interessenverhältnisse, sondern die Dozentin beginnt und schließt die Auseinandersetzung mit der von ihr vertretenen Trennung von Kultur und Ökonomie, die sie am Ende noch dadurch absichert, daß sie legitime Kultur (den Kleidungsstil) direkt aus dem Körper (Hautton, Haar- und Augenfarbe) abzuleiten sucht.

Ähnlich wie der Widerspruch, der Kultur (z.B. Kleidung) und Ökonomie verknüpft, greift derjenige, der sich sozusagen auf einem anderen Kulturbegriff beruft, die Prämissen der Umgangslehre an:

Frau Bäcker (Dozentin): Die Aggressivität nimmt ständig zu.

Herr Teufel (Theologe und Unternehmensberater, Jg. 1962): Man sollte das mit der Aggressivität nicht nur negativ sehen. Ich bin auch ganz froh, wenn in einer Gruppe ein oder zwei aggressive Leute sind, die mit ihrer Begeisterungsfähigkeit die anderen mitreißen. Bei den meisten Projekten ist es doch so: Es gibt nie genug Zeit, es gibt nie genug Geld, aber es muß trotzdem gemacht werden. Und da kann Aggressivität auch positiv sein.

Herr Vogler (selbständiger Unternehmensberater, etwa 40 Jahre alt): Es stimmt auch nicht, daß die Aggressivität zunimmt. Es gibt eher eine Verlagerung: Ich war schon lange nicht mehr auf einem Fest, wo's ne Schlägerei gab; aber Vergewaltigung in der Ehe nimmt zu. Beim Fußball ist das genauso: Die Aggressivität unter den Spielern hat abgenommen, statt dessen nimmt sie auf den Zuschauertribünen zu.

Frau Himmel (Ingenieurin, etwa Mitte 30): Aggressivität entsteht aus Perspektivenlosigkeit: 'Ich kann nichts Positives machen, und deswegen mache ich etwas Negatives.'

Frau Bäcker: (Schweigt und lächelt.)

Herr Zobeltitz (Rechtsanwalt, Jg. 1961): Bei der Kleiderordnung stört mich, daß dann alle gleich aussehen, wie bei IBM.

Frau Bäcker: Woher haben Sie das über IBM? Haben Sie das gesehen oder gelesen?

Herr Zobeltitz: Gelesen.

Frau Bäcker: Früher war das so, da haben dort alle dunkelblauen Anzug und weißes Hemd getragen. Das ist heute nicht mehr so. Im Ausland ist es aber viel selbstverständlicher als hier, daß man für den Beruf eine ganz andere Garderobe hat.

Hier widersprechen mehrere Teilnehmer der kulturpessimistischen Aussage der Dozentin. Dabei nehmen sie in zweierlei Hinsicht einen anderen Blick auf das Problem der „Aggressivität" ein, dem die Dozentin mit „mehr Höflichkeit" abhelfen möchte: Ein Teilnehmer vertritt einen triebtheoretischen Begriff von Aggressivität, der nicht nur die zerstörerische, sondern auch die schöpferische Dimension von Aggression (oder dem, was psychodynamisch hinter ihr steht) beinhaltet. Ein anderer Teilnehmer unterstützt ihn, indem er dem Kulturpessimismus der Dozentin widerspricht und darauf hinweist, daß die Wahrnehmung von Aggressivität gesellschaftlich bedingt ist, daß es sichtbare („Schlägerei auf einem Fest") und verborgene („Vergewaltigung in der Ehe") Formen von Gewalt gibt. Dann weist eine Teilnehmerin hin auf einen Zusammenhang zwischen strukturell gewaltförmiger Gesellschaft („Perspektivenlosigkeit") und individuell verübter Gewalt („etwas Negatives machen"). Die Dozentin äußert sich zu diesen Einwänden nicht, sondern fährt, nachdem ein weiterer Teilnehmer (ebenfalls mit einem Widerspruch) das Thema gewechselt hat, mit weiteren Empfehlungen fort. In einem anderen Fall nahm ein solcher Widerspruch folgenden Verlauf:

Frau Bäcker (Dozentin): Watzlawick hat einmal gesagt: 'Es wird einer zum Generaldirektor ernannt, weil er danach aussieht.' Können Sie das bestätigen?

(Die TeilnehmerInnen nicken.)

Frau Bäcker: Man muß Ihnen Ihre berufliche Position ansehen. Nur wenn Sie zum allgemeinen Mitarbeiterstab gehören, und wenn Sie nicht am Kunden arbeiten, dann können Sie anziehen, was Sie wollen.

Frau Himmel (Ingenieurin, etwa Mitte 30): Es ist eine zweischneidige Sache. Wenn sich alle nach einer Norm richten, dann entsteht Uniformität, und die Kreativität bleibt auf der Strecke.

Frau Bäcker: Das stimmt schon. Aber es gibt auch Grenzen. Wenn ich zu Herrn Zobeltitz (ein Teilnehmer, der Rechtsanwalt ist, E.T.) gehen würde, und er würde mich in Bermudas, Ohrring und Kette empfangen, dann würde ich mich schon fragen: 'Wird der mich denn wohl kompetent vertreten?' Auch wenn man Geld anlegt, würde man das nicht da tun, wo die Leute so angezogen sind. Das ist jetzt nicht meine Meinung, das ist allgemein bewiesen.

Frau Himmel: Das ist überzogen. Zahnärzte und Zahnarzthelferinnen haben ja eigentlich weiße Berufskleidung. Bei meinem Zahnarzt wird die nicht getragen, und ich halte ihn deshalb auch nicht für inkompetent.

Frau Bäcker: Sie sind sehr offen, Sie sind sehr liberal. Aber so sind eben nicht alle.

Herr Teufel (Theologe, Unternehmensberater, Jg. 1962): Die Kleidungsgepflogenheiten werden eher lockerer. Und wenn Sie zu einer Bank gehen, dann werden Sie eher drauf achten, ob man Ihnen gute Bedingungen macht, einen guten Prozentsatz bietet. Und wenn klar ist, welche Sicherheiten die Bank hat oder bietet, dann werden Sie Ihr Geld dort anlegen, egal, wie der Kundenbetreuer angezogen ist. Das ist heute vielleicht schon eher so, daß man die Person nicht 100prozentig mit der Sache identifiziert.

Herr Otto (promovierter Pädagoge auf dem kommerziellen Bildungsmarkt, Jg. 1950): Ich denke, es wird eher strenger.

Frau Bäcker: Das stimmt. In Firmen wird da seit zwei Jahren wieder mehr drauf geachtet.

Herr Teufel: Ja, das stimmt schon, weil sie verunsichert sind. Aber ob da die Kleidung/?

Frau Bäcker: Im Ausland ist das strenger als in Deutschland.

Herr Jungbeck (Informatiker, etwa 30 Jahre alt): Aber der casual friday kommt doch von den Amis!

Frau Bäcker: Den gibt es schon in manchen Firmen, aber sicher nicht dann, wenn man einen wichtigen Kunden erwartet.

Herr Jungbeck: Kommt der casual friday in Deutschland jetzt auch mehr?

Frau Bäcker: Ja, auch in Firmen, wo Jeans sonst nicht erlaubt sind, wird das am Freitag lockerer gesehen. Trägt von Ihnen denn jemand in der Firma Jeans?

Frau Trippler (Chefsekretärin, etwa 40 Jahre alt): Ja, manchmal.

Herr Jungbeck: Designerjeans.

Frau Trippler: Ich trage dann immer einen Blazer dazu.

Herr Zobeltitz (Rechtsanwalt, Jg. 1961): Ich hab' immer einen Anzug an, das ist für mich am einfachsten. Das ist für mich wie der weiße Kittel für einen Arzt.

Auch hier hat die Dozentin mit ihrer pauschalen Zeitdiagnose und einsinnigen Deutung kultureller Formen (hier: Kleidung) einen schweren Stand. Mehrere TeilnehmerInnen widersprechen ihr mit Rekurs auf ihre eigene, andere Erfahrung. Ein Teilnehmer schlägt sie sogar mit ihren eigenen Waffen, indem er ihren pauschalen Hinweis auf das „strengere Ausland" die Beobachtung einer genau gegenteiligen Mode aus den USA entgegen hält. Die Dozentin kann nicht umhin, ihm, mit einer entscheidenden Einschränkung („aber nicht, wenn ein Kunde kommt") zuzustimmen. Am Ende der Diskussion schließlich bekräftigen mehrere TeilnehmerInnen die eingangs von der Dozentin empfohlene „positionsgerechte" Kleidung, indem sie ihre Jeans so variieren („Designerjeans", „mit Blazer"), daß sie Zeichen einer „Position" werden.

Kontrollgesellschaftliche (Deleuze) gegen disziplinargesellschaftliche Sozialitätsideale

Für Widerspruch sorgten auch Empfehlungen für das Weglassen des Vornamens bei der Selbstvorstellung:

Herr Sommer (Dozent): Mit Vor- und Nachnamen macht man bei der Vorstellung junge Menschen miteinander bekannt.

Frau Rother (Angestellte, Mitte 30): Stellt man nicht im sportlichen Bereich mit Vor- und Nachnamen vor? Dann hat man die Wahl zwischen Duzen und Siezen.

Herr Sommer: Neeeiiin! Erst beim Sie bleiben! Früher hat man den Vornamen genannt, wenn derjenige oder diejenige noch ledig war. Das macht man heute nicht mehr.

Frau Mützel (Gymnasiallehrerin, etwa 40 Jahre alt): Wenn ich bei Hewlett Packard anrufe, dann sage ich auch meinen Vornamen und frage nach dem, den ich sprechen will, mit seinem Vornamen. Das ist dort so üblich.

Herr Sommer: Gemahl, Gemahlin oder Gattin sagt man nie. Früher hat man das benutzt, aber nie für den eigenen Ehepartner, nur für andere. Das war die Würdigung der anderen Person, nicht des eigenen Partners. Sie sagen heute 'mein Mann' oder 'meine Frau'.

Frau Volland (Pharmareferentin, Jg. 1951): Ich sage lieber 'der Peter', weil 'mein Mann', das klingt besitzergreifend, und das soll man nicht sagen.

Herr Sommer: Ich verstehe nicht, was das Problem bei 'mein Mann' ist. Wenn man sich selbst vorstellt sagt man: 'Mein Name ist Sommer.' Einen Titel sagt man selbst nicht.

Frau Volland: Geht auch 'Ich heiße Michael Sommer'?

Herr Sommer: Erstens heiße ich nicht Michael, und zweitens: Wen interessiert in dieser Runde mein Vorname?

Frau Beuter (Chefsekretärin, Jg. 1966): Manchmal sagt die Firma, daß man Vor- und Nachname nennen soll.

Herr Sommer: Ich habe nie verstanden, wieso das empfohlen wird.

Frau Rother: Wegen dem persönlichen Bezug.

Herr Kerner (etwa 40 Jahre alt) (winkt ab): Das ist Telefonmarketing, sonst nichts.

Herr Sommer: Wenn Sie als Gastgeber vorstellen, nennen Sie niemals den Vornamen.

Frau Rother: In bestimmten Kreisen wird das erwartet.

Herr Sommer: Beide Versionen kann man bei der Selbstvorstellung verwenden, aber als Gastgeber *niemals* mit dem Vornamen, *niemals*! (Betonungen i. Orig.)

(Mehrere TeilnehmerInnen lächeln und schütteln irritiert, aber schweigend den Kopf.)

Hier stellen mehrere Teilnehmerinnen die Empfehlung des Dozenten in Frage. Dabei verweisen sie auf unterschiedliche Milieus („sportlicher Bereich"), auf bestimmte „Firmenkulturen" („Hewlett Packard") sowie auf Paarbeziehungsideale („nicht besitzergreifend sein"). Die damit in Anschlag gebrachten Praxen gehören zu einem Vergesellschaftungsbegriff, den man mit Deleuze (1993a, b; vgl. auch Widersprüche 1996) als „kontrollgesellschaftlich" bezeichnen könnte, und der als typisch für Praxen der postfordistischen Vergesellschaftung des Individuums beschrieben wird: Er zielt auf die Identifikation der Beschäftigten mit ihrem Arbeitgeber („Hewlett Packard"), und er ist charakterisiert durch die Auflösung einer strikten Grenze zwischen Arbeit und Freizeit bzw. zwischen Privatsphäre und Öffentlichkeit. In der Argumentation der Teilnehmerinnen drückt sich dies durch das Plädoyer für die Nennung des Vornamens aus: Man macht bei der Gestaltung von Kommunikation und Interaktion keinen Unterschied mehr zwischen privat und öffentlich, zwischen Freizeit und Arbeit, sondern sucht allerorten und immerzu den „persönlichen Bezug" (Frau Rother) herzustellen: „Während die fordistische Unternehmenskultur die funktionale Trennung von Organisationsmitgliedschaft und Lebenswelt betonte, propagieren postfordistische Konzepte die Vision einer exklusiven betrieblichen Lebenswelt und den Aufbau von 'totalen Gemeinschaften'" (Kind/Ronneberger 1996, 102). Herr Sommer dagegen vertritt die „disziplinargesellschaftliche" (fordistische) Lebensweise: Er will den Vornamen nur in einem privaten Raum genannt wissen („Wen interessiert denn in dieser Runde mein Vorname?") und betrachtet das, was die Kontrollgesellschaft vom postfordistisch vergesellschafteten Individuum fordert, nämlich den „ganzen Menschen", den „durchgängigen Menschen" (Wittel 1996, 94) (hier: Nachname *und* Vorname), nicht in jedem Setting als angemessen. In der beobachteten Veranstaltung kommt es nicht zu einer Vermittlung beider Positionen, sondern diese stehen als gegensätzliche Ideale nebeneinander, und der Dozent hat lediglich deshalb das letzte Wort, weil ihm dies die TeilnehmerInnen kopfschüttelnd gewähren. In einer anderen Veranstaltung kam es beim selben Thema zu Widerspruch:

Frau Möchten (Dozentin): Wenn man seinen Vornamen bei der Vorstellung nennt, dann bietet man ihn zur Anrede an. Das ist dann nämlich der Effekt. Es wäre peinlich, wenn ich mich beispielsweise hier mit Vornamen vorstellen würde.

Mehrere TeilnehmerInnen: Ich finde das nicht peinlich.

Frau Möchten zu Herrn Macher (Geschäftsführer eines mittelständischen Stahlbaubetriebs, Jg. 1946): Vielleicht wollen Sie Ihr Erwachsenwerden noch ein bißchen hinauszögern?

Herr Macher: (Lächelt.)

Frau Möchten: Es ist ein potentieller Fettnapf.

Herr Kammerer (Händler für Apothekenbedarf, 45 Jahre alt): Ich war kürzlich bei einem Kommunikationstraining. Der sagte, man soll immer Vor- und Nachnamen nennen. Vor allem dann, wenn der Name kurz ist, und unbedingt, wenn der andere einen Doktortitel hat, sonst bin ich nur Herr Kammerer, der andere aber der Herr Doktor Baumann.

Frau Möchten: Wenn er sich mit 'Doktor Baumann' vorstellt, können Sie ihn sowieso vergessen. Was diese Kommunikationstrainer alles empfehlen, da könnte ich sowieso/ Die Nennung des Vornamens, es ist schlicht und einfach ein Verstoß gegen die guten Manieren. Bei IBM und Hewlett Packard haben sie das auch schon wieder umgestellt.

Herr Rau (Forstingenieur, 37 Jahre alt): Nun hat sich hier vorher in diesem Kreis jeder mit Vornamen vorgestellt, und ich fand das sehr angenehm.

Frau Möchten: Hier war das auch nicht peinlich.

Herr Baum (selbständiger Unternehmensberater, 38 Jahre alt): Aber irgendwo sollte das doch konsequent sein. Aber die Etikette ist ja immer irgendwo inkonsequent.

Frau Möchten: Ich stimme Ihnen zu. Ich bin so gegen diese 'Regeln' in Anführungszeichen, weil das immer auf das Individuum bezogen werden muß. Sie riskieren, dann mit dem Vornamen angesprochen zu werden. Ich bewege mich in dieser Schicht und höre dann immer 'Haha, wie hat der sich vorgestellt!'. Und ich sage meinen Klienten die Standards, die richtig sind.

Zwei Teilnehmerinnen: Sie haben vorhin gesagt, bei jungen Leuten geht die Vorstellung mit Vor- und Nachnamen. Wie weit geht jung?

Frau Möchten: Das müssen Sie selbst entscheiden.

Ebenso wie Herr Sommer erntet diese Dozentin Widerspruch für ihre Empfehlung, den eigenen Vornamen bei der Vorstellung nicht zu nennen. Sie verteidigt zunächst ihre Position, indem sie die Präferenz der TeilnehmerInnen deutet: Gemäß ihrem Vergesellschaftsideal ordnet sie die Nennung des Vornamens einer kindlichen Existenzweise zu, die noch nicht zwischen privat und öffentlich trennt. Dies entspricht dem disziplinargesellschaftlichen bzw. fordistischen Ideal einer Biographie, das durch diskrete, scharf konturierte Lebensphasen (Kindheit, Jugend, Erwachsenenalter) und Lebensbereiche (z.B. Arbeit und Freizeit, öffentlich und privat) charakterisiert ist. Als die TeilnehmerInnen bei ihrer Meinung bleiben, lenkt sie kurz, um sich gegen die Kleinbürgerlichkeit konnotierende Regel Orientierung abzugrenzen, ein („ich bin so gegen diese 'Regeln'") (vgl. 2.1). Dann jedoch untermauert sie ihre Empfehlung zuerst mit der apodiktischen Deklarierung ihrer Praxis als der „richtigen" („die guten Manieren") und dann mit dem Hinweis auf deren Distinktionswert: Wer will anhand seiner Praxis schon ausgelacht werden als nicht „zur (guten) Gesellschaft" gehörend? Die TeilnehmerInnen beenden daraufhin ihren Widerspruch, und die Auseinandersetzung klingt aus mit der Bitte zweier TeilnehmerInnen um eine detailliertere Handlungsanweisung für die Nennung des Vornamens („Wie weit geht jung") entsprechend den „richtigen Standards" der Dozentin.

Im selben Seminar führte eine Empfehlung der Dozentin zum Siezen und Duzen zu Widerspruch:

Frau Möchten (Dozentin): Vor Kunden duzt man sich nie.

Frau Brasse (Event-Managerin bei eine Bank, Jg. 1962): Ich habe jetzt eine Chefin, die in dem Unternehmen, wo ich früher gearbeitet habe, eine Kollegin war. Dort haben wir uns geduzt. Sie hat mich jetzt mal angesprochen, wie wir es jetzt machen sollen. Ich habe dann für das Du plädiert, weil das Sie künstlich wäre.

Frau Möchten: Es stützt Autorität. Wenn manche sich duzen und andere nicht, vermittelt das das Gefühl, von Informationen ausgeschlossen zu sein. Ich möchte Sie jetzt nicht verunsichern, Frau Brasse, vielleicht wäre es besser gewesen, wenn Sie zum Sie übergegangen wären.

Frau Weingart (PR-Referentin, etwa 30 Jahre): Ich war erst Assistentin und dann wurde ich zur Referentin erhoben. Vorher habe ich die Sekretärin geduzt, wir waren so eine Gruppe, jetzt ist sie meine Sekretärin. Das ist dann schwierig.

Frau Möchten: Ich wundere mich immer, daß Führungsfrauen so ein eigenartiges Verhalten haben, wenn sie zum Beispiel sagen 'Ach nein, ich brauch' nicht so ein großes Büro wie mein Kollege ...'."

Frau Weingart (verdutzt): Würden Sie dann vorschlagen, daß wir da auf das Sie umstellen, wenn man zwei Jahre gut zusammengearbeitet hat?!

Frau Möchten: Ja. Da gehen Sie einen trinken. Wenn Sie da sagen 'wir haben ein Problem', da sagt die sofort 'also wir können auch siezen'.

Frau Brasse: Denkt die dann nicht 'also jetzt hebt sie ab er ab!'?!

Herr Baum (selbständiger Unternehmensberater, 38 Jahre): Ja!

Frau Weingart: Hängt das nicht von der Firma ab?

Herr Rau (Forstingenieur, 37 Jahre alt): Ich kann Ihnen da auch nicht zustimmen. Das hängt ja auch mit der Souveränität zusammen.

Frau Möchten: Ich kann Ihnen allgemein sagen, daß Duzen bei zwei Hierarchieebenen in Deutschland noch nicht gern gesehen ist.

Herr Macher (Geschäftsführer eines Stahlbaubetriebs, Jg. 1946): Wenn der Respekt besteht, dann würde ich auf keinen Fall für eine Änderung plädieren. Aber wenn die Zusammenarbeit nicht funktioniert, dann vielleicht ja.

Frau Möchten: Gut, ich kann keine allgemeingültige Empfehlungen sagen. Sie sind, wie man so schön sagt, sensibilisiert, wir haben es genügend durchgekaut.

Auch hier empfiehlt die Dozentin die klare Performierung von Hierarchie mit Hilfe des Siezens am Arbeitsplatz. Dies entspricht dem Ideal einer fordistischen Betriebsorganisation, die unter anderem durch die explizite Unterscheidung der Positionen von Kapital und Arbeit charakterisiert war. Die TeilnehmerInnen dagegen bevorzugen das Duzen, das eine bestehende (bzw. in diesem Fall durch

Beförderung entstandene) Hierarchie insofern verschleiert, als daß diese nicht benannt wird, keinen sprachlichen Ausdruck findet. Auch dies stellt ein Kennzeichen postfordistischer Vergesellschaftung dar: „Während die fordistische Betriebsordnung - trotz aller Partnerschaftsideologie - die Unterschiedlichkeit der Interessenlagen von Kapital und Arbeit anerkannte, neigt das postfordistische Unternehmen dazu, diese Differenz aufzuheben und von den Lohnabhängigen die Identifikation mit den Interessen des Kapitals zu fordern" (Kind/Ronneberger 1996, 101).

Solche Beispiele zeigen, inwiefern Widersprüche, die aus gesellschaftlichem Wandel resultieren (hier: das Nebeneinander fordistischer und postfordistischer Vergesellschaftungsweisen und „Konzepte alltäglicher Lebensführung" (Projektgruppe „Alltägliche Lebensführung" 1995)), zum Widerspruch einzelner TeilnehmerInnen führen können. Dabei läßt sich jedoch das Genre der Umgangsregeln nicht grundsätzlich dem fordistischen Vergesellschaftungsideal zuordnen: Andere DozentInnen plädierten mit dem Verweis auf die „Modernisierung" des Genres für die Nennung mit Vor- und Nachnamen. Insoweit aus dem beobachteten Sample allgemeinere Schlußfolgerungen gezogen werden können, scheint die Ablehnung der Vornamensnennung und des Duzens mit dem Alter der Lehrenden zu korrelieren: Es waren die beiden ältesten Lehrenden (Jg. 1935 und 1937), die in beruflichen/öffentlichen Situationen lediglich den Nachnamen angemessen finden, oder private Räume für das Duzen vorsehen - also diejenigen, deren Jugend und Berufstätigkeit bis zum Beginn der Benimmlehre vom Ideal und der Durchsetzung des Fordismus in der BRD (vgl. dazu Kind/Ronneberger 1996) begleitet war.

Widersprechen heißt (postfordistisches) Subjekt sein

Die hier erörterten Einsprüche haben mehrere Gemeinsamkeiten: Erstens relativieren die widersprechenden TeilnehmerInnen Empfehlungen oder Aussagen der Lehrenden im wörtlichen Sinne. Relativieren meint einen Bezug herstellen, und die oben zitierten TeilnehmerInnen stellen eine Verbindung, einen Bezug her (zwischen eigenen Erfahrungen und den Postulaten der Lehrenden, zwischen den „Regeln" für die Benutzung des Messers („Nudeln nicht schneiden") und der Speise auf dem Teller („Makkaroni?")). Während die DozentInnen Umgangsregeln als abstraktes und „richtiges", von Gesellschaft unabhängiges Stilsystem präsentieren, verweisen die Widersprechenden auf die Zusammenhänge bzw. Widersprüche zwischen (Alltags)Kultur und Ökonomie oder zwischen Manieren-Ideologie und eigener Praxis oder Präferenz. Ihre Argumente beziehen sie aus subjektiven Erfahrungen, aus ihrer eigenen Praxis, die die empfohlene Sicht von Gesellschaft entsprechend der „bürgerlichen Zwei-Reiche-Lehre“ (N. Schindler) zusammenbrechen läßt - zumindest punktuell, da nie einer der oben erörterten, grundsätzlichen Widersprüche zu einem Eklat oder auch nur zu angespannter Atmosphäre in den Veranstaltungen führte. Dieses Einvernehmen zwischen den Lehrenden und ihrer Kundschaft trotz aller oben dokumentierten Einsprüche von Seiten letzterer erwächst aus dem zweiten Movens für Opposition: Das Aufeinanderprallen fordistischer und postfordistischer Vergesellschaftungsideale und „Konzepte alltäglicher Lebensführung“ (Projektgruppe „Alltägliche Lebensführung“ 1995) in den untersuchten Veranstaltungen. Vor allem die älteren Lehrenden vertreten hier eher das historisch ältere Prinzip. Auseinandersetzungen wie beispielsweise die oben zitierten über Anredeformen wurden in historischen Reihenuntersuchungen der Umgangsliteraturforschung verschiedentlich beobachtet und mit dem Schlagwort und der Diagnose „Informalisierung“ verbunden (z.B. Wouters 1979, 1990 u. 1995a). Dabei wurde auf einen substanziellen Wandel von Machtverhältnissen geschlossen (z.B. Wouters 1979, 287). Die oben erörterten Debatten in den teilnehmend beobachteten Seminaren dagegen weisen darauf hin, daß die veränderten Anredeideale *eher Ausdruck eines Wandels von Formen der Hierarchie* sind und *weniger den Abbau von Machtunterschieden indizieren*. Daß das Widersprechen stets versandet, ohne zu einer grundsätzlichen Auseinandersetzung zu führen, zeigt darüber hinaus, inwiefern es in den Benimmseminaren zur *Zerstörung von Erfahrung* kommt: Eigene Erfahrungen werden lediglich punktuell gegen das Regelsystem und seine Implikationen in Anschlag gebracht. Sie führen nicht etwa zu einer anderen Sicht auf Gesellschaft, sondern werden zugunsten des hegemonialen Diskurses über Alter, Geschlecht und Hierarchie hintenan gestellt.

4.6 Grenzen des Seminars: Allodoxieeffekte

Die Erörterung der Einsprüche von TeilnehmerInnen in den Seminaren hat gezeigt, daß die Empfehlungen der Lehrenden nicht immer widerspruchslos zur Kenntnis genommen werden. Ähnlich wie diese Szenen auf soziale und kulturelle Auseinandersetzungen und Wandel verweisen, markieren „Fehler“, Mißverständnisse, die P. Bourdieu als „Allodoxieeffekte“ definierte, eine Stelle, an der die Veranstaltungen an ihre Grenzen stoßen. Dabei spielen die sozialen und kulturellen Ambitionen der TeilnehmerInnen sowie ihre soziale Lage und Laufbahn eine Rolle. In den untersuchten Seminaren selbst sollen „Fehler“ als (noch) nicht perfekte Performanz beseitigt werden. Im folgenden dagegen werden die von den Lehrenden und TeilnehmerInnen so genannten „Fehler“ als Quellen benutzt und gefragt, was diese sichtbar machen.

Bei der teilnehmenden Beobachtung fiel auf, daß es eine Anweisung der Lehrenden gab, die (einzelne) TeilnehmerInnen in allen 15 Seminaren nicht nachvollziehen konnten oder beim Üben falsch umsetzten: Das (Gruß-)Vorrecht für Frauen. Das Genre der Umgangsregeln versteht Frauen (ebenso wie ältere Menschen und hierarchisch Höherstehende) als informell „privilegiert“ gegenüber Männern (bzw. Jüngeren und Menschen ohne „Rang“). Dies soll im Regelsystem beispielsweise dadurch ausgedrückt werden, daß Frauen (von Männern) als erste gegrüßt werden, daß Männer warten müssen, bis Frauen die Initiative zur Begrüßung ergreifen (das heißt, bis sie ihnen die Hand zur Begrüßung reichen), oder daß beim Aufeinandertreffen von Unbekannten zuerst den Frauen der/die Name/n der anderen Person/en genannt wird. Hier gab es stets verdutzte Nachfragen. So erkundigte sich beispielsweise ein Teilnehmer im „Führungskräfte“-Seminar von Frau Rau:

Teilnehmer: Wieso, wenn die Frau als ranghöchste Person im Mittelpunkt steht, muß man das den anderen doch zeigen durch Vorstellen?!“

Frau Rau: Ja, dann sagen Sie eben am Schluß, nachdem sie die Namen der anderen genannt haben ‘- meine Frau’.

Für Frau Rau ist hier klar, daß die „ranghöchste Person“ bereits „im Mittelpunkt steht“, der Teilnehmer dagegen meint, dies müsse durch die Vorstellung erst einmal klar gemacht werden. Im Volkshochschul-Seminar von Frau Baumann stellte ein jugendlicher Teilnehmer (vgl. Kap. 3.1) dieselbe Frage zu einem von der Dozentin vorgegebenen Fallbeispiel:

Sven Holzmann: Frau Unwichtig, darf ich Ihnen Herrn Wichtig vorstellen, dann wird ja sie zuerst vorgestellt?

Frau Baumann: ‘Darf ich bekanntmachen: Frau Unwichtig – Herr Wichtig.’ Der Höhere, Herr Wichtig, bekommt die Botschaft zuerst.

Ebenso, wie diese Teilnehmer den Platz der Frau oder der Ranghöheren Person („Herr Wichtig“) „im Mittelpunkt“ dadurch ausgedrückt sehen wollten, daß sie zuerst genannt wird, handelte ein Teilnehmer bei der Übung in einem Volkshochschulseminar entgegen der Anweisung der Dozentin:

Frau Bäcker rief zu einer Übung auf: Zwei Paare (jeweils ein Mann und eine Frau) begegnen sich auf der Straße. Nur einer der beiden Männer (Herr Ammer) kennt alle Personen. Er hat die Aufgabe, sie einander in der „richtigen“ Reihenfolge vorzustellen, dann sollen sich alle per Handschlag begrüßen. Die beiden Paare gehen aufeinander zu, und

Herr Ammer beginnt: „Darf ich vorstellen: Meine Frau, mein Kollege, Herr Maier/" - die Dozentin unterbricht: „Nein, das war schon falsch. Sie sollen zuerst Ihrer Frau die anderen vorstellen. Sie ist die Ranghöchste." Die Szene wiederholt sich, und Herr Ammer sagt: „Darf ich vorstellen, meine Frau/" Die MitspielerInnen unterbrechen ihn. Die Dozentin sagt: „*Sie* ist die Ranghöchste, sie bekommt die Informationen zuerst!" Die vier TeilnehmerInnen beginnen wiederum mit der Übung, und diesmal unterbricht sich Herr Ammer verwirrt selbst, als er unter Gelächter aller TeilnehmerInnen erneut ansetzte mit „Guten Tag, darf ich vorstellen, meine Frau/". Als es beim nächsten Mal wiederum schief geht, lacht Herr Ammer auch noch, und die Dozentin und die drei Mitübenden erklären ihm gleichzeitig, wie es richtig heißen müßte, bis dann die Übung nach dem fünften oder sechsten Versuch „fehlerlos", den Anweisungen der Dozentin entsprechend absolviert wird. (Betonung i. Orig.)

In einem anderen Seminar derselben Dozentin machte ein Teilnehmer ebenfalls mehrfach diesen Fehler. Er blieb nicht so gut gelaunt wie Herr Ammer, sondern kam bei jedem „Fehler" noch mehr durcheinander, so daß Frau Bäcker die Übung erfolglos abbrach mit der Bemerkung, das steigere jetzt nur die Verwirrung.

Diese irritierten Nachfragen und „Fehler" basierten stets auf demselben Problem: Während die von den Lehrenden vertretenen Regeln Frauen/höherrangige Personen/ältere Menschen dadurch ehren sollen, daß sie Informationen über andere Anwesende (z.B. den Namen) zuerst bekommen (indem man ihnen diese zuerst vorstellt), gehen die SeminarteilnehmerInnen davon aus, daß die Ehre darin besteht, den Anwesenden zuerst bekannt gemacht zu werden. Anders formuliert: Die Umgangsregel impliziert eine *zentrumsverankerte* Perspektive. Die Person, die als wichtig gilt, steht bereits im Mittelpunkt, sie empfängt Informationen, von ihr aus wird die Szene imaginär strukturiert. Das entspricht der Verortung legitimer Stile in den oberen Klassen, die bei der Darstellung des Unterrichtsstoffs erörtert wurde (vgl. Kap. 2.1). Im Gegensatz dazu ist die Perspektive der irritierten TeilnehmerInnen *peripherieverankert*: Sie denken von denjenigen aus, die erst darüber informiert werden, wer als wichtig gilt. Diese Blickrichtung strukturiert für sie die imaginierte Szene, und sie ist der Grund dafür, daß es ihnen beim Nachvollziehen und Üben der Regel schwer fällt, zuerst die als wichtig benannte Person über die anderen zu informieren. Diese „Fehler"-Produktion in den Seminaren spiegelt die soziale Lage der TeilnehmerInnen wider: Die meisten von ihnen leben ökonomisch gesichert und sozial integriert, wobei auf kulturellem Gebiet dennoch „Unsicherheit" beklagt wird und durch Orientierung an sozial oben vermuteten, deshalb legitimen und hegemonialen Praxen bekämpft werden soll (vgl. Kap. 3.). Zudem dürfte hier auch ihre soziale Laufbahn, der Aufstieg, den die meisten (gemessen am

Schulbildungsniveau ihrer Eltern) vollzogen haben (vgl. Kap. 3.1), aufscheinen. Das bedeutet nicht, daß ihre Sozialbiographie die Wahrnehmung einer vorgeschlagenen „Regel“ bzw. deren Mißverständnis schlicht prägt. Es wäre zu einfach und zudem strukturdeterministisch, die oben geschilderten „Fehler“ der TeilnehmerInnen als Folge ihrer Position in der Sozialstruktur oder als „Effekt“ oder „Einfluß“ ihrer Laufbahn[20] im Klassengefüge zu interpretieren. Entscheidend ist die Haltung, die die TeilnehmerInnen zu eben dieser Struktur einnehmen: Sie gehen davon aus, daß lediglich hegemoniale Stile legitime Stile sind, sie sind bezüglich ihres Bildungsniveaus aufgestiegen und pflegen vor allem auf kulturellem Gebiet weitere Aufstiegsambitionen. Diesem Interesse entsprechend gestalten sie ihr Bild von Gesellschaft: Sie blicken sozial und kulturell nach oben bzw. ins Zentrum (indem sie sich beispielsweise in einem Benimmseminar für als legitim positionierte Formen interessieren). Dieser Linie folgen sie bei ihren Nachfragen und bei der „falschen“ Performanz einer Übung. Da sie sich weniger an eigenen Erfahrungen und Praxen orientieren, sondern sich über als legitim geltende zu informieren suchen, ist es ihnen nur sehr schwer möglich, eine Position nachzuvollziehen oder trainingshalber zu performieren, die sich nicht am Status anderer orientiert, sondern selbst von einem hegemonialen Status aus denkt und dementsprechend soziale Welt wie kulturelle Formen strukturiert.

Eine ähnliche Rolle spielten die soziale Lage und die soziobiographischen Ambitionen der TeilnehmerInenn bei Übungen zur Anrede. So erklärte Frau Bäcker in ihrem Volkshochschulseminar:

> Die Anrede: Es gibt nur noch ‘Herr’ und ‘Frau’. Wir sollten uns da auch nicht mehr rückwärts bewegen. ‘Gnädige Frau’, ich finde, das paßt einfach nicht mehr. ‘Mein Gatte wünscht dieses oder jenes’, damit will man gebildet und fein sein und erreicht genau das Gegenteil. ‘Frau Gemahlin’, das ist noch schlimmer! Auch Richard von Weizsäcker redet immer von ‘meiner Frau’: ‘Meine Frau und ich wünschen ein gesegnete Weihnachtsfest.’, und auch die Queen sagt ‘my husband and I’.

Solche Prophylaxe blieb meist erfolglos. Sobald es ans Üben ging und Rollenspiele zu absolvieren waren, gaben sich „werte Gemahlinnen“ und zu grüßende „Gatten“ in den Äußerungen der TeilnehmerInnen unter der Maßgabe „Angenehm!“ ein Stelldichein. Diese Lexik (nach Meinung der Lehrenden zählt sie zu den „veralteten Floskeln“) benutzten die TeilnehmerInnen, sobald sie sich in der Bemühung, dem Genre „Umgangsregel“ zu entsprechen, äußerten - was genau den „Abstand zwischen Kenntnis und Anerkennung (legitimer Kultur) verräterisch zu erkennen gibt“ (Bourdieu 1987, 504), den sie im Seminar zu verringern suchen. Bourdieu (ebd., 504, 722) definierte solche „Fehler“ als

„Allodoxieeffekte", was ein spezifisches Verhältnis zur legitimen Kultur, zur „doxa", dem Raum der unthematisiert-selbstverständlichen kulturellen Praxis bezeichnet. „Allodoxie" meint unter anderem „Fehlidentifikationen und irrtümliche Aha-Erlebnisse", „trügerisches Erkennen" kultureller Formen als legitim. Die Allodoxie im zuletzt zitierten Beispiel besteht darin, daß die TeilnehmerInnen dem Prinzip einer Metonymie folgend offenbar gerade solche Vokabeln als Zeichen des von ihnen anvisierten Stils hervorkramten, die den Lehrenden zufolge nicht legitime, sondern veraltete Formen sind. In ihrer Erklärung zur angemessenen Anrede benutzt Frau Bäcker dabei mit den Beispielen „von Weizsäcker" und „Queen" wiederum Personen, die sozial oben in der Gesellschaft verortet werden, als Beleg für die Legitimität ihrer Empfehlung. Was die TeilnehmerInnen als legitime (Sprach-)Kultur imaginieren und im Seminar probeweise praktizieren, ist nicht ein Stück angeeignete hegemoniale Kultur, sondern ein Dokument des den Bemühungen um Stiladaption zugrundeliegenden Gesellschaftsbildes: Als legitim und hegemonial vermuten die TeilnehmerInnen eine Art Arkanwissen, das sich an einem von ihrer eigenen sozialen Praxis weit entfernten Ort befindet, dessen Ferne historisch-exotische Vokabeln („Gemahlin", „Gatte") symbolisieren. Die von den TeilnehmerInnen produzierte Allodoxie entsteht nicht daraus, daß sie veralteten Formen anhängen, wie die Erklärung der Dozentin nahelegt („Es gibt nur noch ..."), sondern die verwendeten „falschen" Begriffe symbolisieren die (soziale) Ferne des Ortes, den die TeilnehmerInnen als Produktionsstätte kultureller Legitimität imaginieren.

4.7 Nach dem Seminar: die Nutzung des Unterrichts

In der Umgangsliteraturforschung gilt die unbeantwortete Frage nach der „Umsetzung" von Benimmregeln in die alltägliche Praxis als zentrales Desiderat (vgl. Kap. 1.3). Die für diese Studie unternommene teilnehmende Beobachtung in 15 Benimmseminaren gibt zwar Auskunft über das Geschehen während der Veranstaltungen; über die „Umsetzung" nach dem Seminarbesuch kann dagegen keine durch teilnehmende Beobachtung gestützte Aussage gemacht werden. Dennoch erlauben vor allem die (je nach Terminabsprache) Wochen oder Monate nach dem Seminarbesuch geführten Interviews mit TeilnehmerInnen einen Blick auf das Verhältnis, in das sie die in der Veranstaltung behandelten „Regeln" und ihre Alltagspraxis setzen.

Die „Außenwelt" handelt anders

Das Verhältnis zwischen „Regeln" und alltäglicher Praxis außerhalb der Veranstaltungen ist bereits in den Seminaren selbst Gegenstand von Auseinandersetzungen. Sowohl die Lehrenden als auch TeilnehmerInnen machten es zum Thema. Frau Bäcker beispielsweise erklärte zu Beginn ihres Volkshochschulkurses:

Wer selbstsicher ist, kann schlechtes Benehmen anderer besser ertragen. Das Wissen, wie es richtig gewesen wäre, macht sicher. Die Außenwelt hat sich ja nach dem Kurs nicht geändert. Es kommt auf Sie persönlich an.

Sie beendete die Veranstaltung mit den folgenden Worten:

Nächste Woche sehen Sie, daß viele das nicht so machen. Aber vergessen Sie es bitte trotzdem nicht: Es gibt Ihnen Sicherheit, wenn Sie wissen, wie man sich richtig benimmt.

Es fällt auf, daß diese Dozentin weniger das „richtige" oder „falsche" Verhalten der TeilnehmerInnen anspricht, sondern vor allem deren sich aus der Regel-Lehre im Seminar ergebenden (Selbstsicherheit generierenden) Blick auf das „falsche" Verhalten anderer. Die hier thematisierte Lücke zwischen Gepflogenheiten „vieler" in der „Außenwelt" und den im Seminar behandelten Regeln war in den Veranstaltungen auch immer wieder Gegenstand der Nachfragen von TeilnehmerInnen. Immer wieder stellten TeilnehmerInnen grundsätzliche Fragen wie beispielsweise eine promovierte Ärztin in einem „Führungskräfte"-Seminar: „Wie gehe ich damit um, wenn Leute das alles nicht beherrschen?" Hier wird deutlich, daß die TeilnehmerInnen ihren Seminarbesuch nicht als die Adaption an einen allgemeingültigen Standard betrachten, sondern daß sie bereits dort von der Partikularität der „Regeln" ausgehen und nach einer Lösung suchen, aus ihnen dennoch einen Nutzen zu ziehen:

Herr Georg (selbständiger mittelständischer Bauunternehmer, Jg. 1950): Wie ist es denn mit dem Gesundheit-Wünschen beim Niesen?

Frau Rau (Dozentin): Das hat man noch nie gemacht.

Herr Georg: Ich habe aber den Eindruck, manche warten drauf.

Frau Rau: Immer lächeln, Babies haben das drauf, nur wir haben das erlernt.

Die Dozentin reagiert hier ähnlich wie auf Widerspruch (vgl. Kap. 4.5): Der sich auftuende Unterschied zwischen dem, „was man tut", und dem, was getan wird (was Gepflogenheit oder Erwartung ist), soll unbenannt bleiben und mit einem Lächeln überspielt werden. Gerade beim Umgang mit dem Niesen erkundigten sich TeilnehmerInnen immer wieder nach diesem Problem:

Frau Hohloch (Dozentin): Wenn Sie niesen müssen: dezent, nicht zu laut.

Herr Gier (Polizeibeamter, Jg. 1962): Keine Gesundheit wünschen!

Herr Gsell (Schreiner, etwa 30 Jahre alt): In Amerika entschuldigt man sich sogar!

Frau Handmann (Optikerin, etwa 30 Jahre alt): Mir hat mal jemand gesagt, das mit 'Gesundheit!' kommt noch aus der Zeit der Pest, weil man sich da anstecken konnte.

Herr Arndt (Kaufmann, 34 Jahre): Ich habe mal nicht 'Gesundheit!' gesagt, weil ich weiß, daß man das nicht sagt, der andere hat aber drauf gewartet! Der hat mich blöd angeguckt!

Frau Hohloch: Dann ist der nicht auf dem neuesten Stand.

Frau Ehmann jr. (Berufsfachschülerin, Jg. 1978): Aber entschuldigen muß man sich nicht?

Frau Hohloch: Nein, einfach übergehen.

Denselben Verlauf nahm die Besprechung dieser Lücke zwischen dem im Seminar definierten „richtigen" Handeln und der „Außenwelt":

Teilnehmerin: Sie können nicht davon ausgehen, daß alle solche Seminare besuchen oder solche Bücher lesen.

Frau Baumann (Dozentin): Ja.

Andere Teilnehmerin: Dann sollte man sagen: Entweder alle oder keiner!

Frau Baumann (lacht): Dann bitte alle!

Die Differenz zwischen dem im Seminar aufgestellten Ideal und der Praxis außerhalb der Veranstaltung erscheint hier als nicht vermittelbar. Entweder die Praxis ist falsch („ist nicht auf dem neuesten Stand"), oder die Regel wird nicht umgesetzt, was Herr Sommer ebenso wie viele andere Lehrende auch den TeilnehmerInnen im Zweifelsfall empfiehlt:

Und wenn eine Dame es zum Beispiel nicht weiß, daß sie zuerst die Hand reichen muß, dann spielt es keine Rolle mehr. Bevor eine Begrüßung nicht geschieht, sollte irgendwer die Initiative ergreifen.

Mit solchen Relativierungen der Handlungsanleitungen entziehen sich die Lehrenden genau genommen selbst den Boden, auf dem ihre Konstrukte „richtigen" und „falschen" Tuns fußen. In den Seminaren jedoch sorgte dies nicht für Irritation. Eine Empfehlung, mit der die DozentInnen dies verhindern, ist die Einordnung des Umgangs mit Benimmregeln in die Dynamik der Distinktion. Man soll andere nicht belehren, und deshalb kommen die Regeln nicht zur Anwendung, wie beispielsweise Frau Möchten erklärt: „Es gehört sich nicht, andere Menschen zu belehren, zu korrigieren oder zu tadeln, das ist total proll!" Ebenso wie sie empfahl Frau Baumann:

Teilnehmerin: Was mache ich, wenn mir ein Mann die Hand gibt, obwohl er doch warten müßte, bis ich als Frau sie ihm gebe?

Frau Baumann: Wenn jemand in der falschen Reihenfolge die Hand hinstreckt: Signalisieren Sie dem bitte nicht 'Das darfst Du nicht!'. Das ist das allerhöflichste an Höflichkeit: Kritisieren Sie nicht Unhöflichkeit. Immer das tun, was der andere will, zu dem der andere mich einlädt.

Auch Frau Bäcker behandelte auf diese Weise die Lücke zwischen idealer und realer Praxis: „Es ist unhöflich, andere Menschen zu erziehen. Das steht einem nicht zu." Diese Bestimmung von „Höflichkeit" ermöglicht es den Lehrenden und TeilnehmerInnen, „Regeln" für „richtiges" Handeln zu (re)produzieren und sich gleichzeitig an einer Praxis zu beteiligen, die diesem Ideal nicht entspricht, ohne daß es zu einer Relativierung, Infragestellung oder Reflexion des Prinzips der „Regel" kommt. Im Gegenteil: Das andere Handeln der „Außenwelt" gerät angesichts der im Seminar behandelten Ideale und deren stiller, innerlicher Praxis zu einer Spielart von Distinktion („das ist das Allerhöflichste an Höflichkeit"), die ohne diese Differenz zwischen Ideal und Praxis gar nicht möglich wäre.

Kränkende und belächelte „Anwendung" der Regeln

Auch die TeilnehmerInnen schränken die Praktizierung der Regeln ein. So konstatierte beispielsweise Herr Rabe (Jg. 1968), Teilnehmer eines VHS-Kurses, Informatikstudent und Inhaber einer Softwareberatungsfirma im Interview:

Ich meine, das Problem ist ja, daß nicht alle Leute diese Regeln können oder kennen, und damit eben die Regeln auch gar nicht so relevant sind. Denn ich kann mich zwar richtig verhalten, aber was ist, wenn ich dann jemanden vor den Kopf stoße, *weil ich mich richtig verhalte*? Weil der nämlich 'ne ganz andere Vorstellung hat von richtigem Verhalten. (Betonung i Orig.)

Angesichts alltäglicher Praxis „sind die Regeln gar nicht so relevant". Zudem besteht die Gefahr, daß das „richtige" Handeln von anderen gerade nicht als angemessen, sondern als kränkend empfunden wird („vor den Kopf stoßen") – oder sogar als „unhöflich", wie zwei Teilnehmerinnen erzählten:

Frau Schick (Chefsekretärin, Jg. 1961): Da habe ich auch gerade eine Diskussion mit meinem Chef drüber geführt, über 'Mahlzeit!'. Ja, er sagt, er weiß das auch schon seit langem, daß man dieses 'Mahlzeit!' eigentlich nicht sagt, aber es ist einfach irgendwo die Macht der Gewohnheit. Und vor allen Dingen, es ist halt auch so, daß dieses 'Mahlzeit!' sich eingebürgert hat, daß das ja schon fast wieder unhöflich wirkt, wenn man an jemandem vorbeiläuft und dann nix sagt! Oder den bloß noch anlächelt!

Frau Beuter (Chefsekretärin, Jg. 1966): Ja genau, mit dem Anlächeln! Weil der Herr Sommer hat auch gesagt, man kann auch bei jemandem vorbeigehen, man muß nicht immer was sagen. Und ich hab gesagt: 'Das kann ich nicht! Ich muß was dazu sagen!' Weil ich würd's ja auch als unhöflich empfinden oder so, auch wenn das jetzt *richtig wäre*, von der Form her, wie es der Herr Sommer gesagt hat, wenn man bloß nickt oder so. Aber ich würde mir da ehrlich gesagt blöd vorkommen. Also *ich sag dann lieber was*, und wenn's bloß ein 'Hallo' ist, aber so ganz stillschweigend an jemandem vorbeigehen, das kann ich nicht! (Betonungen i. Orig.)

Außerdem sehen sich die TeilnehmerInnen auch in der Gefahr, aufgrund ihrer „richtigen" Umgangsformen selbst gekränkt zu werden. Frau Kosic (keine Ausbildung, Mitarbeit im Immobiliengeschäft ihres Ehemannes, Jg. 1969) (vgl. Kap. 3.2) erläuterte im Interview, das ich wenige Wochen nach dem von ihr besuchten „Führungskräfte"-Seminar mit ihr führte:

Zum Beispiel, wenn man sich mit einem älteren Herrn unterhält, oder überhaupt mit dem in Kontakt tritt, *mit so einer Gelassenheit* wirst Du da als Grand Madame *behandelt*, aber überhaupt nicht gestellt! Mit so einer *Selbstverständlichkeit*, und die Jugend, der fehlt das. Und das Problem ist, selbst die, die es können, müssen sich ja teilweise schämen, das anzuwenden, weil ja dann die, die's nicht können dann kucken und sagen: 'Ähhh, kuck mal den da an!', und das finde ich traurig. (Betonungen i. Orig.)

Obwohl die 27jährige Frau Kosic immer noch sicher genug ist, um die Defizite „der Jugend" zu beklagen, benennt sie hier die Relativität der im Seminar behandelten „Umgangsformen" als Problem. Der Maßstab, den die Lehrenden als abstrakt „richtig" und damit als allgemeingültig präsentierten, erweist sich beim tatsächlichen oder imaginären Gang vor die Tür des Seminarraums als partikular. Die „Regeln", die doch laut Lehrenden „Sicherheit bieten" sollen, garantieren keine problemlose Interaktion und Kommunikation. Gerade wenn man sie anwendet, befürchten die TeilnehmerInnen, damit andere zu „kränken" („Der hat mich blöd angekuckt, weil ich nicht Gesundheit gewünscht habe!") oder selbst gekränkt und belächelt zu werden („man muß sich teilweise schämen, das anzuwenden").

Diese Beispiele zeigen, inwiefern die Frage nach der „Umsetzung" von Umgangsregeln bereits in den Seminaren und sowohl von den DozentInnen als auch von ihrer Kundschaft relativiert wird. „Regeln" werden nicht unbedingt oder nicht ausschließlich als Handlungsanleitung verstanden, was aber weder die Regeldekretierung der Lehrenden noch die Nachfrage der TeilnehmerInnen einschränkt.

„Das sind Dinge, die ich *nicht* umsetzen werde."

Neben Problemen, die bei der „Umsetzung" der Regeln entstehen, weil nicht alle sie kennen, ziehen die TeilnehmerInnen noch andere Grenzen. Obwohl ihr Widerspruch in den Veranstaltungen selbst nie zu einer Relativierung des Genres der „Umgangsregeln" führte (vgl. Kap. 4.5), nehmen sie in ihrer Alltagspraxis davon punktuell entschieden Abstand. Frau Schick, Chefsekretärin, erklärte im Interview:

Also bei diesem Seminar 'Erfolg mit Stil', da gab's eine Situation, die für mich extrem schwierig war. Und das kriege ich auch bis heute noch nicht auf die Reihe. Und zwar sagte die Dozentin, daß ich bei der Begrüßung eines Kunden beispielsweise es ihm überlassen soll, ob er mir jetzt die Hand reichen will, oder nicht. Also ich gehe jetzt nicht hier auf ihn zu, wie ich es bisher immer gemacht habe; ich war eigentlich immer diejenige, die zuerst die Hand gereicht hat. Sondern ich habe abzuwarten: Will der Kunde überhaupt die Hand geben, oder will er das nicht? Und das widerstrebt mir irgendwo in meiner inneren Überzeugung. Weil, wenn ich jemanden begrüße, dann mache ich das richtig oder gar nicht. Und zur richtigen Begrüßung gehört für mich der Handschlag dazu. Und deshalb habe ich da jetzt etwas *Probleme*, es kann auch wirklich sein, daß ich diese Regel *nicht für mich dann anwende*. Also ich habe dieser Tage mit meiner Kollegin gesprochen, die auch so ein Seminar besucht hat, und habe gesagt: 'Ich muß mich bei meinem Tun immer noch wohlfühlen', also ich muß auch ich selber sein. Und wenn ich das dann nicht mehr bin, wenn ich irgendwas mache, was eigentlich nicht meinem Naturell entspricht, dann bin ich das nicht mehr. Und es würde sicher auch aufgesetzt wirken, wenn ich jetzt vor einem Kunden stehe und überlege 'Gibst Du dem jetzt die Hand, will er sie oder will er sie nicht?' Was tust Du jetzt?'. Also von daher bleibe ich wahrscheinlich dabei, einen Kunden mit Handschlag zu begrüßen, ob das jetzt so Norm ist oder nicht. (Betonungen i. Orig.)

Neben den Regeln für die Begrüßung weisen TeilnehmerInnen auch bestimmte Körperideale zurück:

Frau Schick (Chefsekretärin, Jg. 1961): Also die Dozentin sagt auch, das äußere Erscheinungsbild sei ein Teil der Umgangsformen, das gehört da einfach mit dazu. Sie hatte da so einen netten Aufschrieb gehabt, 'wessen Gesicht mir nicht gefällt, dem schenke ich auch kein Vertrauen' oder so ähnlich. Und sie zählt einfach dieses Outfit auch zu den Umgangsformen, zum Stil. Und da gibt's wirklich Dinge, denen ich mich nicht anschließen werde, das ist ganz klar. Also sie sagte beispielsweise: 'Auch im Sommer bei 35 Grad Hitze hat die Sekretärin Strümpfe zu tragen. Das gibt's nicht, daß die Sekretärin mit nackten Beinen auftaucht. Es gibt auch keinen offenen Schuh, keine Sandalette, das gibt es nicht, nackte Zehen zeigt man nicht.' Oder: 'Die Sekretärin, wenn sie längere Haare hat, hat sie die zumindest bei der Arbeit immer geschlossen zu tragen.' Zu mir sagte sie zum Beispiel: 'Das ist Haar, das ist keine Frisur.' Gell! Also da hatte sie sehr sehr strenge Auslegungsregeln. Und die werde ich für mich *nicht* umsetzen. Weil, ich hab's vorhin schon mal gesagt: Ich muß mich wohlfühlen. Und wenn ich mich mit meinem Outfit nicht mehr identifizieren kann, dann bin ich auch nicht mehr ich, nicht mehr ich selber. Und dann kann ich auch nicht mehr agieren, wie ich es eigentlich will. Deshalb bleibe ich ich selber. Und ziehe mich so an, wie ich mich wohlfühle. Es gibt natürlich gewisse Dinge, sie sagt beispielsweise 'eine Sekretärin hat bei der Arbeit kein Spaghettiträgershirt zu tragen', das sind Dinge, die kann ich durchaus nachvollziehen, oder total enge Leggings oder eine total enge Hose oder extremer Mini. Aber es ist für mich also auch nicht so, daß ich hier ständig entweder im todschicken Kleid oder im Blazer oder im Anzug oder wie auch immer hier rumlaufe, also das muß nicht sein. Ich muß mich wohlfühlen. Das sind Dinge, die ich für mich *nicht* umsetzen werde.

Frau Beuter (Chefsekretärin, Jg. 1966): Ja, überhaupt so die Kleidungsregeln, die sind ja doch teilweise *extrem* ausgelegt. Also ich sage, in erster Linie ist man Mensch, man muß sich wohlfühlen, in zweiter Linie bin ich Sekretärin. Wenn man sich in der Kleidung wohl fühlt, dann wirkt das auch nach außen, und dann fühlen sich auch die anderen, mit denen man es zu tun hat, wohl. Und ich denke oft: Wenn wir hier rumlaufen würden, wie es angeblich richtig wäre, dann würde ja jeder sagen: 'Ja, spinnt sie denn jetzt?! Ja, ist sie denn jetzt aufgetakelt und übergeschnappt?! Man sollte vielleicht da auch einfach *normal* bleiben, wirklich nicht so übertrieben. (Betonungen i. Orig.)

Hier werden klare Grenzen gezogen zwischen den behandelten Regeln und der eigenen Praxis. Was die Lehrenden als unumstößlich „richtig" präsentieren („Das ist keine Frisur."), verwirft diese Teilnehmerin für ihren eigenen Alltag. Vom selben Umgang mit Benimmregeln berichtete Frau Kosic:

Es hätte mich sowieso allgemein interessiert, jedoch steht die Hochzeit vor der Tür. Da kamen schon einige Fragen auf, Sitzordnung, wie sitzt man wirklich?, weil jeder macht's doch nach irgendwelchem Hören und Sagen, und irgendwo siehst Du es überall anders, und jeder meint, er macht's richtig. Und, ja, ich wollt's dann halt wirklich wissen, unabhängig, ob ich's dann so mache. Weil, was wir nicht machen werden, daß wir nicht Pärchen trennen. Also schon Mann-Frau-Mann-Frau, aber wir werden Paare nicht an getrennte Tisch setzen, wie sie es im Seminar sagte. Das machen wir nicht.

Ebenso wie die beiden ChefsekretärInnen aus dem Volkshochschulkurs verwirft diese Teilnehmerin aus einem „Führungskräfte"-Seminar die als „richtig" definierten Regeln für ihre eigene Praxis. Die Nutzung des Seminars besteht hier im Modus der „kontrollierten Unterkorrektheit" (Bourdieu 1990, 42), d.h. in der bewußten Entscheidung, die als „richtig" definierten Regeln nicht zu praktizieren.

Die Praxis der „discretio" (Bourdieu): von der Selbst- zur Fremdbeobachtung

Obwohl sich sowohl Lehrende als auch TeilnehmerInnen von der „Umsetzung" oder „Anwendung" einzelner Regeln „in der Außenwelt" aus verschiedenen Gründen (Praktikabilität, fehlendes Regelwissen anderer, persönlicher Geschmack) distanzieren, hat der behandelte Unterrichtsstoff für letztere, wie

Erzählungen von ihren Erfahrungen nach dem Seminarbesuch zeigen, einen praktischen Nutzen – allerdings nicht im eigenen Handeln, sondern in der Beurteilung der Praxis anderer. Frau Kosic beschrieb im Interview diese Art des kritischen Blicks:

Ich seh's so: Wer's kann, ist schön, wer's nicht so kann, ist auch nicht schlimm. Weil ich habe ja nicht mit Asozialen zu tun, die dann dasitzen und rülpsen, weil dann würde ich was sagen, das ist klar. Aber daß ich jetzt zum Beispiel zu manchen sage: 'Du, also das tut man jetzt nicht': auf keinen Fall! Nee, nee, das mache ich nicht. (...) Ich glaube, das ist auch die Größe, wenn man's weiß, daß man dann einfach sagt 'komm, woher sollen sie es auch wissen?' Ich hab' ja auch das mit dem Besteck vorher nicht so gewußt.

Es ist zwar „nicht schlimm", wenn jemand die Regeln „nicht kann", aber dies folgt keineswegs aus einer Relativierung oder Kritik des Genres, sondern aus einer generösen Nachsicht, die sich diese Teilnehmerin selbst zuschreibt. Wichtiger als die „Umsetzung" bestimmter Regeln, erscheint hier das Wissen über sie: Frau Kosic erklärt nicht, daß sie „das mit dem Besteck" nun anders *praktiziert*, sondern es erscheint wichtiger, daß sie nun *weiß*, wie es „richtig" ist. Dies ist ein zentraler Topos in den Erzählungen nach dem Seminarbesuch. Eine Teilnehmerin eines Volkshochschulkurses beispielsweise nannte dies „Toleranz":

Frau Bachmann (Bankkauffrau und Bilanzbuchhalterin, Jg. 1953): Ich beurteile seit dem Seminar die Umgangsformen anderer Leute toleranter. Weil ich denke, die Leute, die den Kurs noch nicht besucht haben, denen kann man's nicht verübeln, und von der Erziehung her haben sie es halt nicht gelernt und haben sich vielleicht auch halt nicht Gedanken drüber gemacht. Ich bin einfach, glaube ich, doch toleranter geworden.

Der Kurs spielt auch für sie weniger eine Rolle in bezug auf eigene Praxis, sondern sie bringt ihn in Anschlag zum nachsichtigen Gewährenlassen „anderer Leute" („denen kann man's nicht verübeln"), deren Defizite sie fachmännisch als Effekt ihrer „Erziehung" betrachtet. Diese Nutzung der Veranstaltung spielte in den Interviews nach dem Seminarbesuch eine wichtige Rolle:

E.T.: Welche Regeln waren Ihnen eher neu?

Herr Weinmann (Bankkauffmann und Betriebswirt, Jg. 1965): Also, was für mich jetzt absolut neu war, wo ich auch jetzt irgendwo die Qualität von einem Restaurant dran messen kann, zum Beispiel mit dem Brot. Daß das Brot nicht abserviert wird, sondern daß das eigentlich auf dem Tisch zu bleiben hat bis zum Schluß, bis zum Dessert.

Die Nutzung des Seminars führt von der Selbstbeobachtung zur Kritik anderer: Herr Weinmann versteht die Erkundigung nach ihm durch das Seminar „neuen Regeln" als Frage nach der Erweiterung seines Kriterienkatalogs zur „qualitativen" Beurteilung anderer („Restaurants"). Er zweifelt nun nicht mehr daran, daß er selbst beispielsweise „richtig“ ißt, sondern zieht souverän die „Qualität“ der Praxis anderer in Zweifel. Im Gegensatz zum Geschehen in den Veranstaltungen, bei dem detaillierte Nachfragen zum „richtigen“ Essen im Restaurant und die Sorge, durch „falsche“ Praxen entlarvt zu werden eine wichtige Rolle spielen (vgl. Kap. 4.3), bringen sich die TeilnehmerInnen durch ihren Umgang mit Benimmregeln nach dem Seminar in die Lage, solche sozialästhetischen Lackmustests selbst anzuwenden („wo ich auch jetzt die Qualität von einem Restaurant dran messen kann“). Während einerseits, wie oben beschrieben, bestimmte Regeln aus den Seminaren *für die eigene Praxis* kritisch reflektiert und dann verworfen werden, gelten sie *für andere* zu jeder Zeit. Die TeilnehmerInnen nutzen also das Seminar vor allem dazu, von den Beobachteten zu Beobachtenden zu werden. Sie haben nicht Regeln gepaukt, sondern einen Blick erlernt:

Frau Schick (Chefsekretärin, Jg. 1961): Also was ich immer als relativ unangenehm empfinde, ist, wenn man bei einem ganz festlichen Essen sitzt, und es benimmt sich irgendjemand daneben. Das ist mir jetzt wieder bei unserer Weihnachtsfeier aufgefallen.

E.T.: In welcher Form?

Frau Schick (lacht): Daß dann so 'ne Frage kommt, wie: 'Gehört jetzt der linke oder der rechte Salatteller mir?'

E.T.: Achso! Aha.

Frau Schick: Also wenn da jemand so total unbeholfen ist. Das fand ich jetzt wieder relativ unangenehm an unserer Weihnachtsfeier.

Frau Beuter (Chefsekretärin, Jg. 1961): Also was mir aufgefallen ist an unserer Weihnachtsfeier, vielleicht weil man jetzt nach dem Seminar auch einen Blick dafür hat: Die sind *wirklich so* über dem Tisch gesessen (beugt sich weit nach vorne) und haben *so* gegessen (schaufelt sich mit der Faust Essen in den Mund). Dann denke ich: Meinetwegen, wenn er's daheim so macht! Und selbst da würde ich nicht mal so essen! Also, da fehlt jetzt bloß noch, daß das Besteck ganz wegkommt und ich vollends runter komme auf die Tischplatte und das Essen in mich rein schling.

Frau Schick: Also mangelnde Tisch- und Eßkultur würde ich mal sagen.

Frau Beuter: Muß ich auch sagen! Und teilweise bei Leuten, da war ich eigentlich echt erstaunt!

Frau Schick: Also mir ist es aufgefallen ganz speziell bei jemand, der auch sehr viel Kundenverkehr hat. Und dann dachte ich noch bei mir 'ohoh, wenn er jetzt von einem Kunden zum Essen eingeladen wird, und da dann genauso sich benimmt und dasitzt, also dann gute Nacht!' (Betonung i. Orig.)

So wie diese beiden Frauen sprachen die TeilnehmerInnen in den Interviews nach den Seminaren fast ausschließlich über das „Fehl“-Verhalten anderer. Wie bei der Erörterung der Gründe für die Seminarteilnahme dargelegt, führen viele TeilnehmerInnen „Unsicherheit" als Grund für den Besuch der Veranstaltung an (vgl. Kap. 3.2). Die scheint weniger dadurch behoben zu sein, daß sie nun bestimmte „Regeln" befolgen, sondern vielmehr durch die sichere Beurteilung (und Aburteilung) anderer:

Herr Weinmann (Bankkauffmann und Betriebswirt, Jg. 1965): Was man denke ich auch zu Umgangsformen zählen kann, ist Kleidung. Gerade beim Herkommen ist mir noch jemand entgegengekommen bei einem Spaziergang, da dachte ich: Meine Güte! Der meint, er sei ganz toll angezogen, aber es hat von oben bis unten überhaupt nicht gestimmt! Und das ist so gravierend, also sagen wir, 80 Prozent der Bevölkerung ist halt irgendwo, vielleicht auch 70 Prozent, ist echt schlecht gekleidet.

E.T.: Also schlecht vom Geschmack her einfach?

Herr Turm (Gymnasiallehrer, etwa Mitte 30): Ja. Also angefangen von den Tennissocken, über daß man keinen Gürtel an der Hose hat, daß die ganze Kombination nicht stimmt, daß die Hose zu kurz ist, gerade der, der vorher spazierengelaufen ist, hat ein Jackett angehabt, drunter einen Pullover und ein Hemd und was alles, also das hat furchtbar ausgesehen. Schuhe, daß die Schuhe abgelaufen sind, also da werden die einfachsten Regeln, sei es mit dem Gürtel an der Hose, voll mißachtet.

Herr Weinmann und Herr Turm können nun mit Gewißheit identifizieren, daß andere „die einfachsten Regeln" mißachten, und hieraus, aus der Praxis des Unterscheidens erwächst ihre Sicherheit:

Herr Turm (Gymnasiallehrer, etwa Mitte 30): Also für mich war es ein sehr schönes Erlebnis, bei einer Hochzeit mit 36 Personen, da saß eine Serviermeisterin neben mir, und da haben wir ganz konkret die Kellnerin beobachtet, und die hat mir dann gesagt, was die für Fehler gemacht haben an diesem Abend. Ein Ober hatte einen Fehler gemacht, alles andere hat nach ihrer Ansicht nach gestimmt. Und so etwas einfach zu beobachten, finde ich schön.

E.T.: Was hat der falsch gemacht?

Herr Herr Turm: Also irgendwie einmal hat er von der falschen Seite glaube ich nachgelegt. Das war alles. Also eine Kleinigkeit.

Es ist „schön", andere beim „Fehlermachen" zu beobachten. Nicht alle TeilnehmerInnen brachten es so auf den Punkt wie Herr Turm, auch wenn sie die besuchte Benimm-Veranstaltung in derselben Weise nutzten:

Herr Leins (Verleger, Jg. 1951): Ich beurteile seit dem Seminarbesuch die Umgangsformen anderer Leute kritischer. Also, gerade beim Essengehen. Da stellt man schon oft fest, wie die Leute dann da hantieren und machen und tun und essen. Bei mir ist das halt so, weil ich jeden Tag essen bin mit irgendeinem Kunden oder so, und dann stellt man natürlich schon fest oder sagt zu seiner Partnerin: 'Was macht der da?!', oder auch bei der Kleidung, daß man sagt: 'Schau mal da ...!', aber nicht so, daß ich jetzt da dem nachschaue, sondern es fällt einem halt einfach auf.

Da Herrn Leins nun „einfach etwas auffällt", ist es für ihn kein Thema mehr, ob er selbst (unangenehm) auffällt. Diese Sorge (es kann hier dahingestellt bleiben, ob sie auf erfahrenen oder auf imaginierten Blicken anderer gründet) sind er und viele andere TeilnehmerInnen durch ihre Nutzung des Seminarbesuchs losgeworden. Sie sehen sich nun nicht mehr als Objekt, sondern als Subjekt von Unterscheidungen. Sie lesen fortan und mit Rekurs auf das Seminar die Praxis anderer und gründen darauf ihre Urteile:

Herr Weinmann (Bankkauffmann und Betriebswirt, Jg. 1965): Wenn man jetzt geschäftlich essen geht und die Leute haben eine gewisse Position, und sollten dann auch Umgangsformen haben, und dann ist man beim Essen oder im Gespräch, und man merkt halt, daß sie von Umgangsformen überhaupt keine Ahnung haben, und das merke ich mir dann schon.

Während Herr Weinmann sich, ebenso wie die oben zitierten TeilnehmerInnen, still an seinem Wissen freut, wird auch von Versuchen, die Seminarinhalte weiterzugeben, berichtet:

Herr Weinmann (Bankkaufmann und Betriebswirt, Jg. 1965): Aber die Reaktion zum Beispiel in meinem Freundeskreis und Bekanntenkreis war eher überrascht, daß es solche Kurse gibt. Und meine Reaktion war, daß ich viel erzählt habe, weil ich es eigentlich schon interessant fand, wie ein Tisch aufgebaut ist, dann auch: wer darf als erster ins Restaurant rein?, ich weiß jetzt gar nicht, ob ich das vorher richtig gemacht habe, als wir mit Ihnen hier reinkamen in das Café. Und dann habe ich schon auch den Inhalt von diesem Seminar vielen Leuten gesagt, und irgendwann hatte ich das Gefühl, ich nerve die Leute, weil viele haben es nicht verstanden.

E.T: Ja?

Herr Turm (Gymnasiallehrer, etwa Mitte 30): Richtig, und viele haben auch Verständnis dafür. (...) Gestern abend war ich zum Beispiel eingeladen bei einer Kollegin, es waren drei Kolleginnen und ich. Und dann gab es leckeres Lasagne mit entsprechend zwei Vorspeisen, und dann habe ich das natürlich auch ein bißchen beobachtet, wie sie das Besteck ablegen, die Serviette wegnehmen und das Ganze: Keine von allen dreien hat es geblickt, und ich finde dann echt immer ein bißchen schade, weil ich meine, aber da liege ich eben falsch, die Erfahrung habe ich jetzt oft gemacht, es sind in Anführungszeichen studierte Leute, aber das hat damit relativ wenig zu tun, und ich denke, das interessiert die Leute auch gar nicht. So, wie sie es gewöhnt sind, auf gut schwäbisch, in jeglicher Hinsicht wie der Schnabel gewachsen ist, so macht man es halt. Und eine Umstellung ist nicht erforderlich.

Herr Weinmann (Bankkaufmann und Betriebswirt, Jg. 1965): Im Januar war eine Taufe bei meinem Bruder, das Mittagessen war bei meinen Eltern zuhause. Und da war auch so ein bißchen die Frage wegen der Organisation, wie macht man das. Mein Bruder hat sich rausgehalten, und ich habe dann so ein bißchen auch die Erfahrung von dem Kurs mit eingebracht, wie soll die Tafel aussehen, und Teller und Besteck und Gläser. Am Schluß habe ich dann meinen Bruder gefragt: 'Und, wie war es?' – 'Ja, schon recht. Ein bißchen vornehm war es.' Also der hat das auch nicht verstanden, und die Servietten oder so, die hat man überhaupt nicht beachtet.

Die bereits in den Veranstaltungen selbst thematisierte Differenz zwischen den dort propagierten Standards und der Praxis und den Standards anderer wird auch hier nicht als Unterschiedlichkeit veranschlagt und als Anlaß zur Relativierung von „Regeln“ genutzt, sondern sie dient den beiden Männern als Beleg für die Ignoranz (im Sinne von sowohl Unwissenheit als auch mangelndem Bemühen) anderer („viele haben es nicht verstanden“). Während der Gang in das Seminar von der Sorge geleitet ist, daß man sich selbst nicht „richtig“ verhält und sich deshalb eine andere Praxis aneignen sollte, sind für die TeilnehmerInnen nach der Veranstaltung nun „die anderen“ diejenigen, die ihr Verhalten ändern müßten, dies aber verweigern („so macht man es halt und eine Umstellung ist nicht erforderlich“). Die von manchen TeilnehmerInnen so genannte „Toleranz“ (siehe oben) für das „regelwidrige“ Handeln anderer kann man damit als Praxis der Distinktion identifizieren, als alltägliches, individuelles Abgrenzungshandeln und damit als kulturellen Teil sozialer Schließungen. Die Konfrontation mit unterschiedlichen Standards führt nicht zu einer (produktiven) Verwirrung und Reflexion eigener Ideale, sondern die an den Seminaren Beteiligten werten dies als Beleg für deren Allgemeingültigkeit. Wenn diese behauptete „Toleranz“ nicht mehr so nachsichtig formuliert wird und innerlich bleibt, sondern entäußert wird, kann man einen weiteren Aspekt solcher Distinktion identifizieren: Frau Kosic beispielsweise besuchte das „Führungskräfte“-Seminar von Frau Rau bei ihrer Suche nach (sozialen) Unterschieden (vgl. Kap. 3.2). Im Interview, zu dem wir uns einige Wochen nach dem Seminar auf ihren Vorschlag hin in einem Café in Frankfurt am Main gegenüber der Oper[21] trafen, sagte sie:

Es gibt nicht mehr so diese extremen sozialen Schichten, mittlerweile hat jeder 'ne goldene Uhr, jeder hat'n großen Wagen fast, ja, ob er Kellner ist ob er Direktor ist, und dadurch ist natürlich schwer zu erkennen: Was steckt dahinter? Ich meine, optisch sehen sie sich jetzt erstmal sehr ähnlich. (...) Ich meine, wenn ich so richtig gut essen gehe, teuer, und da sitzt dann am Nebentisch der Kellner aus dem Bistro, wo ich immer hingehe!

Wie Frau Kosic mit solchen „Bistro-Kellnern“ umspringt, zeigte sie mir wenige Minuten später im Interview. Wir saßen uns an einem Tisch für vier Personen kaffeetrinkend gegenüber. Als einer der Kellner am Nachbartisch servierte und, um die Hände für andere Arbeiten frei zu haben, mit einer kurzen, unverständlichen Bemerkung eine Platte mit gebratenem Fisch auf der freien Hälfte unseres Tischs abstellte, versteinerte die Miene von Frau Kosic, und es entspann sich mit hoher Geschwindigkeit folgender Dialog:

Frau Kosic (laut und empört): Können Sie das nicht woanders machen?
Kellner (weiter am Nebentisch hantieren, leise und beschwichtigend): Jaja, Entschuldigung.

Frau Kosic: Sie hätten ja wenigstens fragen können, ob das stört!

Kellner: Ich habe gefragt.

Frau Kosic: Nein!

Kellner: Ich habe gesagt: 'Kann ich das hier abstellen?'

Frau Kosic (lauter): Sie haben es einfach hingestellt! Das ist doch eine Sauerei!

Kellner (immer noch leise, aber genervt-resignativ): In Italien würde man da auch nicht anders machen können, weil die Bistros dort so eng sind, und die Leute würden sich freuen, zusammen in einem Restaurant zu sitzen.

Frau Kosic (noch lauter): Wir sind hier aber in Deutschland!

Dann endete die Auseinandersetzung - nicht, weil Frau Kosic davon abließ, sondern weil der Kellner, mittlerweile mit dem Servieren fertig, die Platte nahm und schweigend ging. Frau Kosic war eine der wenigen TeilnehmerInnen, die ziemlich explizit sagten oder vielmehr inszenierten, wie sie die im Seminar behandelten Benimmregeln dazu nutzten, Distinktion zu praktizieren, und bei denen auch klar wird, inwiefern dieses Sichunterscheiden-Wollen nicht nur Abgrenzung, sondern auch Ausgrenzung (hier in aggressiver Form) mit sich bringen kann. So rächte sich Frau Kosic an den „Bistro-Kellnern", die ihr mit ihren „großen Wagen" und als Gäste im „teuren Restaurant", das sie lieber für sich und ihresgleichen hätte, die Nicht-Exklusivität ökonomischen Kapitals vor Augen führen, also die Tatsache, daß sie nicht besonders ist, sondern lediglich besonders reich. Sozusagen stellvertretend mußte der Kellner während des Interviews dafür büßen, daß die von der Klassengesellschaft produzierte Ungleichheit mittlerweile weniger augenfällig („optisch sehen sie sich sehr ähnlich") erscheint, als es dem Hierarchie- und Abgrenzungsbedürfnis mancher ihrer Mitglieder entspricht.

Dieser bei den SeminarteilnehmerInnen beobachtete und erfragte Umgang mit Benimmregeln führt vor Augen, daß bei den Veranstaltungen - trotz aller „praktischen Übungen" am Eßtisch und für die Begrüßung - weniger „Regeln gelernt" werden. Die Nutzung des Genres besteht vielmehr darin, daß Lehrende und TeilnehmerInnen imaginieren, an einem Arkanwissen zu partizipieren, das Macht und verschiedene Sorten von Kapital zu garantieren scheint („Erfolg mit

Stil"). Dabei erwächst die Distinktion genau aus der Differenz zwischen der Praxis „vieler" und den im Seminar von wenigen geteilten „Regeln". Die SeminarteilnehmerInnen benutzen die „Regeln" nicht als Handlungsanleitungen, sondern als Nomenklatur, nach der sie nun andere beurteilen. So werden sie durch den Besuch des Seminars subjektiv von Beobachteten zu Beobachtenden.

Diese Form der Distinktion gehört zu den spezifischen „Klassenpraktiken" (Poulantzas 1975, 14) des (neuen) Kleinbürgertums, dem Sich-Unterscheiden-Wollen, der Annahme, über „richtige Regeln" Bescheid zu wissen, und dies jedoch gleichzeitig nicht als Mission zu organisieren, sondern es für sich zu behalten, um den Unterschied zum „falschen" Handeln anderer nicht zu zerstören, ohne den eine Distinktion nicht möglich wäre: „Man weiß hier immer, was *die anderen* (die Arbeiterklasse) nicht wissen und durch einen Urmakel nicht wissen können, und was man weiß, ist das 'Wissen, das zählt', das 'edle Wissen', das 'wahre Wissen' (...)" (ebd., 220). Diese Einordnung der beobachteten Distinksionspraxis als kleinbürgerlich soll nicht die kritische Analyse durch eine Begrifflichkeit erfüllt sehen, die umgangssprachlich als pejorativ gilt: Sie entspricht nicht nur der sozialen Herkunft und Lage der SeminarteilnehmerInnen, sondern ihre Distinktion unterscheidet sich von derjenigen, die im Adel oder im (Groß-)Bürgertum praktiziert wird. Deren Abgrenzungsstil ist nämlich von einer weiteren Komponente flankiert, wie beispielsweise de Saint-Martin (1991, 534) für den französischen Adel feststellte: „Das Überlegenheitsempfinden ist verbunden mit dem Empfinden, Aufgaben und Pflichten zu haben; die Adligen meinen um so eher 'über dem Volk' zu stehen und behaupten diese 'Überlegenheit' um so naiver, je mehr Aufgaben und 'Pflichten' sie sich zuerkennen." Böhnisch (1999, 116) stieß bei den von ihr interviewten (groß)bürgerlichen Frauen („Gattinnen", ihre Ehemänner sind geschäftsführende Direktoren oder Vorstände von Unternehmen) auf dieselben Elemente von Distinktion: „Die Frauen stellen sich nicht als *herrschende* Klasse dar, sondern als gesellschaftliche Elite, die in der Gesellschaft Führungspositionen einnimmt" (Hervorhebung i. Orig.). „Als gesellschaftliche Elite haben sie keinen Anspruch auf Sonderrechte, sondern vielmehr Pflichten gegenüber der Gesellschaft" (ebd., 69). Ein solch paternalistisches Selbstverständnis fehlt bei der Distinktionspraxis der SeminarteilnehmerInnen: Sie sehen nicht die gesamte Gesellschaft unter sich, sondern interessieren sich für die als legitim geltende Praxis irgendeiner „Elite", (die sie ökonomisch, soziale und kulturell über sich verorten), und distinguieren sich gegen andere (die als unterhalb ihnen befindlich erscheinen), für die sie nicht „Verantwortung" reklamieren, sondern deren „Unwissenheit" gerade der Garant für ihr „Wissen" ist. Beim hier untersuchten Umgang mit Benimmregeln geht es nicht in erster Linie um das Können, sondern um das Kennen von „Regeln". Die auf Topoi wie „Umgangsformen" oder „Etikette" bezogene Praxis besteht nicht aus der „Umsetzung" oder Nicht-„Anwendung" von „Regeln", sondern aus dem Verhältnis, in das der Alltag anderer zum selbst für gültig genommenen „Regel"-Wissen gesetzt wird.

5 Zusammenfassung

Die Untersuchung des Umgangs mit Benimmregeln gibt weniger Auskunft über beispielsweise Praxen der Begrüßung. Sie zeigt vor allem, wie die TeilnehmerInnen und Lehrenden der teilnehmend beobachteten Seminare beim Reden über „Regeln" Distinktion praktizieren und wie sich dadurch soziale Schließung ergibt.

Die vorliegende Arbeit versteht sich als kulturwissenschaftlicher Beitrag zur Frage der Dynamik zwischen Kultur und Sozialstruktur. Die Ergebnisse legen es nahe, im Gegensatz zu neueren kultursoziologischen Thesen (z.B. G. Schulze) erstens von einer nach wie vor engen Beziehung zwischen alltagskulturellen Formen und der (subjektiven oder objektiven) sozialen Herkunft und Lage von Individuen auszugehen und zweitens darauf hinzuweisen, daß die sich als Klassenverhältnis darstellende Sozialstruktur subjektiv sehr relevant ist sowohl für die eigene Verortung im ökonomischen, sozialen und kulturellen Raum als auch für die dazu eingenommene Haltung.

Ebenso, wie die quantitative Sozialstrukturanalyse Behauptungen, „daß die 'Geschichtetheit' der Gesellschaft der Bundesrepublik Deutschland zurückgegangen ist" (Schulze 1992, 429), widerlegt (z.B. Geißler 1994, 1998; Koch 1994), ist es angesichts der in dieser Studie vorgenommenen qualitativen Kulturanalyse gerade nicht „fraglich" (Schulze 1990, 410), daß (soziale, ökonomische, politische) Ungleichheit handlungsrelevant ist und wahrgenommen wird. So wurde bei der teilnehmenden Beobachtung und in den Interviews offenbar, daß Lehrende und TeilnehmerInnen der untersuchten Seminare einerseits von einer ungleich geteilten Gesellschaft selbst ausgehen, daß sie andererseits selbst für asymmetrische Teilungen eintreten und daß ihre Klassifizierung einer „Regel" als „richtig" mit der imaginären Situierung dieser Praxis in den oberen Klassen korreliert.

Auch aus diesem Grund ist in der vorliegenden Arbeit von 'Klassen' die Rede. Dies ist nützlich, da ein klassentheoretischer Ansatz es ermöglichte, die in den Benimmseminaren beobachtete Teilung zwischen „richtiger" und „falscher" Praxis sozialstrukturell zu verorten: Als legitim, als „höflich" gilt den Lehrenden und TeilnehmerInnen stets eine Praxis, die sie einer Gruppe zuschreiben, deren gesellschaftliche Existenz nicht durch Erwerben (was Lohnarbeit symbolisiert), sondern durch Eigentum und Erben (was Kapital symbolisiert) charakterisiert ist. Entweder positionieren sich die Lehrenden real oder imaginär in dieser Gruppe und begründen so ihre Qualifikation, oder sie geben an, daß sie ein/e Eigentümer/in oder Erbe/Erbin in die Geheimnisse des guten Tons" eingeweiht hat.

Die alltagskulturelle Relevanz der subjektiven sozialen Herkunft und sozialen Lage

Grundlegend für diese Studie war der kulturtheoretische Ansatz von P. Bourdieu, gleichzeitig jedoch wurde versucht zu vermeiden, strukturdeterministisch zu argumentieren. So zeigte sich beispielsweise bei der Analyse des Sozialprofils der Lehrenden, daß es für ihre subjektive Verortung in der oberen Klasse irrelevant ist, ob dies ihrer tatsächlichen sozialen Herkunft und Lage entspricht. Entscheidend ist vielmehr, daß alle am Seminar Beteiligten die Legitimität einer bestimmten alltagskulturellen Praxis stets mit deren Verortung beim Erwerbsmodus 'Erben' begründeten. Auf diese Weise reproduzieren auch diejenigen, die gar nicht zu den ErbInnen von (ökonomischem, sozialem, kulturellem) Kapital gehören, die (in mehrfacher Hinsicht) herrschende Ordnung von Kapital und Lohnarbeit auf alltagskultureller Ebene. Der Forschungsprozeß und die sich darin manifestierenden Übertragungsverhältnisse zwischen mir und den beobachteten und befragten Personen zeigte außerdem, daß nicht einfach bestimmte Praxen oder die individuell und objektiv vorhandene Kapitalstruktur einer Person (z.B. Stellung im Produktionsprozeß, Bildungstitel) distinktiv wirken, sondern daß Distinktion aus einer entsprechenden Intention entsteht (wobei diese beabsichtigt oder unbewußt sein kann): Es war nie vorherzusehen, welche Kapitalsorte ein Interviewpartner oder eine Seminarteilnehmerin mir gegenüber in Anschlag bringen würde (und dies wiederum mußte, wie oben bereits erörtert, nicht unbedingt der objektiven Struktur ihres Kapitals entsprechen), ob sie mich in meine ökonomischen Schranken verweisen oder mich als Wissenschaftlerin herausfordern würde etc. Zur kulturwissenschaftlichen These, „daß soziale Verhältnisse nicht unbedingt nur von ihrer gleichsam harten, scheinbar allein in quantifizierbaren Strukturen 'objektivierten' Seite zu verstehen sind, sondern daß sich eine soziale Gruppe oder eben eine Klasse auch über soziale und kulturelle Praktiken (...) konstituiert" (Sarasin 1992, 49), sollte die vorliegende Studie am Beispiel des Umgangs mit Benimmregeln einen empirischen Beleg liefern.

Ausgrenzung statt Integration

Vor allem die Lehrenden der Benimmseminare, aber auch die Medienberichte zum Genre Umgangsregeln behaupten, daß die Maxime der „Höflichkeit" der gesellschaftlichen Integration und Solidarität diene: Entweder plädieren sie für „Umgangsformen" im Dienste von abstrakt definierter „Menschlichkeit", oder sie führen den sich schließenden nationalen oder weltweiten Arbeitsmarkt an („Erfolg mit guten Manieren", „Globalisierung"). In allen Fällen soll die Orientierung an Benimmregeln der Integration dienen: Dem „harmonischen Miteinander" im Alltag oder der erfolgreichen Bewerbung um eine Arbeitsstelle. Die Analyse des realen beziehungsweise imaginären Sozialprofils der Lehrenden und TeilnehmerInnen dagegen zeigte, daß der Umgang mit Benimmregeln kein Mittel zum Integrationszweck ist, sondern ein Modus, dessen sich die beobachteten und befragten Personen zu einem biographischen Zeitpunkt beziehungsweise aus einer sozialen Lage heraus bedienen, die durch ökonomische und soziale Etablierung gekennzeichnet ist. Diese Sicherheit wird mit Hilfe des Benimmseminars kulturell abgeschottet. Die Bezugnahme auf „Umgangsformen" erweist sich damit als Teil oder Modus von Prozessen sozialer Schließung: Die Lehrenden und TeilnehmerInnen reklamieren einerseits für sich „richtiges" Handeln und schließen sich damit ein in die Klassenfraktionen, deren Erwerbsmodus (Kapital egal welcher Sorte erben) und Praxis als legitim und besonders gilt. Andererseits identifizieren sie spiegelbildlich und gleichzeitig dazu das „falsche" Benehmen anderer, die somit ausgeschlossen und der Klasse derjenigen zugeordnet werden, deren Erwerbsmodus (durch Lohnarbeit erwerben) und Praxis als illegitim und gewöhnlich abgewertet wird. Es sind weniger irgendwelche besonderen Praktiken, sondern diese Praxis der „discretio" (P. Bourdieu), des Einteilens und Bewertens, die aus dem Umgang mit Benimmregeln Distinktion und damit ein „Element der Macht" macht, wie Canetti (1980, 332) das „Urteilen und Aburteilen" nannte:

> „Es ist die Macht des Richters, die man sich auf diese Weise zubilligt. Denn nur scheinbar steht der Richter zwischen den beiden Lagern, auf der Grenze, die das Gute vom Bösen trennt. Er rechnet sich dem Guten zu, auf jeden Fall; die Legitimierung zu einem Amt beruht großenteils darauf, daß er unerschütterlich ins Reich des Guten gehört, als wäre er dort geboren[1]. Er urteilt sozusagen immer. (....) Aber auch solche, die nicht Richter sind, die niemand dazu bestellt hat, die niemand bei gesunden Sinnen dazu bestellen

würde, nehmen sich unaufhörlich Urteile heraus, auf allen Gebieten. Keine Sachkenntnis wird dazu vorausgesetzt: Die sich der Urteile enthalten, weil sie sich ihrer schämen, sind an den Fingern abzuzählen. (...) Das Urteilen über 'Gut' und 'Schlecht' ist das uralte Mittel einer dualistischen Klassifikation, die aber nie ganz begrifflich und nie ganz friedlich ist. Es kommt auf die Spannung zwischen ihnen an, und der Urteilende schafft und erneuert diese Spannung."

Dabei unterscheidet sich diese Form der Distinktion von derjenigen, die für den Adel oder das (Groß-)Bürgertum aufgewiesen wurde, und die sich nicht (wie die hier thematisierte kleinbürgerliche Variante) ausschließlich über vermeintlich „korrekte" Formen bestimmt, sondern auch durch die paternalistische Rede von „Verantwortung" und „Verpflichtung" gegenüber der Gesellschaft charakterisiert ist.

Ästhetisierung, Klassen und gesellschaftliche Produktion von Unbewußtheit

Da die Quintessenz der untersuchten Veranstaltungen gerade die Praxis eines urteilenden Blicks ist, den die TeilnehmerInnen dort erworben haben, kann der hier untersuchte Umgang mit Benimmregeln beschrieben werden als Ausdruck „sozialer Schließung" (F. Parkin). Daß Ausgrenzung Voraussetzung und Effekt von prinzipiell jeder Person zugänglichen Seminaren auf dem öffentlichen und kommerziellen Bildungsmarkt ist, die vermeintlich der Weitergabe und „Demokratisierung" von Bildung und Wissen dienen, ist nur auf den ersten Blick ein Widerspruch oder ein Spezifikum der Benimmseminare. In der Bildungsforschung wurde bereits vor einigen Jahren darauf hingewiesen, daß gerade Erwachsenenbildung „nicht nur in den Betrieben, sondern in der gesamten Gesellschaft (...) eine wachsende Bedeutung für die Reproduktion und die Legitimierung sozialer Ungleichheit" (K.A. Geißler 1994, 111) bekommt. Insofern ist es nicht erstaunlich, daß die Entstehung einer eigenen Sparte zu Benimmregeln auf dem Bildungsmarkt in den achtziger Jahren begann, also dem Jahrzehnt, das die Sozialstrukturanalyse als „die Jahre der sozialen Schließung" (Vester u.a. 1993) charakterisierte. Dies korreliert wiederum mit im selben Zeitraum beobachteten Phänomenen, die als Wechsel von fordistischer zu postfordistischer Regulationsweise identifiziert wurden:

„Seit den achtziger Jahren deutet sich eine Umdefinition des Sozialen an. Als alternativer Entfaltungs- und Möglichkeitsraum zur ökonomisch-technischen Akkumulationslogik war das Soziale im Fordismus eine gesellschaftsnotwendige Kompensation der Systemmängel. Den Fordismus kennzeichnete die soziale Integration in Verbindung mit einer paternalistisch-staatlichen Regulierung der Ausgeschlossenen. Der Postfordismus ist stärker von der Tenzenz der Ausschließung und der Debatte darüber geprägt, wie mit den Ausgeschlossenen zu verfahren sei. (...) Diese Entwicklung (...) ist vom Zwang zur Selbstgestaltung und Selbstvermarktung geprägt. (...) Auf der Seite der Eingeschlossenen wirkt die als 'Schicksalsschlag' verstandene Möglichkeit des sozialen Abstiegs in hohem Maße disziplinierend" (Kind/Ronneberger 1996, 97f.).

Die nach wie vor anhaltende Intensivierung des Diskurses um „Benehmen" und „Höflichkeit", die die Steigerung der Neuauflagen und Neuerscheinungen des Genres auf dem Buchmarkt und die Entstehung einer eigenen Sparte auf dem Bildungsmarkt quantitativ indiziert, stellt sich qualitativ als ästhetisierte Feinmechanik sozialer Schließung dar.

Diese ist in den untersuchten Seminaren auch dadurch charakterisiert, daß ökonomische und soziale Phänomene als ästhetische wahrgenommen werden. Ästhetisierung von Ökonomie und Gesellschaft ist eng verknüpft mit sozialen (Aus-)Schließungsprozessen. Diese werden bei einer solchen Perspektive und Praxis nicht als (interessengeleitete) Konflikte wahrgenommen, was eine Auseinandersetzung mit ihnen verhindert und damit zur alltäglichen Produktion von Unbewußtheit über gesellschaftliche Verhältnisse führt: „In dem Maße, wie sich die Gesellschaft in Klassen spaltet und sich divergierende Klasseninteressen entwickeln, nimmt die gesellschaftliche Produktion von Unbewußtheit zu" (Erdheim 1984, 222). Die Perzeption von Gesellschaft als Stilfrage in den untersuchten Kursen ist ein Teil dieser Produktion von Unbewußtheit, die die Perpetuierung beziehungsweise Verschärfung der bestehenden gesellschaftlichen Ordnung sichert.[2]

Daß eine alltagskulturelle soziale Integration nicht durch die (sei es negative, positive oder modifizierende) Bezugnahme auf Praxen bewerkstelligt werden kann, die deshalb als legitim gelten, weil sie hegemonialen Gruppen zugeschrieben werden, kann mit Rekurs auf Bourdieus Theorie von der Ökonomie der Kultur interpretiert werden. Jede solcherart gestaltete Auseinandersetzung stabilisiert letztlich die Koordinaten (bei den Benimmregeln: der Unterschied zwischen Erben und Erwerben), die für die herrschaftssichernde Differenz zwischen legitim und illegitim notwendig sind. Die hier untersuchten Diskurse und Praxen unter dem Titel „Umgangsformen" haben ungleiche Teilungen (nach Geschlecht, Alter und Klasse) sowohl zur Voraussetzung als auch zum Effekt. Im Vokabular von Bourdieu formuliert: Das hier analysierte Material stellt heterodoxe (die sich als „modern" begreifenden Umgangslehrenden) oder orthodoxe (die VerteidigerInnen „klassischer" Praktiken unter den Lehrenden) Manifestationen der „doxa" dar, der fraglos-selbstverständlichen, gegebenen und nicht formulierten gesellschaftlichen Ordnung. Auch die von den Lehrenden „modern“ genannte heterodoxe Position unterläuft nicht die „doxa“, sondern ist ebenso wie deren orthodoxe VerteidigerInnen eine ihrer Manifestationen, nur eben mit negativem Vorzeichen. Diese Position würde allein durch eine Perspektive erschüttert, die man in Anlehnung an Bourdieu (1987, 620f.) als die „paradoxe“ bezeichnen könnte, deren Realisierung in alltäglichen gesellschaftlichen und kulturellen oder gar politischen Auseinandersetzungen um mehr „Menschlichkeit“ aber höchst selten zu beobachten ist. Der hier untersuchte Umgang mit Benimmregeln ist im Gegensatz dazu eine Antwort auf die kulturwissenschaftliche Frage, „wie in den kulturellen Formen und Medien des Alltags Herrschaft und Privilegien praktiziert und legitimiert werden“ (Maase 1999, X).

Anmerkungen

1 Einleitung

1 Alle Namen und Angaben, die zur Identifizierung von Personen taugen, wurden anonymisiert bzw. geändert.

2 Die Soziologinnen Heintz und Nadai (1998) beispielsweise haben die Formen und den Wandel der (Re-)Produktion von asymmetrischer Geschlechterdifferenz am Beispiel der geschlechtsspezifischen Segregation in drei Berufen (Krankenpflege, Sachbearbeitung, Informatik) auf dem Arbeitsmarkt in der Schweiz qualitativ untersucht. Wittels (1997) auf einer Feldforschung basierende kulturwissenschaftliche Studie zum Arbeitsalltag in einer „Unternehmenskultur" führt vor Augen, wie sich gerade beim Umgang mit dem Machtunterschiede verschleiernden räumlichen Dispositiv (Großraumbüros, „open-door-policy") oder mit dem firmenideologischen Angebot einer Deutung der Arbeitsverhältnisse als „egalitär" geschlechtsspezifische und hierarchische Ungleichheit manifestiert.

3 Dies meldete „Stil & Etikette", das Organ des „Arbeitskreises Umgangsformen International", jüngst in einer Pressemitteilung (die tageszeitung, 16.3.1999: „Style und Etiquette").

4 Brigitte Nr. 11/1984, 144: „Höflichkeit im Kommen"; Kölner Stadt-Anzeiger, 20./21.6.1987, 13: „Auf Etikette wird wieder geachtet"; Psychologie Heute, Heft 11/1997, 30-33: „Knigge für Krisenzeiten".

5 Es interessierten sich, so beispielsweise Psychologie Heute, vor allem „die erwachsenen Kinder der Anti-Autoritäten" für Umgangsregeln (Psychologie Heute, Heft 11/1997, 30-33: „Knigge für Krisenzeiten").

6 Wouters (1986, 526f.) macht die im Vergleich mit den 1970er Jahren „geringeren kollektiven Aufstiegsaussichten" als Grund dafür aus, daß die „(Ehr-)Furcht vor dem Urteil des sozial Höherstehenden wieder gestiegen" sei.

7 Es gibt Hinweise darauf, daß sich in anderen (westlichen) Ländern seit Ende der 80er Jahre ein ähnliches Angebot entwickelte. Auch dort gibt es mittlerweile neben den einschlägigen Ratgebern die Form der Vermittlung von Umgangsregeln in kommerziellen Seminaren sowohl für Erwachsene als auch für Kinder sowie einschlägige Unterweisung an Schulen (Der Spiegel, 13.7.1987, 144f.: „Ziselierte Lebensart" (USA); Insight, 20.8.1990, 60f.: „Campers tutored to sip, not slurp" (USA); Travel & Leisure, Dec. 1995: „Please pass the po'boys" (USA); Forbes, 13.3.1995: „Enfants not-so-terribles" (USA); Yankee, Jan. 1993: „Sara at the Ritz" (USA); Neue Zürcher Zeitung, 2.9.1999: „Früh übt sich, wer erfolgreich werden will" (USA); Süddeutsche Zeitung, 16.6.2000: „Wie erzieht man Millionäre?" (USA); Frankfurter Allgemeine Zeitung, 16.1.1996, 8: „Unterrichtsfach: Höflichkeit" (Norwegen); Südwest Presse, 8.1.1997: „Wer die Gabel rechts hält, der fliegt" (Großbritannien); Stuttgarter Zeitung, 1.2.1997: „'Feine englische Art' nicht nur für Ausländer" (Großbritannien); Stuttgarter Zei-

tung, 10.1.1998: „Freiherr von Knigge feiert ein Comeback in den USA" (Großbritannien); Süddeutsche Zeitung, 5.1.00: „Russlands Adel lernt, wie man Bananen ißt"; Süddeutsche Zeitung, 28.10.1997: „Die Schule des Lächelns" (Japan); Süddeutsche Zeitung, 19./20.7.1997: „Knigge für Müllmänner" (Niederlande).)

8 Die folgenden Informationen zu den Filmen stammen aus den umfangreichen Recherchen, die Peter Päßler in der Redaktion „100 Deutsche Jahre" des Südwestfunks für die Folge Nr. 47 („Die Deutschen und der Gute Ton") dieser Reihe unternommen hat und die er für diese Arbeit freundlicherweise zur Verfügung gestellt hat.

9 Deutschlandspiegel 26 (Dez.1956): „In einer Dorfschule bei Erlangen hat ein erfindungsreicher Lehrer mit großem Erfolg ein neues Lehrfach eingeführt: das gute Benehmen bei Tisch." („Deutschlandspiegel" war ein ab 1954 monatlich ausgestrahlten Magazin der Wochenschau); Deutsche Wochenschau (UFA) 178/1959: „München: Kurse für gute Manieren der Gräfin Luxburg"; Norddeutscher Rundfunk, 9.3. 1966: „Europäische Oberschicht - Die Mächtigen, die Reichen, die Prominenten".

10 Laut Schmid, Verfasserin des Berichts und damalige Umgangsregel-Dozentin, ging es in „Knigge und Wir" um die „Aktualität" der „Regeln", „Kinokrakeeler" behandelte das „Benehmen im Kino", und „Gerade darum" lieferte Kulturgeschichte („der historische Ursprung gewisser Sitten (...), deren Sinn wir heute nicht wissen und die wir nur der Regel zuliebe anwenden") für den VHS-Unterricht.

11 Damit verwandte neue, etwa ab Ende der 80er Jahre häufiger anzutreffende Angebote Jahre sind die sogenannte „Farb- und Stilberatung" (z.B. Die Zeit, 9.9.1999: „Wie eine gute Freundin" sowie an jeder Volkshochschule), zur Geschmacksbildung (z.B. Saarbrücker Zeitung, 7./8.1999: „Im Grand-Hotel genießt die Zürcher Elite einen Saarländer") und Weinkunde sowie sogenannte „interkulturelle Trainings" (z.B. Süddeutsche Zeitung, 21./22.2.1998: „Schwieriger Gleichklang zwischen Deutschen und Franzosen"; Süddeutsche Zeitung, 5./6.6.1999: „Emanzipation all' italiana"; die tageszeitung, 8./9.4.2000: „Klischees, Kulturen und Kulturschocks"); Süddeutsche Zeitung, 17./ 18.6.2000: „Kostspielige Mißverständnisse"; Darmstädter Echo, 19.9.2000: „Auslands-Knigge für Frauen"; Der Tagesspiegel, 18.10.2000: „Global Lifestyle".)

12 Raapke (1998) und Vulpius (1979) weisen darauf hin, daß die beiden Termini einen je spezifischen Bildungsbegriff konnotieren: „Erwachsenenbildung" impliziert „Bildung des oder der Erwachsenen als Individuen", „traditionelle, allgemeine, kulturelle oder politische Bildung auf der persönlich subjektiven und nicht auf Effektivität ausgerichteten Seite"; „Weiterbildung" meint „Fort- und weitere Ausbildung von Qualifikationen vor allem im beruflichen Feld".

13 Süddeutsche Zeitung, 27.5.1997: „Kraftquell zum Erfolg: Versenke dich in dich selbst".

14 Das Institut der deutschen Wirtschaft (IW), Köln, führte diese Datenbank von 1991 bis Juni 1999 im Auftrag der Bundesanstalt für Arbeit. Seit Juli 1999 liegt die Verantwortung ganz beim IW, das Angebot heißt seither „Links zu Qualifizierungsanbietern in Deutschland" (URL: http://www.liquide.de). Die VeranstalterInnen selbst bieten die Benimmseminare u.a. in den zahlreichen Seminarzeitschriften (u.a.

Seminar Führer, Manager Seminare. Das Weiterbildungsmagazin, Motivation, VBU-Seminarführer, Management & Seminar) an.

15 Den Auftakt machte 1985 eine Dozentin in Berlin mit ihrer Firma „Ton und Takt Gesellschafts-Schulungen", die, so der Prospekt über „Theorie und Praxis der gesellschaftlichen Spielregeln" informieren. Seit 1986 ist eine Dozentin aus Hessen für „Umgangsformen" aktiv. 1990 eröffnete eine Dozentin ebenfalls in Berlin ihren Betrieb „LebensArt. Studio für zeitgemäße Umgangsformen und gesellschaftliches Know-how", wo sie seither „Repräsentationstrainings" anbietet. Ebenfalls 1990 begann eine Dozentin aus Frankfurt zu unterrichten. Eine Dozentin aus Niedersachsen bietet seit 1992 Seminare unter dem Titel „Etikette" an. In Baden-Württemberg gründete 1993 eine Dozentin ihren „Takt & Stil Beratungs-Service"; und eine weitere Dozentin begann (ebenfalls in Baden-Württemberg) 1995 mit ihren Seminaren zur „Kunst des gewandten Auftretens". Alle diese Anbieterinnen wurden für die vorliegende Arbeit befragt, und in einigen Fällen habe ich in ihren Seminaren teilnehmend beobachtet.

16 Z.B.: Die Zeit, 26.120.1990, 96: „Vom Versuch, Lebensart zu lehren und zu lernen"; die tageszeitung, 21.2.1994: „Die Renaissance der guten Sitten"; Handelsblatt, 31.3./ 1.4.1995: „Repräsentationstrainer bringen Führungskräften Manieren bei"; Die Welt, 5.5.1995: „Die hohe Schule des feinen Benehmens lernen"; Focus Nr. 17 (1995): „Vollendetes Kirschkernspucken"; Wirtschaftswoche, 7.9.1995: "Benimmtrainings für Führungskräfte stoßen auf erstaunlich große Nachfrage"; Junge Welt, 4./ 5.11.1995: "Gisela Tautz-Wiesner. Wie häßlich ist die Linke?"; Die Woche, 26.1.1996: „Keine Chance für Rüpel"; Wirtschaftswoche, 15.2.1996: „Benimm: Knigge im Kommen"; Frankfurter Allgemeine Zeitung, 17.2.1996: „Kaviar ohne Zitrone"; Süddeutsche Zeitung, 5.3.1996: „Ein Kenner der Menschen und der Bestien"; Handelsblatt, 22.4.1996: „Knigge für Manager"; Focus Nr. 20 (1996): "Handy und Handkuß"; Die Zeit, 7.3.1997: „Ein Kursus über die Tücken der Etikette"; Capital, April 1999: „Erfolg im Beruf hängt auch vom Benehmen ab"; Wirtschaftswoche, 14.10.1999: „Anrede: Ein ständiger Eiertanz"; Wiesbadener Kurier, 7.12.1999; Süddeutsche Zeitung, 1./2.4.2000: „Androgyne Umgangsformen"; Süddeutsche Zeitung, 19./20.8.2000: „Gutes Benehmen ist kein Zufall".

17 U.a.: Bayrischer Rundfunk, 4.11.1989: „Im Trend: Umgangsformen wieder gefragt"; Norddeutscher Rundfunk, 1.8.1994 (Markt im Dritten): „Manieren für Manager"; Deutschland Radio, 4.8.1996: „Lebensart oder: Kennst Du deinen Knigge nicht?"; Stuttgarter Zeitung, 17.3.1998: "Ein moderner Knigge, in der Stuttgarter Markthalle verfilmt"; Stuttgarter Zeitung, 11.4.1998: "Beruhigende Ratschläge von Fachleuten des Benehmens auf Südwest 3"; ARD, 21.3.1999: 100 Deutsche Jahre, Folge 47: „Die Deutschen und der Gute Ton"; ARD 1999: „Knigges Jünger. Mit Anstandsdamen unterwegs".

18 Siehe Kap. 2.1. zur Distinktionsfunktion der Abgrenzung von Volkshochschulen.

19 Gängige andere Angebote dieser Gruppe sind beispielsweise Farb- und Stilberatung, Tanzen, Rhetorik, Kommunikation, Konfliktbewältigung, Körpersprache, Bewer-

bung und Vorstellungsgespräch, Telefonieren, aber auch alles rund ums Sekretariat einschließlich Briefstil und Rechtschreibung; außerdem haben unzählige Einzelveranstalter und Firmen, deren Angebot „Training“, „Consulting“, „Beratung“ oder „Coaching“ heißt, Seminare über „Umgangsformen“ im Programm.

20 Z.B. ein Tübinger Gymnasium (Schwäbisches Tagblatt, 7.7.2000: „Jugend mit Zukunft: Wildermuth-Gymnasiasten lernen Tischmanieren“), eine Stuttgarter Hauptschule: „Der Benimmkurs endet an einer reich gedeckten Tafel“ (Stuttgarter Zeitung, 18.3.2000).

21 Stuttgarter Zeitung, 23.1.1996: „Studenten üben sich als Nachwuchsschlemmer“ u. Süddeutsche Zeitung, 21./22.12.1996 (Fachhochschule für Druck, Stuttgart); Schwäbisches Tagblatt, 11.11.1998: „Rottenburger Forstwirtschaftsstudenten übten vier Stunden lang gute Manieren bei Tisch“ (Fachhochschule für Forstwirtschaft, Rottenburg); Augsburger Allgemeine Zeitung, 2.4.2000: „Auf auf der Kanzel muß die Frisur stimmen“ (Theologische Fakultät der Universität Eichstätt); Interview mit Frau Hohloch am 7.11.1996 (Berufsfachschulen).

22 Dies waren die Veranstaltung von Frau Kutsch, Frau Rau und Frau Möchten. Siehe dazu das Seminarportrait in Kap. 1.5.

23 Diese Seminare leiteten Frau Baumann und Frau Kardorff. Siehe dazu das Portrait des Seminars in Kap. 1.5.

24 DozentInnen waren hier Frau Baumann, Frau Bäcker, Frau Hohloch, Herr Hartmann und Herr Schmitz. Siehe dazu das Seminarportrait in Kap. 1.5.

25 Auch die Literaturwissenschaft interpretierte diese Texte als Quellen für Gesellschaft und Kultur (z.B. Martens 1977; Eigenwald 1978; Sauer 1987; Montandon 1991, 1992, 1993a u. b, 1994b; Pittrof 1993); vgl. dazu auch die umfangreiche (germanistische) Knigge-Forschung (u.a. Zaehle 1933; Ueding 1977 u. 1986; Mitralexi 1984; Galliker/Klein 1992; Göttert 1995 u. 1996).

26 Hartmann (1990, 64) wendet das strukturalistische Modell zur Sprachanalyse ganz explizit auf Umgangsliteratur an: „Ich fasse die Gesamtheit der Verhaltensweisen, die mit Begriffen wir Benehmen, Umgang, Anstand, Höflichkeit usw. belegt sind, als eine Art von Sprache auf. (...) Die Sprache (langue) der Umgangsformen besteht zum einen aus einem Lexikon, das heißt aus einem Gesamtvorrat an Formeln und Gebärden, zum anderen aus einer Syntax, das heißt aus den Regeln ihrer Verknüpfung, Modifikation und Reihenfolge. Die Rede (parole) ist die Aktualisierung dieser Sprache (langue), ihr Gebrauch in einer bestimmten Situation.“ Ähnlich problematisch ist der semiotische Ansatz von Civ’jan (1977).

27 Das Problem dieser Annahme zeigt sich etwa bei den von Beck/Enßlin (1991, 59 u. 67) berichteten Interviewerfahrungen: Das Ausloten des Verhältnisses zwischen Umgangsliteratur und Umgangspraxis sei „ein methodisches Problem“, weil „der Einfluß, den die Rezeption von Etikettebüchern auf Alltagsnormen gehabt hat, nicht erinnert (oder zugegeben) wird und damit nicht direkt abfragbar ist: So äußerte sich zum Beispiel das Ehepaar K., daß man über gutes Benehmen schließ-

lich auch ohne Ratgeber Bescheid gewußt habe (...)." Dies ist m.E. weniger eine Frage der „Methode", sondern eine Folge der Prämisse, daß 1. „gutes Benehmen" für alle Befragten ein handlungsleitender Topos war und daß es 2. in Benimmbüchern nachgeschlagen wurde. Wenn man den Untersuchungsgegenstand („Umgangsregeln", „Höflichkeit") zur analytischen Kategorie macht (anstatt die diskursive und praktische Konstruktion solcher Topoi und Nomoi zu untersuchen) gibt es keine andere Möglichkeit, als den zitierten empirischen Befund über den Umgang mit Umgangsliteratur („ohne Ratgeber") als unbeabsichtigtes („nicht erinnert") oder gezieltes („nicht zugegeben") Vergessen zu (miß)deuten.

28 Im „Entwurf einer Theorie der Praxis" (1979, 159) kritisiert er an dieser die Sozialtheorie bis dahin dominierende Herangehensweise, daß sie Handeln lediglich „negativ, d.h. als Ausübung/Ausführung" konzipiert.

29 Dies fordert beispielsweise Stark (1980, 72) bei seiner Untersuchung von „Tischmanieren": „(W)e have much more literature describing how people ought to eat than how people do eat." In der vorliegenden Arbeit geht es dagegen um die sozialstrukturellen Zusammenhänge, die dann virulent sind und von den Beteiligten in Anschlag gebracht werden, wenn darüber geredet wird, wie warum gegessen werden soll.

30 In der Sprachwissenschaft hat sich die „Auseinandersetzung mit Phänomenen verbaler Höflichkeit (...) in den letzten 15 Jahren (...) zu einem der Lieblingsgegenstände der modernen performanzorientierten Linguistik entwickelt" (Held 1995, 13). Die linguistische Forschung behandelt überwiegend Anredeformen (z.B. Ammon 1977; Augst 1977; Besch 1998; Brown/Gilman 1960; Kohz 1984; Macha 1996; Finkenstaedt 1981; Siebert 1976), die Sprechhandlungen Bitten, Auffordern und Entschuldigen (Craig u.a. 1986; Held 1995; Koike 1989; Raible 1987) sowie Kulturspezifika, Kulturvergleich und (angebliche) kulturelle Universalien (Besch 1998; Brown/Levinson 1978; Haverkate 1988; Kohz 1984; Raible 1987; Siebert 1976). Linguistische Forschung über sprachliche Umgangsnormen zeichnet sich dadurch aus, daß sie nicht, wie in der Volkskunde/Kulturwissenschaft, Soziologie und Literaturwissenschaft üblich, Umgangsliteratur als Quellen nutzt, sondern Umgangspraxen, d.h. gesprochene Sprache meist auf der Grundlage unsystematischer Beobachtungen oder mit Hilfe von Experimenten mit kleinen Samples behandelt. Hierbei wurden meist Studierende als Testpersonen herangezogen und die Ergebnisse dann verallgemeinert (z.B. Scarcella/Brunak 1981; Fraser/Nolen 1981; Zimin 1981). Insgesamt hat die Charakterisierung der soziolinguistischen Anredeforschung von Finkenstaedt (1981, 9) auch heute noch Gültigkeit: „Die philologischen Untersuchungen enthalten reiches Material für eine soziologische Analyse, auch wenn sie selbst eine solche vielfach nicht versuchen." Die neuere sprachwissenschaftliche Forschung zum Thema „Höflichkeit" ist durch ihren Bezug auf die Sprechakttheorie und der damit verbundenen „'Rückbindung der Sprache an die Subjekte'" sowie wegen der Prämisse, „daß Sprache (...) prinzipiell Handlungscharakter hat" (Held 1995), eher soziolinguistisch orientiert, als die lange für diese Disziplin paradigmatische strukturalistische Herangehensweise, mit der Sprache letztlich als von ökonomischen und sozialen Verhältnissen getrennte kulturelle

Manifestation verstanden wurde. Bourdieu (1990, 7f.) kritisierte den Strukturalismus der Linguistik aus diesem Grund als „Gewaltstreich" von Saussure: „Die Ausklammerung des Gesellschaftlichen, die die Behandlung der Sprache oder jedes anderen symbolischen Objekts als Zweckbestimmtheit ohne Zweck erlaubt, hat jedenfalls nicht wenig zum Erfolg der strukturalen Sprachwissenschaft beigetragen, da durch sie die 'reinen' Exerzitien einer rein immanenten und formalen Analyse den Reiz eines folgenlosen Spiels bekamen." Eine Analyse der Dynamik zwischen Kultur (Sprache) und einer konkreten gesellschaftlichen Sozialstruktur bzw. ein Begriff von Sprache nicht nur als Ausdruck, sondern auch als Konstitutivum einzelner Aspekte der Sozialstruktur (Geschlecht, Alter, Hierarchie) wird schließlich in einigen diskursanalytisch orientierten Studien (Coupland u.a. 1988, Zimin 1981) der Linguistik eingefordert.

31 An der Zivilisationstheorie N. Elias' ist insbesondere der ihr inhärente Evolutionismus und die Prämisse, daß (ausschließlich) Staatenbildung, zunehmende soziale Verflechtung und ökonomische Konkurrenz (ausschließlich) soziale Integration nach sich zieht, historisch (z.B. Dinges 1998; Duindam 1995), ethnologisch (u.a. Duerr 1994-1999; Wilterdink 1984), kognitionspsychologisch (Vowinckel 1983, 1989), psychoanalytisch (Breuer 1988; Erdheim 1984, 1987; Jeggle 1992) und systemtheoretisch (Breuer 1988; Pittrof 1993) informiert kritisiert und durch Verweise auf gleichzeitige Dekompositions- und Ausgrenzungsprozesse ergänzt worden.

32 Z.B. Besch 1998, 150; Bimmer 1993, 7; Grawert-May 1991, 74; ders.1994, 13; Matter 1993, 69f. u. 73; Schürmann 1994, 11f.; Visser 1991, 339; Winter-Uedelhoven 1991, 32.

33 Diesen methodischen Bruch mit Spontankategorien hat beispielsweise auch Motakef (2000) vollzogen, die den in interkulturellen Trainings benutzten Kultur*begriff* untersuchte.

34 Ob es sich dabei, wie z.B. Dangschat (1998, 49-53) und Dangschat/Diettrich (1999, 75) meinen, um eine „spezifisch bundesdeutsche Position" in der soziologischen Forschung handelt oder ob dies eine Entwicklung ist, die sich auch anderswo etablieren konnte (wie es z.B. die Diagnose einer „Marginalisierung des Marxismus" in den britischen Cultural Studies von McRobbie (1995, 100) nahelegt), müßte einmal genauer untersucht werden.

35 „Klasse (ist) (...) etwas, das sich unter Menschen, in ihren Beziehungen abspielt" (Thompson 1987, 7). „Werden Klassen durch Bezugnahme auf Prozesse sozialer Schließung definiert, so schließt das de facto die notwendige Konfliktannahme mit ein, ohne den Rückgriff auf die Rigidität formaler Dichotomien" (Parkin 1983, 132). Vgl. dazu auch Bourdieu 1979 u. 1987.

36 Grundlegend erarbeitet von der CCCS Womens Studies Group (1978), empirisch geprüft und theoretisch für die Sozialstruktur und Kultur der BRD weiterentwickelt beispielsweise von Krais (1993) oder Steinrücke (1996).

37 Darauf reduzierte P. Bourdieu selbst seinen praxeologischen Ansatz in den „feinen Unterschieden". Kritisch dazu Krais (1989).

38 Er meint, daß die Existenz einer „verhaltensrelevante(n) und sozial wahrgenommenen hierarchischen Anordnung" „fraglich" sei (Schulze 1990, 410).

39 Das Material hat angesichts von Berichten über solche Seminare in jüngerer Zeit nicht an Aktualität verloren (siehe z.B. „Knigges Jünger. Mit Anstandsdamen unterwegs" (ARD 1999); Süddeutsche Zeitung, 1./2.4.2000: „Androgyne Umgangsformen"). Zudem scheint sich der Bedarf an den Veranstaltungen gehalten haben: Während es vor drei bis vier Jahren noch nicht ganz einfach war, Volkshochschulen zu finden, an denen Benimmseminare angeboten werden, gibt es mittlerweile fast keine solche Einrichtung mehr, in deren Programm ein einschlägiges Angebot fehlt.

40 Von „Gegenübertragung" ist in diesem Zusammenhang selten die Rede, vermutlich, um die hier thematisierte Beziehung abzugrenzen gegen die eindeutiger hierarchisierte Arzt-Patient-Beziehung der Psychoanalyse. Eine Klärung dieses Konzepts für die sozial- und kulturwissenschaftliche Forschung steht noch aus (so z.B. Böhnisch 1999, 51).

41 Die erste Absage erhielt ich von Herr Waidmann, Teilnehmer eines Volkshochschulkurses. Der etwa 30jährige „Controller für den Materialeinkauf" gehörte zu den wenigen sehr schweigsamen Teilnehmenden der zweitägigen Veranstaltung, und er hatte die Anweisung zu einer Begrüßungs-Übung so oft mißverstanden, daß die Dozentin das Training irgendwann abbrach. (Siehe dazu die Analyse und Interpretation dieser Szene in Kapitel 4.6.) Als ich ihn am Ende des Seminars um ein Interview bat, sagte er knapp zu und meinte, es sei besser, wenn er mit mir Kontakt aufnehmen, wegen des Interviewtermins. Er meldete sich nie. Die zweite Interviewbitte schlugen mir ein Professor für Grafikdesign und seine Frau (Betriebswirtschaftlerin) ab, die ein „Führungskräfte"-Seminar besucht hatten. Als ich mich wegen eines Termins meldete, verwies er mich unwirsch an sie weiter, und nach mehreren kurzen Anrufen und vielen Terminprobleme, die ich irgendwann als höfliche Form der Absage interpretierte, beendete ich meine Initiativen zur Terminvereinbarung. Dieselbe Strategie wählte auch Frau Baier, eine Chefsekretärin Mitte 30, die im Seminar grinsend erklärte „mich hat mein Chef geschickt", und meine Bitte um ein Interview schließlich unter Berufung auf Terminproblemen sukzessive ablehnte.

42 Denselben Punkt berichten Warneken/Wittel (1997, 8): „Daß Kultur sich 'nicht messen' lasse, wurde zwar zur Not akzeptiert, doch gleichzeitig wurde signalisiert, daß man es für wenig sinnvoll halte, etwas offenbar Unmeßbares erforschen zu wollen."

43 Zur Praxis dieser Arbeitsmethode in der Kulturwissenschaft siehe Jeggle (1999).

44 Es handelt sich um mehrere Benimmratgeber der 1990er Jahre, die zu den Bestsellern des Genres gehören und deren Titel hier aus Gründen der Anonymisierung nicht genannt werden können.

45 „Die Kleinbürger haben kein spielerisches Verhältnis zum Bildungsspiel: sie nehmen die Kultur zu ernst, um sich einen Bluff oder Schwindel zu erlauben oder auch nur die lässige Distanz, die von wirklicher Vertrautheit zeugt; zu ernst, um nicht ständig besorgt zu sein, ob sie nicht bei Unkenntnissen oder Schnitzern ertappt werden, und auch zu ernst, um Prüfungssituationen ausweichen zu können (...)" (Bourdieu 1987, 518).

46 Frau Möchten hat unter anderem Literaturwissenschaft studiert und berichtet von einer „unfertigen Doktorarbeit".

47 Ganz abgesehen von anderen Kategorien wie beispielsweise „Geschlecht", die die sozialstrukturellen Positionierung von Erforschten und ForscherIn lediglich aufgrund ihrer sozialen Lage und Klassenzugehörigkeit (Beruf, Einkommen, Stellung im Produktionsprozeß) zu einfach erscheinen lassen, da sie diese verdoppeln oder konterkarieren kann. Zudem ist eine einfache Definition von 'nach unten' oder 'nach oben' forschen problematisch angesichts der Befunde zur Polyzentrik von Macht (M. Foucault) oder zum Phänomen der Hegemonie (A. Gramsci). Schließlich muß eine sozialstrukturell machtlose Position der forschenden Person nicht unbedingt bedeuten, daß Informationen verwehrt werden, sondern dies kann auch die umgekehrte Wirkung zeitigen. Eisch (1996, 73) beispielsweise wies bei der Reflexion ihrer Forschung zum Thema Grenze auf dieses Phänomen hin: „Gelegentlich schien es, als könne die mir zugewiesene Unbedarftheit einer jungen Frau, die als einzelgängerische Forscherin exotisch genug wirken mochte, alle Türen öffnen; wirtschafts- oder kommunalpolitische „Grenz-Experten" versorgten mich oft überraschend ausgiebig mit Hintergrundinformationen (...)".

48 Siehe insbesondere Kap. 2.1 zur Bedeutung der subjektiven sozialen Herkunft und Lage für die alltagskulturelle Praxis.

49 „Der *Markt der sprachlichen und symbolischen Güter*, der anläßlich des Interviews entsteht, variiert seiner Struktur nach in Abhängigkeit von der objektiven Beziehung zwischen dem Interviewer und dem Interviewten oder (...) in Abhängigkeit von der Relation zwischen dem einen jeden von ihnen verfügbaren Kapital jeglicher, insbesondere aber sprachlicher Art." (Bourdieu 1997c, 781, Hervorhebung i. Orig.)

50 „Meist handelt es sich bei diesen Untersuchungen um Dissertations- oder Drittmittelvorhaben, durchgeführt von etwa 30jährigen, häufig noch unpromovierten Nachwuchswissenschaftlern, die (...) ein Stipendium von ca. 1400 DM oder knapp 2000 DM durch eine halbe Projektstelle beziehen (...). Ihnen stehen dann (...) gleichaltrige oder ältere Personen gegenüber, die eine Ingenieursausbildung oder ein BWL-Studium absolviert haben, unter Umständen das Mehrfache verdienen und Vorgesetztenpositionen innehaben." (Warneken/Wittel 1997, 6.)

51 „It is extremly awkward for an investigator bristling with degrees to have forgotten his Latin, say, or not to know the author of the poem his interviewee is so good as to recite." (Le Wita 1994, 22)

52 Das gilt m.E. auch in der Wissenschaft trotz der Diagnosen von „culture is everywhere" (Hannerz 1993) und von der „Anthropologisierung" in der Sozialwissenschaft (Lepenies 1979, 129). Diese Diskurse entpuppen sich bei genauerem Hinsehen doch eher als Feuilleton- oder Oberflächenphänomene (die mit einer kulturtheoretischen Perspektive nicht viel mehr als den Wortstamm gemein haben) denn als zunehmende Beschreibung des wissenschaftlichen Feldes, auf dem die Naturwissenschaften und behavioristischen Sozialwissenschaften schon allein gemessen an Lehrstühlen und Forschungsbudgets Kulturtheorie weit hinter sich lassen.

53 Ich greife mit diesem Begriff eine Überlegung von Jeggle (1991, 34) auf, der damit die Bedeutsamkeit und Deutbarkeit des ersten Kontakts im Forschungsprozeß

thematisierte: „Die Bedeutung des Anfangs eines Gesprächs wurde bislang vor allem unter dem Aspekt der Angst (Lindner) gewürdigt. Seltener wurde (...) gesehen, daß der Anfang eines Gesprächs auch die Chance bietet, solche Zusammenfassungen wie eine Art Überschrift zu hören, gewissermaßen das Thema, das die ganze Komposition des Gesprächs in unendlich vielen Variationen durchzieht".

54 Sie meint: Cora Stephan: Neue deutsche Etikette (1995). Siehe Kap. 2.1 zur Funktion dieses Buchs für die Selbstpositionierung der SeminarleiterInnen.

55 Siehe oben, Kap. 1.4.

2 Die Lehrenden und das Angebot

1 Arditi (1996, 417) stellte für US-amerikanische Umgangsliteratur dieselbe Entwicklung fest, die dort allerdings zu einem Frauenanteil von etwa 50 Prozent führte.

2 Siehe dazu Dinges' (1998, 185) Hinweis auf die Positionierung von Frauen als „Zivilisationspotential" in zeitgenössischen Schriften der frühen Neuzeit und des 18. Jahrhunderts, die Elias in seiner Zivilisationstheorie nicht berücksichtigte und die neben der aufgearbeiteten Positionierung der Frau als zu kontrollierendem Gefühlswesen (z.B. Benhabib 1994) oft übersehen wurde, sowie die Überlegungen von Sarasin (1992, 59f.) zur Position der von ihm untersuchten Frauen des Basler Großbürgertums am Ende des 19. Jahrhunderts als Verwalterinnen der „heikle(n) Schnittstelle zwischen öffentlichen und privaten Funktionen des Hauses", es gilt „als Aufgabe der Frau, die Schnittstelle zwischen Privatheit und Öffentlichkeit zu kontrollieren".

3 Fünf der 14 weiblichen unter den 16 befragten Umgangslehrenden bieten auch sogenannte „Farb- und Stilberatung" an, die Schminktips, Ratschläge für Stil, Stoff und Farbe von Kleidung und Accesoires wie Brille, Uhr, Schmuck, Handtasche umfaßt. Collins (1992, 225) nennt diesen Teil der „Sphäre der kulturellen Produktion und Konsumption" Arbeit im „'pink-collar' sector".

4 „Es ist kein Zufall, daß die Umgangssprache zur Bezeichnung der legitimen Manieren oder des legitimen Geschmacks sich darauf beschränken kann, sie als *die* 'Manieren' oder *den* 'Geschmack' zu bezeichnen, 'absolut gebraucht', wie es in der Grammatik heißt" (Bourdieu 1987, 161, Hervorhebung i. Orig.).

5 Auf diese, in der Kulturanalyse und Sozialforschung oft verkannte Bedeutung individueller sozialer Mobilität für die Reproduktion von Klassenverhältnissen hat auch Bourdieu (1973, 91f.) hingewiesen: „Dadurch, daß die Analyse der Mobilitätsprozesse innerhalb oder zwischen den Generationen bei den unmittelbar greifbaren Elementen, d.h. bei den Individuen, haltmacht und unter dem Deckmantel der Realitätstreue die Struktur der Beziehungen außer acht läßt, aus der sie alle ihre soziologisch relevanten Bestimmungen beziehen, abstrahiert sie von den Mechanismen, die darauf hinzielen, die Reproduktion der Struktur der Verhältnisse zwischen den Klassen zu sichern, und verkennt, daß die kontrollierte Mobilität einer begrenzten Kategorie von sorgfältig durch und für den individuellen Aufstieg ausgewählten

und modifizierten Individuen nicht unvereinbar ist mit der Beständigkeit der Strukturen und sogar, auf die in solchen Gesellschaften, die sich auf demokratische Ideale berufen, einzig denkbare Weise, zur sozialen Stabilität und damit zur Perpetuierung der Struktur der Klassenverhältnisse beizutragen."

6 Zudem führen viele der Frauen ihre Tätigkeit als Mutter explizit als Kompetenz für die Umgangslehre an, beispielsweise in ihren Werbesprospekten. Bis auf eine der Frauen und die beiden Männer haben alle Umgangslehrenden selbst meist mehrere Kinder, und sie begannen mit ihrem Seminarangebot, als die Kinder zur Schule gingen oder nachdem sie aus dem Haus waren.

7 Köhle-Hezinger (1993, 17f.) berichtet aus ihren Recherchen über „Rituale der Würde" vom Protokollbeamten eines Landesministeriums, der promovierter Anglist ist und als Gymnasiallehrer gearbeitet hatte.

8 Auch sie hatte aber, wie viele andere der Dozentinnen, ihren eigentlichen Berufswunsch nicht verwirklichen können: „Ich wollte auch mal vor vielen Jahren Lehrerin werden."

9 Die Frage nach der Anrede von Personen mit Adelstitel wurde in jedem der 15 untersuchten Seminare gestellt und ausführlich besprochen. Vgl. Kap. 4.3.

10 Die beiden ältesten Lehrenden sind 1935 und 1937 geboren, alle anderen zwischen 1940 und 1957.

11 Über ihre Mutter gab sie im Interview nur sehr vage Auskunft: Sie habe „Klavier und Sopran" studiert, dieses Studium jedoch nicht abgeschlossen und sei nie berufstätig gewesen.

12 Solche objektiv falschen, subjektv jedoch sehr bedeutsamen und in bezug auf die Dynamik der Kapitalsorten aufschlußreiche Lokalisierungen finden sich auch in der Wahrnehmung der Lehrenden untereinander. So erklärte Frau Fauser im Interview zu ihrer Herkunftsfamilie: „Ich stamme jetzt nicht aus einer Diplomatenfamilie wie die Frau Limbach, die da natürlich schon eine ganz andere Basis hat." Frau Limbach nun unterscheidet sich weniger in ihrer kleinbürgerlichen Herkunft von Frau Fauser, sondern vielmehr darin, daß sie bereits einen bundesweiten Bekanntheitsgrad erreicht hat.

13 Siehe z.B. Schürmann (1994, 35ff.) über solche Strategien von Helene Stökl, die „Konstanze von Franken" aus sich machte, oder von Jakob Stern, der seine Empfehlungen unter dem Namen „Kurt Adelfels" publizierte und sich damit auch vor antisemitischer Entwertung seines Ratgebers schützte.

14 „Denn in der Mildtätigkeit (...) wird die gesellschaftliche Überlegenheit reproduziert beziehungsweise werden die vorgestellten hierarchischen Verhältnisse gelebt" (Böhnisch 1999, 72 u. 75).

15 Auch auf beiläufig gestellte Fangfragen, zu denen ich mich hinreißen ließ, fiel sie nicht herein - was nochmals verdeutlicht, wie sorgsam sie dieses Geheimnis hütet: Als sie beispielsweise im Gespräch nach der Bandaufnahme von irgendeiner Großstadt zu schwärmen begann, und ich, nur um etwas über den Bildungsabschluß ihres Vaters zu erfahren, fragte, ob dort ihr Vater studiert habe, sagte sie nicht etwa „nein, in ..." oder „er hat nicht studiert, sondern ...", sondern sie ignorierte die Frage völlig und fuhr mit der nächsten Architekturbeschreibung fort.

16 Es ist unklar, ob diese Schwierigkeiten vor allem aus der besonderen Funktion der sozialen Herkunft im untersuchten Feld resultiert oder ob es sich um ein Phänomen handelt, das allgemeiner bei Befragungen in einer Gesellschaft gilt, in der der Zusammenhang zwischen sozialer Ungleichheit, sozialer Herkunft und Bildung praktisch unverändert besteht (z.B. Köhler 1992, 126), dabei jedoch gleichzeitig, worauf Bourdieu und Champagne (1997, insbes. 531) jüngst (erneut) hinwiesen, verschleiert und tabuisiert wird.

17 Während sie beim Stichwort „Fauxpas“ lediglich kurz anmerkte, daß man darauf mit „Contenance und Humor“ reagieren solle, wurde sie bei ihrem Kommentar zu „Leuten am Bahnhof“ deutlicher: Sie bemängelte deren „schlaffe Haltung“ und mahnte an: „Man muß sich doch ein bißchen konditionieren!“

18 Dies ist eine an Bourdieus praxeologische Kritik der strukturalistischen Rede von den „Strukturen der Verwandtschaft“ mit dem Terminus „soziale Gebrauchsweisen von Verwandtschaft“ angelehnte Beschreibung.

19 „I suggest, that many of Bourdieu's difficulties noted by critics stem from a single feature, his positioning of a holistic and objective field of social distinctions. (...) Holism is defined as the thesis that a social order has an overall systemic (in this case, cultural) pattern that gives definition to its parts and their interrelations. (...) The array of social distinction that he describes thus obtains the quality of an objective structure (...)“ (Hall 1992, 257f.).

20 Eine andere Ursache dafür ist die Art der Verwendung von Daten: Obwohl Bourdieu und seine Forschungsgruppe nicht ausschließlich statistische Daten erhoben haben oder Sekundäranalysen von Statistiken erarbeiteten, sondern auch qualitative Interviews führten, wird dieses Material in den „feinen Unterschieden“ lediglich illustrativ verwendet. Es bleibt unverbunden mit der Theorie von der Dynamik der Kapitalsorten - vielleicht, weil Bourdieus These vom Primat des ökonomischen Kapitals sonst nicht haltbar gewesen wäre. Offenbar sah er bei seinem wissenschaftshistorisch bedingten doppelten Kampf gegen existentalistisch-idealistische („Sartre“, „Kant“) einerseits und ethnomethodologische („Goffman“) Gesellschaftsanalyse andererseits keine andere Möglichkeit, als auf einem simplen Basis-Überbau-Modell von Klassentheorie zu beharren, um noch Gesellschaftskritik üben zu können.

21 Dies zeigt sich beispielsweise auch an Bourdieus (1987, 388) These, für das (Groß-)Bürgertum lediglich in Anführungszeichen von „Distinktion“ zu sprechen, weil diese hier nicht aus einer Intention resultiere, sondern angeblich sozusagen sozial-„‘natürlich’“ aus der Klassenlage erwachse.

22 Ausschnitt: „Denn Formen des Umgangs miteinander sind heute wichtiger denn je. Sie sind das zivilisatorische Minimum (...). (...) Daß ‘alles immer schlimmer wird’, dafür finden sich auch in Kapitel III anschauliche Belege: dort geht es um den unaufhaltsamen Verfall der Dienstleistungsgesellschaft und darum, was sich aus dem Fehlen des Salzfäßchens auf dem Restauranttisch für die Zukunft der Gesellschaft herauslesen läßt. (...) (...) die politisch-ideologischen Schlußfolgerungen aus alledem werden im letzten, dem V. Kapitel gezogen: Was uns blüht, wenn wir nur

noch Stammessitten und -gebräuchen folgen, statt uns auf die weltumspannende lingua franca der Höflichkeit zu besinnen" (Stephan 1995, 13f.). (Das ist nicht ironisch, sondern ernst gemeint.)

23 „(E)ase and naturalness gained in importance" (Wouters 1995a, 120); „moins de formalisme" (Picard 1994, 387).

24 Die Weimarer Verfassung hatte zwar das Recht auf die Titulierung mit Adelsprädikaten wie „Hoheit" oder „Durchlaucht" abgeschafft, Adelsbezeichnungen wie „Graf" oder „Prinz" jedoch wurden zu Bestandteilen des Namens (Graf Finck von Finckenstein 1998, 121). Frau Bäcker war die einzige der 16 interviewten Lehrenden, die im Interview und in ihren Seminaren eine legalistische Argumentation benutzte und energisch davon abriet, irgendjemanden mit „Hoheit" anzusprechen.

25 Dies zeigt sich beispielsweise an den von den SeminarteilnehmerInnen benutzten Verben bei ihren Fragen: „dürfen" und „müssen". Siehe dazu die in diesem Kapitel weiter unten zitierten Beispiele sowie Kap. 1.5, 3 u. 4.2.

26 Siehe dazu auch die Überlegungen zu den kulturpessimistischen Anteilen im Stoff der Seminare, Kap. 2.2.

27 Dies bedeutet allerdings nicht, daß einzelne oder alle Lehrenden beispielsweise eine feministische Position einnehmen. Im Gegenteil: Selbst wo sie die Ergebnisse der unter dieser Prämisse geführten Auseinandersetzungen gutheißen, lehnen sie deren Voraussetzungen ab (vgl. Kap. 4.4).

28 Es sei darauf hingewiesen, daß das Material hier lediglich zitiert wird, und ich nicht, wie die Lehrenden davon ausgehe, daß „Regeln" „früher" in dem Sinne, in dem in diesen Seminaren darüber gesprochen wird, „gültig" waren.

29 Dies ist übrigens auch an keiner anderen Stelle in den Seminaren der Fall. Konflikte werden stets als zu vermeidend, als Ausdruck von Devianz oder als unwillkürlich auftretende Störungen beschrieben.

30 Vgl. zu diesem Argumentationsmuster Möller (1999) sowie Kap. 4.4 mit der Analyse des durch ein negatives Bild von Feminismus gekennzeichneten Geschlechterideals.

31 „Ein ständiges Jammern darüber, 'gute Sitten' gingen verloren und man würde immer weniger auf 'Manieren' achten, scheint ein zeitloser Vorgang zu sein, bei dem die jeweils Älteren, gesellschaftlich Bestimmenden, mit restaurativen Absichten versuchen, ihre zeitbedingten Vorstellungen von 'Höflichkeit' und 'gutem Benehmen' als ewige Werte darzustellen und durchzusetzen" (Matter 1993, 71).

32 „Der Dämonenglaube (...) sollte ein Interpretationsschema liefern, das die sozialen Verhältnisse erklären konnte unter Ausklammerung - wir können auch sagen: im Dienst der Unbewußtmachung - des damals in Form des Absolutismus stattfindenden Machtzuwachses der herrschenden Klasse" (Erdheim 1987, 155).

33 Beispielsweise bei der kopfschüttelnd erzählten folgenden Geschichte: „Also beim ersten Mal habe ich gedacht, *das ist ein Scherz*, das hab ich überhaupt nicht ernst genommen, solche Fragen! Ich habe dann aber gemerkt, das war durchaus ernst. Beispielsweise ein Teilnehmer, der hat mich gefragt: Kürzlich hatte er eine Frau

kennengelernt und die dann zum Essen eingeladen zu sich nach Hause. Und er hätte nicht gewußt, in welches Glas jetzt der Likör gehört. Und er hat dann ein Glas genommen, von dem er dachte, das könnte es sein, war aber hinterher der Meinung, es war ein Sherryglas. Und das hat er sich nicht verziehen, daß er's nicht gewußt hat, und daß es das in Anführungszeichen 'falsche' Glas war. *Da hab' ich gedacht: Das ist nicht meine Welt!*" (Betonungen i. Orig.)

34 Frankfurter Rundschau, 5.4.1993: „Spielen mit Messer und Gabel. Benimm-Training für Kinder"; Sonntag Aktuell, 24.7.1994: „Drill oder Lebenshilfe? Etikette-Seminare für Kinder"; Der Feinschmecker, Nr. 6 (1996), 180: „Pizza essen, geradesitzen"; Die Welt, 11.10.1999: „Erste Hilfe beim Essen: Knigge-Kursus für Kinder"; ARD 1999: „Knigges Jünger. Mit Anstandsdamen unterwegs"; Süddeutsche Zeitung, 4.9.2000: „Gäste von morgen/Ein Gourmet-Knigge bringt Kindern Benehmen bei"; Kölner Express, 4.9.2000: „Knigge ist kein Kinderspiel ...".

3. Die SeminarteilnehmerInnen und ihr Interesse

1 Dies bezeichnet eine Dynamik, der zufolge „auch einem veränderten Stand des Titelmarktes noch die Wahrnehmungs- und Bewertungskategorien appliziert werden, die einem früheren Stand der objektiven Chancen der Einschätzung entsprachen" (Bourdieu 1987, 238).

2 Unter den 161 TeilnehmerInnen gab es allerdings eine Ausnahme: Herr Arndt war zum Zeitpunkt des VHS-Kurs-Besuchs arbeitslos (vgl. Kap. 3.2).

3 Vgl. Kap. 4.7, wo erörtert wird, wie sich Frau Kosic dafür an „Bistrokellnern" rächt.

4 „Distinktion [...zion; lat.-fr.] die; -, -en: 1.a) Auszeichnung, [hoher] Rang; b) (österr.) Rangabzeichen. 2. Unterscheidung." (Duden 1982, 193).

5 Dies ist nach Deleuze (1993b, insbes. 257 u. 261f.) auch charakteristisch für den von ihm definierten „kontrollgesellschaftlichen" Begriff von Bildung.

6 „Symbolisches Kapital" ist die „wahrgenommene und als legitim anerkannte Form" der anderen Kapitalsorten (Bourdieu 1985, 11).

7 Das zeigt sich auch an der Art und Weise, in der die SeminarteilnehmerInnen in den Veranstaltungen selbst Fragen formulierten: Hier gebrauchten sie in erster Linie die Verben „dürfen" und „müssen". Vgl. dazu Kap. 4.2.

8 Die DozentInnen der untersuchten Seminare lehren, daß man Brot oder Brötchen, welche/s vor dem oder zum Essen serviert wird, nicht schneidet und/oder scheibenweise bestreicht, sondern daß Stücke abgebrochen, einzeln bestrichen und dann gegessen werden sollen.

9 Auf diese Präferenz, die sich in den untersuchten Seminaren dadurch zeigte, daß bei den Übungsessen sehr selten über die Menge, häufig jedoch über die Zubereitungsart oder den Geschmack der Speisen gesprochen wurde, hat Bourdieu (1987, 293) hingewiesen: „Die den Bruch mit den 'populären' Eß- und Trinkgewohnheiten markierende Grenze verläuft ohne allen Zweifel zwischen Arbeitern und Angestellten (...)."

10 Ein ähnlicher Blick zeigte sich in der Vermutung einer etwa 30jährigen Dolmetscherin, die in der Pause einer VHS-Veranstaltung sagte: „Ich habe gedacht, hier seien lauter Sekretärinnen, die über ihre Chefs jammern." Sie wunderte sich über das Sozialprofil der TeilnehmerInnen, unter denen sich, wie in der Vorstellungsrunde zu erfahren war, mehrere Ingenieure und andere in der Industrie angestellte AkademikerInnen befanden.

11 Vgl. die Studie von Karrer (1991), der die Fremd- und Selbstbilder von Arbeitern und Angestellten vergleichend untersuchte und ebenfalls solche Umkehrungen aufweist.

4 Das Seminar: Produktion und Reproduktion von Regeln

1 Außerdem schafft sie soziale und kulturelle Ordnung entlang von stereotypen Dichotomien, die historisch unter dem Stichwort „Kultur-Zivilisations-Antithese" (N. Elias) aufgewiesen wurden. Vgl. dazu Timm (2001).

2 „Anstandsbücher und Benimmseminare gewinnen an Bedeutung in Zeiten eines schnellen Wandels, in dem bisherige Standards ihre Selbstverständlichkeit und ihren Wert eingebüßt haben" (Matter 1993, 73).

3 Zudem kommt es zu neuen Formen alter Teilungen, die in der Analyse der Umgangsliteratur bisher nicht als solche diskutiert worden (vgl. Kap. 4.4).

4 Z.B.: „Darf man bei einer Zugfahrt auch ein Gespräch ablehnen?" („Ja, das darf man, es gibt ja ältere Damen, die einem die ganze Familiengeschichte erzählen."), oder „Darf man auf eine störende Sonnenbrille hinweisen?" („Ja, das kann man sagen.") oder „Muß man auch Postkarten beantworten?" („Doch, das ist ein Zeichen von Kultiviertheit.").

5 Dies war das Seminar von Frau Möchten, in dem insgesamt die Tatsache, daß in dieser Veranstaltung irgendetwas erworben wird, die Anwesenden also nicht zu den „Erben" (kulturellen Kapitals) gehören, explizit negiert wurde (vgl. Kap. 1.5).

6 Dieser sozusagen behavioristisch-psychologisierende Blick ist zum einen typisch für die Art und Weise der Wahrnehmung des Verhältnisses zwischen Individuum und Gesellschaft im untersuchten Feld (vgl. Kap. 3.2), zum anderen ist diese Form der Kritik an „Hierarchie" charakteristisch für Diskurse, die G. Deleuze als „kontrollgesellschaftlich" definierte (siehe dazu weiter unten).

7 Überhaupt spielt „Adel" in den Seminaren eine wichtige Rolle. In jeder Veranstaltung erkundigten sich TeilnehmerInnen ausführlich nach der „korrekten" Anrede von Gräfinnen, Königen und Prinzen, wobei die Lehrenden bis auf eine Ausnahme nicht lediglich die namensrechtlich festgeschriebenen Adelstitel (z.B. „Graf", „Prinz" oder das „von") empfahlen, sondern für „Angehörige ehemals regierender Häuser" auch Adelsprädikate wie „Hoheit", „Majestät", „Durchlaucht" etc.

8 Dies ist keine neue Rubrik des Genres, sondern eine modernisierte Benennung der in älteren Ratgebern unter „Konversationslehre" behandelten Inhalte. Vgl. Göttert 1988.

9 Auch dies ist ein Charakteristikum bürgerlicher Selbstverständigung, das bereits Geschichte hat: Schindler (1982, 246 u. 223) wies beispielsweise daraufhin, daß in

den durch die Logengeheimnisse geschaffenen Räume der Freimaurer, die er als Teil der für die bürgerliche Gesellschaft typischen „Autonomisierung der Kultur" betrachtet, „die strikte Ausklammerung von Religion und Politik" galt, die „Ausblendung all der Themenbereiche (...), von denen Meinungsverschiedenheiten ausgehen konnten, und die überdies mit Herrschafts- und Statusindizes besetzt waren."

10 Dieselbe Spannung prägt in den Seminaren geführte Debatten über das Duzen und Siezen, über die Anrede mit Vor- und/oder Nachnamen, das Sich-Melden am Telefon mit oder ohne Namen sowie über die Selbstvorstellung mit „Ich" vs. „Mein Name", wobei die jeweils zuerst genannte Variante dem kontrollgesellschaftlichen Ideal der Vergesellschaftung entspricht und die andere dem disziplinargesellschaftlichem Individuumsbegriff entspricht, der durch eine prinzipielle Trennung zwischen Privatsphäre und Öffentlichkeit, zwischen Freizeit und Arbeit etc. gekennzeichnet ist.

11 In der kulturwissenschaftlichen Forschung hat Kaschuba (1995) unter anderem solche Prozesse als „Kulturalisierung" definiert; Löffler (1999, 525 u. 535ff.) spricht für ähnliche Phänomene in Management-Ratgebern von einer „Moralisierung des Arbeitens".

12 Barthes (1964, 124) hat diesen Vorgang als Teil der Widersprüchlichkeit bürgerlicher Kultur erörtert und ihn „Ent-Nennung" getauft: „Die Bourgeoisie hat beim Übergang vom Realen zu seiner Repräsentierung, vom Ökonomischen zum Geistigen ihren Namen ausgelöscht: sie paßt sich den Fakten an, findet sich aber nicht mit den Werten ab, sie unterwirft ihren Status einer regelrechten Operation der *Ent-Nennung*" (Hervorhebung i. Orig.).

13 Schindler (1982, 244ff.) hat die Rolle der Freimaurerkultur für die kulturelle Formierung der bürgerlichen Gesellschaft im 18. Jahrhundert nachgezeichnet. Entscheidend ist dabei der Umschlag vom „kosmopolitischen Traum von der brüderlich vereinten Menschheit", von ihrer Praxis als „ein(em) Stück konkreter Utopie", das die Logen als „scheinbar neutrales Sammelbecken im Formierungsprozeß der bürgerlichen Schichten, die hier im Schutzraum des Geheimnisses ihre noch ungebrochene Idee des bürgerlichen Lebens erstmals gemeinsam in die soziale Praxis umsetzen konnten" über die „Logenfreiräume (als) Exerzierfelder eines neuen Verhaltensstils, auf denen zivilisierte bürgerliche Umgangsformen in spielerischer Weise eingeübt werden konnten" zu einer reinen „Kontemplation", charakterisiert durch die „sich anbahnende Autonomisierung der Kultur, mit der der bürgerliche Alltag sich seiner Ideale entledigte, ohne sie inhaltlich dementieren zu müssen". Dies ist insbesondere deshalb ein relevanter historischer Hintergrund der hier behandelten Frage, weil Knigge, der Urahn der bürgerlichen Benimmliteratur, seit 1772 Mitglied einer Freimaurerloge war, 1780 in den Illuminatenorden eintrat und dort als „Philo" neben dessen Gründer Adam Weishaupt eine maßgebliche Rolle spielte und sein soziales Kapital dem Orden zugute kommen ließ (Schindler 1983, 286f. u. 303). Der Illuminatenorden nun markiert laut Schindler (1982, 246f.) in der Geschichte der bürgerlichen Geheimgesellschaften bereits „die fortschreitende Abspaltung der Kultursphäre vom Alltag" und die „schrittweise Verselbständigung des strategischen

Handelns", sprich: die Trennung von Ökonomie und Kultur entsprechend der politischen Ökonomie der kapitalistischen Produktionsweise einerseits und dem dieser diametral gegenüberstehenden bürgerlichen Kulturbegriff andererseits. Knigge wird auch in vielen der untersuchten Seminare hochgehalten und gewürdigt als Demokrat („Er war Anhänger der französischen Revolution!") -, eine verkürzte Rezeption, die weniger über die historische Person informiert, sondern diese vielmehr als Zeugen dafür nutzt, daß das Genre der (hierarchiebasierten und hierarchieproduzierenden) Benimmregeln mit dem bürgerlichen Ideal der Gleichheit konform gehe. Diese Knigge-Rezeption ist auch in germanistischen Arbeiten über Person und Werk verbreitet (z.B. Ueding 1977, 1986); lediglich Göttert (1995, 23) vertritt hier eine Einordnung Knigges, die der politischen Geschichte der Freimaurerkultur entspricht („Selbst da, wo er mit den Ergebnissen (...) der Französischen Revolution (...) sympathisierte, (...) hat er die Voraussetzungen abgelehnt").

14 „Richtige Umgangsformen. Der erste Eindruck: Tagesanlässe, Veranstaltungen, Kleidung. Grüßen und Begrüßen: Bekanntmachen und Vorstellen. Vorstellen im Berufsleben. Ausgehen: Betreten eines Restaurants. Bestellung. Umgang mit dem Servicepersonal. Reklamationen. Die Rechnung. Wer bezahlt. Trinkgeld. Das Gedeck: Aufbau eines Grundgedecks. Erweiterung des Gedecks. Die verschiedenen Bestecke. Menü: Menü- und Getränkekarte. Öffnen einer Wein- und Sektflasche. Weinservice (Degustation). Eß- und Tischmanieren: Umgang mit Serviette, Besteck, Gläser und Brotteller. Körperhaltung. Beginn und Ende des Essens. Wie ißt man was: Fisch, Geflügel, Kartoffeln, Spargel etc. Delikatessen (Austern, Hummer, Kaviar)."

15 Auch dies gehört zu den bereits mehrfach erwähnten, in den Seminaren zu beobachtenden Widersprüchlichkeiten, und auch dies ist ein Zeichen dafür, wie eigene Erfahrung zugunsten der Perpetuierung eines hegemonialen Systems (hier: der Diskurs von der Differenz der Geschlechter) zerstört wird.

16 Dieser Befund deckt sich mit den entsprechenden Ergebnissen der Umgangsliteraturforschung. Schönmann (1990, 79 u. 85f.) und Schürmann (1994, 19) weisen darauf hin, daß Autoren wie Autorinnen von Benimmratgebern gleichermaßen für eine Performanz von Geschlecht plädieren.

17 Dieselbe Entwicklung des Verhältnisses zwischen Klasse und Geschlecht beobachtete Wirth (2000) für Heiratsstrategien: Während die Klassenhomogamie in der BRD seit deren Gründung nahezu unverändert besteht, verteilt sich die zunächst frauenspezifische Hypergamie (der Partner stammt aus einer höheren Klasse) nun fast ununterscheidbar auf beide Geschlechter.

18 Sybil Gräfin Schönfeldt ist zur Zeit eine der wenigen Autorinnen mit adeligem Namen auf dem Benimmbuchmarkt („Das 1x1 des guten Tons"). Dies bringt ihr in der Szene einerseits eine gewisse Popularität i.S. von Bekanntheit ein. Andererseits ist der Adelstitel sowohl in Medienberichten als auch für manche Benimmlehrende ein willkommener Anlaß zur Abgrenzung gegen „altmodische Regeln" und zur Promotion ihrer eigenen, „modernen, zeitgemäßen" Variante der Umgangslehre.

19 Frau Möchten hat mehrere einschlägige Ratgeber veröffentlicht, die (das kann man aus den mehrfachen Auflagen schließen) zu den Bestsellern auf dem Markt zählen.

20 So reduzierte beispielsweise Bourdieu (1987, 191) seine aus den Studien in der Kabylei gewonnene praxistheoretische Einsicht („Entwurf einer Theorie der Praxis") auf eine letztlich strukturdeterministische Ethno-Soziologie der französischen Gesellschaft, wenn er etwa schreibt, daß „der Laufbahn-Effekt die Vorstellung von der eigenen Position in der Sozialwelt und daher auch die Vorstellung von dieser Welt und ihrer Zukunft *bestimmt*" (Hervorhebung E.T.). Kritisch zu diesem Widerspruch im Werk Bourdieus Reed-Danahay (1995).

21 Dieser Treffpunkt und ein diesbezüglich von mir begangener Irrtum waren bedeutsam: Während ich zunächst im „Operncafé" wartete, das sich *in* der Oper befindet, wurde mir irgendwann klar, daß ich mich geirrt hatte. Als ich über den Platz ging und gegenüber schaute, ob es noch ein anderes Café gibt, kam mir Frau Kosic entgegen: Sie habe gegenüber gewartet, in der „Brasserie an der Alten Oper", die den Blick auf das historische Operngebäude nutzt. So hatten wir uns beide an dem Ort plaziert, der der Struktur unserer Kapitalsorten und unserem Selbstverständnis entspricht: Ich im Schoß der legitimen Hochkultur, und Frau Kosic dieser gegenüber und entfernt, jedoch mit dem Blick dorthin an einem Ort, dessen Ambiente ich als yuppiehaft beschreiben würde und das wohl zum Rahmen des Phänomens gehört, das Esser/Steinert (1991) als frankfurterisches „Scheinbürgertum" identifizierten. Wir hatten uns aber auch beide erkannt, weil sowohl ihr als auch mir klar war, in welcher Richtung wir den Irrtum für den Verabredungsort begangen hatten, so daß wir uns auf der Mitte des Platzes trafen: Ich auf der Suche nach den aufstiegsorientierten EigentümerInnen ökonomischen Kapitals, und sie auf dem Weg zu legitimer, klassischer bildungsbürgerlicher „Kultur", wo sie mich vermutete.

5 Zusammenfassung

1 Man beachte die Semantik der sozialen Herkunft, die Canetti hier verwendet.

2 Damit ähnelt die Dynamik des hier untersuchten Umgangs mit Benimmregeln älteren, unter diesem Topos geführten Auseinandersetzungen: König (1996, 277f.) beispielsweise untersuchte die kuriose Debatte um das Hutziehen bei Spaziergängen, die nach der französischen Revolution begann, jahrzehntelang dauerte und ebenso wie der Umgang mit Benimmregeln soziale Schließung zur Folge hatte: „Die Wiederholungen der Diskussion um das Hutziehen führen letztlich nicht zu einer Demokratisierung der Begrüßungsriten, ja sie verhindern sie sogar. Sie verhindern einen liberalen Umgangston zwischen den Schichten, fördern jedoch bürgerliche Autorität. Sie dienen als kulturelle Absicherung für eine neue inhomogene Schicht." Zudem kam es zur Ausgrenzung von Frauen, die über die lediglich Männer betreffende Diskussion aus dem öffentlichen Raum diskursiv ausgeschlossen wurden: „Hutziehen 'ja oder nein' ist Ausdruck bürgerlicher Behauptung und zugleich männlicher Besetzung von öffentlichem Raum" (ebd., 278f.).

Schriftliche Quellen

Bonneau, Elisabeth: Durch gutes Benehmen zum Erfolg im Beruf. Augsburg 1998.

-: In aller Form. Gewandtes Auftreten im Restaurant. Baden-Baden 1998.

-: Spaghetti, Jeans und coole Sprüche. Knigge für Kids. 5. Aufl. 1998.

-: Stilvoll feiern zuhause. Mering 1999.

Freiherr von Knigge, Adolph: Über den Umgang mit Menschen. Hg. v. Gert Ueding. Frankfurt/Main 1977.

Gräfin Schönfeldt, Sybil: 1x1 des guten Tons. Reinbek b. Hamburg 1997.

Graf Finck von Finckenstein, Theodor: Protokollarischer Ratgeber. Hinweise für persönliche Anschriften und Anreden im öffentlichen Leben. 3., neubearb. Aufl. Köln 1998.

Helbach-Grosser, Susanne: Erfolg mit Takt & Stil. Umgangsformen aktuell - Empfehlungen für Eilige. 4. Aufl. Renningen-Malmsheim 2000.

Rühl, Irmgard: Erfolg ist weiblich. Freiburg i. Br. 1995.

Ruhleder, Brigitte: Mit Stil zum Ziel. Moderne Umgangsformen - eine Frage des persönlichen Stils. Offenbach 1996.

Stephan, Cora: Neue deutsche Etikette. Berlin 1995.

Tautz-Wießner, Gisela: LebensArt. Erfolgreich und beliebt durch gute Umgangsformen. Frankfurt/Main u.a. 1994.

Umgangsformen heute. Die Empfehlungen des Fachausschusses für Umgangsformen. Überarb. u. erg. Neuauflage Niedernhausen/Ts. 1982.

Wrede-Grischkat, Rosemarie: Manieren und Karriere. Verhaltensnormen für Führungskräfte. 2., überarb. u. erw. Aufl. Frankfurt/Main 1992.

-: Hohe Schule des guten Benehmens. Erfolgreich und sicher auf jedem Parkett. Augsburg 1995.

-: Mit Stil zum Erfolg. Auftreten - Outfit im Beruf - Umgangsformen. Augsburg 1997.

Literatur

Adorno, Theodor W. 1964: Jargon der Eigentlichkeit. Zur deutschen Ideologie. Frankfurt/Main.

Allmendinger, Jutta 1999: Bildungsarmut: Zur Verschränkung von Bildungs- und Sozialpolitik. In: Soziale Welt, Heft 1, S. 35-50.

Ammon, Ulrich 1972: Zur sozialen Funktion der pronominalen Anrede im Deutschen. In: Zeitschrift für Literaturwissenschaft und Linguistik, Jg. 2, S. 73-88.

Arditi, Jorge 1994: Hegemony and Etiquette. An Exploration on the Transformations of Power and Practice in 18th-Century-England. In: British Journal of Sociology 45/2, S. 177-193.

- 1996: The Feminization of Etiquette Literature. Foucault, Mechanisms of Social Change, and the Paradoxes of Empowerment. In: Sociological Perspectives, Vol. 39 No. 3, S. 417-434.

Augst, Gerhard 1977: Zur Syntax der Höflichkeit (Du - Ihr - Sie). In: ders.: Sprachnorm und Sprachwandel. Vier Projekte zu diachroner Sprachbetrachtung (= Studienbücher zur Linguistik und Literaturwissenschaft, 7). Wiesbaden, S. 13-60.

Bartelt, Pearl W./Hutter, Mark/Bartelt, David W. 1986: Politics and Politesse. Gender Deference and Formal Etiquette. In: Studies in Symbolic Interaction, Vol. 7, Part A, S. 199-228.

Barthes, Roland 1964: Die Bourgeoisie als anonyme Gesellschaft. In: ders.: Mythen des Alltags. Frankfurt/Main, S. 123-130.

Bausinger, Hermann 1979: Sie oder Du? Zum Wandel der pronominalen Anrede im Deutschen. In: Kennosuke Ezawa/Karl H. Rensch (Hg.): Sprache und Sprechen. Festschrift für Eberhard Zwirner zum 80. Geburtstag. Tübingen, S. 3-11.

Beck, Stefan/Enßlin, Gabi 1991: Sonst drückt sich alles durch. Mit Etikettevorschriften gegen Peinlichkeit. In: Projektgruppe des Ludwig-Uhland-Instituts für empirische Kulturwissenschaft der Universität Tübingen: Partykultur? Fragen an die Fünfziger. Tübingen, S. 53-69.

Beck, Ulrich 1986: Risikogesellschaft. Auf dem Weg in eine andere Moderne. Frankfurt/Main.

Beer, Melanie 1999: Benehmen im Wandel. Ein exemplarischer Vergleich historischer und aktueller Anstandsbücher des 18. bis 20. Jahrhunderts. Unveröff. Zulassungsarbeit Universität Regensburg.

Behringer, Friederike/Jeschek, Wolfgang 1993: Zugang zu Bildung, Bildungsbeteiligung und Ausgaben für Bildung. Entwicklung im Bildungssystem der Bundesrepublik Deutschland (= Beiträge zur Strukturforschung/Deutsches Institut für Wirtschaftsforschung, 139). Berlin.

Bendl, Regine 1991: Frauen und Weiterbildung. In: Frauen und Weiterbildung (= Frauen, Forschung und Wirtschaft/Schriftenreihe der Wirtschaftsuniversität Wien, Bd. 1). Hg. v. ders., Renate Buber u. Andrea Grisold. Wien, S. 107-128.

Benhabib, Seyla 1994: Feministische Ansätze zur Staatstheorie. In: L'Homme. Zeitschrift für feministische Geschichtswissenschaft, X, S. 123-456.

Besch, Werner 1998: Duzen, Siezen, Titulieren. Zur Anrede im Deutschen heute und gestern. 2. erg. Auflage Göttingen.

Bimmer, Andreas C. 1993: Sich benehmen. Zur Einführung in diesen Band. In: Hessische Blätter für Volks- und Kulturforschung, NF 30, S. 7-10.

Böhnisch, Tomke 1999: Gattinnen - Die Frauen der Elite (= Kritische Theorie und Kulturforschung, Bd. 2). Münster.

Bourdieu, Pierre 1973: Kulturelle Reproduktion und soziale Reproduktion. In: ders./ Jean-Claude Passeron: Grundlagen einer Theorie der symbolischen Gewalt. Frankfurt/Main 1973, S. 88-137.

- 1979: Entwurf einer Theorie der Praxis auf der ethnologischen Grundlage der Kabylischen Gesellschaft. Frankfurt/Main.

- 1982: Les rites comme actes d'institution. In: Actes de la recherche en sciences sociales, no. 43 (juin), S. 58-63.

- 1983: Ökonomisches Kapital, kulturelles Kapital, Soziales Kapital. In: Soziale Ungleichheiten (= Soziale Welt, Sonderbd. 2). Hg. v. Reinhard Kreckel. Göttingen, S. 183-198.

- 1985: Sozialer Raum und Klassen. Leçon sur la leçon. Frankfurt/Main.

- 1987: Die feinen Unterschiede. Kritik der gesellschaftlichen Urteilskraft. Frankfurt/ Main.

- 1990: Was heißt sprechen? Die Ökonomie des sprachlichen Tausches. Wien.

- 1992a: Von der Regel zu den Strategien. In: ders.: Rede und Antwort. Frankfurt/Main, S. 79-98.

- 1992b: Sozialer Raum und symbolische Macht. In: ders.: Rede und Antwort. Frankfurt/Main, S. 135-154.

- 1997a: Die Abdankung des Staates. In: ders. u.a.: Das Elend der Welt. Zeugnisse und Diagnosen alltäglichen Leidens an der Gesellschaft. Konstanz, S. 207-215.

- 1997b: Historische und soziale Voraussetzungen modernen Sports. In: Volker Caysa (Hg.): Sportphilosophie. Leipzig 1997, S. 101-127.

- 1997c: Verstehen. In: ders. u.a.: Das Elend der Welt. Zeugnisse und Diagnosen alltäglichen Leidens an der Gesellschaft. Konstanz 1997, S. 779-822.

- 1997d: Die männliche Herrschaft. In: Ein alltägliches Spiel. Geschlechterkonstruktion in der sozialen Praxis. Hg. v. Irene Dölling u. Margareta Steinrücke. Frankfurt/Main 1997, S. 153-217.

- 1997e: Widersprüche des Erbes. In: ders. u.a.: Das Elend der Welt. Zeugnisse und Diagnosen alltäglichen Leidens an der Gesellschaft. Konstanz 1997, S. 651-658.

-/Champagne, Patrick 1997: Die intern Ausgegrenzten. In: ders. u.a.: Das Elend der Welt. Zeugnisse und Diagnosen alltäglichen Leidens an der Gesellschaft. Konstanz, S. 527-533.

Braun, Friederike/Kohz, Arnim/Schubert, Klaus 1986: Anredeforschung. Kommentierte Bibliographie zur Soziolinguistik der Anrede (= Ars Linguistica, 10). Tübingen.

Breuer, Stefan 1988: Über die Peripetien der Zivilisation. Eine Auseinandersetzung mit Norbert Elias. In: Helmut König (Hg.): Politische Psychologie heute (= Leviathan Sonderheft 9). Opladen, S. 411-432.

Brown, Penelope/Levinson, Stephen 1978: Universals in Language Usage: Politeness Phenomena. In: Esther N. Goody (Hg.): Questions and Politeness. Strategies in Social Interaction. Cambridge, S. 56-324.

Brown, Roger/Gilman, Albert 1960: The Pronouns of Power and Solidarity. In: Style in Language. Hg. v. Th.A. Seebeck. London, S. 253-276.

Brückner, Wolfgang 1984: Das radikale „Du" und der Mann im Frauenalltag. In: Bayerische Blätter für Volkskunde, 11 (1984), S. 257-259.

Brugger, Elisabeth 1991a: Einleitung. In: dies. (Hg.): Engagement, Hobby oder Karriere? Der berufliche Weg in die Erwachsenenbildung an den Beispielen USA, Österreich und Schweiz. Wien, S. 13-19.

- 1991b: Es gibt keinen besseren Posten für mich ... Zum Berufsbild der ErwachsenenbildnerInnen in Österreich. In: dies. (Hg.): Engagement, Hobby oder Karriere? Der berufliche Weg in die Erwachsenenbildung an den Beispielen USA, Österreich und Schweiz. Wien 1991, S. 59-98.

Bundesministerium für Wissenschaft, Forschung und Technologie (Hg.) 1994/1995: Grund- und Strukturdaten. Bonn.

Canetti, Elias 1980: Masse und Macht (1960). Frankfurt/Main.

Carré, Jacques (Hg.) 1994. The Crisis of Courtesy. Studies in the Conduct Book in Britain, 1600-1900. Leiden u.a.

CCCS Womens Studies Group 1978: Women Take Issue. Hutchison.

Civ'jan, T.V. 1977: Etiquette as Semiotic System. In: Soviet Semiotics. An Anthology. Hg. v. Daniel P. Lucid. Baltimore u.a.

Collins, Randall 1992: Women and the Production of Status Culture. In: Cultivating Differences. Hg. v. Michèle Lamont u. Marcel Fournier. Chicago u.a., S. 213-231.

Coupland, Nikolas/Grainiger, Karen/Coupland, Justine 1988: Politeness in Context. Intergenerational Issues. In: Language in Society, 17, S. 253-262.

Craig, R./Tracy, K./Spisak, F. 1986: The Discourse of Requests: Assessment of a Politeness Approach. In: Human Communication Research, 12, S. 437-468.

Curtin, Michael 1985: A Question of Manners: Status and Gender in Etiquette and Courtesy. In: Journal of Modern History, 57, S. 395-423.

Dangschat, Jens S. 1998: Klassenstrukturen im Nach-Fordismus. In: Peter A. Berger/ Michael Vester (Hg.): Alte Ungleichheiten, Neue Spaltungen (= Sozialstrukturanalyse, Bd. 11). Opladen, S. 49-87.

-/Diettrich, Ben 1999: Regulation, Nach-Fordismus und „global cities" - Ursachen der Armut. In: Jens S. Dangschat (Hg.): Modernisierte Stadt, gespaltene Gesellschaft. Ursachen von Armut und sozialer Ausgrenzung. Opladen, S. 73-112.

Deleuze, Gilles 1993a: Kontrolle und Werden. In: ders.: Unterhandlungen. 1972-1990. Frankfurt/Main, S. 243-253.

- 1993b: Postskriptum über die Kontrollgesellschaften. In: ders.: Unterhandlungen. 1972-1990. Frankfurt/Main, S. 254-261.

Devereux, Georges 1974: Die Psychoanalyse als Instrument der ethnologischen Forschung: Bestandsaufnahme und theoretische Implikationen. In: ders.: Normal und anormal. Aufsätze zur allgemeinen Ethnopsychiatrie. Frankfurt/Main, S. 323-346.

- 1976: Angst und Methode in den Verhaltenswissenschaften. Frankfurt/Main u.a.

Dinges, Martin 1998: Formenwandel der Gewalt in der Neuzeit. Zur Kritik der Zivilisationstheorie von Norbert Elias. In: Kulturen der Gewalt. Ritualisierung und Symbolisierung von Gewalt in der Geschichte. Hg. v. Rolf Peter Sieferle u. Helga Breuninger. Frankfurt/Main, S. 171-194.

Döcker, Ulrike 1994: Die Ordnung der bürgerlichen Welt. Verhaltensideale und soziale Praktiken im 19. Jahrhundert (= Historische Studien, Bd. 13). Frankfurt/Main u.a.

Dosse, François 1999a: Geschichte des Strukturalismus. Bd. 1: Das Feld des Zeichens 1945-1966. Frankfurt/Main.

- 1999b: Geschichte des Strukturalismus. Bd. 2: Die Zeichen der Zeit 1967-1991. Frankfurt/Main.

Dreitzel, Hans Peter 1983: Peinliche Situationen. In: Soziologie: Entdeckungen des Alltäglichen. Festschrift für Hans Paul Bahrdt zu seinem 65. Geburtstag. Hg. v. Martin Baethge u. Wolfgang Eßbach. Frankfurt/Main u.a., S. 148-173.

Duden Fremdwörterbuch 1982. 4., neu bearbeitete und erweiterte Auflage. Mannheim u.a.

Duindam, Jeroen 1995: Myths of Power. Norbert Elias and the Early Modern European Court. Amsterdam.

Dünninger, Josef 1963: Gruß und Anrede. In: Der Deutschunterricht, Jg. 15 Heft 2, S. 22-35.

Duerr, Hans Peter 1994-1999: Der Mythos vom Zivilisationsprozeß. 4 Bde. Frankfurt/Main.

Eicke, Dagmar-Renate 1980: „Teenager" zu Kaisers Zeiten. Die „höhere" Tochter in Gesellschaft, Anstands- und Mädchenbüchern zwischen 1860 und 1900 (= Marburger Studien zur vergleichenden Ethnosoziologie, 11). Marburg.

Eigenwald, Rolf 1978: Sachbücher als Erfolgsversprechen. Managerliteratur und Ratgeber für den beruflichen Aufstieg. In: Die deutschsprachige Sachliteratur (= Kindlers Literaturgeschichte der Gegenwart, Bd. 5). Hg. v. Rudolf Radler. Zürich, S. 569-582.

Eisch, Katharina 1996: Grenze. Eine Ethnographie des bayerisch-böhmischen Grenzraums (= Bayerische Schriften zur Volkskunde, 5). München.

Elias, Norbert 1969a: Über den Prozeß der Zivilisation. Soziogenetische und psychogenetische Untersuchungen. Bd. 1: Wandlungen des Verhaltens in den weltlichen Oberschichten des Abendlandes. 2. Aufl. Bern.

- 1969b: Über den Prozeß der Zivilisation. Soziogenetische und psychogenetische Untersuchungen. Bd. 2: Wandlungen der Gesellschaft, Entwurf zu einer Theorie der Zivilisation. 2. Aufl. Bern.

Erdheim, Mario 1984: Die gesellschaftliche Produktion von Unbewußtheit. Eine Einführung in den ethnopsychoanalytischen Prozeß. Frankfurt/Main.

- 1987: Hexenwahn, Kulturzerstörung und die gesellschaftliche Produktion von Unbewußtheit. In: Zur Idee einer psychoanalytischen Sozialforschung. Dimensionen szenischen Verstehens. Hg. v. Jürgen Belgrad, Bernard Görlich, Hans-Dieter König u. Gunzelin Schmid Noerr. Frankfurt/Main, S. 151-162.

Ernst, Anna-Sabine 1993: Vom 'Du' zum 'Sie'. Die Rezeption der bürgerlichen Anstandsregeln in der DDR der 1950er Jahre. In: Ostdeutsche Kulturgeschichte. Mitteilungen aus der kulturwissenschaftlichen Forschung, Jg. 16 Heft 33, S. 190-209.

Ernst, Stefanie 1997: Machtbeziehungen zwischen den Geschlechtern in der bürgerlichen Ehe. Sozio- und psychogenetische Perspektiven. In: Zivilisierung des weiblichen Ich. Hg. v. Gabriele Klein u. Katharina Liebsch. Frankfurt/Main, S. 154-184.

Esser, Josef/Steinert, Heinz 1991: „Dienstleistungsgesellschaft" und „Scheinbürgertum". In: Frankfurt am Main. Stadt, Soziologie und Kultur. Hg. v. Frank-Olaf Brauerhoch. Frankfurt/Main, S. 31-43.

Evans-Pritchard, Evan-Edward 1973: Some Reminiscences and Reflections on Fieldwork. In: Journal of the Anthropological Society of Oxford, Bd. IV, Nr. 1, S. 1-12.

Featherstone, Micheal 1991: Consumer Culture and Postmodernism. London u.a.

Field, John 1994: Market Forces and Continuing Education. Developments in Policy and Practice in the United Kingdom. In: Modernisierung der Erwachsenenbildung. Hg. v. Werner Lenz. Köln, S. 85-102.

Finkelstein, Joanne 1989: Dining Out. A Sociology of Modern Manners. Oxford.

Finkenstaedt, Thomas 1981: Duzen ohne Du. Zur Anrede, vornehmlich im Deutschen. In: Jahrbuch für Volkskunde, NF 4, S. 7-30.

Foster-Dixon, Gwendolyn 1993: Troping the Body. Etiquette Texts and Performance. In: Text and Performance Quarterly 13/1 (Jan.), S. 76-96.

Frank, Karsta 1996: PC-Diskurs und neuer Antifeminismus in der Bundesrepublik. In: Das Argument. Zeitschrift für Philosophie und Sozialwissenschaften, 38. Jg., Heft 213, S. 25-38.

Fraser, Bruce/Nolen, William 1981: The Association of Deference weithin Linguistic Form. In: International Journal of the Sociology of Language, 27, S. 93-109.

Führ, Christoph 1997: Deutsches Bildungswesen seit 1945. Grundzüge und Probleme. Neuwied.

Galliker, Mark/Klein, Margot 1992: Knigge lesen. Zur Bedeutung des 'Umgangsbuches' für die Kommunikation in der bürgerlichen Gesellschaft. In: Psychologie und Geschichte, 3, S. 46-59.

Geißler, Karlheinz A. 1994: Erwachsenenbildung zwischen Geld und (Zeit-)geist. In: Modernisierung der Erwachsenenbildung. Hg. v. Werner Lenz. Köln, S. 103-123.

Geißler, Rainer 1994: Soziale Schichtung und Lebenschancen in der Bundesrepublik Deutschland. Stuttgart.

- 1996a: Kein Abschied von Klasse und Schicht. Ideologische Gefahren der deutschen Sozialstrukturanalyse. In: Kölner Zeitschrift für Soziologie und Sozialpsychologie, Jg. 48 Heft 2, S. 319-338.
- 1996b: Die Sozialstruktur Deutschlands. Zur gesellschaftlichen Entwicklung mit einer Zwischenbilanz zur Vereinigung. 2. Aufl. Opladen.
- 1998: Das mehrfache Ende der Klassengesellschaft. Diagnosen sozialstrukturellen Wandels. In: Kölner Zeitschrift für Soziologie und Sozialpsychologie, Sonderheft 38, S. 207-233.

Gennep, Arnold van 1986: Übergangsriten. Frankfurt/Main.

Göttert, Karl-Heinz 1988: Kommunikationsideale. Untersuchungen zur europäischen Konversationstheorie. München.
- 1995: Knigge oder: von den Illusionen des anständigen Lebens. München.
- 1996: „Über den Umgang mit Menschen". In: Text+Kritik, Heft 130 (Adolph Freiherr von Knigge), S. 30-34.

Göttsch, Silke 1996: „Motto: Bleibt natürlich!" Zur Vermittlung geschlechtsspezifischer Körpersprache in Anstandsbüchern. In: Schweizerisches Archiv für Volkskunde, Jg. 92, Heft 1, S. 63-78.

Goffman, Erving 1951: Symbols of Class Status. In: British Journal of Sociology, 11, S. 294-304.
- 1956: The Nature of Deference and Demeanor. In: American Anthropologist 58, S. 473-502.
- 1961: Encounters. Two Studies in the Sociology of Interaction. New York 1961.
- 1963: Behaviour in Public Places. Notes on the Social Organization of Gatherings. New York.
- 1964: The Neglected Situation. In: American Anthropologist, 66/6, S. 133ff.
- 1971: Interaktionsrituale. Über Verhalten in direkter Kommunikation. Frankfurt/Main.
- 1981: Geschlecht und Werbung. Frankfurt/Main.
- 1983: The Interaction Order. In: American Sociological Review, 48/1, S. 1-17.
- 1986: Frame Analysis. Boston 1986.
- 1994: Das Arrangement der Geschlechter. In: ders.: Interaktion und Geschlecht. Frankfurt/Main u.a., S. 105-158.

Gramsci, Antonio 1983: Marxismus und Kultur. Hamburg.

Grawert-May, Erik 1991: Fast food und Horror vacui. Über einige Tischmanieren. In: Freibeuter, 47, S. 70-75.
- 1994: Eis an Zimtsauce. Manieren und Manierismen bei Tisch. In: Verschlemmte Welt. Essen und Trinken historisch-anthropologisch. Hg. v. Alexander Schuller u. Jutta Anna Kleber. Göttingen 1994, S. 11-19.

Hall, John R. 1992: The Capital(s) of Cultures: A Nonholistic Approach to Status Situations, Class, Gender, and Ethnicity. In: Cultivating Differences. Symbolic

Boundaries and the Making of Inequality. Hg. v. Michèle Lamont u. Marcel Fournier. Chicago u.a., S. 257-285.

Hannerz, Ulf 1993: When Culture is Everywhere. Reflections on a Favorite Concept. In: Ethnos 58, S. 1-11.

Hartmann, Andreas 1990: Der eigensinnige Körper. Über Physis und Anstand im 20. Jahrhundert. In: Jahrbuch für Volkskunde, NF 13, S. 63-74.

Hartmann, Michael 1995: Deutsche Topmanager: Klassenspezifischer Habitus als Karrierebasis. In: Soziale Welt, Jg. 46 Heft 4, S. 440-468.

Hausen, Karin 1976: Die Polarisierung der „Geschlechtscharaktere". Eine Spiegelung der Dissoziation von Erwerbs- und Familienleben. In: Sozialgeschichte der Familie in der Neuzeit Europas. Hg. v. Werner Conze. Stuttgart, S. 363-393.

Haverkate, Henk 1988: Toward a Typology of Politeness Strategies in Communication Interaction. In: Multilingua, 7, S. 386-409.

Heckendorn, Heinrich 1970: Wandel des Anstands im französischen und deutschen Sprachgebiet. Diss. Bern u.a.

Heintz, Bettina/Nadai, Eva 1998: Geschlecht und Kontext. De-Institutionalisierungsprozesse und geschlechtliche Differenzierung. In: Zeitschrift für Soziologie, Jg. 27 Heft 2, S. 75-93.

Held, Gudrun 1995: Verbale Höflichkeit. Studien zur linguistischen Theoriebildung und empirischen Untersuchung zum Sprachverhalten französischer und italienischer Jugendlicher in Bitt- und Dankessituationen (= Tübinger Beiträge zur Linguistik, 406). Tübingen.

Hessische Blätter für Volks- und Kulturforschung, NF 30 (1993), Themenschwerpunkt: „Sich benehmen".

Hodges, Deborah R. 1989: Etiquette. An Annotated Bibliography of Literature Published in English in the United States, 1900 through 1987. Jefferson.

Holtgraves, T./Yang, J.-N. 1990: Politeness as Universal: Cross-cultural Perceptions of Request Strategies and Inferences based on their use. In: Journal of Personality and Social Psychology, 59, S. 719-729.

Huber, Günter L./Mandl, Heinz (Hg.) 1994: Verbale Daten. Eine Einführung in die Grundlagen und Methoden der Erhebung und Auswertung. 2. Aufl. Weinheim.

Huhnke, Brigitta 1995: Ausgrenzung und Aggression in der politischen Berichterstattung über Frauen. In: beiträge zur feministischen theorie und praxis, 18. Jg., Heft 40, S. 45-59.

Jahrbuch für Volkskunde, Bd. 13 (1990), Themenschwerpunkt: „Umgangsformen. Die kulturelle Affektnormierung im sozialen Wandel".

Jeggle, Utz 1984: Verständigungsschwierigkeiten im Feld. In: Feldforschung. Qualitative Methoden in der Kulturanalyse (= Untersuchungen des Ludwig-Uhland-Instituts der Universität Tübingen, Bd. 62). Hg. v. dems. 2. unveränd. Aufl. Tübingen, S. 93-112.

- 1991: Das Initial. In: Tübinger Korrespondenzblatt, 38, S. 33-36.

- 1992: Zur Dialektik von Anständig und Unanständig im Zivilisationsprozeß. In: Österreichische Zeitschrift für Volkskunde, Bd. XLVI/95, S. 293-304.

- 1999: Neu am LUI: Supervision. In: Tübinger Korrespondenzblatt, Nr. 50, S. 45f.

- 1995: Trost und Rat: Trostlos. Ratlos. Was lehren uns Ratgeber? In: Hören Sagen Lesen Lernen. Bausteine zu einer Geschichte der kommunikativen Kultur. Festschrift für Rudolf Schenda. Hg. v. Ursula Brunold-Bigler u. Hermann Bausinger. Berlin u.a., S. 341-358.

Johnson, Richard 1985: Was ist überhaupt Kulturanalyse? In: Politische Sprachwissenschaft. Zur Analyse von Sprache als kultureller Praxis. Hg. v. Franz Januschek. Opladen, S. 23-69.

Kade, Jochen 1989: Universalisierung und Individualisierung der Erwachsenenbildung - Über den Wandel eines pädagogischen Arbeitsfeldes im Kontext gesellschaftlicher Modernisierung. In: Zeitschrift für Pädagogik, S. 789-808.

-/Seitter, Wolfgang 1996: Lebenslanges Lernen - mögliche Bildungswelten: Erwachsenenbildung, Biographie und Alltag (= Studien zur Erziehungswissenschaft und Bildungsforschung, Bd. 10). Opladen.

Kaps, Joachim 1993: Hemmungslose Hippies, dumpfe Trinker und ein Kleines Arschloch. Gute Unterhaltung durch „schlechtes Benehmen" in einigen Comics. In: Hessische Blätter für Volks- und Kulturforschung, NF 30, S. 39-68.

Karrer, Dieter 1998: Die Last des Unterschieds. Biographie, Lebensführung und Habitus von Arbeitern und Angestellten im Vergleich (= Studien zur Sozialwissenschaft, Bd. 200). Opladen.

Kaschuba, Wolfgang 1995: Kulturalismus. Vom Verschwinden des Sozialen im gesellschaftlichen Diskurs. In: Zeitschrift für Volkskunde, 91, S. 27-46.

Kerbs, Diethart/Müller, Wolfgang C. 1970: Zur Einführung. In: Das Ende der Höflichkeit. Hg. v. Diethart Kerbs u.a. München, S. 7-10.

Kind, Christoph/Ronneberger, Klaus 1996: Zur Durchsetzung des Fordismus in Deutschland. Literaturstudie für die Stiftung Bauhaus Dessau. Frankfurt/Main.

Koch, Max 1994: Vom Strukturwandel einer Klassengesellschaft. Theoretische Diskussion und empirische Analyse. Münster.

Kohz, Arnim 1984: Markiertheit, Normalität und Natürlichkeit von Anredeformen. In: Anredeverhalten (= Ars Linguistica, 13). Hg. v. Werner Winter. Tübingen, S. 25-40.

Köhle-Hezinger, Christel 1993: Sich würdig benehmen. Anmerkungen zum Ritual der Würde. In: Hessische Blätter für Volks- und Kulturforschung, NF 30, S. 11-27.

Köhler, Helmut 1992: Bildungsbeteiligung und Sozialstruktur in der BRD. Zu Stabilität und Wandel der Ungleichheit von Bildungschancen (= Studien und Berichte des Max-Planck-Instituts für Bildungsforschung, 53). Berlin.

Koike, Dale April 1989: Requests and the Role of Deixis in Politeness. In: Journal of Pragmatics, 13, S. 187-202.

König, Gudrun M. 1996: Eine Kulturgeschichte des Spaziergangs. Spuren einer bürgerlichen Praktik 1780-1850 (= Kulturstudien, Sonderband 20). Wien u.a.

Kopp, Kathrin 1993: Tanzvorschriften in Anstandsbüchern. Reglementierung und Instrumentalisierung von Unterhaltung. In: Hessische Blätter für Volks- und Kulturforschung, NF 30, S. 81-93.

Kotthoff, Helga 1994: Geschlecht als Interaktionsritual? In: Erving Goffman: Interaktion und Geschlecht. Frankfurt/Main u.a., S. 159-194.

Krais, Beate 1989: Soziales Feld, Macht und kulturelle Praxis. In: Klassenlage, Lebensstil und kulturelle Praxis. Hg. v. Klaus Eder. Frankfurt/Main, S. 47-70.

- 1993: Geschlechterverhältnis und symbolische Gewalt. In: Praxis und Ästhetik. Neue Perspektiven im Denken Pierre Bourdieus. Hg. v. Gunter Gebauer u. Christoph Wulf. Frankfurt/Main, S. 208-250.

Krumrey, Horst-Volker 1984: Entwicklungsstrukturen von Verhaltensstandarden. Eine soziologische Prozeßanalyse auf der Gurndlage deutscher Anstands- und Manierenbücher von 1870 bis 1970. Frankfurt/Main 1984.

Krumteich, Hanna 1970: Anstandserziehung in der DDR. In: Das Ende der Höflichkeit. Für eine Revision der Anstandserziehung. Hg. v. Diethart Kerbs u.a. München, S. 50-71.

Lacroix, Michel 1990: De la politesse. Essai sur la littérature du savoir-vivre. Paris 1990.

Lakoff, Robin 1977: What You can do with Words. Politeness, Pragmatics and Performatives. In: Andy Rogers/B. Wall/J. Murphy (Hg.): Proceedings of the Texas Conference on Performatives, Presuppositions, and Implicatives. Arlington (Center for Applied Linguistics), S. 79-105.

Lepenies, Wolf 1979: Arbeiterkultur. Wissenschaftssoziologische Anmerkungen zur Konjunktur eines Begriffs. In: Geschichte und Gesellschaft 5, S. 125-136.

Le Wita, Béatrix 1994: French Bourgeois Culture. Cambridge.

Lima dos Santos, Maria de Lourdes 1977: Para a analyse das ideologias da burguesia: I. Os costumes do „bom tom". In: Análise Social, vol. XIII (49), 1, S. 7-54.

Lindner, Rolf 1981: Die Angst des Forschers vor dem Feld. Überlegungen zur teilnehmenden Beobachtung als Interaktionsprozeß. In: Zeitschrift für Volkskunde, 77, S. 51-66.

Löffler, Klara 1999: Wie das Gute siegt. Aus der neuesten Produktion von Management-Ratgebern. In: Netzwerk Volkskunde. Ideen und Wege. Festgabe für Klaus Beitl zum siebzigsten Geburtstag (= Sonderschriften des Vereins für Volkskunde in Wien, Bd. 4). Hg. v. Franz Grieshofer u. Margot Schindler. Wien, S. 521-537.

Lofland, Lyn H. 1973: A World of Strangers. Order and Action in Urban Public Space. New York.

Maase, Kaspar 1999: Vorwort zur vierten Auflage. In: Hermann Bausinger, Utz Jeggle, Gottfried Korff, Martin Scharfe: Grundzüge der Volkskunde. 4., durchges. u. um ein Vorwort erw. Aufl., S. VII-XXII.

Macha, Jürgen 1996: Konstanz, Variation und Wandel familiärer Anredeformen. In: Brennpunkte der Familienerziehung. Hg. v. Hildegard Macha u. Lutz Mauermann. Donauwörth, S. 199-218.

Machwirth, Eckart 1970: Höflichkeit: Geschichte, Inhalt, Bedeutung. Diss. Saarbrücken.

Martens, Wolfgang 1977: Der gute Ton und die Literatur. Anstandsbücher als Quelle für die Leserforschung. In: Buch und Leser. Vorträge des ersten Jahrestreffens des Wolfenbütteler Arbeitskreises für Geschichte des Buchwesens, 13. u. 14. Mai 1976. Hg. v. Herbert G. Göpfert. Hamburg, S. 203-229.

Matter, Max 1993: Sich-Benehmen bei Tisch. In: Hessische Blätter für Volks- und Kulturforschung, NF 30, S. 69-79.

Meyer, Dörte 1999: Tischmanieren am Ende des 20. Jahrhunderts: der Umgang mit dem Eßbesteck. Unveröff. MA Universität Marburg.

Mitralexi, Katherina 1984: Über den Umgang mit Knigge. Zu Knigges „Über den Umgang mit Menschen“ und dessen Rezeption und Veränderung im 19. und 20. Jahrhundert. Freiburg.

Mixa, Elisabeth 1994: Erröten Sie, Madame! Anstandsdiskurse der Moderne (= Schnittpunkt Zivilisationsprozeß, 11). Pfaffenweiler.

Möller, Simon 1999: Sexual Correctness. Die Modernisierung antifeministischer Debatten in den Medien (= Geschlecht und Gesellschaft, Bd. 19). Opladen.

Montandon, Alain 1991 (Hg.): Über die deutsche Höflichkeit. Entwicklungen der Kommunikationsvorstellungen in den Schriften über Umgangsformen in den deutschsprachigen Ländern. Bern.

- 1992 (Hg.): Etiquette et politesse. Clermont-Ferrand.

- 1993a: Convivialité et Politesse. Du gigot, des mots et autres savoir-vivre. Clermont-Ferrand.

- 1993b (Hg.): Traités de savoir-Vivre en Italie. Clermont-Ferrand.

- 1994a: Bibliographie des traités des savoir-vivre en Europe. Tome 1: France, Angleterre, Allemagne. Clermont-Ferrand.

- 1994b: Conclusion: Et aujourd'hui? In: Ders.: Pour une historie des traités de savoir-vivre en Europe. Clermont-Ferrand, S. 457-463.

Motakef, Mitra 2000: Kulturvermittlung? Interkulturelle Trainings aus kulturanthropologischer Perspektive. MA Universität Frankfurt/Main. URL: http://www.rz.uni-frankfurt.de/~motakef [22.12.2000].

Muchembled, Robert 1990: Die Erfindung des modernen Menschen. Gefühlsdifferenzierung und kollektive Verhaltensweisen im Zeitalter des Absolutismus. Reinbek b. Hamburg.

Nader, Laura 1969: Up the Anthropologist - Perspectives Gained from Studying Up. In: Dell Hymes (Hg.): Reinventing Anthropology. New York, S. 284-311.

Nadig, Maya 1986: Die verborgene Kultur der Frau. Ethnopsychoanalytische Gespräche in Mexiko. Frankfurt/Main.

Neckel, Sighard 1991: Status und Scham. Zur symbolischen Reproduktion sozialer Ungleichheit (= Theorie und Gesellschaft, Bd. 21). Frankfurt/Main.

- 1993: Soziale Scham: Unterlegenheitsgefühle in der Konkurrenz von Lebensstilen. In: Praxis und Ästhetik. Neue Perspektiven im Denken Pierre Bourdieus. Hg. v. Gunter Gebauer u. Christoph Wulf. Frankfurt/Main, S. 270-291.

de Negroni, François 1987: Le BCBG et les usages de masse de la distinction. In: Communications, 46, S. 315-319.

Oevermann, Ulrich 1988: Eine exemplarische Fallrekonstruktion zum Typus versozialwissenschaftlichter Identitätsformation. In: Hanns-Georg Brose/Bruno Hildenbrand: Vom Ende des Individuums zur Individualität ohne Ende. Opladen, S. 243-286.

Parker, Seymour 1988: Rituals of Gender. A Study of Etiquette, Public Symbols, and Cognition. In: American Anthropologist, 90, S. 372-384.

Parkin, Frank 1983: Strategien sozialer Schließung und Klassenbildung. In: Soziale Ungleichheiten (= Soziale Welt, Sonderbd. 2). Hg. v. Reinhard Kreckel. Göttingen, S. 121-135.

Picard, Dominique 1994: Caractéristiques et évolution de la ritualité sociale dans les traités de savoir-vivre contemporains. In: Pour une historie des traités de savoir-vivre en Europe. Hg. v. Alain Montandon. Clermont-Ferrand, S. 371-399.

- 1995: Les rituels du savoir-vivre. Paris.

Pittrof, Thomas 1993: Umgangsliteratur in neuerer Sicht. Zum Aufriß eines Forschungsfeldes. In: Internationales Archiv für Sozialgeschichte der Deutschen Literatur, Sonderheft 3, S. 63-112.

Poulantzas, Nicos 1975; Klassen im Kapitalismus - heute (= Studien zur Klassenanalyse, 5). Berlin.

Projektgruppe „Alltägliche Lebensführung" (Hg.) 1995: Alltägliche Lebensführung. Arrangements zwischen Traditionalität und Modernisierung. Opladen.

Projektgruppe des Ludwig-Uhland-Instituts für empirische Kulturwissenschaft der Universität Tübingen 1990: Der Aufrechte Gang. Zur Symbolik einer Körperhaltung. Tübingen.

Raapke, Hans-Dietrich 1998: Erwachsenenbildung. In: Handbuch der deutschen Bildungsgeschichte, Bd. VI: 1945 bis zur Gegenwart, Erster Teilbd.: Bundesrepublik Deutschland. Hg. v. Christoph Führ u. Carl-Ludwig Furck. München, S. 549-584.

Raible, Wolfgang 1987: Sprachliche Höflichkeit. Realisierungsformen im Deutschen und Französischen. In: Zeitschrift für französische Sprache und Literatur, 97, S. 145-168.

Reed-Danahay, Deborah 1995: The Kabyle and the French: Occidentalism in Bourdieu's Theory of Practice. In: James G. Carrier: Occidentalism. Images of the West. Oxford, S. 61-84.

Reich, Wilhelm 1971: Die Massenpsychologie des Faschismus. Frankfurt/Main.

Reimann, Helga 1989: The Informal Code. Changes in Western Etiquette. In: Thought. A Review of Culture and Idea, Vol. 64 No. 252, S. 41-50.

de Saint-Martin, Monique 1991: Die Konstruktion der adeligen Identität. In: Berliner Journal für Soziologie, Heft 4, S. 527-539.

Sarasin, Philipp 1992: Der Bürger bei Tisch: Großbürgerliche Gastlichkeit in Basel am Ende des 19. Jahrhunderts. In: Schweizerisches Archiv für Volkskunde, 88, S. 47-72.

Sauer, Helmut 1987: Umgangsformen im amerikanischen Alltagsleben. Manner Books als landeskundliche Texte. In: Amerikanische Alltagskultur und Englischunterricht (= anglistik & englischunterricht, 31). Hg. v. dems. Heidelberg, S. 135-147.

Scarcella, Robin/Brunak, Joanna 1981: On Speaking Politely in an Second Language. In: International Journal of the Sociology of Language, 27, S. 59-75.

Schiersmann, Christiane 1994: Weiterbildung im Interesse von Frauen. In: Modernisierung der Erwachsenenbildung. Hg. v. Werner Lenz. Wien u.a., S. 150-162.

Schindler, Norbert 1982: Freimaurerkultur im 18. Jahrhundert. Zur sozialen Funktion des Geheimnisses in der entstehenden bürgerlichen Gesellschaft. In: Klassen und Kultur - sozialanthropologische Perspektiven in der Geschichtsschreibung. Hg. v. Robert Berdahl u.a. Frankfurt/Main, S. 205-262.

- 1983: Der Geheimbund der Illuminaten. Aufklärung, Geheimnis und Politik. In: Freimaurer und Geheimbünde im 18. Jahrhundert in Mitteleuropa. Hg. v. Helmut Reinalter. Frankfurt/Main, S. 284-318.

- 1985: Jenseits des Zwangs? Zur Ökonomie des Kulturellen inner- und außerhalb der bürgerlichen Gesellschaft. In: Zeitschrift für Volkskunde, 81, S. 192-219.

Schlesinger, Arthur 1947: Learning how to Behave. A Historical Study of American Etiquette Books. New York.

Schmerl, Christiane/Steinbach, Dieter 1973: Ritterlichkeit - eine indirekte Form von Misogynie? In: Frauenfeindlichkeit. Sozialpsychologische Aspekte der Misogynie. Hg. v. Hans Dieter Schmidt u.a. München, S. 56-79.

Schmid, Eva M.J. 1955: „Der gute Benimm" in der Volkshochschule. In: Volkshochschule im Westen (Dortmund u.a.), Jg. 7 Heft 5/6, S. 53-55.

Schmidt, Werner/Schönberger, Klaus 1999: „Jeder hat jetzt mit sich selbst zu tun". Arbeit, Freizeit und politische Orientierungen in Ostdeutschland. Konstanz.

Schönmann, Esther 1990: Es allen recht machen, sich selbst vergessen. Einübung weiblicher Verhaltensweisen in Anstandsbüchern vor 1930. In: Jahrbuch für Volkskunde, NF 13, S. 75-87.

Schürmann, Thomas 1994: Tisch- und Grußsitten im Zivilisationsprozeß (= Beiträge zur Volkskultur in Nordwestdeutschland, Heft 82). Münster.

Schütze, Fritz 1977: Die Technik des narrativen Interviews in Interaktonsfeldstudien - dargestellt an einem Projekt zur Erforschung von kommunalen Machtstrukturen. Bielefeld.

Schulze, Gerhard 1990: Die Transformation sozialer Milieus in der Bundesrepublik Deutschland. In: Lebenslagen, Lebensläufe, Lebensstile (Soziale Welt, Sonderbd. 7). Hg. v. Peter A. Berger u. Stefan Hradil. Göttingen, S. 409-432.

- 1992: Die Erlebnisgesellschaft. Kultursoziologie der Gegenwart. Frankfurt/Main u.a.

Seitter, Wolfgang 1993: Normalität des Lernens. Perioden der Volks- bzw. Erwachsenenbildung von 1800 bis 1990. In: Grundlagen der Weiterbildung. Zeitschrift für Weiterbildung und Bildungspolitik im In- und Ausland, Jg. 4 Heft 5, S. 291-294.

Siebert, Hans-Joachim 1976: Zum Gebrauch von Anredeformen, Gruß- und Verabschiedungsformeln in der deutschen Sprache der Gegenwart in der DDR. In: Deutsch als Fremdsprache, 13, S. 297-300.

Sjögren-de Beauchaîne, Annick 1988: The Bourgeoisie in the Dining Room. Stockholm (Institut för folkslivsforskning).

St. George, Andrew 1993: The Decent of Manners. London.

Stark, Werner 1980: The Social Bond. An Investigation into the Bases of Law-abidingness. New York.

Steinrücke, Margareta 1997: Klassenspezifische Lebensstile und Geschlechterverhältnis. In: Lebensstil zwischen Sozialstrukturanalyse und Kulturwissenschaft (= Sozialstrukturanalyse, 7). Hg. v. Otto G. Schwenk. Opladen, S. 203-219.

Strong, P.M. 1988: Minor Courtesies and Macro Structures. In: Erving Goffman. Exploring the Interaction Order. Hg. v. Paul Drew u. Anthony Wootton. Boston, S. 228-249.

de Swaan, Abram 1991: Vom Befehlsprinzip zum Verhandlungsprinzip. Über neuere Verschiebungen im Gefühlshaushalt der Menschen. In: Der unendliche Prozeß der Zivilisation. Zur Kultursoziologie der Moderne nach Norbert Elias. Hg. v. Helmuth Kuzmics u. Ingo Mörth. Frankfurt/Main u.a., S. 173-198.

Thompson, Edward P. 1987: Die Entstehung der englischen Arbeiterklasse. 2 Bde. Frankfurt/Main.

Timm, Elisabeth 2001: True Courtesy is from the Heart: The Culture-civilization Antithesis as Means to Distinction. In: „Norbert Elias et l'éthnologie" hg. v. Sophie Chevalier/Jean-Marie Privat (im Druck).

Touraine, Alain 1984: Le retour de l'acteur. Essai de sociologie. Paris.

Trümpy, Hans 1977a: Aus „Gut" wird „Schön". Neue Abschiedsformen. In: Schweizer Volkskunde, 67 (1977), S. 22.

- 1977b: Das Duzen im Vormarsch. In: Schweizer Volkskunde, 67, S. 18f., 22, 56f., 61f., 79f.

- 1977c: Ergebnisse unserer Umfrage im 2. Heft. In: Schweizer Volkskunde, 67, S. 56-60.

- 1977d: Nochmals: Anredeformen. In: Schweizer Volkskunde, 67, S. 79-84.

- 1985: Anstandsbücher als volkskundliche Quellen. In: Probleme der Gegenwartsvolkskunde (= Buchreihe der Österreichischen Zeitschrift für Volkskunde, NS 6). Hg. v. Klaus Beitl. Wien, S. 153-169.

Turnaturi, Gabriella 1988: Gente Perbene: Cent'anni di Buone Maniere. Milan.

Turner, Victor 1989: Das Ritual. Struktur und Anti-Struktur (= Theorie und Gesellschaft, Bd. 10). Frankfurt/Main, New York.

Ueding, Gert 1977: Die Kunst der gesellschaftlichen Beredsamkeit - Nachwort zu Knigges Diskurs „Über den Umgang mit Menschen". In: Freiherr von Knigge, Adolph: Über den Umgang mit Menschen (1788). Hg. v. Gert Ueding. München, S. 423-454.

- 1986: „Nicht zum Speculieren, zum Wirken ist diese Welt". Adolph Freiherr von Knigge. In: ders.: Die anderen Klassiker. Literarische Portraits aus zwei Jahrhunderten. München, S. 35-58.

Valtl, Karlheinz 1986: Erziehung zur Höflichkeit. Höflichkeit als Wertkonzept der Alltagsinteraktion, als Gegenstand empirischer Forschung in den Humanwissenschaften und als Aufgabe der Erziehung. Diss. phil. Regensburg.

Vester, Michael/von Oertzen, Peter/Geiling, Heiko/Müller, Dagmar 1993: Soziale Milieus im gesellschaftlichen Strukturwandel. Zwischen Integration und Ausgrenzung. Köln.

Visser, Margaret 1991: The Rituals of Dinner. The Origins, Evolution, Eccentricities, and Meaning of Table Manners. New York.

Vorderwülbecke, Klaus 1986: Höflichkeit und Höflichkeitsformen. In: Vor-Sätze zu einer neuen deutschen Grammatik (= Forschungsberichte des Instituts für Deutsche Sprache, Bd. 63). Hg. v. Gisela Zifonun. Tübingen, S. 247-279.

Vowinckel, Gerhard 1983: Von politischen Köpfen und schönen Seelen. Ein soziologischer Versuch über die Zivilisationsformen der Affekte und ihres körperlichen Ausdrucks. München.

- 1989: Zivilisationsformen der Affekte und ihres körperlichen Ausdrucks. In: Zeitschrift für Soziologie, 18 (1989), S. 362-377.

Vulpius, Axel 1979: Weiterbildung statt Erwachsenenbildung. Ein Beitrag zu den Gründen für die Begriffswahl. In: Hessische Blätter für Volksbildung, 29, S. 63-70.

Wagner, Lucia 1988: Bürgerliche Verhaltensnormen in Anstandsbüchern der Kaiserzeit. Leit- und Wirkprinzipien bürgerlicher Körpersprachnormierung um die Jahrhundertwende. Unveröff. MA Ludwig-Uhland-Institut der Universität Tübingen.

Walum, Laurel R. 1974: The Changing Door Ceremony. Notes on the Operation of Sex Roles in Everyday Life. In: Urban Life and Culture, Vol. 2 No. 4 (Jan.), S. 506-515.

- 1977: The Dynamics of Sex and Gender. A Sociological Perspective. Chicago.

Warneken, Bernd Jürgen 1990: Bürgerliche Emanzipation und aufrechter Gang. In: Das Argument, Zeitschrift für Philosophie und Sozialwissenschaften, 179, S. 39-52.

-/Wittel, Andreas 1997: Die neue Angst vor dem Feld. Ethnographisches research up am Beispiel der Unternehmensforschung. In: Zeitschrift für Volkskunde, 93/I, S. 1-16.

Weinrich, Harald 1986: Lügt man im Deutschen wenn man höflich ist? (= Duden Beiträge, 48). Mannheim.

- 1996: Ehrensache Höflichkeit. Vortrag anläßlich der Verleihung der Ehrendoktorwürde der Philosophischen Fakultät II der Universität Augsburg am 11.5.1995. Augsburg.

Wetterer, Angelika (Hg.) 1992: Profession und Geschlecht. Über die Marginalität von Frauen in hochqualifizierten Berufen. Frankfurt/Main, New York.

Widersprüche 1996. Zeitschrift für sozialistische Politik im Bildungs-, Gesundheits- und Sozialbereich, Jg. 16 Heft 62 (Dez.), Schwerpunktthema: bildung perdu. der angriff von education and training auf den rest der persönlichkeit.

Wieschiolek, Heike 1996: Handschlag und Hierarchie. Beobachtungen in einem mecklenburgischen Betrieb. In: Ethnologie Europas. Grenzen, Konflikte, Identitäten. Hg. v. Waltraud Kokot u. Dorle Dracklé. Berlin, S. 155-180.

Wilterdink, Nico 1984: Die Zivilisationstheorie im Kreuzfeuer der Diskussion. Ein Bericht vom Kongreß über Zivilisationsprozesse in Amsterdam. In: Macht und Zivilisation (= Materialien zu Norbert Elias' Zivilisationstheorie, 2). Hg. v. Peter Gleichmann u.a. Frankfurt/Main, S. 280-304.

Winter-Uedelhoven, Hedwig 1991: Zur Bedeutung der Etikette. Frankfurt/Main 1991.

Wirth, Heike 1996: Wer heiratet wen? Die Entwicklung der bildungsspezifischen Heiratsmuster in Westdeutschland. In: Zeitschrift für Soziologie, (Okt.), S. 371-394.

- 2000: Bildung, Klassenlage und Partnerwahl. Eine empirische Analyse zum Wandel der bildungsspezifischen und klassenspezifischen Heiratsbeziehungen (= Forschung Soziologie, 105). Opladen.

-/Lüttinger, Paul 1998: Klassenspezifische Heiratsbeziehungen im Wandel. Die Klassenzugehörigkeit von Ehepartnern 1970 und 1993. In: Kölner Zeitschrift für Soziologie und Sozialpsychologie, S. 47-77.

Wittel, Andreas 1997: Belegschaftskultur im Schatten der Firmenideologie. Eine ethnographische Fallstudie. Berlin.

Witzel, Andreas 1982: Verfahren der qualitativen Sozialforschung: Überblick und Alternativen. Frankfurt/Main, New York.

Wouters, Cas: Informalisierung und der Prozeß der Zivilisation. In: Materialien zu Norbert Elias' Zivilisationstheorie 1. Hg. v. Peter Gleichmann, Johan Goudsblom u. Hermann Korte. Frankfurt/Main 1979, S. 279-299.

-: Informalisierung und Formalisierung der Geschlechterbeziehungen in den Niederlanden von 1930 bis 1985. In: Kölner Zeitschrift für Soziologie und Sozialpsychologie, 38 (1986), S. 510-528.

- 1990: Social Stratification and Informalization in Global Perspective. In: Theory, Culture and Society 7, S. 69-90.

- 1995a: Etiquette Books and Emotion Management in the 20th Century. Part One - The Integration of Social Classes. In: Journal of Social History, fall, S. 107-124.

- 1995b: Etiquette Books and Emotion Management in the 20th Century. Part Two - The Integration of the Sexes. In: Journal of Social History, winter, S. 325-339.

Zaehle, Barbara 1933: Knigges Umgang mit Menschen und seine Vorläufer. Ein Beitrag zur Geschichte der Gesellschaftsethik (= Beiträge zur neueren Literaturgeschichte, NF 22). Heidelberg.

Zimin, Susan 1981: Sex and Politeness. Factors in First- and Second-Language Use. In: International Journal of the Sociology of Language, 27, S. 35-58.

Zingerle, Arnold 1990: Bürgerliche Geselligkeit als Antinaturalismus. Ein Paradigma der Soziologie Georg Simmels. In: Jahrbuch für Volkskunde, NF 13, S. 22-36.

Zöckler, Bettina 1991: Lässig, aber nicht nachlässig. Anweisungen zum Guten Ton. In: Projektgruppe des Ludwig-Uhland-Instituts für empirische Kulturwissenschaft der Universität Tübingen: Partykultur? Fragen an die Fünfziger. Tübingen, S. 71-76.

Kritische Theorie und Kulturforschung

herausgegeben von Ursula Apitzsch, Alex Demirovic und Heinz Steinert

Band 5

Kerstin Rathgeb

Helden wider Willen

Frankfurter Swing-Jugend – Verfolgung und Idealisierung

2001 – ca. 260 Seiten – ca. DM 39,80 – ÖS 291 – SFR 37,00 – ISBN 3-89691-705-6

Swing-Jugend ist ein kulturelles Phänomen, das seit seiner Entstehung in den 30er Jahren konträr gesehen, dargestellt und gedeutet wurde. Vom nationalsozialistischen Staat als Staatsfeinde verfolgt, von der Geschichtsschreibung zu Widerständlern idealisiert, sehen die Swing-Jugendlichen heute – wie die vorliegende Arbeit zeigt – ihr damaliges Handeln einer eher hedonistischen und antiautoritären Lebensweise verpflichtet.

Band 4

Gottfried Oy

Die Gemeinschaft der Lüge

Medien- und Öffentlichkeitskritik sozialer Bewegungen in der Bundesrepublik

2001 – 296 Seiten – ca. DM 48,00 – ÖS 350 – SFR 44,50 – ISBN 3-89691-704-8

„Brecht die Macht der Manipulateure", hieß es noch vor dreißig Jahren. War Kommunikation damals Garant für Herrschaftsfreiheit, so scheint sie heute machtkonform integriert. Gottfried Oy untersucht in seiner Studie die Entwicklung der Medien- und Öffentlichkeitskritik sozialer Bewegungen in der Bundesrepublik. Er leistet dabei eine kritische Revision der großen Me-dien- und Öffentlicheitstheorien und -praxen der letzten fünfzig Jahre.

Band 3

Christian Schneider/Cordelia Stillke/Bernd Leineweber

Trauma und Kritik

Zur Generationengeschichte der Kritischen Theorie

2000 – 227 Seiten – DM 48,00 – ÖS 350 – SFR 44,50 – ISBN 3-89691-703-X

Band 2

Tomke Böhnisch

Gattinnen – Die Frauen der Elite

1999 – 263 Seiten – DM 48,00 – ÖS 350 – SFR 44,50 – ISBN 3-89691-702-1

WESTFÄLISCHES DAMPFBOOT

Dorotheenstr. 26a · 48145 Münster · Tel. 0251/6086080 · Fax 0251/6086020
e-mail: info@dampfboot-verlag.de · http://www.dampfboot-verlag.de